En contacto

A First Course in Spanish
Second Edition

Pablo Valencia
The College of Wooster

Franca Merlonghi
Pine Manor College

Houghton Mifflin Company **Boston**

Dallas / Geneva, Illinois / Hopewell, New Jersey / Palo Alto

The publisher would like to thank the following copyright holders for permission to use copyrighted material.

Guadalupe, W. I. by Nicolás Guillén, Copyright © 1972 by Robert Márquez. Reprinted by permission of Monthly Review Press.

Mexican tourism advertisement, © 1982. Used by permission of the Secretaría de Turismo de México.

"Eres tú" por Juan Carlos Calderón López de Arroyabe, © 1972. Edición exclusiva de Zafiro S.A. Ediciones Musicales para todos los países del mundo. Reservados todos los derechos. Asignada 1977 a Discorama S.A. Ediciones Musicales, Madrid, España.

Appendix C, selected definitions. Copyright © 1982 by Houghton Mifflin Company. Reprinted and adapted by permission from *The American Heritage Dictionary, Second College Edition.*

Cover photograph by Al Satterwhite/The Image Bank; Mosaic in Puerto Rico

Printed in the U.S.A.

Student's Edition ISBN: 0–395–34506–5

Instructor's Annotated Edition ISBN: 0–395–34507–3

Library of Congress Catalog Card Number: 84–80962

ABCDEFGHIJ-H-898765

Contents

Introduction

En contacto, Second Edition, is a four-skills program designed for the introductory course in Spanish, with emphasis on communicative competence and contemporary culture.

En contacto provides a sound basis for learning Spanish as it is spoken and written today. Practice is given in listening, speaking, reading, and writing, with opportunities for self-expression, sharing information, conversing on everyday topics, and role-playing in concrete situations. The program also introduces contemporary life and culture in various parts of the Hispanic world, including regions of the United States where there is a strong concentration of Spanish speakers.

Student Text

The student text is composed of a preliminary lesson that introduces cognates and the geography of the Hispanic world; eight units of three lessons each that focus on different geographical areas of the Spanish-speaking world; an illustrated section entitled *Documentos y gráfica* at the end of each unit, with short cultural readings, facts about the Hispanic region(s) of the unit, and an occasional song, poem, or recipe; a section of supplementary readings about the Hispanic presence in the United States; four full-color photo essays thematically organized; and a Reference Section.

Each of the 24 lessons is built around a theme and is divided into the following sections:

1. *Texto básico:* core material with a vocabulary list, related exercises and activities that include personalized questions *(Conversación),* role-playing and creative activities *(Práctica),* and cultural notes related to the theme of the basic text. Core material is varied in format and includes monologues, dialogues, interviews, TV and radio broadcasts, an opinion poll, a newspaper article, and a song.
2. *Pronunciación y ortografía:* explanations of sound-spelling correspondences with exercises and dictation practice, Spanish proverbs, poems, and tongue twisters.
3. *Estudio de palabras:* word sets and vocabulary expansion exercises and activities that stress functional use of the language. Word sets or exercises are often illustrated and include word-building activities with prefixes, suffixes, and word families.
4. *Estructuras útiles:* grammar explanations, often illustrated with drawings and captions to show grammar in context, numerous examples, charts, exercises, and activities. Each lesson generally contains three or four grammar topics.
5. *¿Comprende usted? (Lecciones 1–12)* and *¡Exprésese usted! (Lecciones 13–24):* readings related to the lesson themes designed to develop reading and writing skills, with exercises and activities.

Ancillaries

The *Workbook/Lab Manual* consists of a workbook with writing exercises coordinated with the student text, and a lab manual that requires responses in writing to material on the recordings. The exercises in both the workbook and the lab manual parallel the presentation of content, structure, and vocabulary of the student text. End-of-unit review sections keyed to the student text are also included.

The *Recordings* accompanying *En contacto, Second Edition,* are available in both reel-to-reel and cassette format. They include listening comprehension materials, dictations, and other activities correlated with the lab manual, core material, and selected pronunciation, vocabulary, and grammar exercises from the text.

For a detailed description of the organization, purpose, and contents of each of the components of the *En contacto, Second Edition* program, see the Instructor's Annotated Edition.

Acknowledgments

The authors and publisher would like to thank the Advisory Committee of *En contacto, Second Edition,* for their reviews of manuscript during the development and editing phases of the text and for their valuable recommendations for improvement of the program, many of which are reflected in this second edition.

Advisory Committee

Richard L. Ezell, *Louisiana Tech University*
Joseph R. Farrell, *California State Polytechnic University, Pomona*
Mario Iglesias, *The Ohio State University*
Marie S. Rentz, *University of Maryland, College Park*

They would also like to express their appreciation to the many users of the first edition of *En contacto* for their feedback and suggestions and to the following people for their reviews of the first edition and portions of the revised manuscript.

Susan Cameron Bacon, *The Ohio State University*
Lou Charnon-Deutsch, *SUNY at Stony Brook*
Norma Elliott, *Mary Washington College, Va.*
Beatriz G. Faust, *Houston Community College*
Roberto G. Fernández, *Florida State University*
Phyllis M. Golding, *Queens College, CUNY*
Trinidad González, *California State Polytechnic University*
Teresa González-Lee, *The Pennsylvania State University*
Harriet Hutchinson, *Bunker Hill Community College*
Marie Elaine James, *Grossmont College, Ca.*
Thomas W. Kelly, *The Pennsylvania State University*
Kenneth Krabbenhoft, *New York University*
Ramón Meléndez, *Bakersfield College*
Robert B. Modee, *Northeastern University*
Kirsten F. Nigro, *University of Kansas*
Terry J. Peavler, *The Pennsylvania State University*
Karen L. Smith, *University of Arizona*
Wm. Flint Smith, *Purdue University*
Maureen Weissenrieder, *Ohio University*
Lorraine Yocky, *Long Beach Community College*
Joseph W. Zdenek, *Winthrop College, S.C.*

For their comments on the new reading and writing sections of the text, a special thank-you goes to two alumnae of The College of Wooster: Elizabeth Buchter-Bernhardt (The Ohio State University) and Susan Krehbiel (Palmer High School, Miami, Florida).

En contacto

Lección preliminar
A vista de pájaro

Panorama del mundo hispánico
(Panorama of the Hispanic world)

Do you have any notions about what the average Spanish speaker is like and where he or she lives? You may be surprised to learn that Spanish speakers come from many different ethnic groups, live in geographical areas that range from high mountains to deep tropical jungles and wind-swept deserts, and often speak other languages and dialects in addition to Spanish.

Spanish is the first language of an estimated 266 million people. It is spoken in Spain, Mexico, six Central American countries, Puerto Rico, Cuba, the Dominican Republic, and nine South American countries. It is also spoken by an estimated 15 million people in the United States as their first or second language.

Read the Spanish captions for the photographs that follow. You should be able to recognize many of the Spanish words in the captions, since they resemble English words.

Los hispanos usan las plazas y los parques de las ciudades y pueblos como centros de vida social, para hablar con los amigos y estar con la familia. (Plaza en La Paz, Bolivia)

El ritmo de vida en los Andes contrasta con el de áreas más pobladas. La gente que vive en las montañas se dedica mayormente a la agricultura. Para estas labores utilizan animales domésticos como el burro, el caballo, la llama y la vicuña. (Puno, Perú)

La música clásica y popular es una parte importante de la vida hispánica, y muchos de sus músicos han obtenido fama mundial. El ritmo y la armonía de la música hispánica son particularmente admirados e imitados en el mundo contemporáneo. (Concierto en la Catedral de Sevilla, España)

Los deportes son muy populares en todos los países hispánicos. El ciclismo, por ejemplo, es una diversión accesible a muchas personas, en el campo y en la ciudad. (Calle de Bogotá, Colombia)

Los murales son un medio de expresión popular utilizado frecuentemente por los hispanos en los Estados Unidos. Estos murales, en ciudades como Los Ángeles, Santa Fe y Nueva York, representan una tradición artística de origen mexicano. (Oakland, California)

El terreno fértil pero frecuentemente deshabitado de la pampa en Argentina ofrece un panorama magnífico. Los habitantes de esta región aislada necesitan ser resistentes y autosuficientes para sobrevivir. (Provincia de Buenos Aires, Argentina)

Palabras análogas

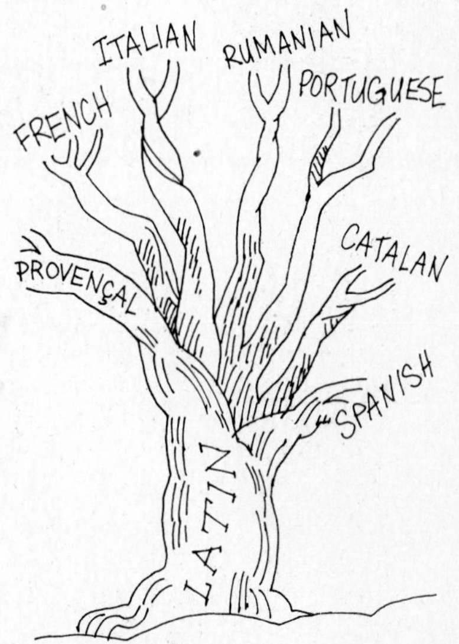

Spanish is a Romance language derived from Latin. Other Romance languages include French, Italian, Portuguese, and Rumanian. English is a Germanic language, along with German, Swedish, Danish, Norwegian, and Dutch or Flemish. English does, however, contain thousands of words derived from Latin and French that resemble their Spanish equivalents. These words are called *cognates* **(cognados** o **palabras análogas).**

Close cognates are easily recognized in print, though their pronunciation differs in the two languages; for example, **universidad**/*university*; **filosofía**/*philosophy*; **medicina**/*medicine*. Some cognates are more difficult to recognize; for example, Spanish **lengua** is related to English *lingual* and *language*.

There are a relatively small number of *false cognates* **(cognados falsos, análogos falsos)** in Spanish. Although these false cognates resemble English words, their meanings are different. An example of a false cognate is **colegio,** which usually means *elementary* or *high school,* not *college*. Context will usually help you realize when you encounter a false cognate.

Choose the appropriate word from the following list of cognates to complete the meaning of each sentence.

animales	mexicano	plazas	social	región
arte	educación	ritmo	vacaciones	extensa
básquetbol	voleibol	sitios	familia	

1. Los atractivos paradores en las costas y montañas de Puerto Rico son _____ ideales para pasar las _____.
2. Los parques y las _____ son muy importantes para la vida _____ de los hispanos.
3. Los murales hispánicos son principalmente de origen _____.
4. El _____ y el _____ son deportes populares en muchos países hispánicos.
5. La tradición indígena es importante en el _____ contemporáneo de México.
6. Las llamas y las vicuñas son _____ domésticos de los Andes.
7. Muchas personas admiran el _____ de la música popular hispánica.
8. La _____ universitaria tiene una tradición muy antigua en España e Hispanoamérica.
9. La _____ conserva las tradiciones de su cultura en todo el mundo hispánico.
10. Una _____ del mundo hispánico muy solitaria y _____ es la pampa de Argentina.

Mapas del mundo hispánico

Refer to the maps of the Hispanic world in this lesson for the following activities.

A. Pronounce the names of the Spanish-speaking countries after your instructor.

B. Repeat the names of the capital cities listed below. Then identify the name of the country for each capital city.

Buenos Aires	San Salvador	Asunción
Santiago	La Paz	Quito
Madrid	Caracas	Managua
Tegucigalpa	Lima	Santo Domingo
San Juan	Bogotá	Ciudad de Panamá
San José	Montevideo	La Habana
Ciudad de México	Ciudad de Guatemala	

Un poco de geografía

Learn the following noun phrases and points of the compass, and pronounce them after your instructor. Most of the words are Spanish-English cognates, but remember they are pronounced differently. Note that both **el** and **la** mean *the*; the form used depends on the noun that follows.

la bahía the bay
el cabo the cape
el canal the canal
la capital the capital city
el continente the continent
la cordillera the mountain range
la costa the coast
el estrecho the strait
la frontera the frontier, the border
el golfo the gulf
la isla the island
el lago the lake
el mapa the map
el mar the sea
la montaña the mountain
el océano the ocean
el país the country
la península the peninsula
el río the river
la sierra the sierra (mountain range)

Los puntos cardinales

México está **al sur de** los Estados Unidos. — *Mexico is to the south of the United States.*

El Mar Caribe está **al este de** Nicaragua. — *The Caribbean Sea is to the east of Nicaragua.*

El Océano Pacífico está **al oeste de** Sudamérica. — *The Pacific Ocean is to the west of South America.*

Los Pirineos están **en el norte de** España. — *The Pyrenees are in the north of Spain.*

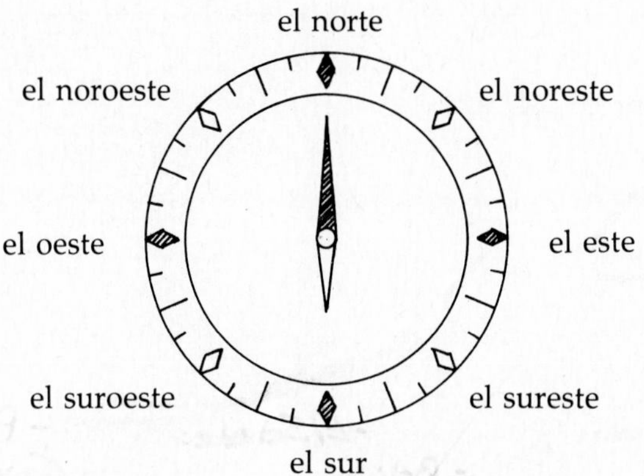

A. Refer to the maps as directed by your instructor and listen to each sentence. Say **sí** if the statement is true; say **no** if it is false. Note that the sentences follow the same order as the maps.

1. El Río Bravo forma la frontera entre México y los Estados Unidos.
2. Acapulco está en la costa atlántica de México.
3. Puerto Rico es una isla.
4. La República Dominicana está al este de Cuba.
5. Los países centroamericanos tienen costa en el Océano Pacífico y en el Mar Caribe.
6. Colombia está al norte de Ecuador.
7. El Lago Titicaca está en la frontera entre Bolivia y Perú.
8. La línea ecuatorial pasa por Ecuador, Colombia y Venezuela.
9. El Aconcagua está en la Cordillera de los Andes.
10. Uruguay está al norte de Paraguay.
11. El Estrecho de Magallanes está en el sur del continente.
12. El Río Guadalquivir está en el noroeste de España.
13. Barcelona está en la costa del Mar Mediterráneo.

B. Complete the following statements, using words from the lists of geographical terms. Refer to the maps to locate the places mentioned.

1. El ____ de Gibraltar separa España de África.
2. El ____ Orinoco está en Venezuela y Colombia.
3. El ____ de Sudamérica está al ____ de México.
4. Yucatán en México es una ____.
5. Las islas Baleares están en el Mar ____ al ____ de España.
6. Las pampas argentinas están al ____ de los Andes.

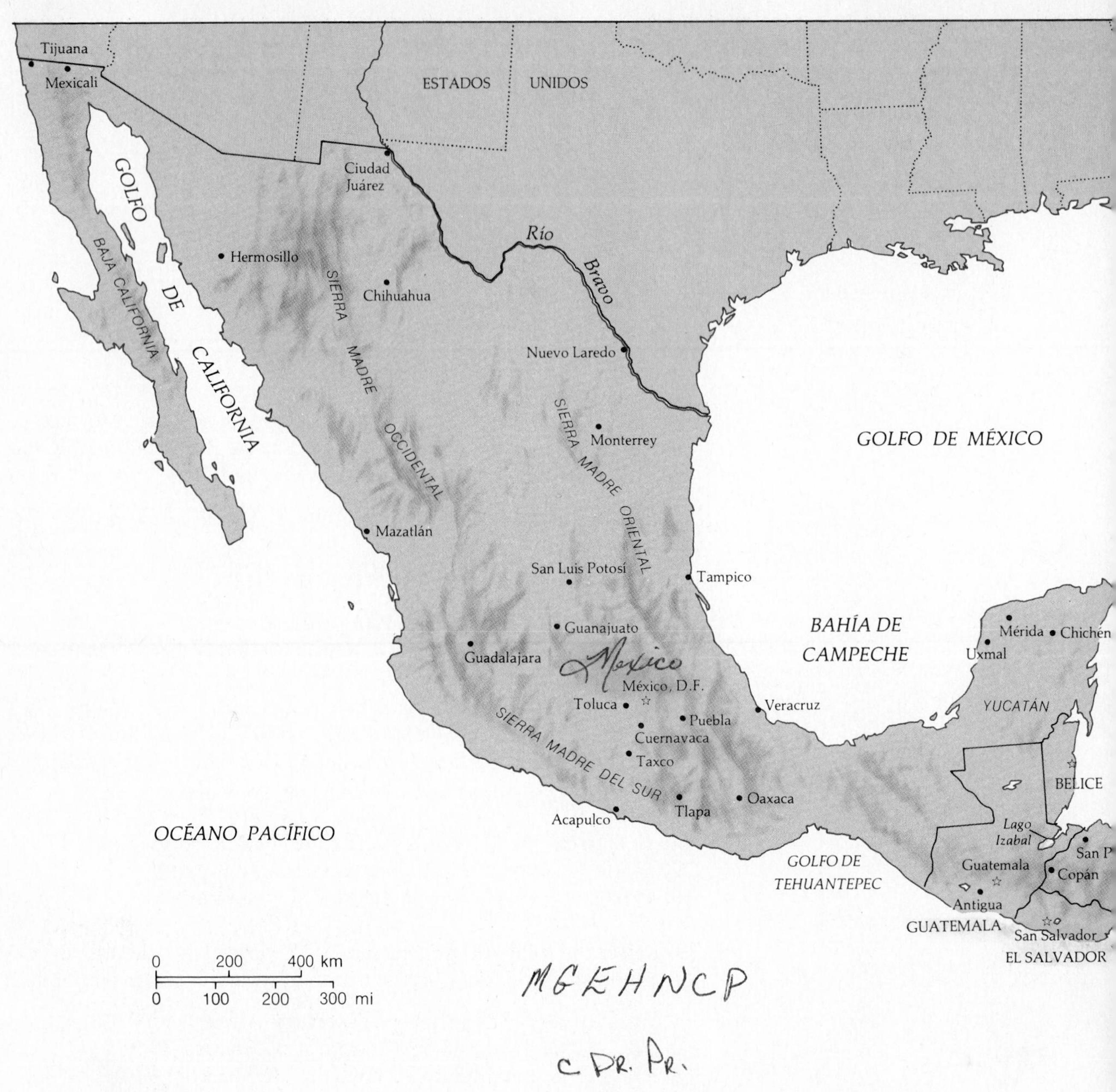

MÉXICO, AMÉRICA CENTRAL Y LAS ANTILLAS

OCÉANO ATLÁNTICO
LAS BAHAMAS
La Habana
CUBA
Morón
Guantánamo
Santiago de Cuba
REPÚBLICA
DOMINICANA
Santiago de los Caballeros
HAITÍ
Santo Domingo
San Juan
Río Piedras
Mayagüez
Ponce
PUERTO RICO
Guadalupe
Martinica
JAMAICA
MAR CARIBE
HONDURAS
Tegucigalpa
NICARAGUA
Managua
Lago de Nicaragua
Canal de Panamá
Islas de San Blás
San José
Colón
Panamá
COSTA RICA
PANAMÁ
COLOMBIA
Aruba
Curazao
La Guaira
Caracas
Trinidad
VENEZUELA

Barranquilla
Cartagena
Maracaibo
Caracas
San Carlos
Río Orinoco
Río Magdalena
Medellín
Bogotá
COLOMBIA
VENEZUELA
GUYANA
GUAYANA FRANCESA
SURINAM
Cali
Popayán
ECUADOR
Quito
ECUADOR
Guayaquil
Río Negro
Río Amazonas
PERÚ
CORDILLERA DE LOS ANDES
BRASIL
Lima
Callao
Machu Picchu
Cuzco
Puno
La Paz
Lago Titicaca
BOLIVIA
Brasilia
Sucre
Potosí
Río Paraná
PARAGUAY
São Paulo
Rio de Janeiro
TROPICO DE CAPRICORNIO
Salta
Asunción
CHILE
OCÉANO PACÍFICO
San Miguel de Tucumán
ARGENTINA
Aconcagua
Valparaíso
Santiago
URUGUAY
OCÉANO ATLÁNTICO
Buenos Aires
Montevideo
La Plata
Río de la Plata
PAMPAS
Concepción
Río Colorado
Mar del Plata
0 400 800 km
0 200 400 600 mi
PATAGONIA
Punta Arenas
TIERRA DEL FUEGO
Estrecho de Magallanes
CABO DE HORNOS

AMÉRICA DEL SUR

MAR CANTÁBRICO
FRANCIA
Costa
Cantábrica
La Coruña
Santiago
de Compostela
Santander
Bilbao
San
Sebastián
ANDORRA
León
Pamplona
PIRINEOS
Burgos
Costa Brava
Río
Ebro
Soria
Zaragoza
Río
Duero
ATLÁNTICO
Barcelona
Salamanca
Segovia
SIERRA DE GUADARRAMA
Ávila
Madrid
SIERRA DE GREDOS
PORTUGAL
Río
Tajo
Toledo
Menorca
ISLAS
BALEARES
Mallorca
Cáceres
Valencia
Río
Guadiana
Ibiza
SIERRA MORENA
Alicante
Costa
Blanca
MAR MEDITERRÁNEO
OCÉANO
Río
Guadalquivir
Córdoba
Sevilla
SIERRA
NEVADA
Granada
Costa de
la Luz
Málaga
Mulhacén
Cádiz
Costa del Sol
ÁFRICA
Estrecho
de Gibraltar
0
100
200
km
0
50
100
150
mi
ISLAS CANARIAS
La Palma
Tenerife
Fuerte-
ventura
Lanzarote
Gomera
Hierro
Gran Canaria
ÁFRICA
MARRUECOS
OCÉANO
ATLÁNTICO
ESPAÑA
ISLAS
CANARIAS
ÁFRICA

ESPAÑA

Unidad I
El mundo hispánico

Escultura de la antigua civilización olmeca delante de unos edificios modernos en Ciudad de México.

Lección I
El mundo hispánico

¿Cómo se llama usted?

Two students, Felipe Arrojo from Salamanca, Spain, and Cristina Marcano from Tucumán, Argentina, introduce themselves.

Monólogo 1

Me llamo Felipe Arrojo Ortiz.
Soy de Salamanca, España.
Soy estudiante.
Estudio ciencias políticas en la Universidad de Salamanca.

My name is Felipe Arrojo Ortiz.
I'm from Salamanca, Spain.
I'm a student.
I'm studying political science at the University of Salamanca.

Monólogo 2

Y yo me llamo Cristina Marcano Campos.
Soy de Tucumán, Argentina.
Soy estudiante también.
Estudio medicina en la Universidad de Buenos Aires.

And my name is Cristina Marcano Campos.
I'm from Tucumán, Argentina.
I'm a student also.
I'm studying medicine at the University of Buenos Aires.

Comprensión

Answer the following questions based on Monologues 1 and 2.

Preguntas sobre el Monólogo 1

1. ¿Es de Salamanca o de Madrid Felipe Arrojo? — Felipe es de . . .
2. ¿Es estudiante o profesor Felipe? — Felipe es . . .
3. ¿Es de Francia Felipe? — No, Felipe no es de . . .
4. ¿De qué país es? — Es de . . .
5. ¿Estudia en la Universidad de Salamanca? — Sí, Felipe estudia en . . .

Preguntas sobre el Monólogo 2

1. ¿Es de Salamanca Cristina Marcano? — No, Cristina no es de . . .
2. ¿Es de México Cristina Marcano? — No, Cristina no es de . . .
3. ¿De qué país es? — Es de . . .
4. ¿Es estudiante Cristina Marcano? — Sí, Cristina es . . .
5. ¿Estudia medicina o lenguas modernas? — Estudia . . .
6. ¿Estudia en la Universidad de Valencia? — No, no estudia en . . . Estudia en . . .

Conversación

Answer the following questions about yourself, according to the indications given.

1. ¿Es usted estudiante, señor (señora, señorita)? — Sí, soy . . .
2. ¿Cómo se llama usted, señor (señora, señorita)? — Me llamo . . .
3. Y usted, señorita (señor, señora), ¿cómo se llama? — Me . . .
4. ¿Es usted de España? — No, no soy de . . .
5. ¿De qué país es usted? — Soy de . . .
6. ¿Estudia usted en un colegio o en una universidad? — Estudio en . . .
7. ¿Qué lengua moderna estudia usted? — . . . español.
8. ¿Usted también estudia inglés? — Sí, . . . No, no . . .

Variaciones

1. Me llamo **Felipe Arrojo.**
   Cristina Marcano
   Patricia Campos
   Martha Smith
   Carlos Guzmán

2. Soy de **Salamanca.**
   Madrid
   España
   Italia
   los Estados Unidos

3. Soy **estudiante.**
profesor
profesora
médico
doctor

4. Estudio **ciencias políticas.**
lenguas modernas
medicina
historia
geografía

Práctica

A. Introduce yourself in Spanish to the student seated next to you, and say what city or town you are from. Then ask him/her for the same information, using the familiar form **Y tú, ¿cómo te llamas?** *(And you, what's your name?).*

▶ S1: *Me llamo ____. Soy de San Diego; y tú, ¿cómo te llamas?*
▶ S2: *Me llamo ____ y soy de ____.*

B. Pretend that you are in Buenos Aires and have just met a young person at the university. Find out what his/her full name is, whether he/she is a student or a teacher, and if he/she studies medicine, political science, or a modern language.

Nota cultural Spanish surnames

English speakers are often surprised at the apparent complexity of Spanish family names **(apellidos).** In the United States, the surname generally consists of the father's last name; for example, John *Smith*. Spanish last names are usually composed of the father's first surname followed by the mother's first maiden name. For example, in the full name **Felipe Arrojo Ortiz, Arrojo** is the father's first surname, and **Ortiz** is the mother's first maiden name. Felipe would probably be referred to as **Felipe Arrojo** in ordinary conversation. If clarification were requested or needed, as in introductions or formal job applications, both surnames would be used. Sometimes surnames may also be expressed by joining the names with **y** or a hyphen, as in **Arrojo y Ortiz** or **Arrojo-Ortiz.**

Legally, a woman or a man keeps the same name throughout his/her life. When a woman marries, she may choose to drop her mother's maiden name and add her husband's surname, which is generally preceded by **de.** For example, if **Cristina Marcano Campos** married **Felipe Arrojo Ortiz,** she would probably be referred to as **Cristina de Arrojo** or **Cristina Marcano de Arrojo.**

Agustín Sánchez Ochoa
Carmenza Franco de Sánchez

Juan B. Moreno Vargas
Blanca Elinor Santana de Moreno

Participan a Ud.(s) el matrimonio
de sus hijos

Martha Emilia y Luis Guillermo

Hola, ¿qué tal?

Felipe Arrojo and Alicia Díaz, two students at the University of Salamanca, greet each other and speak briefly before continuing on their way.

Felipe: Hola, Alicia, ¿qué tal? ¿Cómo estás?
Alicia: Muy bien, gracias. ¿Y tú?
Felipe: Como siempre.
Alicia: Pues . . . es tarde. Adiós, Felipe. ¡Hasta el lunes!
Felipe: Ah, sí, hoy es viernes. ¡Hasta el lunes!

Felipe: *Hi, Alicia, how are things? How are you?*
Alicia: *Fine (Very well), thanks. And you?*
Felipe: *Same as usual.*
Alicia: *Well . . . it's late, good-by, Felipe. See you on Monday!*
Felipe: *Oh, yes, today is Friday. See you Monday!*

Comprensión

1. ¿Es estudiante o profesora Alicia? — Alicia es . . .
2. ¿Estudia Alicia en la Universidad de Salamanca? — Sí, Alicia estudia . . .
3. ¿Es estudiante Felipe? — Sí, Felipe es . . .

4. ¿Estudia Felipe en la Universidad de Madrid?	No, Felipe no estudia . . .
5. ¿Cómo está Alicia?	Alicia está . . .
6. ¿Cómo está Felipe?	Felipe está . . .

Conversación

1. ¿Es usted profesor (profesora)?	No, no soy . . .
2. ¿Estudia usted en la Universidad de Salamanca?	No, no estudio . . .
3. ¿Estudia usted en la Universidad de . . .?	Sí, estudio . . .
4. ¿Cómo está usted, señor (señora, señorita)?	Estoy . . .
5. ¡Adiós, señor (señora, señorita)!	¡Hasta . . ., (señor)!

Variaciones

1. — **¿Cómo estás**, Alicia?
   Qué tal

   — **Muy bien,** gracias.
   Bien
   Regular
   Así, así
   Como siempre

2. — ¡**Adiós**, Felipe!
   Chau

   — ¡Hasta **el lunes!**
   pronto
   mañana
   luego
   la vista

Práctica

Role-play the dialogue on page 17, substituting your own first name for that of **Felipe** or **Alicia.** If you prefer, use one of the Spanish names **(nombres)** listed below. The names **José** *(Joseph)* and **María** *(Mary)* often form compound names, as in **José Luis** and **María Mercedes.**

Nombres de pila de muchachos *(First names of boys)*

Andrés	Enrique	José	Pedro	Antonio	Fernando
Luis	Raúl	Carlos	Jaime	Mario	Tomás

Nombres de pila de muchachas *(First names of girls)*

Alicia	Elena	Lisa	Patricia	Carmen	Inés
María	Pilar	Dolores	Isabel	Margarita	Rosa

Nota cultural Formality in greetings

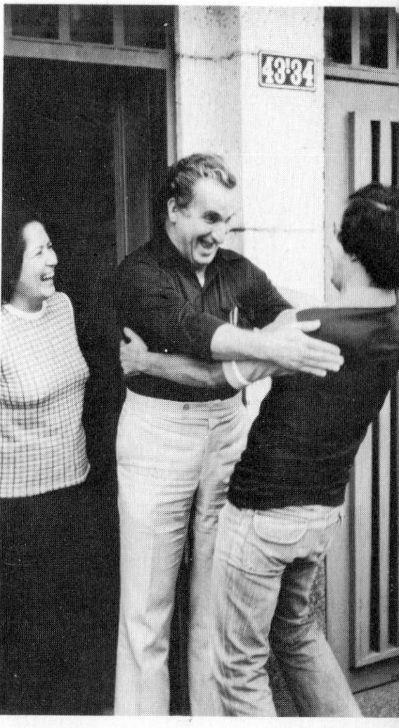

In Spanish, as in English, speakers use different levels of formality in the language, depending on the situation, the person or persons with whom they are speaking, and regional variations. For example, in the dialogue *Hola, ¿qué tal?,* Felipe uses **hola** to say hello to his friend Alicia. If Felipe met a professor at the university, he would probably greet him/her with a more formal **Buenos días** *(Hello, good morning).*

In most Spanish-speaking countries, people shake hands more frequently than in the United States. Acquaintances often shake hands at the beginning of a conversation and when they say good-by. Young people often touch each other lightly on the arm or shoulder rather than shake hands. Older women tend to exchange a light kiss **(un beso)** on one or both cheeks. Older men may give each other an embrace or hug **(un abrazo),** especially if they have not seen each other for a long time.

When two friends pass on the street, they may stop, shake hands, and talk for a while. If they do not intend to stop and talk, their greeting may be a simple **¡Hola!** or **¡Adiós!,** accompanied by a friendly raising of the hand. These expressions are a polite acknowledgement, equivalent to *Hi!* or nodding your head in English-speaking cultures.

Vocabulario

The *Vocabulario* contains the basic words and expressions used in the core material (monologues, dialogues, and corresponding questions and activities) of each lesson. Most close cognates are listed in alphabetical order at the beginning of each *Vocabulario* section.

Palabras análogas

un adjetivo
una comprensión
una conversación
un doctor
una doctora
una expresión
una historia
un monólogo
un profesor
una profesora
una variación
un verbo
un vocabulario

Sustantivos

ciencias políticas political science
español Spanish *(language)*
los Estados Unidos the United States
un estudiante, una estudiante a student
inglés English *(language)*
una lección a lesson
una lengua moderna a modern language
lunes Monday
un médico a medical doctor
un país a country

una pregunta a question
un señor a gentleman; **señor** (+ last name) Mr. (+ last name)
una señora a lady; **señora** (+ last name) Mrs. (+ last name)
una señorita a young lady; **señorita** (+ last name) Miss (+ last name)
un sustantivo a noun
viernes Friday

Adjetivos

otro, -a other, another

Verbos

es he/she is; *(formal)* you are; it is
¿es usted? are you?
estoy I am
está he/she is; *(formal)* you are; it is
estudio I study, am studying
estudia he/she studies, is studying; you *(formal)* study, are studying
¿estudia usted? do you study?
soy I am

Otras palabras y expresiones

adiós good-by
así, así so-so
bien well
¿cómo? how?
¿cómo está usted? how are you? *(formal)*
¿cómo estás? how are you? *(familiar)*
¿cómo se llama usted? what's your name? *(formal)*
como siempre same as usual
¡chau! so long!, by!
de of, from
¿de qué país? from what country?
en in, at
es tarde it's late
gracias thanks, thank you
hasta luego see you later
hasta el lunes see you Monday
hasta mañana see you tomorrow
hasta pronto see you soon
hasta la vista see you later (I'll be seeing you)
hola hi, hello
hoy today
me llamo my name is (*literally,* I call myself)
muy bien very well
no no, not
o or
pues well
¿qué? what?
¿qué tal? how are things?
regular not bad
sí yes; **ah, sí** oh, yes
sobre about
también also, too
tú you *(familiar)*
usted you *(formal)*
y and
yo I

Pronunciación y ortografía

I. Sound/letter correspondence

In Spanish, as in English, sounds and letters do not always correspond. However, there are more consistent spelling patterns in Spanish than in English. As a guide to correct pronunciation, phonetic symbols within brackets will sometimes be used in this text to represent specific sounds. For example, the symbol [k] is used to represent the sound that is used at the beginning of the Spanish word **que.** A complete list of the phonetic symbols is given in Appendix B.

II. Basic vowel sounds and Spanish syllables

1. There are five basic vowel sounds in Spanish: **[a], [e], [i], [o],** and **[u].** Spanish vowels are pronounced as short, quick, distinct sounds. They

are never pronounced as a *schwa* ("uh" sound), as in the second syllable of the word *vowel [vowuhl]*; nor are they pronounced as a glide, as in the first syllable of the word *basic [beysik]*.

2. A Spanish syllable always contains one vowel **(a, e, i, o,** or **u)** or a vowel combination (for example, a diphthong such as **ia, ie,** or **ue**). A syllable is considered *open* if it ends in a vowel or vowel combination (as in **Cla-ra**) and *closed* if it ends in a consonant (as in **An-drés**). For more on Spanish syllables, refer to *Lección 4.*

A. Listen to your instructor pronounce the following names of countries, first in Spanish, then in English. Your instructor will then say the Spanish names again. Repeat the Spanish names, being careful to imitate his/her pronunciation.

Costa Rica Costa Rica	**Panamá** Panama	**Cuba** Cuba
Chile Chile	**Perú** Peru	**Honduras** Honduras

B. Pronounce the following Spanish first names after your instructor. Pay special attention to the way you pronounce the letters **a, e, i, o,** and **u.** The names are divided into syllables, and the stressed syllable is shown in boldface type.

Cla-ra	E-**li**-sa	I-sa-**bel**	**Car**-los	Ar-**tu**-ro
Pa-blo	E-**le**-na	Ma-ri-**sol**	**Pe**-dro	Su-**sa**-na
Ro-sa	Fe-**li**-pe	An-**drés**	**Hu**-go	Ro-**ber**-to

C. Tell who comes from which country by combining the names of people in Exercise B with the names of countries listed in Exercise A.

▶ *[Clara] es de [Perú].*

III. Accent marks and punctuation marks

1. In written Spanish, an accent mark (called **acento** or **tilde**) occurs only on a vowel, as in **Perú.** Accent marks do not occur in words that are pronounced according to normal stress patterns. They are an important part of Spanish spelling because they indicate how a word is stressed. Note that the letter **ñ** is a separate letter in the alphabet and not the letter **n** with a **tilde,** as it is called in English.

   Bárbara **Gó**mez An**drés** Gon**zá**lez

2. An accent mark is sometimes used to distinguish between pairs of words that look and sound alike, but have different meanings and grammatical functions.

cómo	how	**qué**	what	**sí**	yes	**mí**	me
como	as	**que**	that	**si**	if	**mi**	my

3. An inverted question mark ¿ **(signo de interrogación)** or an inverted exclamation point ¡ **(signo de exclamación)** at the beginning of a sentence or phrase serves as a visual cue that a question or exclamation follows. A regular question mark or exclamation point also occurs at the end of the sentence or phrase.

¿Cómo se llama usted?	¡Hasta el lunes, Alicia!
Y usted, ¿cómo se llama?	Pues . . . ¡adiós, Felipe!

D. Write the following sentences as dictated. Then exchange papers with a classmate and correct his/her accent marks and punctuation.

1. Andrés, ¿estudias lenguas modernas?
2. ¡Hasta el lunes, Bárbara!
3. ¿Cómo estás, Antonio?
4. Soy de Tucumán, Argentina.

Estudio de palabras

I. Los días de la semana *(The days of the week)*

1. The following are the days of the week in Spanish. Note that in Spanish-speaking countries, most calendars begin with Monday **(lunes)** as the first day of the week.

lunes **martes** **miércoles** **jueves** **viernes** **sábado** **domingo**

2. In Spanish, the days of the week are not usually capitalized unless they occur at the beginning of a sentence.

— ¿Qué día es hoy?	*What day is today?*
— **Viernes,** todo el día.	*Friday, all day long.*
— ¡Qué bien! **El viernes** es mi día favorito.	*How nice! Friday is my favorite day.*

A. Name the days that precede and follow the ones listed below.

▶ viernes *jueves, sábado*

1. domingo 2. martes 3. jueves 4. miércoles

B. Say good-by to your friend Luis. He will then say good-by to you. Use **el** and any day of the week you like.

▶ S1: *Adiós, Luis. Hasta el lunes.* S2: *No, hasta el domingo. Chau.*

C. Answer the following questions.

1. ¿Hoy es lunes? ¿martes? ¿miércoles? ¿Qué día es?
2. ¿Qué día es mañana *(tomorrow)*?

3. Si *(If)* mañana es viernes, ¿que día es hoy?
4. Si hoy es sábado, ¿qué día es mañana?
5. Hoy es jueves, ¿no?
6. Mañana es domingo, ¿no?

II. Palabras análogas *(Cognates)*

As you read in the preliminary lesson *(A vista de pájaro)*, cognates are words in two languages that resemble each other in spelling and meaning, but are pronounced differently.

D. Listen carefully as your instructor pronounces the following words. Repeat each word and then give the meaning in English.

comprensión	lección	pronunciación	moderna
monólogo	medicina	diálogo	superior
vocabulario	ortografía	doctor	práctica
profesor	cultural	verbo	adjetivo

E. Complete each of the following sentences with an appropriate word. Note that the first letter of the word is already given.

1. Estudio la l_____.
2. El señor Ortiz es p_____ de historia.
3. ¿Estudia usted m_____?
4. ¿De qué país es el d_____ Campos?
5. ¿Qué lengua m_____ estudia Cristina?
6. No estudio el v_____ de la lección, estudio la nota c_____.

Estructuras útiles

I. Subject pronouns

—¿Es **usted** de España, señorita?
—¿Quién, **yo?**
—Sí, **usted.**
—No, no soy de España. Soy de los Estados Unidos.

Below is a chart of the subject pronouns in Spanish. Note that **tú, usted, vosotros,** and **ustedes** all mean *you.* Spanish has no equivalent for the subject pronoun *it.*

Singular	Plural
yo I	**nosotros** we *(m* or group of *m* and *f)* **nosotras** we *(f)*
tú you *(fam.)*	**vosotros** you *(m* or group of *m* and *f; fam.)* **vosotras** you *(f) (fam.)*
usted you *(formal)* **él** he **ella** she	**ustedes** you *(fam.* or *formal)* **ellos** they *(m* or group of *m* and *f)* **ellas** they *(f)*

1. The familiar pronoun **tú** is used to address someone you know on a first-name basis, such as a child, a close relative, a friend, or a fellow student. The more formal pronoun **usted** is normally used to address a person whom the speaker does not address on a first-name basis.
2. In Hispanic America, **ustedes** is used to address more than one person, whether the relationship is formal or familiar.
3. **Usted** and **ustedes** may be abbreviated to **Ud.** and **Uds.** or to **Vd.** and **Vds.** In this text, only the abbreviations **Ud.** and **Uds.** will be used.
4. In Spain, two different pronouns are used to address more than one person: **vosotros/as** and **ustedes.** The plural form of **tú** is **vosotros** and **vosotras;** the plural form of **usted** is **ustedes.**
5. The masculine plural forms **ellos, nosotros,** and **vosotros** may refer to an all-male group or to a mixed group of males and females. The feminine plural forms **ellas, nosotras,** and **vosotras** refer to an all-female group.

A. Which subject pronoun **(tú, usted, ustedes, vosotros,** or **vosotras)** would you be likely to use in addressing the following persons (a) if you were living in Madrid? or (b) if you were living in Mexico City?

▶ your friend Jorge (a) *tú,* (b) *tú*

1. your uncle and aunt
2. a police officer
3. the dean of the university
4. a teacher
5. the governor of your state
6. two strangers
7. your younger sisters
8. your best friend
9. three good friends
10. your doctor

B. Give the subject pronoun that would be used to refer to the persons indicated.

▶ Ana y Luisa *ellas*

1. Ricardo
2. María
3. Fernando y yo
4. señorita Martínez
5. Felipe y María
6. señor Blanco
7. usted y Linda
8. profesor Monte y profesora Caro

II. Present tense and uses of **ser**

—*¿**Son** ustedes de Ecuador?*
—*Sí, **somos** de Ecuador. **Somos** de Guayaquil.*

1. The verb **ser** is irregular in Spanish as is the verb *to be* in English. Note that **ser** has six different irregular forms in the present tense, while *to be* has only three *(am, are, is).* Learn all the conjugated forms (the forms that agree with or match the subject pronouns) of **ser,** which are presented in the chart below.

	ser	
yo	**soy**	I am (I'm)
tú	**eres**	you *(fam.)* are
usted	**es**	you *(formal)* are
él, ella	**es**	he/she is
nosotros, -as	**somos**	we are
vosotros, -as	**sois**	you (*fam.*, in Spain*)* are
ustedes	**son**	you *(fam.* or *formal)* are
ellos, ellas	**son**	they are

2. Subject pronouns are normally omitted in Spanish, especially when it is clear from the verb form or context who the subject is.

Soy Felipe Arrojo.	*I'm Felipe Arrojo.*
Somos de Portugal.	*We're from Portugal.*

3. Subject pronouns are generally used for clarity, contrast, or emphasis.

Son Luis y Marta. **Él** es de Panamá y **ella** es de Costa Rica.	*It's Luis and Marta. He's from Panama and she's from Costa Rica.*
— **Tú** eres de Chile, ¿no?	*You're from Chile, right?*
— No, **yo** no soy de Chile, soy de Argentina.	*No, I'm not from Chile, I'm from Argentina.*

4. The subject pronouns **usted** and **ustedes** are often used for purposes of courtesy, as well as for clarity.

Buenos días. ¿Es **usted** el doctor? — *Good morning. Are you the doctor?*

5. A sentence is made negative by using **no** before the verb form. To make **ser** negative, use **no** before the verb forms **soy, eres, es,** et cetera.

Soy chileno, **no soy** colombiano.	*I'm Chilean, I'm not Colombian.*
¿No eres estudiante?	*Aren't you a student?*
No somos de Perú.	*We're not from Peru.*

6. The verb **ser** is one of the most commonly used verbs in Spanish. It is used to indicate:
   a. nationality

— **¿Eres** colombiano o venezolano?	*Are you Colombian or Venezuelan?*
— **Soy** colombiano.	*I'm Colombian.*

   b. occupation or profession, or membership in a group (such as religious or political affiliation). Note that the indefinite articles **un** and **una** are usually omitted before a noun of nationality or profession.

— **¿Es** Pedro profesor o médico?	*Is Pedro a professor or a doctor?*
— **Es** médico.	*He's a doctor.*
— **¿Es** capitalista o comunista?	*Is he a capitalist or a communist?*
— **Es** capitalista.	*He's a capitalist.*

   c. place of origin, when accompanied by **de**

— **¿De** qué país **son** ustedes?	*What country are you from?*
— **Somos de** Perú.	*We're from Peru.*

C. Say that the following people are from the countries indicated.

▶ ellas / Costa Rica — *Ellas son de Costa Rica.*

1. tú / México
2. él / El Salvador
3. ellos / España
4. tú y él / Venezuela
5. ustedes / Perú
6. nosotras / Ecuador
7. ellas / Puerto Rico
8. yo / Argentina
9. usted / Colombia

D. Clarify whether the following people are or are not doctors, students, or professors, according to the cues. Use the occupation ending in **-a** when referring to a female.

▶ Teresa (sí) — *Teresa es [estudiante, doctora, profesora].*
▶ Alberto (no) — *Alberto no es [estudiante, doctor, profesor].*

1. usted (sí)
2. Miguel Gómez (no)
3. Luisa (sí)
4. tú (no)
5. ella (sí)
6. Paco (no)

E. Answer the following questions in the affirmative or in the negative. Remember to answer with the adjective of nationality ending in **-o** if you are a male, and **-a** if you are a female.

▶ ¿Es usted argentino/a? *Sí, soy argentino/a.*
No, no soy argentino/a; soy [norteamericano/a].

1. ¿Es usted puertorriqueño/a?
2. ¿Es usted boliviano/a?
3. ¿Es usted hondureño/a?
4. ¿Es usted cubano/a?
5. ¿Eres tú colombiano/a?
6. ¿Eres tú mexicano/a?
7. ¿Eres tú uruguayo/a?
8. ¿Eres tú norteamericano/a?

F. Ask your instructor and several classmates if they are from various Spanish-speaking countries. Use **usted** when addressing your instructor, and **tú** when addressing another student.

▶ *¿Es usted de Colombia, [señor]?*
▶ *¿Eres tú de Argentina, [Miguel]?*

¿Comprende usted?

Developing reading skills

The *¿Comprende usted?* selections are intended to help you develop the skill of understanding new reading materials in Spanish, improve your knowledge of the language, and open new interests. By the end of the program, you should be able to read a variety of materials in this section with little or no help from a dictionary.

As you read new material in Spanish, follow the steps given below. They will help you gain confidence in your ability to use the language, save you time and effort, and consolidate your other language skills as well.

1. Read the complete text and concentrate on what you do understand rather than on what you do not. Try to grasp the basic message of sentences and paragraphs, looking for cognates to help you understand the meaning.
2. Read the text a second time, trying to see how the parts that you understood the first time may clarify some of the parts that you did not understand.
3. Go back over the selection and underline key words that you still do not understand. There will be a few new, non-cognate words included

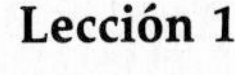

in the reading. Make an educated guess about the meaning of the words you have underlined, trying to make global sense of the text, rather than a word-for-word English rendition of it.

4. Look up your underlined words in the end vocabulary, or be more daring and move on to step 5 without checking the vocabulary until after you have finished doing the exercises.
5. Do the exercises, trying to create mental images of key words and phrases rather than flash English words in your mind.
6. Read the selection once more. Remember that you do not need to understand every individual word in order to understand the basic meaning of the selection.

Estereotipos hispánicos

Los estereotipos culturales describen parte de la realidad, pero no son la realidad total. Para muchos norteamericanos, el estereotipo de México representa toda Hispanoamérica y España: tacos, enchiladas, mariachis, sombreros enormes. Para otros norteamericanos, los problemas políticos de un país hispánico son una representación de todos los países hispánicos: el dictador, la revolución, la guerrilla. Y finalmente, el estereotipo tradicional del individuo hispánico es el Don Juan, el romántico, el macho, el matador.

Los hispanos también crean estereotipos de los norteamericanos: millonarios, materialistas, cándidos, inocentes en la política, generosos. Naturalmente, el estereotipo del norteamericano también se basa en la realidad, pero no es la realidad en su totalidad. Los estereotipos son simplistas y la realidad es compleja. ¡Es importante comprender la diferencia!

A. Match each Spanish word with its English equivalent in the right-hand column.

1. representa	is based
2. realidad	complex
3. crean	dictator
4. políticos	reality
5. tradicional	millionaires
6. millonarios	part
7. se basa	political
8. dictador	traditional
9. compleja	represents
10. revolución	create
11. parte	revolution

B. Read the following words and create a *detailed* mental picture of the person or thing they represent. Then compare your mental picture with that of a classmate.

millonario, dictador, norteamericano, hispano, guerrilla

C. *¿Verdad o falso?* Say whether the following statements are true or false, according to the reading.

1. Para muchos norteamericanos, los mexicanos simbolizan a los hispanos en general.
2. Los hispanos observan y comprenden la realidad norteamericana en su totalidad.
3. Unos estereotipos se basan en la tradición.
4. Unos estereotipos son parte de la realidad.

D. Write two sentences that summarize the reading (one for each paragraph).

Lección 2
El mundo hispánico

¿Dónde vive usted?

An auto mechanic from Valencia, Spain, and a nurse from Nuevo Laredo, Mexico introduce themselves and mention their nationalities and occupations.

Monólogo 1

Me llamo Jorge Ramírez.
Soy español y vivo en Valencia.
Valencia es una ciudad industrial del este de España.
No tengo hijos: soy soltero.
Soy mecánico y trabajo en una fábrica de automóviles.

My name is Jorge Ramírez.
I'm Spanish and live in Valencia.
Valencia is an industrial city in the east of Spain.
I don't have any children: I'm single.
I'm a mechanic, and I work in an automobile factory.

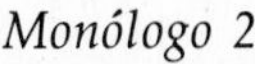

Monólogo 2

Me llamo Rosa Jiménez de García.
Soy mexicana y vivo en Nuevo Laredo.
Nuevo Laredo es un pueblo del norte de México.
Soy casada y tengo tres hijos.
Soy enfermera y trabajo en un hospital.

My name is Rosa Jiménez de García.
I'm Mexican and I live in Nuevo Laredo.
Nuevo Laredo is a town in the north of Mexico.
I'm married and have three children.
I'm a nurse, and I work in a hospital.

Comprensión

Preguntas sobre el Monólogo 1

1. ¿Es español o mexicano Jorge Ramírez?
2. ¿De qué país es, de España o de México?
3. ¿En qué ciudad vive?
4. ¿Es Valencia una ciudad del norte o del este de España?
5. ¿Es soltero o casado Jorge? ¿Tiene hijos?
6. ¿Es mecánico o enfermero Jorge?
7. ¿Dónde trabaja Jorge? ¿en una fábrica o en un hospital?

Preguntas sobre el Monólogo 2

1. ¿Es profesora o enfermera Rosa Jiménez de García?
2. ¿De qué nacionalidad es?
3. ¿En qué pueblo vive?
4. ¿Es Nuevo Laredo un pueblo del este o del norte de México?
5. ¿Es soltera o casada Rosa? ¿Tiene dos o tres hijos?
6. ¿Dónde trabaja Rosa? ¿en una fábrica, en un colegio o en un hospital?

Conversación

1. ¿Es usted norteamericano, señor? — Sí, soy . . ., (No, no soy . . .)
2. ¿Es usted norteamericana, señorita? — Sí, soy . . ., (No, no soy . . .)
3. ¿En qué país vive usted, señora? — Vivo en . . .
4. ¿En qué estado vive usted, señor? — Vivo en . . .
5. ¿Vive usted en un pueblo o en una ciudad, señor? — Vivo en . . .
6. ¿Es usted enfermera o estudiante, señorita? — Soy . . .
7. ¿Es usted mecánico o estudiante, señor? — Soy . . .
8. ¿Trabaja usted, señorita? — Sí, trabajo . . . (No, no trabajo . . .)
9. ¿Es usted casado/a o soltero/a? — Soy . . .

Variaciones

1. Soy **español**.
   mexicana
   norteamericano
   canadiense
   americana

2. Vivo en **Valencia**.
   España
   Nuevo Laredo
   México
   los Estados Unidos

3. Tengo **tres hijos**.
   dos apellidos
   clase de español hoy
   dos clases hoy
   una hija y un hijo

4. Trabajo en **una fábrica**.
   un hospital
   una universidad
   una ciudad del norte
   un pueblo de España

Fiesta en una universidad en Madrid, España.

Práctica

Pretend that you are at the party shown in the photo above and are speaking with a stranger. Ask his/her name, what country he/she is from, what city or town he/she lives in, whether he/she is Spanish or Mexican, and where he/she works. Use the vocabulary and structures from the monologues in this lesson.

Nota cultural The term **americano/americana**

The term **americano/americana** is used in formal language (books, classrooms, lectures) to refer to any person that has been born in the western hemisphere. In most other contexts it is used to refer to a citizen of the United States. To refer more precisely to someone born in the United States **(los Estados Unidos)**, a speaker may use the term **estadounidense** or **norteamericano/norteamericana.** The latter term could theoretically apply to a Mexican or a Canadian, however, since Mexico and Canada are also part of the North American continent. Spanish speakers usually use the term **mexicano/mexicana** to refer to a Mexican, and **canadiense** to refer to a Canadian.

Buenos días

Inés Gómez arrives at the hospital to visit her mother just as one of the doctors, Julio Martínez, is leaving. She asks about her mother's health and exchanges greetings with the doctor before he leaves.

Srta. Gómez: Buenos días, Dr. Martínez. ¿Cómo está mi mamá hoy?
Dr. Martínez: Buenos días, señorita. Está bastante bien y muy tranquila. Y usted, ¿cómo está?
Srta. Gómez: Muy bien . . . y muchas gracias, doctor.
Dr. Martínez: De nada, señorita.
Srta. Gómez: Pues, hasta luego, doctor.
Dr. Martínez: Hasta pronto, señorita. Aquí estoy a sus órdenes.

Srta. Gómez: *Good morning, Dr. Martínez. How is my mother today?*
Dr. Martínez: *Good morning, Miss (Gómez). She's feeling quite well and (is) very calm. And how are you?*
Srta. Gómez: *Very well . . . and thank you so much, doctor.*
Dr. Martínez: *That's quite all right, Miss (Gómez).*
Srta. Gómez: *Well, doctor, I'll see you later.*
Dr. Martínez: *I'll see you soon, Miss (Gómez). I'm (always) here at your service.*

Comprensión

1. ¿Cómo se llama el doctor? — Se llama . . .
2. ¿Dónde trabaja él? — Trabaja en . . .
3. ¿Cuál es el apellido de Inés? — El apellido de Inés es . . .
4. ¿Cómo está la mamá de Inés? — La mamá de Inés está . . .
5. ¿Cómo está Inés? — Inés está . . .

Conversación

1. ¿Cuál es su apellido, señor (señora, señorita)? — Mi apellido es . . .
2. ¿Dónde trabaja usted? — Trabajo en . . .
3. ¿Cómo está su mamá? — Mi mamá está . . .
4. ¿Cómo está usted? — Estoy . . .

Variaciones

1. Buenos días, **Dr. Martínez.**
   señorita Gómez
   señor
   profesor López
   señora

2. **Buenos días,** doctor.
   Buenas tardes
   Buenas noches
   Adiós
   Hasta la vista

3. ¿Cómo está **mi mamá?**
   la señorita Gómez
   la profesora
   usted

4. **De nada,** señorita.
   A sus órdenes
   A la orden
   Para servirle

Práctica

A. Role-play the dialogue between Inés Gómez and Dr. Martínez. Change the names, if you like, to those of individuals you know.

B. Review the common expressions for saying good-by from *Lección 1.* Use some of them to say good-by to your friends and classmates when you see them on campus or at the end of the class period.

Nota cultural Use of first names and courtesy titles

The use of first names among adults is usually reserved for informal speech. Among friends, first and/or last names are used interchangeably with no special connotation of respect or distance. For example, if two friends, José Andino and Pedro Muñoz, are talking, they might call each other **José** and **Pedro** or **Andino** and **Muñoz.**

Often the courtesy titles **señor, señora,** and **señorita** (abbreviated in writing to **Sr., Sra.,** and **Srta.**) are used in place of a name. At present there is no universally accepted Spanish term for *Ms.,* as in *Ms. Smith,* though

Miguel Hernández López,
  Sra. e hijos
Calle 5 de mayo #89
Salta, Argentina

Dra. Milagros Amador de Pereira
Avenida de la Independencia #36
Santiago de los Caballeros
República Dominicana

some people use **Sa.** in writing. Sometimes professional titles such as **doctor/a** or **profesor/a** are used as substitutes for names. Thus, it is correct to address a person with a polite **señor/a, doctor/a, profesor/a, licenciado/a** *(lawyer).*

In most Spanish-speaking countries, the courtesy titles **don** and **doña** are used when speaking to adults and usually signify respect (whether of age or social position). **Don** is used with a man's first name **(don Miguel, don José)**, and **doña** is used with a woman's first name **(doña Rosa, doña Carmen)**. **Doña** may refer to a married or single woman.

Vocabulario

Palabras análogas

americano, -a
una clase
un hospital
industrial
mamá
un mecánico, una mecánica
mexicano, -a
norteamericano, -a
tranquilo, -a

Sustantivos

un apellido a last name
una ciudad a city
un enfermero, una enfermera a nurse
un estado a state
una fábrica a factory
una fábrica de automóviles an automobile factory
un hijo a son; a child (as related to parents)
una hija a daughter
hijos children
una nacionalidad a nationality
un pueblo a town

Adjetivos

canadiense Canadian
casado, -a married
dos two
español, -a Spanish
mi my; *(pl.)* **mis**
soltero, -a single
su your *(formal)*; *(pl.)* **sus**
tres three

Verbos

se llama his/her name is
tengo I have
tienes you *(fam.)* have
tiene he/she/it has; you *(formal)* have
trabajo I work, am working
trabajas you *(fam.)* work, are working
trabaja he/she/it works, is working; you *(formal)* work, are working
vivo I live, am living
vives you *(fam.)* live, are living
vive he/she lives, is living; you *(formal)* live, are living

Otras palabras y expresiones

a la orden at your service; *(pl.)* **a sus órdenes**
aquí estoy a sus órdenes I'm (always) here at your service
bastante bien quite well
buenas tardes (noches) good afternoon (evening, night)
buenos días good morning, hello
¿cómo está mi mamá? how is my mother?
¿cuál? which, what?
de nada you're welcome, not at all
¿dónde? where
hasta until
muchas gracias thank you very much
muy very
para servirle at your service

Pronunciación y ortografía

I. Intonation patterns

1. Intonation refers to the rise and fall of the voice in speaking. In Spanish, a falling intonation pattern is normally used for statements, exclamations, commands, and for information questions (questions that begin with an interrogative word like **¿dónde?** and **¿quién?**).

Statement:	Me llamo Miguel.	*My name is Miguel.*
Exclamation:	¡Qué inteligente eres!	*How intelligent you are!*
Command:	¡Trabaje usted!	*Work!*
Information questions:	¿Quién es Jorge Ramírez?	*Who is Jorge Ramírez?*
	¿Dónde vive Rosa?	*Where does Rosa live?*

2. A rising intonation pattern is normally used for general questions (questions that can be answered with **sí** or **no**). In conversation, the verb form may precede or follow the subject.

General questions:	¿Eres de Madrid?	*Are you from Madrid?*
	¿Trabaja Miguel en un hospital?	*Does Miguel work in a hospital?*
	¿Miguel trabaja en un hospital?	

A. Read aloud the following sentences, using the correct intonation pattern.

1. Soy estudiante.
2. ¡Qué inteligente eres!
3. ¿Elena vive en Costa Rica?
4. ¿Quién vive en La Paz?
5. ¡Estudie usted!
6. ¿Eres de San Francisco?
7. ¿Dónde vive usted?
8. ¿De qué país es usted?

II. Linking within breath groups

In connected speech, words normally occur in breath groups (groups of words related to each other and usually followed by a slight pause). In Spanish, a breath group often sounds as though it were one long, multi-syllabled word. The following examples show where linking generally occurs in Spanish. You will learn more about linking in *Lección 5* after you have studied diphthongs.

1. A final consonant is linked to an initial vowel.

en‿un pueblo   Él‿es‿español.   ¿Es‿usted‿argentino?

2. If two consonants are identical, they fuse into one, slightly longer consonant.

un‿norteamericano   el‿lunes

3. If two vowels are identical, they fuse into one, slightly longer vowel.

Pepe‿es mecánico.   Es de‿Elena.

4. Since the letter **h** does not represent any sound in Spanish, linking occurs with the vowel that follows **h.**

un‿hospital   en‿Honduras   mi‿hijo

B. Read aloud the following sentences, linking the vowels and consonants as shown. Pronounce each breath group as though it were one long, multi-syllabled word.

1. María vive‿en‿España.
2. ¿Trabajas‿en‿un‿hotel?
3. Carmen‿está en Buenos‿Aires.
4. ¿Está Ana‿aquí?
5. No trabajo el‿lunes.
6. Enrique‿estudia‿antropología.
7. ¡Es‿Sara!

Estudio de palabras

I. Los números de 0 a 20

The following are the Spanish names for the numbers **0** through **20.**

0 = **cero**

1 = **uno**	6 = **seis**	11 = **once**	16 = **dieciséis**
2 = **dos**	7 = **siete**	12 = **doce**	17 = **diecisiete**
3 = **tres**	8 = **ocho**	13 = **trece**	18 = **dieciocho**
4 = **cuatro**	9 = **nueve**	14 = **catorce**	19 = **diecinueve**
5 = **cinco**	10 = **diez**	15 = **quince**	20 = **veinte**

A. Give the number that precedes and follows each number indicated.

► uno   *cero, dos*

1. cinco
2. nueve
3. dos
4. cuatro
5. dieciséis
6. diecinueve
7. siete
8. seis
9. doce

B. Ask another student to answer the following addition and subtraction problems. If your classmate makes an error, correct him/her.

▶ $3 + 3 = ?$ S1: *¿Cuántos son tres y tres?*
S2: *Tres y tres son seis.*
S1: *Muy bien. ¿Y cuántos son . . . ?*

▶ $3 - 1 = ?$ S1: *¿Cuántos son tres menos uno?*
S2: *Tres menos uno son uno.*
S1: *¡No, no, no! Tres menos uno son dos.*

1. $10 - 4 = ?$
2. $6 + 3 = ?$
3. $4 + 4 = ?$
4. $9 - 7 = ?$
5. $4 - 1 = ?$
6. $8 - 4 = ?$
7. $8 + 5 = ?$
8. $7 + 8 = ?$
9. $15 - 3 = ?$
10. $13 - 8 = ?$
11. $11 - 1 = ?$
12. $10 + 4 = ?$
13. $12 + 6 = ?$
14. $14 + 5 = ?$
15. $19 - 3 = ?$

C. On a scale of 0 to 10, rate your ability to do activities like those indicated below.

▶ speak Spanish *siete*

1. play the guitar
2. spell in English
3. handle a computer
4. drive a car
5. dance
6. draw a portrait
7. typewrite in English
8. sing the national anthem
9. ride a motorcycle
10. take color photos

II. Objetos de la clase

Learn the name of each classroom object shown in the drawing on page 39 and be prepared to identify it in Spanish. Note that both **un** and **una** mean *a, an,* or *one.*

D. Identify by number to another student each object in the drawing.

▶ S1: *[ocho]* S2: *Es una mesa.*

E. Ask a classmate to identify an object in your classroom. If the object is close enough to you so that you can touch it, ask **¿Qué es esto?** *(What's this?).* Otherwise ask **¿Qué es eso?** *(What's that?).* Correct your classmate if he/she identifies the object incorrectly.

▶ S1: *¿Qué es esto?* S2: *Es un libro.*
S1: *Muy bien. Y ¿qué es eso?* S2: *Es un bolígrafo.*
S1: *No, no es un bolígrafo. Es un lápiz.*

1. un libro
2. un lápiz
3. un cuaderno
4. un escritorio
5. una calculadora
6. un papel
7. un bolígrafo
8. una mesa
9. una regla
10. un cassette
11. una puerta
12. una ventana
13. una silla
14. una pizarra
15. un disco
16. una revista
17. un periódico
18. una papelera
19. un mapa
20. una computadora personal

F. Say that you have *one* of the items in the following pairs.

▶ revista o periódico *Tengo una revista.*

1. lápiz o bolígrafo
2. calculadora o computadora
3. cuaderno o libro
4. cassette o disco
5. mesa o escritorio
6. mapa o papel

Estructuras útiles

I. Gender of nouns; the singular indefinite article

1. In Spanish, all nouns are either masculine or feminine, even those that refer to things, places, or ideas. Nouns that refer to males are masculine, and nouns that refer to females are feminine.

Masculine		*Feminine*	
actor	pueblo	actriz	ciudad
señor	lápiz	señora	mesa

2. The gender of a noun is important to recognize because it determines the form of the article or adjective that modifies it. In Spanish, there are two singular forms of the indefinite article: **un** and **una. Un** *(a, an)* precedes a masculine singular noun, and **una** *(a, an)* precedes a feminine singular noun.

un actor	una actriz
un señor	una señora

3. Most nouns that end in **-o** are masculine, and most nouns that end in **-a** are feminine. A few common exceptions are **una mano** *(hand),* **un día** *(day),* **un mapa** *(map),* **un problema** *(problem).*

un libro	una revista
un mecánico	una enfermera

4. Most nouns that end in the consonants **-l, -r,** or **-s** are masculine, and nouns that end in **-ad** or **-ión** are feminine.

un hospital	una ciudad	una región
un par	una facultad	una lección
un país	una universidad	una expresión

5. The gender of most other nouns must be learned. An effective way to remember the gender of a noun is to learn the article with it.

un continente	una clase
un lápiz	un cassette

A. Indicate whether the following nouns are masculine or feminine by using the appropriate indefinite article **(un** or **una).**

▶ hospital *un hospital*
▶ enfermera *una enfermera*

1. mecánico	3. profesor	5. papel	7. estudiante
2. fábrica	4. doctora	6. pueblo	8. periódico

9. médico
10. cassette
11. país
12. ciudad
13. misión
14. situación
15. cualidad
16. hotel

B. State whether each item is a person **(una persona),** a thing **(una cosa),** or a place you may go to **(un lugar / un sitio).**

▶ señora — *Una señora es una persona. No es una cosa y no es un sitio.*
▶ papel — *Un papel es una cosa. No es un sitio y no es una persona.*

1. puerta
2. enfermera
3. profesor
4. ciudad
5. doctor
6. señorita
7. escritorio
8. revista
9. hospital

C. Identify in Spanish at least ten items in the drawing shown below of Carlos' messy dorm room, using the appropriate indefinite article with each item. Then give their English equivalents.

▶ una silla — *a chair*

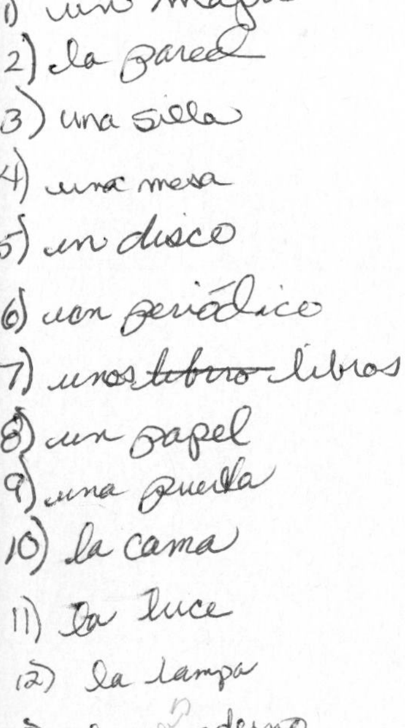

II. Plural of nouns and indefinite articles

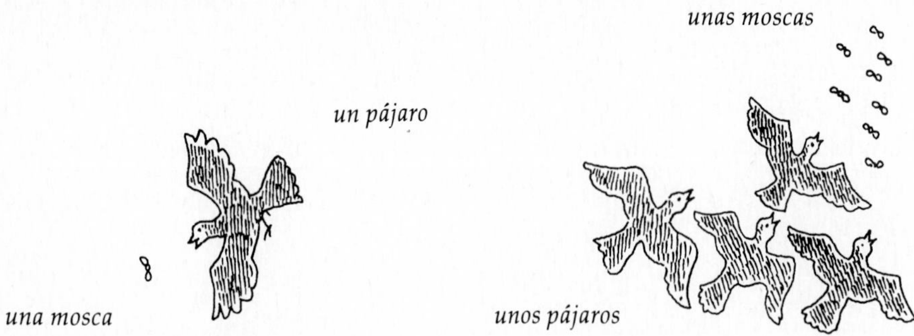

1. Most Spanish nouns form their plural by adding **-s** when the noun ends in a vowel, and **-es** when the noun ends in a consonant.

cuaderno	cuaderno**s**	doctor	doctor**es**
calculadora	calculadora**s**	papel	papel**es**
continente	continente**s**	ciudad	ciudad**es**
estudiante	estudiante**s**	país	país**es**

2. Nouns ending in **-z** undergo a spelling change in the plural. The final **z** changes to **c** before the plural ending **-es.**

lápi**z**	lápi**ces**	actri**z**	actri**ces**

3. Nouns ending in **-ión** drop their accent mark in the plural.

lecc**ión**	expres**ión**	relig**ión**
lecc**iones**	expres**iones**	relig**iones**

4. The indefinite article **un** becomes **unos** in the plural. The indefinite article **una** becomes **unas** in the plural. Both **unos** and **unas** are equivalent to *some* but often are not translated in English. The indefinite article in Spanish must agree with the noun in gender and number.

un periódico *a newspaper*	**unos** periódicos *(some) newspapers*
un profesor *a professor*	**unos** profesores *(some) professors*
una revista *a magazine*	**unas** revistas *(some) magazines*
una universidad *a university*	**unas** universidades *(some) universities*

D. Clarify that the items listed are not something else.

▶ cuadernos *Son unos cuadernos. No son unos [papeles].*
▶ universidad *Es una universidad. No es un [hospital].*

1. regla
2. revistas
3. mapa
4. calculadoras
5. papeles
6. papelera

E. When a classmate says that he/she has one of the following items, assure him/her that you have two or more of them.

▶ calculadora S1: *Tengo una calculadora.*
S2: *¿Sí? Pues yo tengo [tres] calculadoras.*

1. mapa de España	4. cassette	7. periódico
2. silla	5. lápiz	8. lección de filosofía
3. problema	6. clase	9. revista de francés

III. Omission of the indefinite article

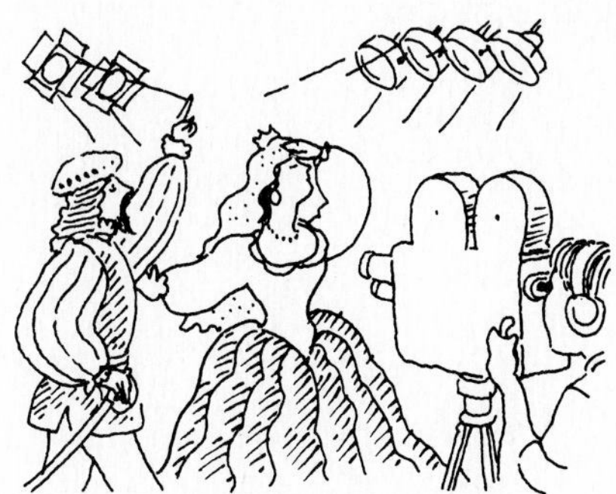

Ricardo es actor y Carmen es actriz.

1. The indefinite article is usually omitted when stating someone's profession, occupation, or nationality.

Elena es enfermera.	*Elena is a nurse.*
Soy estudiante.	*I'm a student.*
Jorge es español.	*Jorge is Spanish.*

2. The indefinite article is usually omitted after a negative with **tener** *(to have).*

No tengo (un) disco.	*I don't have a record.*
¡No tengo papel!	*I don't have (any) paper!*
No tengo periódicos aquí.	*I don't have (any) newspapers here.*

F. Admit that you do not have the following items; then mention something you do have.

▶ disco *No tengo (un) disco; tengo [un libro].*

1. papelera	4. calculadora	7. mapa
2. cassette	5. papel	8. escritorio
3. revista	6. lápiz	9. bolígrafo

G. Identify someone you know who practices the following professions.

▶ profesor/a *El señor Martínez es profesor.*

1. enfermero/a
2. mecánico/a
3. estudiante
4. actor/actriz
5. doctor/a
6. profesor/a

IV. Agreement of adjectives of nationality

1. Adjectives of nationality (like many other types of descriptive adjectives) agree in gender and number with the nouns they describe. An adjective of nationality whose masculine form ends in **-o** changes **-o** to **-a** in the feminine.

   Pedro es **peruano.** — *Pedro is Peruvian.*
   Clara es **peruana.** — *Clara is Peruvian.*

2. An adjective of nationality ending in **-e** does not change in the feminine.

   Thomas es **canadiense.** — *Thomas is Canadian.*
   Laura es **canadiense.** — *Laura is Canadian.*

3. If the adjective of nationality ends in a consonant, **-a** is added to the masculine form to refer to a female.

   Carlos es **español.** — *Carlos is Spanish.*
   Carmen es **española.** — *Carmen is Spanish.*

4. If an accent occurs in the last syllable of the masculine form of an adjective of nationality, the accent is dropped in the feminine form and an **-a** is added. Common adjectives of this type are **francés, inglés, portugués,** and **alemán** *(German).*

   Louis es **francés.** — *Louis is French.*
   Renée es **francesa.** — *Renée is French.*

5. The plural of adjectives of nationality is formed by adding **-s** to a final vowel and **-es** to a final consonant. Note that the accent is dropped in the plural of adjectives like **francés, inglés, portugués,** and **alemán.**

   Soy **argentino.** — *I'm Argentine.*
   Pepe y yo somos **argentinos.** — *Pepe and I are Argentine.*

   Hugo es **inglés.** — *Hugo is English.*
   Hugo y Linda son **ingleses.** — *Hugo and Linda are English.*

6. Learn the adjectives of nationality below. Most are obvious cognates.

alemán	boliviano	canadiense	costarricense
argentino	brasilero	colombiano	chileno

chino	hondureño	nicaragüense	puertorriqueño
dominicano	inglés	norteamericano	salvadoreño
ecuatoriano	italiano	panameño	uruguayo
francés,	japonés	paraguayo	venezolano
guatemalteco	mexicano	peruano	

H. Identify the nationality, occupation, or profession of the characters who appeared in the monologues and dialogues of *Lecciones 1* and *2*, using appropriate words from the lists below.

1. Jorge Ramírez
2. Rosa de García
3. Felipe Arrojo Ortiz
4. Cristina Marcano Campos

boliviano	enfermera
chileno	profesora
canadiense	mecánico
español	actor
inglés	médica
portugués	estudiante
argentino	
mexicano	

I. Specify the nationality of the individuals mentioned, according to the countries supplied.

► Laura / Canadá S1: *¿De qué nacionalidad es Laura?*
S2: *¿Laura? Pues Laura es canadiense.*

1. Hugo y Ricardo / Panamá
2. Carmen / Costa Rica
3. Pedro, Carlos y Juanita / Chile
4. los señores Díaz / Nicaragua
5. la señorita / los Estados Unidos
6. doña Matilde / Bolivia

J. Ask the following individuals if they are French, German, English, Portuguese, or from the United States, according to the countries supplied in the cues. Use the appropriate forms of **francés, alemán, inglés, portugués,** or **estadounidense.**

► María / Portugal S1: *María, ¿eres portuguesa?*
S2: *Sí, soy portuguesa.*
No, no soy portuguesa. Soy española.

1. Karl / Alemania
2. Jane / Inglaterra
3. Renée y François / Francia
4. Diego y Manolo / Portugal
5. Heidi / Alemania
6. John / los Estados Unidos

¿Comprende usted?

Review the suggestions for developing reading skills given in *Lección 1* and then read the following four advertisements about automobiles. Look for cognates to help you understand what the ads mean without looking up words in a dictionary. Then do the exercises that follow, looking back at the ads to clarify any words or expressions that you did not understand the first time.

¡Anuncios especiales!

1. **Panda de SEAT**
   Un coche español . . . ¡estupendo!
   veloz, económico, suave, dinámico . . .
   Facilidades de crédito

2. **En Argentina . . . un FIAT**
   Un automóvil que construye un argentino y que ¡todo argentino usa!

3. **Volkswagen**
   ¡de calidad alemana!
   ¡de construcción nacional mexicana!
   ¡de fama mundial!
   . . . El carro ideal para todos . . .

4. **Autos usados,** pero . . . ¡en excelentes condiciones!
   garantía absoluta
   servicio de calidad
   gran selección de marcas y modelos

A. Locate the Spanish cognates and equivalents of the following words and expressions in the advertisements and write them as they appear in the text of the ads.

   1. quality of service
   2. car (four different words)
   3. completely guaranteed
   4. swift
   5. of German quality

B. Choose four or five expressions from the ads, and use them to create your own advertisement for an automobile.

Lección 3
El mundo hispánico

¿Te gusta bailar?

Francisco (Paco) Uribe and Cristina (Tina) Gómez are students at City College in New York. Their parents are from Puerto Rico, but Paco and Tina were born in the United States. They discuss a forthcoming party at the Club Borinquen to celebrate the end-of-semester exams. ***Boriquén*** *was the name given to the island of Puerto Rico by the native Taino Indians.*

Paco: El sábado hay una fiesta latina en el Club Borinquen. ¿Te gusta bailar?

Tina: Sí, sobre todo me gusta la salsa.°

Paco: ¿Y cantar?

Tina: En grupo, sí. Pero no canto muy bien.

Paco: ¡Pues yo sí! Escucha: «Adiós, adiós, adiós, Borinquen querido, tierra de mi amor . . .»

Tina: Bueno, bueno. ¡Por favor! No me gustan las canciones nostálgicas.

Paco: Entonces el sábado olvidamos los exámenes, bailamos la salsa y . . . cantamos canciones alegres.

Tina: ¡Estupendo!

° very popular dance in most parts of Hispanic America

Estudiantes puertorriqueños hablan en una universidad en Nueva York.

Paco: *On Saturday there's a Latin (Hispanic) party at the Club Borinquen. Do you like to dance?*
Tina: *Yes, most of all I like (to do) the salsa.*
Paco: *And (do you like) to sing?*
Tina: *In a group, yes. But I don't sing very well.*
Paco: *I do. Listen: "Good-by, good-by, good-by, beloved Borinquen, land of my love . . ."*
Tina: *Okay, okay. Please! I don't like nostalgic songs.*
Paco: *Then Saturday we'll forget exams, dance the salsa, and . . . sing happy songs.*
Tina: *Great!*

Comprensión

¿Verdad o falso?

1. Según Paco, hay una fiesta latina el viernes.
2. A Tina le gusta bailar el tango.
3. Paco canta una canción puertorriqueña (borinqueña).
4. A Tina le gustan las canciones nostálgicas.
5. El sábado Paco y Tina estudian para los exámenes.

Conversación

1. ¿Le gusta bailar en las fiestas? (Sí, me gusta . . .)
2. ¿Baila usted bien? ¿mal? ¿así así? (Bailo . . .)
3. ¿Le gustan las fiestas de la universidad? (Me gustan . . .)
4. ¿Canta usted bien? ¿muy bien? ¿mal? ¿así así? (Canto . . .)
5. ¿Hay una fiesta el sábado o el domingo? (Sí, hay . . . No, no hay . . .)
6. ¿Le gustan las canciones nostálgicas? ¿Le gustan más las canciones alegres? (Me gustan . . .)

Variaciones

1. — ¿Te gusta **bailar?** — **Sí,** me gusta.
   cantar — No, no . . .
   estudiar
   trabajar

2. El sábado **bailamos.**
   cantamos
   olvidamos los exámenes
   no trabajamos
   no estudiamos

3. Me gusta **la música.**
   el español
   la canción
   el arte
   el baile

Vocabulario

Palabras análogas

el arte
el club
el examen
el grupo
la música
nostálgico, -a
la salsa
el tango

Sustantivos

el amor love
el baile dance
la canción song
la fiesta party
la tierra land

Adjetivos

alegre happy
estupendo, -a great, wonderful
latino, -a Latin, Hispanic
querido, -a beloved, dear

Verbos

bailar to dance
cantar to sing
escuchar to listen; **¡escucha!** listen!
estudiar to study
olvidar to forget
trabajar to work

Otras palabras y expresiones

a [Tina] le gusta(n) (Tina) likes (*literally,* it is pleasing to Tina)
bueno, bueno good, good; okay, okay
entonces then
hay there is, there are
mal badly
más more
me gusta(n) I like
te gusta(n) you like *(fam.)*
le gusta(n) he/she likes, you like *(formal)*
para for
pero but
por favor please
según according to
sobre todo especially, most of all
yo sí I do!
¿verdad o falso? true or false?

GRAN
BAILE

Día: Viernes 10 de febrero
Sitio: Auditorio Colegio San Carlos
Hora: 7:30 P. M.
Amenizará: "Tabasco"
PRECIO: $5.00 PAREJA

Práctica

In groups of two or three, prepare a short dialogue based on the information given below, using structures and vocabulary from the dialogue in this lesson and previous monologues and dialogues.

Ricardo, a student from Madrid, meets Linda, a student from Dallas, at a dorm for international students. Ricardo greets her and asks her what her name is, where she lives, and so on. Then he asks her if she likes to dance or to sing Spanish songs, and Linda replies that she does. Ricardo tells her that there is a party in the Club de Sevilla on Friday, and Linda says, "Great! See you Friday."

Nota cultural Nicknames

Many Spanish-speaking people use nicknames **(sobrenombres** or **apodos)** for their friends and relatives; for example, **Paco** or **Pancho** for **Francisco,** and **Tina** for **Cristina.** English counterparts are *Frank* and *Chris.*

Sometimes nicknames are based on a characteristic trait of an individual. For example, **el Chato** may be used to refer to a person with a flat nose, and **el Tacaño** (or **el Taca**) may be used to refer to a person who is considered stingy. Some of these nicknames become so associated with the individual that the real name of the person may be forgotten. Usually these nicknames are used affectionately or humorously and are not considered offensive as they might be in Anglo cultures.

Here are a few common nicknames often used in place of a first name.

Moncho: Ramón
Lucho: Luis
Gabi: Gabriel
Pepe: José
Quique: Enrique
Rafa: Rafael
Nacho: Ignacio
Lola: Dolores
Concha: Concepción
Betina: Beatriz
Mari: María
Mencha: Carmen
Chela: Graciela
Lucha: Lucía *or* Luisa

Pronunciación y ortografía

I. Capitalization

1. The first word in a sentence, as well as proper nouns that refer to persons or places, are capitalized in Spanish as they are in English. Nouns or adjectives that refer to nationality or to languages, the pronoun **yo** *(I),* days of the week, and months of the year are generally *not* capitalized in Spanish, in contrast with English usage.

   Él es boliviano; yo soy peruano. — *He's Bolivian; I'm Peruvian.*
   Estudio español. — *I'm studying Spanish.*
   ¡Hasta el lunes! — *Until Monday!*
   Es el dos de noviembre. — *It's November 2 (the second of November).*

2. To express a capital or a small letter, the terms **mayúscula** and **minúscula** are used: **A = a mayúscula; a = a minúscula.**

II. The Spanish alphabet

Learn the names of the letters **(las letras)** of the Spanish alphabet and how they are pronounced. Note that the digraphs **ch, ll,** and **rr** are treated as single letters. The letters **k** and **w** occur only in words of foreign origin.

El alfabeto:

Letra	*Nombre*	*Letra*	*Nombre*	*Letra*	*Nombre*
a	a	**j**	jota	**r**	ere
b	be	**k**	ka	**rr**	erre (doble ere)
c	ce	**l**	ele	**s**	ese
ch	che	**ll**	elle	**t**	te
d	de	**m**	eme	**u**	u
e	e	**n**	ene	**v**	ve
f	efe	**ñ**	eñe	**w**	doble ve (uve)
g	ge	**o**	o	**x**	equis
h	hache	**p**	pe	**y**	ye (i griega)
i	i	**q**	cu	**z**	zeta (zeda)

1. When a written accent occurs over a vowel, the expression **con acento** or **con tilde** is used; for example, **a con acento = á.**
2. The letters of the Spanish alphabet are feminine in gender: **la a, la be.**
3. In vocabularies and dictionaries, words and syllables beginning with **ch, ll,** and **ñ** follow those beginning with **c, l,** and **n** respectively. **Ch** follows **cu, ll** follows **lu,** and **ñ** follows **nu.** Note the alphabetical order of the following word groups.

cómo	lengua	nota
cubano	luna	nudo
chileno	llama	ñandú

A. Spell your name in Spanish and that of a student seated near you.

▶ Felipe Gómez — Felipe: *efe mayúscula, e, ele, i, pe, e*
Gómez: *ge mayúscula, o con acento, eme, e, zeta*

B. Dictate to a classmate or to your instructor, letter by letter, the name of a friend or relative, your favorite movie or TV actor, a well-known individual in town, or a day of the week.

C. Alphabetize properly the following unfamiliar Spanish words.

1. ángulo, andar, año, anotar
2. allegar, altura, altavoz, altiplano
3. araña, archivo, arco, arena, arrestar
4. chocolate, coco, curioso, coche, charlar
5. llama, lista, lobo, lluvia, luna

Estudio de palabras

I. Asignaturas (*Course subjects*)

Learn some of the common course subjects in Spanish.

la antropología anthropology
el arte (*m or f*) art
el arte dramático dramatic arts
la biología biology
las ciencias de computación computer science
las ciencias políticas political science
la contabilidad accounting
la economía economics
la filosofía philosophy
la física physics
la geología geology
la historia history
la ingeniería engineering
las lenguas modernas modern languages
  el alemán German
  el español Spanish
  el francés French
  el inglés English
  el italiano Italian
la literatura literature
las matemáticas mathematics
la psicología psychology
la química chemistry
la sociología sociology

A. Identify which subject you like in preference to the other.

▶ química / alemán *Me gusta la química, pero me gusta más el alemán.*

1. sociología / psicología
2. historia / antropología
3. química / física
4. francés / inglés
5. economía / filosofía
6. ciencias políticas / arte
7. matemáticas / geología
8. contabilidad / ingeniería

B. Identify the general type of course in which you would be likely to study the following items or topics.

1. la multiplicación y la división
2. la flora y la fauna de los Estados Unidos
3. Picasso y Renoir
4. la construcción de calles y avenidas
5. la revolución mexicana
6. las costumbres de las tribus primitivas
7. los principios del capitalismo
8. las ideas de Platón y Sócrates

II. Los sufijos **-ía** y **-dad**

1. Many Spanish nouns ending in **-ía** have English equivalents ending in *-y*. You have learned in this lesson the names of several class subjects whose English equivalents end in *-y* (**la antropología, la biología,** et cetera).

2. Many Spanish nouns ending in **-dad** have English equivalents ending in *-ty;* for example, **la dificultad** *(difficulty).*

C. Give the English equivalents of the following Spanish nouns.

la cortesía	la categoría	la refinería
la galería	la fantasía	la lotería
la facilidad	la cantidad	la capacidad
la sociedad	la cualidad	la comunidad

D. Ask another student if he/she likes these subjects.

▶ la biología S1: *¿Te gusta la biología?*
S2: *Sí, me gusta la biología.*
No, no me gusta la biología.

1. la sociología
2. la antropología
3. la geología
4. la economía
5. la filosofía
6. la historia
7. la teología
8. la psicología

E. Read the following sentences aloud. Can you grasp their meaning?

1. La cortesía es una cualidad necesaria en la sociedad moderna.
2. En esa comunidad hay dos galerías de arte.
3. La refinería de petróleo tiene capacidad para refinar grandes cantidades de petróleo.

Estructuras útiles

I. The infinitive

1. The basic form of a Spanish verb (the form listed in dictionaries and in vocabularies) is the infinitive. A Spanish infinitive consists of one word; for example, **hablar.** An English infinitive is made up of two words; for example, *to speak.*
2. Spanish infinitives consist of a stem and an ending, as shown below.

Infinitive	Stem	Ending
cantar	cant	-ar
aprender	aprend	-er
describir	describ	-ir

3. Most Spanish infinitives end in **-ar,** but many also end in **-er** and **-ir.**

bailar	to dance	**aprender**	to learn	**decidir**	to decide
cantar	to sing	**leer**	to read	**describir**	to describe
hablar	to speak	**prometer**	to promise	**recibir**	to receive

A. Give the English equivalent of the following verbs without referring to any vocabulary list. Then give their infinitive stem and ending.

▶ visitar *to visit* *Stem: visit* *Ending: -ar*

1. decidir
2. comprender
3. bailar
4. continuar
5. recibir
6. entrar
7. prometer
8. describir
9. cantar

II. Present tense of regular -ar verbs

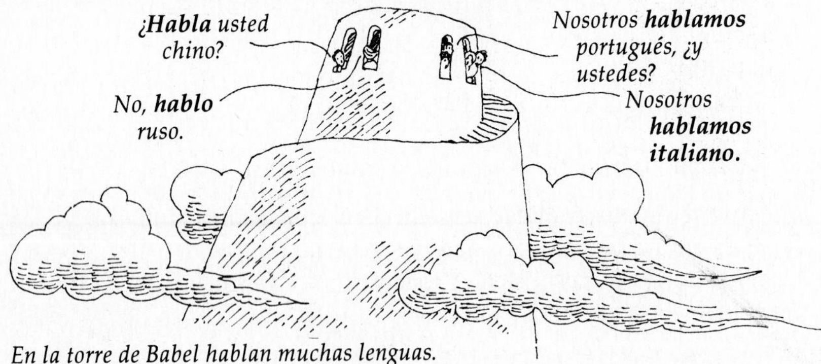

¿Habla usted chino?
No, hablo ruso.
Nosotros hablamos portugués, ¿y ustedes?
Nosotros hablamos italiano.

En la torre de Babel hablan muchas lenguas.

1. The present tense of regular **-ar** verbs is formed by adding a set of present-tense endings to the infinitive stem. The verb endings change according to the subject of the sentence. They must agree with (match) the subject, whether the subject is expressed or not.

(Yo) bailo muy bien.	*I dance very well.*
Pablo baila mucho.	*Pablo dances a lot.*

2. Below is a chart showing the present-tense forms of the verb **hablar.**

	hablar		
yo	habl	**o**	Hablo español.
tú	habl	**as**	¿Hablas francés?
Ud., él, ella	habl	**a**	Ud. habla mucho en clase.
nosotros, -as	habl	**amos**	No hablamos mucho.
vosotros, -as	habl	**áis**	¿Habláis italiano?
Uds., ellos, ellas	habl	**an**	Hablan dos lenguas.

3. In Spanish, a single verb form may be used to express an action that may require several words in English. There is no Spanish equivalent of the auxiliary verbs *do/does* and *don't/doesn't,* which are used in interrogative and negative sentences or as emphatic markers in English.

Hablo inglés.	*I speak English.* *I'm speaking English.* *I do speak English.*
¿Hablas español?	*Do you speak Spanish?* *Are you speaking Spanish?*
No **hablamos** alemán.	*We don't speak German.* *We are not speaking German.*
¿No **hablas** español?	*Don't you speak Spanish?*

4. The present tense may be used in Spanish to express actions intended or planned for the near future.

¿**Trabajas** mañana?	*Are you working (Will you work) tomorrow?*
Bailo con Jorge esta noche.	*I'm dancing (I'm going to dance) with Jorge tonight.*
Llegan más tarde.	*They're arriving (They will arrive) later.*

5. Here is a list of common regular **-ar** verbs, a number of which you have seen and used in some forms of the present tense. Learn the infinitives now, as you will need to use them in the exercises.

bailar to dance
buscar to look for
caminar to walk
cantar to sing
comprar to buy
contestar to answer
desear to want; to wish
entrar to enter
escuchar to listen (to)
esperar to wait (for)
estudiar to study
hablar to speak
llamar to call, to phone
llegar to arrive
mirar to look (at)
necesitar to need
olvidar to forget
pasar to spend (time)
preguntar to ask
tomar to take; to have (food, drink), to eat
trabajar to work
usar to use
viajar to travel
visitar to visit

6. The verbs **buscar** *(to look for),* **escuchar** *(to listen to),* **esperar** *(to wait for),* and **mirar** *(to look at)* do not require a preposition in Spanish.

Busco unos libros de español.
Escucho la radio.
Esperan el autobús.
Miramos unas fotos.

7. Some verbs like **desear** and **necesitar** may be followed by a dependent infinitive. In this "double-verb construction," the first verb is conjugated, and the second is an infinitive.

Deseo ir al teatro.	*I want to go to the theater.*
Necesito viajar a Panamá.	*I need to travel to Panama.*

B. Tell what items or places the following people are or are not looking for. Use the appropriate present-tense form of **buscar.**

▶ ella / el mapa *Ella busca el mapa.*
Ella no busca el mapa.

1. tú / el lápiz
2. él / las fotografías
3. nosotros / el periódico
4. ellos / la costa
5. ellas / el hotel
6. ustedes / la clase de física
7. usted / las revistas
8. yo / el colegio San Juan

C. Do Exercise B again, but this time tell what items the people indicated are or are not looking at. Use the appropriate present-tense form of **mirar.**

▶ ella / el mapa *Ella mira el mapa.*
Ella no mira el mapa.

D. Tell what languages the following people do or do not speak. Use the appropriate present-tense form of **hablar** and choose from the languages **inglés, español, francés, alemán, ruso** *(Russian),* **italiano,** or **portugués.**

▶ tú *Tú hablas alemán, pero no hablas portugués.*

1. Antonella y Paola
2. la profesora de francés
3. Pepe y tú
4. nosotros
5. los señores Padilla
6. yo

E. Ramón is having a party at the Club Borinquen. Tell who is arriving with whom, using the appropriate present-tense form of **llegar.**

▶ tú / Pepe *Tú llegas con Pepe.*

1. Ana / Ernesto
2. tú / tu hermana
3. yo / mi hermano
4. ustedes / Ricardo
5. nosotros / los señores Castellano
6. la señorita Aguirre / el señor Gómez

F. Report what the following people wish to do. Use the cues indicated and the appropriate form of the verb **desear.**

▶ Juan / comprar los libros *Juan desea comprar los libros.*

1. Pedro y Sonia / trabajar en la universidad
2. nosotros / mirar el periódico de Bogotá
3. ellas / buscar cosas en la librería
4. tú / escuchar música de Hispanoamérica
5. yo / viajar a España
6. Josefina / usar la computadora personal
7. usted / escuchar la radio
8. él y ella / esperar un taxi
9. ustedes / olvidar los exámenes
10. tú y Pedro / bailar mucho

G. Exchange information with another student about where the following people work. In the responses, use the appropriate form of the verb **trabajar** and the names of the capitals of any Spanish-speaking country. Refer to the maps from the *Lección Preliminar* if necessary.

▶ el señor Herrera S1: *¿Dónde trabaja el señor Herrera?*
S2: *Trabaja en [Managua].*

1. los señores Blanco
2. tú
3. Carlos y Rodrigo
4. la señorita Ruiz
5. yo
6. ustedes

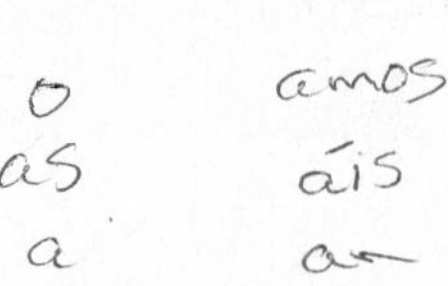

H. Complete each statement with the appropriate form of the verb in parentheses.

1. (tomar) Yo ______ té, pero Paco ______ café.
2. (pasar) Nosotros ______ las vacaciones en San Juan; ellos ______ las vacaciones en Santo Domingo.
3. (usar) Tú ______ un lápiz, y ella ______ un bolígrafo.
4. (preguntar) Nicolás ______ mucho; sus hermanas ______ poco.
5. (escuchar) Tú y Marta ______ música clásica en la radio; nosotros ______ música rock en una discoteca.
6. (contestar) Yo ______ la pregunta; tú ______ el teléfono.
7. (visitar) Ellos ______ Nueva York; tú ______ San Antonio.
8. (esperar) Nosotros ______ un taxi; tú ______ un autobús.

I. Answer the following questions about everyday activities.

1. ¿Escuchas la radio, discos o cassettes?
2. ¿Qué bailas, la salsa? ¿y [Alberto]? ¿y [Juanita]?
3. ¿Toman ustedes café o té por la mañana?

4. ¿Qué uso yo, un bolígrafo o un lápiz?
5. ¿Qué hablas en la clase de español? ¿y en la clase de historia?
6. ¿Tú no deseas bailar? ¿Y [Clemencia] no desea bailar?
7. ¿Todos ustedes trabajan? ¿Quién trabaja? ¿Y quién no trabaja?

III. The definite article

*Es **la** pueblo de San Jacinto.*

*Es **la** ciudad de San Francisco.*

	Singular	Plural
Masculine	el	los
Feminine	la	las

1. In Spanish there are two singular forms of the definite article: **el** and **la.** The definite article **el** is used with a masculine singular noun. The definite article **la** is used with a feminine singular noun. Both **el** and **la** mean *the.*

   el pueblo *the town* **la** ciudad *the city*
   el país *the country* **la** fiesta *the party*

2. There are also two plural forms of the definite article: **los** and **las.** The definite article **los** is used with a masculine plural noun. The definite article **las** is used with a feminine plural noun. Both **los** and **las** mean *the.*

   los estados *the states* **los** países *the countries*
   las costas *the coasts* **las** fiestas *the parties*

3. The definite article is used to *specify* a particular person, place, or thing.

   Es **el pueblo** de San José. *It's the town of San José.*
   Es **la pluma** que usa Pepe. *It's the pen that Pepe uses.*

4. The definite article precedes nouns used in a general sense and abstract nouns.

El español es importante.	*Spanish (in general) is important.*
Los libros son necesarios.	*Books (in general) are necessary.*
Me gusta **el café.**	*I like coffee (in general).*
El amor es extraordinario.	*Love is extraordinary.*

5. The definite article is used with days of the week to indicate *on.* Days of the week ending in **-s** have the same singular and plural forms; **-s** is added to **sábado** and **domingo** to form the plural. The plural definite article with the days of the week is used for habitual or repeated actions.

Hay fiesta **el sábado.**	*There is a party on Saturday.*
Trabajo **los lunes.**	*I work on Mondays.*

6. The definite article is used with the courtesy titles **señor, señora,** and **señorita,** and with professional titles such as **doctor/a** and **profesor/a** when talking *about* an individual. It is omitted, however, when talking *directly to* the individual.

La señorita Suárez es enfermera.	*Miss Suárez is a nurse.*
El doctor Martínez trabaja mucho.	*Dr. Martínez works very hard.*
But:	
Buenos días, **señorita Suárez.**	*Good morning, Miss Suárez.*
Hasta mañana, **doctor.**	*Until tomorrow, doctor.*

J. Complete each sentence with the correct form of the definite article.

▶ Es ____ ciudad de San Francisco. *la*

1. Busco el cuaderno de biología.
2. Es la enfermera de Hermosillo, México.
3. Ahí está el Océano Pacífico.
4. Victoria es la estudiante que habla alemán y francés.
5. Aquí está la ciudad de Caracas, Venezuela.
6. ¿Es el Club Borinquen?

K. Give an opinion about whether the following people or things are important, very important, or not important. Use the plural form in your answers.

▶ libro *Los libros son [muy] importantes.*
Los libros no son [muy] importantes.

1. computadora
2. silla
3. médico
4. automóvil
5. calculadora
6. hospital
7. papelera
8. escritorio
9. profesor

L. Announce that there is a party in the places mentioned on the day indicated.

▶ sábado / Club Latino *El sábado hay una fiesta en el Club Latino.*

1. lunes / dormitorio
2. miércoles / casa de Jorge
3. martes / universidad
4. viernes / pueblo

M. Make complete statements about the following persons, using the cues given.

▶ señor Padilla / viajar al Perú *El señor Padilla viaja al Perú.*

1. señorita Hernández / no bailar el tango
2. señor y la señora Campos / cantar muy bien
3. profesor Díaz / trabajar los lunes y los martes
4. doctora García / desear llegar pronto

N. Complete the sentences in the following paragraphs with the appropriate form of the indefinite or the definite article, as needed.

Me llamo Vicente Aranguren Villareal. Trabajo en ____ fábrica de automóviles. Para mí, ____ automóviles son importantes para el trabajo. También me gusta viajar en automóvil. ____ día deseo viajar a ____ Florida y también a ____ América del Sur: a Colombia, a Chile, a todos ____ países de América del Sur, porque mi papá y mi mamá son suramericanos.

Tengo ____ novia *(girlfriend)*, María Mercedes López. Ella es para mí ____ persona más querida del mundo. ____ sábado hay ____ fiesta en ____ casa de mi novia. ____ sábados siempre bailamos, cantamos y olvidamos ____ automóviles y ____ trabajo. ¡____ sábado es un día estupendo!

IV. Me (te, le) gusta(n)

Me gusta la leche.
***Me gusta** el café.*
*¡Pero más **me gustan** los ojos de usted!*

1. The following patterns with **gustar** are used to express *I like, you like,* and *he/she likes.*

Me / **Te** / **Le**	**gusta** +	*singular noun* / *infinitive*	**Me** / **Te** / **Le**	**gustan** + *plural noun*

Me gusta el español.	*I like Spanish.*
¿Te gusta bailar?	*Do you like to dance?*
Le gustan las canciones.	*You* (formal) *like the songs. (He/she likes the songs.)*
¿No **le gustan** los bailes?	*Don't you like dances? (Doesn't he/she like dances?)*

2. Because **le** can refer to *you* (formal), as well as to *he* and *she,* a prepositional phrase with **a** may be used to clarify the meaning of **le.** Context will, however, usually make the desired meaning clear.

¿No **le gusta** el arte?	**a** usted	*Don't you like art?*
	a él	*Doesn't he like art?*
	a ella	*Doesn't she like art?*
	a José	*Doesn't José like art?*

O. State whether or not you like the following things.

► el español — *Me gusta el español.*
► las ciencias políticas — *No me gustan las ciencias políticas.*

1. la medicina
2. la universidad
3. la química
4. los sábados
5. los pueblos tranquilos
6. las lenguas modernas
7. los lunes
8. el hospital

P. State whether or not you like to do the following things.

► comer — *Me gusta comer.*
No me gusta comer.

1. hablar y escribir en español
2. vivir en los Estados Unidos
3. leer novelas en inglés
4. cantar canciones populares
5. visitar la familia
6. comprar libros

Q. Ask the following people whether they like various things and activities.

▶ Pepe / el café — *Pepe, ¿te gusta el café?*
▶ profesor / los bailes latinos — *Profesor, ¿le gustan los bailes latinos?*

1. Luis / cantar
2. Doctor Pérez / computadoras personales
3. Manuel / fiestas
4. profesor / bailar
5. señor Gómez / programas de televisión
6. señora Márquez / España

R. Ask fellow classmates whether the people in Exercise Q like or do not like the various things and activities.

▶ Pepe / el café
S1: *¿Le gusta a Pepe el café?*
S2: *Sí, le gusta el café.*
No, no le gusta el café.

¿Comprende usted?

Review the suggestions for developing reading skills on pages 27 and 28 and then read the following passage for general understanding.

Los hispanos en los Estados Unidos

Los hispanos que viven en los Estados Unidos son de grupos lingüísticos muy diferentes. Hay hispanos que hablan exclusivamente español, y consideran el inglés como una lengua extranjera y difícil. Hay hispanos que no hablan español porque viven en ciudades donde no hay muchos hispanos y donde la lengua común es el inglés. Entre los dos extremos hay un enorme número de hispanos que usan el español y el inglés en diferentes proporciones. La educación bilingüe es una posible solución para educar a los hispanos (y a otros individuos) en las dos culturas y las dos lenguas.

A. Complete the answers to the questions, according to the reading.

1. ¿Es homogéneo el grupo de hispanos que vive en los EEUU?
2. ¿Qué lengua hablan los hispanos que viven en ciudades de los EEUU donde no hay muchos hispanos?

3. ¿Son completamente bilingües los hispanos que hablan español e inglés en los EEUU?
4. ¿Es posible o imposible educar a los hispanos en las dos lenguas y las dos culturas?

B. Complete the sentences with appropriate Spanish words without looking at the reading.

Los hispanos que viven en los _____ son de grupos _____. Los hispanos que viven en las _____ grandes generalmente _____ español, y muchos de ellos _____ el inglés como _____ extranjera. La _____ bilingüe es una _____ para educar a los _____ en las dos _____ y en las dos _____.

C. Re-read the completed passage in Exercise B. Practice reading it aloud several times until you are satisfied with your speed and your reading proficiency.

Un grupo de artistas y músicos puertorriqueños presenta un programa en una calle de la ciudad de Nueva York.

Documentos y gráfica I

España

Después de Suiza, España es el país más montañoso de Europa. La Sierra Nevada con el pico[1] más alto[2] de España, el Mulhacén, y la Sierra Morena están en el sur. En el norte están los Cantábricos, la Cordillera Ibérica y los Pirineos. En los Pirineos, que separan España de Francia, hay muchas estaciones de esquí.

España tiene playas estupendas. Cada costa tiene un nombre característico; por ejemplo, la Costa Cantábrica, la Costa Brava, la Costa Blanca, la Costa del Sol y la Costa de la Luz. Muchos turistas de toda Europa pasan las vacaciones en las costas de España.

---

1. peak 2. **más** ... highest

Playa en San Sebastián, España.

México

También México es un país montañoso. Sus montañas principales son la Sierra Madre del Sur, la Sierra Madre Oriental y la Sierra Madre Occidental. Las tierras de México son áridas y pobres pero ricas en minerales y petróleo. Sin embargo,[1] el país tiene mucha belleza[2] natural y una rica herencia cultural basada en las civilizaciones indígenas de los toltecas, los mayas y los aztecas, y la colonización española. Debido a[3] estas atracciones y al encanto[4] y genio artístico de los mexicanos, muchos turistas de todo el mundo visitan con frecuencia este país fabuloso y contribuyen muchísimo a la economía del país.

---

1. **Sin** ... However 2. beauty 3. **Debido** ... Due to 4. charm

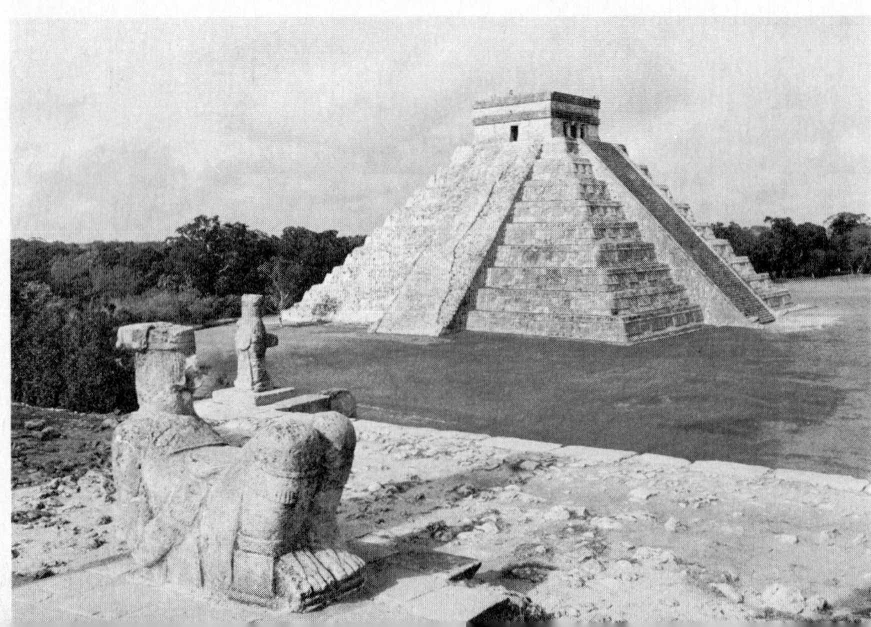

Pirámide del Castillo y figura de Chac Mool, dios de la Lluvia, en la ciudad maya de Chichén Itzá, en Yucatán, México.

Nombres de origen español en los EEUU

En los Estados Unidos hay varios estados que tienen nombres[1] de origen español. Entre ellos están Colorado, Nevada, California y La Florida. Hay también muchas ciudades y pueblos que tienen nombre de origen español; por ejemplo, Santa Fe, San Diego y Los Ángeles. La Sierra Nevada en el estado de California también es un nombre de origen español.

1. names

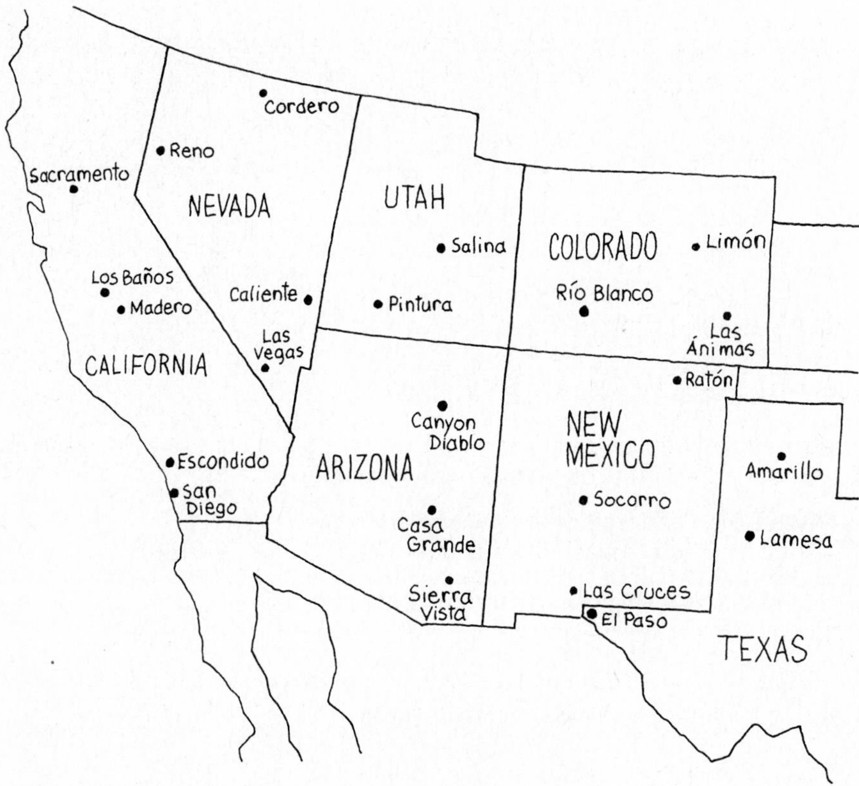

¿Sabía usted que . . . ? *(Did you know that . . . ?)*

Madrid, la capital de España, es una ciudad relativamente moderna. Fue[1] declarada capital en 1561 por Felipe II.

Toledo es una ciudad muy antigua. Fue varias veces en el pasado capital de España.

1. It was

Las pirámides de San Juan de Teotihuacán al noreste de Ciudad de México son monumentos de la civilización teotihuacana.

Hay muchos ejemplos de la civilización colonial española en los Estados Unidos. Las misiones de California fueron construidas[2] por los frailes franciscanos españoles.

---

2. **fueron** . . . were constructed

¿Qué recuerda usted? *(What do you remember?)*

See what you remember from your reading of *Documentos y gráfica 1* by choosing the correct completion to each statement.

1. El pico más alto de España es . . .
   a. la Costa Brava b. el Mulhacén c. la Sierra Morena
2. Las montañas que separan España de Francia son . . .
   a. la Sierra Nevada b. los Cantábricos c. los Pirineos
3. Tres civilizaciones indígenas de México son . . .
   a. los mayas, los incas y los aztecas
   b. los incas, los toltecas y los mayas
   c. los toltecas, los mayas y los aztecas
4. Las tierras de México son . . .
   a. ricas b. áridas y pobres pero ricas en minerales c. coloniales
5. Madrid fue declarada capital de España . . .
   a. por Cristóbal Colón b. en 1492 c. en 1561
6. Colorado, Nevada y Santa Fe son nombres de origen . . .
   a. indio b. mexicano c. español
7. En California y en España hay unas montañas que se llaman . . .
   a. Sierra Madre b. Sierra Nevada c. Sierra Morena

Unidad 2

En España, México y los Estados Unidos

La Basílica de Nuestra Señora de Guadalupe, patrona de México y de Hispanoamérica, es un popular lugar de reunión para gente de todas las edades en Ciudad de México.

Lección 4
En España

¡Qué barbaridad!

Ricardo Solana y Marisol del Valle son estudiantes de la Universidad Complutense de Madrid. En este momento Ricardo ve a su amiga Marisol en una librería en el centro de la capital.

Ricardo: Hola, Marisol. ¿Qué haces por aquí?
Marisol: Busco un libro de arte. Y tú, ¿qué haces?
Ricardo: Pues yo busco unos libros para el curso de inglés.
Marisol: ¿Hay libros de texto aquí?
Ricardo: Sí, pero en el segundo piso.
Marisol: Ah, bueno. ¿Y quién es tu profesor de inglés este año?
Ricardo: El profesor Duarte . . . el padre de Anita.
Marisol: Ah, sí. Es estupendo, ¿no?
Ricardo: Sí, pero muy severo.
Marisol: ¿Es verdad que habla francés y alemán?
Ricardo: Sí, y también un poco de italiano y ruso.
Marisol: ¡Cinco lenguas extranjeras! ¡Qué barbaridad!

Estudiantes en una librería española.

Comprensión

1. ¿Dónde está la librería?
2. ¿Quiénes son Ricardo y Marisol?
3. ¿A quién ve Ricardo?
4. ¿Qué busca Marisol?
5. ¿Qué busca Ricardo en la librería?
6. ¿Quién es el señor Duarte?
7. ¿Es severo o indulgente el señor Duarte?
8. ¿Cuántas lenguas extranjeras habla? ¿cuáles?

Conversación

1. ¿Cuántos idiomas habla Ud.? ¿uno? ¿dos?
2. ¿Habla usted francés? ¿alemán? ¿italiano?
3. ¿Habla usted español perfectamente? ¿así así? ¿un poquito?
4. ¿Cómo se llama su profesor/a de inglés? ¿y de español?
5. ¿A quién ve Ud. en la clase? (Veo . . .)
6. ¿Qué busca Ud. en una librería?
7. ¿Hay muchas librerías en su ciudad?

Variaciones

1. Es el padre de **Anita.**
   su profesora
   Marisol
   mi amigo José
   nuestro compañero

2. Busco **a mi amiga.**
   a mi profesor
   una biblioteca
   a tus hermanas
   a mis padres

3. ¡Qué **barbaridad!**
   problema
   horror
   lástima
   bien

4. Aquí no hay **libros de inglés.**
   muchas librerías
   un tocadiscos
   una fábrica de automóviles
   una fiesta el sábado

Vocabulario

Palabras análogas

el momento **el texto**

Sustantivos

el/la amigo/a friend
el año year
la biblioteca library
el centro downtown, center
el/la compañero/a companion, pal
el curso course (of study)
la hermana sister
el hermano brother; **los hermanos** *(pl.)* brothers, brother(s) and sister(s)
el idioma language
la librería bookstore

el libro de texto textbook
el padre father; **los padres** parents
el piso floor
el ruso Russian (language)
el tocadiscos record player

Adjetivos
¿cuánto, -a? how much; **¿cuántos, -as?** *(pl.)* how many?
este, -a this; **estos, -as** *(pl.)* these
extranjero, -a foreign
indulgente lenient
mucho, -a much; **muchos, -as** many, a lot of
nuestro, -a our; **nuestros, -as** *(pl.)*
segundo, -a second
severo, -a strict, demanding
tu your *(fam.)*; **tus** *(pl.)*

Verbos
estar *(irreg.)* to be; **estoy, estás, está**
hacer *(irreg.)* to do; to make; **hago, haces, hace**
ver to see; **veo, ves, ve**

Otras palabras y expresiones
ah, bueno oh, good
¿a quién? whom? to whom?
aquí here
del (de + el), de la of the, from the
en este momento at this moment
¿es verdad que . . . ? is it true that . . . ?
perfectamente perfectly
por aquí around here
que that
¡qué barbaridad! how amazing! (how dreadful, *etc. depending on context)*
¡qué bien! how nice!
¡qué horror! how dreadful!
¡qué lástima! what a pity!
¡qué problema! what a problem!
¿quién? who? **¿quiénes?** *(pl.)*
un poco de (inglés) a little (English)
un poquito a little bit

Práctica

A. Imagine that you are a student at the University of Madrid and you meet a friend at a bookstore. After shaking hands and greeting each other, carry on a conversation about your courses. Discuss the books you are getting for a language course and the name of your professor. Then shake hands again and say good-by. Use the vocabulary and structures from the dialogue in this lesson.

B. Prepare a brief talk about your city or town. Indicate whether there is one hospital or none, one or two bookstores, et cetera, using the expression **hay** or **no hay.** Use the vocabulary from previous lessons.

Nota cultural The university system

Most universities in Spanish-speaking countries are financed by the national or state government. A prerequisite for admission to the university is the **bachillerato,** a diploma earned by students after they have passed a series of government-controlled examinations that are administered at the end of their secondary-school studies.

Universities in Spain and Hispanic America are usually comprised of several **facultades** *(colleges/schools)*, such as **la facultad de medicina** or **la facultad de ciencias.** Students must choose their major when they register and must take all their courses at their respective **facultades.**

There are over twenty state universities in Spain, of which **la Universidad Complutense de Madrid** is the largest and also one of the few European universities with a campus. The campus **(la ciudad universitaria),** located away from downtown Madrid, contains the buildings of the many **facultades** and also numerous **colegios mayores** *(student dormitories).* Most students, however, live off campus.

VNA LIBRE

PTAS 200

006999192

S. E. el Jefe del Estado Español

y en su nombre

El Ministro de Educación y Ciencia

Considerando que, conforme a las disposiciones y circunstancias prevenidas por la actual legislación,

Don Ignacio Gómez Montejo

nacido el día 28 de octubre de 1948, en Vitoria,

ha cursado sus estudios de Ingeniero Electromecánico en el Instituto Católico de Artes e Industrias de Madrid y hecho constar su suficiencia en la Escuela Técnica Superior de Ingenieros Industriales de Madrid, el 26 de septiembre de 1973, con la calificación de NOTABLE, y de conformidad con la Orden de 30 de marzo de 1967, expide el presente

Título de Ingeniero Superior Electromecánico del I. C. A. I.

que faculta al interesado para ejercer la profesión y disfrutar los derechos que a este grado le otorgan las disposiciones vigentes.

Dado en Madrid, a 30 de septiembre de 1974.

El interesado, | Por el señor Ministro: El Subsecretario, | El Jefe de la Sección,

Registro especial de la Sección de Títulos, folio 37 número 44

Pronunciación y ortografía

I. Diphthongs

1. In Spanish, the vowels **a, e,** and **o** are traditionally called *strong;* the vowels **i** (sometimes **y**) and **u** are traditionally called *weak.* A diphthong is a complex sound consisting of two vowels within one syllable. In Spanish, diphthongs are formed when a strong vowel **(a, e,** or **o)** combines with an unstressed weak vowel **(i, y,** or **u),** or when two weak vowels combine with each other within one syllable.

2. Diphthongs occur frequently in Spanish. Examples of common words containing diphthongs are listed below.

ai (ay)	**ia**	**ie**	**io**	**ei (ey)**
h**ay**	estud**ia**nte	b**ie**n	estad**io**	r**ey**
J**ai**me	importanc**ia**	d**ie**z	Jul**io**	r**ei**na

iu	**oi (oy)**	**ua**	**ue**	**ui**
c**iu**dad	h**oy**	leng**ua**	b**ue**nos	S**ui**za
v**iu**da	**oi**go	Ed**ua**rdo	p**ue**blo	c**ui**dado

3. A written accent on the weak vowel in a two-vowel combination indicates that the two vowels do not form a diphthong; they belong to separate syllables.

biolog**ía**	Valpara**í**so	pa**í**s	Ra**ú**l
polic**ía**	R**ío** Verde	d**ía**	d**ú**o

II. Syllabication

A strong foreign accent is noticed in non-Spanish speakers who separate syllables in the wrong places when speaking Spanish. The most important rule to remember is that in Spanish a single consonant always goes with the following vowel, in contrast to English.

vo-ca-bu-la-rio *vo-cab-u-lar-y*

In writing, a knowledge of syllable division is most useful when separating words at the end of a line.

1. Every Spanish syllable must contain either a single vowel or a diphthong. Most Spanish syllables end in a vowel sound.

   Es-pa-ña pro-fe-so-ra i-ta-lia-no ciu-dad

2. Two strong vowels, or an accented weak vowel in combination with a strong vowel, form separate syllables.

   ca-er dí-a pa-ís

3. A single consonant (including **ch, ll,** and **rr**) between vowels always forms a syllable with the second vowel.

   pe-lí-cu-la i-ta-lia-no no-che e-lla ca-rro

4. Two consonants between vowels are divided into separate syllables; the first consonant goes with the preceding vowel, the second one with the following vowel.

   al-to Car-los con-no-ta-ción

However, when the second consonant is **l** or **r**, the two consonants remain together with the vowel that follows.

ha-blar pa-la-bra a-gra-de-cer

5. In a three-consonant group, the first two consonants go with the preceding vowel, and the third goes with the following vowel.

   ins-tan-te ins-pi-ra-ción

   However, when the third consonant is **l** or **r**, the last two consonants remain together with the vowel that follows.

   as-tró-no-mo ex-pli-car des-cri-bir

III. Stress

1. Spanish words of more than one syllable have a definite spoken stress, or emphasis, on one of the syllables. Most words that end in a vowel, **-n,** or **-s** are stressed on the *next-to-the-last* syllable.

lla-mo	es-**tu**-dian	**bue-**nos
len-gua	**ha-**blan	**ha-**ces

2. Most words that end in a consonant other than **-n** or **-s** are stressed on the *last* syllable.

   u-ni-ver-si-**dad** pro-fe-**sor** cul-tu-**ral**

3. Words that are pronounced contrary to the preceding statements are written with an accent mark on the vowel of the stressed syllable.

   lec-**ción** **mú**-si-ca a-**sí** **lá**-piz in-**glés**

4. Spanish stress is very important because the meaning of a word or sentence may depend on proper stress.

la **pa**pa	*the potato*	**En**tre.	*Come in.*
el pa**pá**	*the father*	En**tré.**	*I came in.*

A. Listen and repeat the following words after your instructor. Each one contains a diphthong.

cuadra	vocabulario	Luisa	bien	lengua
vacaciones	cambiar	italiano	pueblo	muy

B. Read aloud the following sentences, paying attention to diphthongs and to vowel combinations that are not diphthongs.

1. Luisa habla italiano muy bien.
2. Jaime vive en la ciudad de Valparaíso.

3. No es un pueblo importante.
4. La biología es una ciencia muy interesante.

C. Divide the following words into syllables. Then pronounce them correctly.

segundo	estupendo	profesor	verdad
barbaridad	extranjero	también	buscamos
coche	padre	pizarra	hablamos

D. Which syllable of the following words is stressed in Spanish? How can you tell?

len-guas	es-tu-dio	prác-ti-ca	Cór-do-ba
no-ta	cul-tu-ral	pre-gun-ta	Bo-go-tá
se-ñor	fan-tás-ti-co	diá-lo-go	Ca-ra-cas

Estudio de palabras

I. Etapas de la vida (*Stages of life*)

A. Give a nationality to each person shown in the previous illustrations.

▶ *El muchacho es chileno.*

B. Use your imagination and identify the following people by giving them names (see list of proper names in *Lección 1*). Then indicate how they are related to each other.

▶ el bebé *El bebé se llama [Luis] y es el hermano de [Tomás].*

1. la chica
2. el hombre
3. la niña
4. la mujer
5. el muchacho
6. el joven

II. La familia

el padre (el papá) father
la madre (la mamá) mother
los padres parents; fathers
las madres mothers
el hermano brother
la hermana sister
los hermanos brothers and sisters; brothers
las hermanas sisters

el hijo son
la hija daughter
los hijos children; sons
las hijas daughters
el hermano mayor (menor) older (younger) brother
el hijo mayor (menor) older (younger) son
la hija mayor (menor) older (younger) daughter

A MI HERMANA...
ESPECIAL Ser Padres

Note that the masculine plural noun for **padre, hermano,** and **hijo** may refer to a group containing both males and females, or to a group containing males only. The meaning is usually made clear by context.

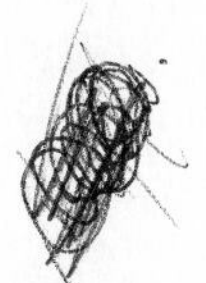

C. Complete the phrases with the names of different members of your own family or of a family you know well.

▶ *Mi mamá se llama* ____ *; mi papá se llama* ____ *; mi hermano mayor se llama* ____ *; mi hermana menor se llama* ____ .

D. Answer the following questions about your family.

1. ¿Tiene usted hermanos? ¿cuántos?
2. ¿Tiene usted hermanas? ¿cuántas?
3. ¿Cuántos hijos hay en su familia?
4. ¿Tiene usted un/a hermano/a mayor? ¿un/a hermano/a menor?
5. ¿Trabajan sus hermanos? ¿sus hermanas?

III. Diminutivos

1. The suffixes **-ito/-ita** and **-(e)cito/-(e)cita** are often added to Spanish nouns and adjectives to form diminutives. A diminutive suffix generally implies smallness in size or indicates affection on the part of the speaker toward the person or object mentioned.

Manolito y yo somos amigos de toda la vida.	*Manny and I are lifelong friends.*
Mi hermana mayor se llama Luisa, y mi **hermanita** se llama Leonor.	*My older sister's name is Luisa, and my younger sister is Leonor.*
Este libro es un texto de química, y este **librito** es una colección de poemas.	*This book is a chemistry textbook, and this little book is a collection of poems.*

2. You will hear, especially in Hispanic America, the adjectives **chiquito/a** and **poquito/a** much more frequently than their base forms, **chico/a** and **poco/a.** Further diminutive endings are often added to these diminutives, forming the words **chiquitito/a** and **poquitito/a.**
3. Although there are regional and personal preferences, the most common diminutive endings are as follows:
   a. **-ito/-ita (-itos/-itas)** added to words ending in **-o, -a, -l.**

libro	⟶	libr**ito**	*book*
hermana	⟶	herman**ita**	*sister*
papeles	⟶	papel**itos**	*papers*

   b. **-cito/-cita (-citos/-citas)** added to words that end in **-e** or consonants other than **l.**

café	⟶	cafe**cito**	*(cup of) coffee*
joven	⟶	joven**cito**	*young man*
joven	⟶	joven**cita**	*young woman*

Since regional and personal usage may follow rules that are different from the ones given above, you should use only those forms that you have heard used by native speakers or by your instructor as you develop a feeling for the language.

E. Restate the following sentences in their base form. The diminutives given here follow the rules stated above.

1. ¿Cómo está el **niñito?**
2. ¿Cómo se llaman los **hermanitos** de Raúl?
3. Vivo con mi **hermanita.**
4. **Rosita** es mexicana.
5. El **papelito** no es importante.
6. ¿Tomamos un **cafecito?**

F. Restate the following sentences, changing the diminutives to their base form. These diminutives represent common variations of the rules previously mentioned, but you should easily see the base word.

1. Eres **buenecito,** ¿verdad, Miguel?
2. ¿Tienes un **lapicito?**
3. Santa Ana es un **pueblecito** al norte de Sevilla.
4. Un **poquitico** de paciencia, ¡por favor!
5. Es una **viejecita** muy inteligente.
6. ¡Hasta muy **prontico!**

Estructuras útiles

I. Possession and close relationship with **de**

Es el carro ***de Luisito.***

1. The pattern **de** + *a noun* is used in Spanish to express possession or close relationship. The pattern *noun* + *apostrophe* + *s* does not exist in Spanish.

Es la silla **de la muchacha.**	*It's the girl's chair.*
Son **las plumas de Linda.**	*They are Linda's pens.*
El hermano de Pablo es muy inteligente.	*Pablo's brother is very smart.*

2. The interrogative expression **¿de quién?** is equivalent to *whose?* and is used when asking a question about the possession of an object or about a relationship. The plural expression **¿de quiénes?** may be used if the person asking the question knows that there are several owners.

—**¿De quién** es el cuaderno?	*Whose notebook is it?*
—Es **de Eduardo.**	*It's Eduardo's. (It belongs to Eduardo.)*
—**¿De quién(es)** son los papeles?	*Whose papers are they?*
—Son **de María** y **de David.**	*They are María's and David's.*

A. Form questions and answers with the following nouns. In your responses, use **de** plus the names of students in your class.

▶ bolígrafo — S1: *¿De quién es el bolígrafo?*
S2: *Es de [Esteban].*

▶ periódicos — S1: *¿De quién(es) son los periódicos?*
S2: *Son de [Patricia] y de [Guillermo].*

1. sillas
2. libro
3. lápiz
4. papel
5. cuaderno
6. revistas
7. computadora
8. calculadora
9. cassettes

B. Identify two items that belong to a classmate and two items that do *not* belong to the classmate. Use the nouns in Exercise A or others that you know.

▶ *La computadora y la calculadora son de Ricardo. El cuaderno y el lápiz no son de Ricardo.*

II. Possessive adjectives

1. The following chart shows the forms of the possessive adjectives in Spanish and their English equivalents.

Possessive adjectives	
mi, mis	my
tu, tus	your *(fam.)*
su, sus	his, her, their, your *(formal)*, its
nuestro/a, **nuestros/as**	our
vuestro/a, **vuestros/as**	your *(fam.)*

—Profesor Gómez, ¿son **sus** libros? — *Professor Gómez, are they your books?*
—Sí, son **mis** libros. — *Yes, they're my books.*

—¿Es **vuestro** hijo? — *Is he your son?*
—Sí, es **nuestro** hijo. — *Yes, he's our son.*

2. Possessive adjectives (like definite and indefinite articles) precede the noun they modify. **Mi, tu,** and **su** agree in number with the noun possessed. **Nuestro** and **vuestro** agree in number and gender with the noun possessed.

Es **mi libro.** — *It's my book.*
Son **mis hijas.** — *They're my daughters.*

Es **nuestro amigo.** — *He is our friend.*
Son **nuestras hermanas.** — *They are our sisters.*

3. The possessive adjective **tu** is written without an accent mark. This distinguishes it from the subject pronoun **tú.**

¿Tu hermano se llama Carlos? — *Is your brother named Carlos?*
¿Tú trabajas mucho? — *Do you work a lot?*

4. The possessive forms **su** and **sus** may mean *his, her, their,* and *your (formal).* **De + él, ella, usted, ustedes, ellos** or **ellas** or the person's name may be used to clarify the meaning of **su/sus.**

¿Es **su** casa? ¿Es la casa **de David?**

C. Say that these things belong or do not belong to the people indicated in parentheses.

► el cuaderno (yo) — *Sí, es mi cuaderno.* / *No, no es mi cuaderno.*

1. la calculadora (tú)
2. los discos (tú)
3. la revista (tú y Marta)
4. los lápices (él)
5. los papeles (nosotros)
6. las fotos (ella)

D. Answer each question in the affirmative, using the appropriate form of the possessive adjective.

► ¿Es el automóvil de Diego? — *Sí, es su automóvil.*

1. ¿Es la casa de doña Marina y don Pepe?
2. ¿Son los libros de los señores Blanco?
3. ¿Es el periódico de tu papá?
4. ¿Son las revistas de Carmen?
5. ¿Es la calculadora de tu amiga?
6. ¿Son los discos de tu hermano?
7. ¿Es el televisor de Guillermo?
8. ¿Es la pluma de la señora de Martínez?

E. Answer each question in the negative, using the appropriate form of the possessive adjective and the cues indicated.

► El hermano de María es mecánico, ¿no? (médico) — *No, su hermano es médico.*

1. Los amigos de ustedes son franceses, ¿verdad? (canadienses)
2. Tu padre es de Costa Rica, ¿no? (Nicaragua)
3. La hermana de Jorge y Marta es estudiante, ¿no? (artista)
4. Tu amiga se llama Julia, ¿no? (Ángela)
5. Las hermanas de Paco son enfermeras, ¿no? (dentistas)
6. Tus padres son alemanes, ¿verdad? (portugueses)

III. Personal **a**

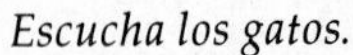

Escucha los gatos.

*Escucha **a** "Los Gatos".*

1. The preposition **a** is used before a direct-object noun that refers to a specific person or persons. Sometimes it is used with a personified noun like a city or a pet.

Invito **a** mi novia.	*I invite my fiancée.*
Busco **a** mi hija.	*I'm looking for my daughter.*
Visitamos **(a)** Quito todos los años.	*We visit Quito every year.*

2. The personal **a** is not normally used after the verb **tener.**

Tengo una hermana.	*I have one sister.*
No tengo (un) hijo.	*I don't have a (one) son.*

F. Complete each sentence with **a,** if appropriate.

▶ Busco _____ dos cuadernos. *Busco dos cuadernos.*

1. Busco _____ mi hermano.
2. ¿Invita Ud. _____ Ricardo?
3. Esperamos _____ un automóvil.
4. Llaman _____ sus padres.
5. Tengo _____ un hijo.
6. Visitamos _____ el hospital.
7. Veo _____ mi amiga Pepita.
8. Escuchan _____ los discos.
9. Las muchachas esperan _____ las niñas.

G. Make up five questions or statements, using verbs from the first column and people, places, and objects from the second column. Use the personal **a** if needed.

▶ llamar [Marisol] *¿A quién llamas? ¿a Marisol?*

1. buscar	tu novia
2. llamar	un hospital
3. visitar	el libro de Hemingway
4. escuchar	Marisol
5. esperar	mis padres
6. invitar	Madrid

IV. The invariable form **hay**

1. The invariable form **hay,** derived from the verb **haber,** is used in Spanish to express *there is* or *there are.* When used with a singular noun, **hay** is usually followed by the indefinite article **un/a,** an indefinite modifier **(mucho, poco),** or no modifier at all.

Hay un hospital en el pueblo.	*There is a (one) hospital in town.*
Hay mucha gente en Ciudad de México.	*There are lots of people in Mexico City.*
En mi casa **hay** (un) jardín, pero no **hay** (un) patio.	*At my house there is a (one) garden, but there isn't a (one) patio.*

2. When used with a plural noun, **hay** may be followed by the indefinite article **unos/as,** a cardinal number **(dos, tres),** an indefinite modifier **(muchos, pocos),** or no modifier at all.

Hay unas señoras ahí.	*There are some women there.*
En el centro **hay** tres restaurantes.	*There are three restaurants downtown.*
Aquí **hay** pocas clases de idiomas.	*There are few language classes here.*
Perdón, señor, ¿**hay** libros de inglés aquí?	*Excuse me, sir, are there any English books here?*

H. Say whether there are, or are not, the following things in your classroom.

▶ discos — *Sí, hay discos en la clase.*
No, no hay discos en la clase.

1. una cesta	4. una puerta	7. tres pizarras
2. una mesa	5. estudiantes	8. dos computadoras
3. sillas	6. unos papeles	9. un/a profesor/a

I. Tell a classmate some of the items that are in your room **(cuarto)** or in your dormitory **(dormitorio).** Then ask him/her if the same things are in his/her room.

▶ *Hay (un) escritorio en mi cuarto. ¿También hay (un) escritorio en tu cuarto?*

¿Comprende usted?

Deriving meaning from cognates

By now, you should know which of the suggestions given in *Lección 1* are most helpful to you and which steps you may skip as you develop speed and confidence in reading for general understanding. Refer back to them as needed.

Un permiso temporal

En España y en Hispanoamérica, los estudiantes generalmente usan un **carnet de identidad** que sirve para identificar a un individuo como alumno (estudiante) de un colegio o universidad. El carnet es el documento oficial de identificación y sirve para entrar en la biblioteca, la cafetería y otras instalaciones de la universidad. A veces el horario oficial de un estudiante sirve como permiso temporal hasta la emisión de un carnet con la fotografía y el número oficial de identidad del estudiante.

Permiso temporal

Permiso temporal de admisión a la biblioteca e instalaciones de la *Universidad de Córdoba* hasta emisión del carnet de identidad oficial.

Estudiante: Sandra Coronado
Curso: Medio
Año: 1985

Horario

Inglés	lunes, miércoles, viernes	Prof. Rafael Montes
Historia musulmana	martes, jueves	Prof. Gamal Karim
Historia moderna	lunes, miércoles, viernes	Prof. Soledad Cuenca
Filología	martes, jueves	Prof. Feliciano Delgado
Dialectología	lunes, miércoles, viernes	Prof. Inmaculada Martín
Arqueología	martes, jueves	Prof. Ma. Dolores Fernández

Armando Ramos S.

el secretario, Armando Ramos S.

A. There are many words on the schedule card that you can understand without recourse to a dictionary. What are the English equivalents of the following words from the schedule card?

el permiso	la identidad	la arqueología	oficial
el secretario	la instalación	la filología	temporal
la admisión	musulmana	medio	la emisión

B. Ask for information from your classmates about Sandra's schedule and teachers at the University of Córdoba by asking questions such as the following.

1. ¿Cuántas veces por semana *(How many times a week)* es la clase de [inglés]?
2. ¿Quién es el profesor de [historia musulmana]?
3. ¿Quién es [la profesora Soledad Cuenca]?
4. ¿Estudia Sandra geología? ¿psicología? ¿arqueología?

C. Complete the following sentences with appropriate words and expressions from the reading.

1. El carnet de identidad es un . . . .
2. Los estudiantes usan el carnet para . . . .
3. Sandra usa las instalaciones de la Universidad de . . . con un . . . .
4. La profesora Inmaculada Martín dicta clase de . . . .
5. No hay clase de historia moderna los . . . .

Un grupo de jóvenes estudia frente a uno de los edificios de la Universidad Nacional de México.

Lección 5
En México

¿Hay un banco por aquí?

Carlos Guzmán, un joven venezolano, está en Ciudad de México, donde va a pasar las vacaciones. Está cansado, pero necesita ir al banco ahora para cambiar bolívares° por pesos° antes de regresar al hotel. Habla con un agente de policía en la acera cerca del hotel.

monetary unit of Venezuela / monetary unit of Mexico

Carlos: Perdón, señor policía. ¿Hay un banco por aquí? Necesito cambiar dinero.

Policía: Sí, señor, hay uno en la Calle Madero. Se llama el Nuevo Banco de Comercio.

Carlos: ¿Está cerca?

Policía: No, está bastante lejos. A unas ocho cuadras de aquí.

Carlos: ¡Tanto! . . . ¿Es posible ir en autobús?

Policía: Sí, cómo no. El camión pasa por aquí, pero hay mucho tránsito. Es más fácil ir en metro. La entrada del metro está allí en la esquina.

Carlos: Entonces voy en metro. ¡Muchas gracias!

Policía: De nada, señor.

Un policía dirige el tránsito en una calle de Ciudad de México.

Comprensión

1. ¿Quién es Carlos Guzmán?
2. ¿Por qué está en Ciudad de México? (Porque . . .)
3. ¿Qué necesita hacer Carlos?
4. ¿Dónde está el banco?
5. ¿Es posible o no es posible ir al banco en autobús?
6. ¿Qué palabra usa el policía para **autobús?**
7. ¿Carlos va al banco en autobús o en metro? ¿por qué?
8. ¿Qué dice Carlos al policía al final de la conversación? ¿Qué responde el policía?

Conversación

1. ¿Va Ud. a la universidad en metro, en coche o a pie?
2. ¿Necesita dinero en este momento? ¿Necesita mucho dinero o poco dinero?
3. Si hay un banco cerca de aquí, ¿cómo se llama?
4. ¿Cuántos bancos hay en su ciudad o en su pueblo? ¿cuatro? ¿diez? ¿muchos?
5. ¿A cuántas cuadras está su casa (su apartamento, su dormitorio) de aquí?
6. ¿Usted va a ir a pie a su casa (su apartamento, su dormitorio) después de clase? ¿Va a tomar un taxi?
7. ¿Está Ud. cansado/a en este momento? (Estoy . . . No estoy . . .)
8. ¿Qué quiere decir en inglés «muchas gracias»? ¿y «de nada»?

Variaciones

1. Entonces voy **al hotel.**
   al centro
   al teatro
   al banco

2. ¿Es posible ir **en autobús?**
   en avión
   en taxi
   en automóvil

3. ¿Está **bastante cerca** el banco?
   a unas dos cuadras de aquí
   en la Avenida Juárez
   en la plaza central

4. Carlos está **cansado.**
   rabioso
   triste
   nervioso

Vocabulario

Palabras análogas

el apartamento
el automóvil
el banco
central
el comercio
el dormitorio
el hotel
nervioso, -a
el/la policía
posible
el taxi
las vacaciones

Sustantivos
la acera sidewalk
el agente de policía police officer
el autobús bus
la avenida avenue
el avión airplane
la calle street
el camión city bus *(Mexico);* truck
la casa house
el coche car
la cuadra block
el dinero money
la entrada entrance
la esquina corner
el metro subway
la plaza square
el teatro theater
el tránsito traffic

Adjetivos
cansado, -a tired
fácil easy
joven young
nuevo, -a new
poco, -a little
rabioso, -a furious, very angry
triste sad

Verbos
cambiar to exchange, change
decir *(irreg.)* to say; **digo, dices, dice**
dirigir to direct; **dirijo, diriges, dirige**
ir *(irreg.)* to go; **voy, vas, va**
regresar to return
responder to respond, answer; **respondo, respondes, responde**

Otras palabras y expresiones
a to; **al (= a + el), a la** to the
a pie on foot
a unas [ocho] cuadras de aquí (at) about [eight] blocks from here
ahora now
al final de at the end of
allí there
antes de *(+ inf.)* before . . . – ing
cerca (de) near
cómo no of course
¿cómo se dice . . . ? how does one say . . . ?
con with
de nada you are welcome
después after
donde where
en [autobús] by [bus]
lejos (de) far (from)
pasar las vacaciones to spend one's vacation
perdón excuse me
por for, in exchange for
¿por qué? why?
porque because
¿qué quiere decir . . . ? what does . . . mean?
si if
¡tanto! so much! so far!

Práctica

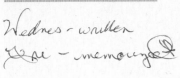

A. Make up a dialogue between yourself and a policeman in Mexico. Ask if there is a restaurant **(restaurante)** or a café **(café)** in the vicinity. Then ask where it is and how to get to it. Use the vocabulary and structures from the dialogue in this lesson.

B. Choose five Spanish cognates from the dialogue in this lesson. Imagine that you are helping a student from Mexico to pronounce and spell the English equivalents. Explain in what ways the English equivalents differ from the Spanish cognates.

La vida diaria

El ritmo de vida de la gente de pueblo es quizás más tranquilo que en la ciudad, pero no por eso menos vital. Para los hispanos es muy importante la comunicación. Ellos aprecian el arte de la conversación y toman el tiempo de compartir con sus vecinos dentro de la rutina diaria. (Provincia de Córdoba, España.)

Los hispanos van a los mercados frecuentemente para obtener productos frescos del país y otros alimentos básicos de su dieta. El tamaño del mercado puede variar, pero normalmente hay puestos especializados que venden un producto particular como carnes, frutas, vegetales, etc. Los clientes pasan por los puestos, comparan precios y calidad, y escogen lo que prefieren. (Guanajuato, México)

(Arriba derecha) Hay pueblos donde el mercado es una de las pocas tiendas. Allí se pueden comprar muchos artículos de uso diario, además de los productos básicos de la dieta. En sitios que atraen turistas, es posible también encontrar en el mercado productos de artesanía típicos de la región. (Mercado en Paloquemado, Venezuela)

(Abajo izquierda) Los hispanos no se limitan a una oficina para conducir los negocios. Es común reunirse en un café o aprovechar un encuentro en la calle para discutir o finalizar una transacción. (Negociantes en una calle de Buenos Aires, Argentina)

(Abajo derecha) El periódico es un medio de información esencial en la sociedad hispánica. Ha mantenido su impacto frente a la radio y la televisión por ser un medio de información práctico y económico. (Puesto de periódicos, Lima, Perú)

Cuando el clima lo permite, no es raro ver grupos de hombres mayormente, jugando dominó, cartas u otro juego de azar en un parque o en el patio de una casa. A veces se apuesta dinero y alrededor, los espectadores esperan el resultado del juego. (Juego de azar, Ciudad de México)

El día de trabajo en Hispanoamérica normalmente empieza y termina más tarde que en los Estados Unidos. Además, frecuentemente incluye un almuerzo más prolongado, que es un tiempo muerto para los negocios. Mucha gente va a su casa a comer y a "echar una siesta" durante ese tiempo. Pero estas costumbres van cambiando; cada vez más la gente utiliza este rato para reunirse en un restaurante a comer y a charlar con los amigos. (Banco en Barcelona, España)

Como en otros países en desarrollo, en los países hispánicos existe gran disparidad en el nivel de educación alcanzado por la población. Sin embargo, existen excelentes escuelas desde la primaria hasta la universidad, y los gobiernos se esfuerzan por llevar la educación a todas partes. (Clase en un colegio, San Juan, Puerto Rico)

El fútbol es el pasatiempo favorito de Hispanoamérica y de muchos otros países en el mundo. Los niños aprenden desde pequeños a manejar el balón. Más tarde pertenecen a equipos escolares y practican en su tiempo libre; las universidades, sin embargo, generalmente no tienen equipos importantes. Al ser mayor, la gente se une a los espectadores que siguen atentamente un equipo aficionado o profesional. (Estadio en Buenos Aires, Argentina)

Nota cultural Regional terms

Some terms in the Spanish language vary considerably from one country or region to another. For example, the Spanish equivalent for *bus* is **un autobús** in many areas, but it is also called **un camión** in Mexico and **una guagua** in Puerto Rico, Cuba, and the Canary Islands. An *automobile* may be universally referred to as **un automóvil,** but it is also called **un coche** in Spain and **un carro** in many Hispanic American countries.

Pronunciación y ortografía

I. Flap [r]

Spanish has both a single flap [r] and a trilled [R] sound. The single flap [r] is pronounced toward the front of the mouth, with the tip of the tongue making one quick "flap" against the gum ridge behind the upper front teeth. It is a very different sound from English [r], which is pronounced toward the back of the mouth without the assistance of the tip of the tongue. Spanish [r] resembles the sound an English speaker often makes when pronouncing the *tt* in words such as *bitter, better, butter.* The Spanish sound is spelled with a single letter **r.**

A. Close your book and listen to your instructor say the following pairs of words. Repeat only the word that contains the sound [r]. Then repeat the exercise with your book open.

loro / lodo	moro / modo	pudo / puro
codo / coro	cara / cada	muro / mudo

B. Repeat the following words after your instructor. Each word contains one or more flap [r] sounds.

escritorio	obrero	Carlos	Nicaragua
profesor	trabaja	Carmen	El Salvador
acero	enfermera	Clara	Argentina

C. Read the following sentences aloud. Pay careful attention to the way you pronounce [r].

1. Clara Suárez es enfermera.
2. Carlos trabaja en una fábrica.
3. El señor Duarte es profesor.

II. More on linking

1. In *Lección 2* you learned that linking occurs in breath groups when a final consonant is linked to an initial vowel and when two consonants or two vowels are identical.

   es‿español — un‿norteamericano
   en‿un pueblo — es de‿Elena
   el‿lunes — está‿aquí

2. Linking also occurs when one word ends in a weak vowel **(i, u)** and the following word begins with a strong vowel **(a, e, o)** or vice versa, thus forming a diphthong. Final **y** is considered a weak vowel at the end of a syllable.

   Necesito‿una pluma. Hoy‿es lunes. Es mi‿hermano.

3. Linking tends to occur even when the final vowel and the initial vowel are both strong vowels.

   Trabajo‿en México. Ana‿está‿en casa. No‿es difícil.

   To avoid a strong foreign accent that may interfere with communication, do not stop the flow of your voice between adjacent vowels. Practice reading aloud, with proper linking, to develop good, clear pronunciation.

D. Read aloud the following sentences, linking the vowels and consonants where indicated. Pronounce each breath group as though it were one, multi-syllabled word.

1. Estudio‿en‿un colegio.
2. Hay‿una revista‿en la mesa.
3. Necesito‿unos dólares para comprar dos‿sándwiches.
4. No‿habla‿alemán.
5. Está cerca del‿hospital.

Refranes

Lo barato es caro y lo caro es barato. — Inexpensive things are costly and expensive things are cheap.

Secreto de uno, secreto es;
Secreto de dos, secreto de Dios;
Secreto de tres, de todos es.

Estudio de palabras

I. El pueblo de Río Verde

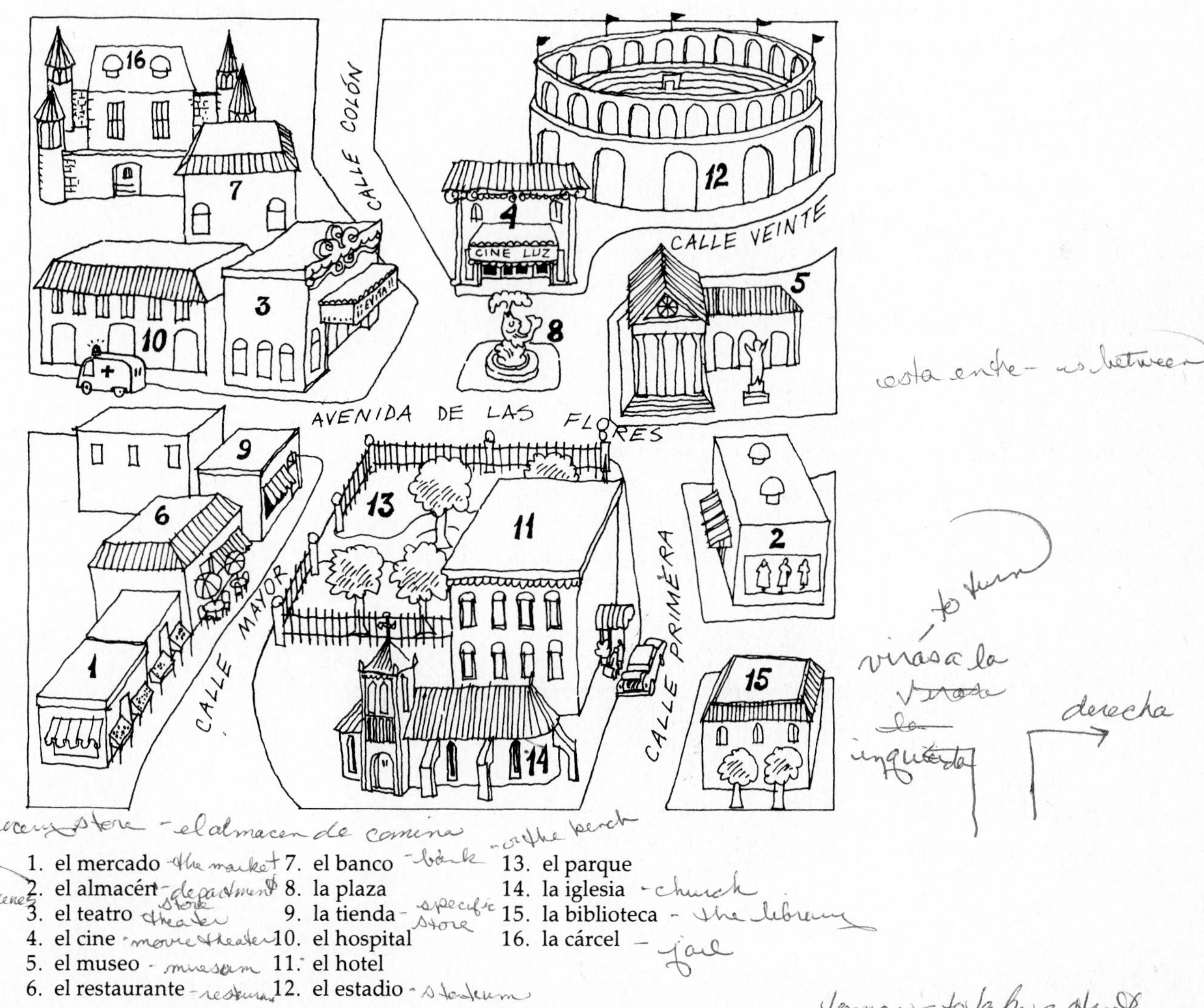

1. el mercado
2. el almacén
3. el teatro
4. el cine
5. el museo
6. el restaurante
7. el banco
8. la plaza
9. la tienda
10. el hospital
11. el hotel
12. el estadio
13. el parque
14. la iglesia
15. la biblioteca
16. la cárcel

A. Look at the map of Río Verde and ask another student on which street the buildings listed below the drawing are located.

► S1: *¿Dónde está [el restaurante]?* S2: *Está en la Calle Mayor.*

B. Ask another student whether or not any of the following buildings are near his/her house.

▶ hotel S1: *¿Hay un hotel cerca de tu casa?*
S2: *Sí, hay un hotel cerca de mi casa. Se llama Hotel Plaza. Está en la Calle 10.*
No, no hay un hotel cerca de mi casa.

1. mercado	3. parque	5. almacén
2. iglesia	4. cine	6. tienda

II. Prefijos en **im-, in-** y **des-**

The prefixes **im-**, **in-**, and **des-** are often used with Spanish adjectives and nouns to mean *not*, to indicate *lack of*, or to mean the opposite of the original word.

posible possible	**imposible** impossible
acción action	**inacción** inaction
contento satisfied	**descontento** dissatisfied

C. Read aloud each word, giving its English equivalent. Then add the prefix indicated and give the English equivalent of the new word.

im-	**in-**	**des-**
paciente	tranquilo	animado
parcial	alterable	aparición
personal	coherente	armar
preciso	competente	equilibrio

Estructuras útiles

I. Present tense and uses of **estar**

*Roberto **está** muy enfermo y **está** en el hospital.*

1. There are two verbs in Spanish that mean *to be:* **ser,** which you studied in *Lección 1,* and **estar.** The present-tense forms of **estar** are shown in the chart below. Note that the **yo-**form, **estoy,** is irregular.

	estar	
yo	**estoy**	Estoy muy cansado.
tú	**estás**	¿Cómo estás?
Ud., él, ella	**está**	Está en el mercado.
nosotros, -as	**estamos**	Estamos aquí.
vosotros, -as	**estáis**	Estáis en la clase de español.
Uds., ellos, ellas	**están**	Están en México.

2. **Estar** is used:
   a. to express how someone feels.

   —¿Cómo **estás** hoy? — *How are you today?*
   —**Estoy** muy nervioso porque hay examen. — *I'm very nervous because there's an exam.*

   b. to indicate the location of someone or something.

   —¿Dónde **está** el Banco Internacional? — *Where's the International Bank?*
   —**Está** a unas cuadras de aquí. — *It's a few blocks from here.*

A. Ask the following people how they feel today. They should respond with the proper form of the adjectives **cansado/a, triste, contento/a, rabioso/a, tranquilo/a, nervioso/a.**

► Mariluz S1: *¿Cómo estás hoy, Mariluz?*
S2: *Estoy [contenta].*

1. Prof. García
2. Dra. Robledo
3. Srta. Goya
4. Catalina
5. Doña Luz
6. Carlos

B. Some of the following people are well, others are ill. State whether they are at home or in the hospital.

► Jorge (bien) *Jorge está bien. Está en casa.*
► Luisa (mal) *Luisa está mal. Está en el hospital.*

1. la secretaria (bien)
2. tú (bien)
3. nosotros (mal)
4. los señores Álvarez (bien)
5. yo (mal)
6. tú y Luisa (bien)

C. When a classmate asks where different people are from, tell him/her where they are from and where they are now. Use the names of the cities and countries indicated or other Hispanic place names.

▶ Jaime / Bilbao (Quito) S1: *¿De dónde es Jaime?*
S2: *Jaime es de Bilbao, pero está en Quito ahora.*

1. Luisa / Buenos Aires (San José)
2. Ana y tú / España (los Estados Unidos)
3. los señores Alarcón / Cuba (Asunción)
4. Ricardo y Miguel / Puerto Rico (Santo Domingo)
5. el doctor Gonsálvez / Chile (La Paz)
6. tú / México (Caracas)

D. When a classmate asks for the following items, tell whether they are here, at home, in the library, or elsewhere.

▶ libro de inglés S1: *¿Tienes un libro de inglés?*
S2: *Sí, aquí está.*
No, mi libro de inglés está [en casa].

1. regla
2. papeles
3. mapa
4. periódico
5. pluma
6. revista de automóviles

II. Present tense of **ir**

1. The verb **ir** is irregular in the present tense. Its endings are like those of **estar,** but they do not have a written accent.

	ir	
yo	**voy**	Voy a clase.
tú	**vas**	¿Vas a México o a España?
Ud., él, ella	**va**	Va a un café.
nosotros, -as	**vamos**	Vamos a un restaurante.
vosotros, -as	**vais**	¿Vais hoy o mañana?
Uds., ellos, ellas	**van**	Van a la clase de inglés.

2. The interrogative expression **¿adónde?** is usually used in asking questions about where one is going.

—**¿Adónde van** ustedes? *Where are you going?*
—**Vamos** al teatro. *We're going to the theater.*

3. Future action may be expressed in Spanish by the **ir a** + *infinitive* construction.

Voy a visitar el pueblo de Río Verde.	*I'm going to visit the town of Río Verde.*
Vamos a pasar las vacaciones en Uruguay.	*We're going to spend our vacation in Uruguay.*

4. In addition to being used to indicate a future action, **vamos a** + *infinitive* may also be used to express a suggestion, equivalent to *let's* in English.

—¿Qué hacemos ahora?	*What should we do now?*
—**Vamos a estudiar.**	*Let's study.*
—Pepe no está aquí.	*Pepe isn't here.*
—Pues, **vamos a esperar** cinco minutos.	*Well, let's wait for five minutes.*

E. Say that the people indicated are going to the countries mentioned.

▶ Ignacio / Panamá   *Ignacio va a Panamá.*

1. los estudiantes / Chile
2. yo / Colombia
3. tú y yo / México
4. Jorge y tú / Venezuela
5. Marta / Costa Rica
6. tú / Bolivia

F. Ask where the following people are going for a vacation.

▶ tú   *¿Adónde vas para las vacaciones?*

1. Miguel
2. tus padres
3. ustedes
4. nosotras
5. Elena y tú
6. las niñas
7. tú
8. Andrea

G. Answer the following questions, saying that the activities are going to take place tomorrow, not today.

▶ ¿Esteban estudia hoy?   *No, va a estudiar mañana.*

1. ¿Tú y yo trabajamos hoy?
2. ¿Alicia escucha la radio hoy?
3. ¿Los estudiantes van al café hoy?
4. ¿Tomás va en taxi al centro hoy?
5. ¿Miras la televisión hoy?
6. ¿Ángel y tú van a la biblioteca hoy?
7. ¿Carmen y Ricardo van al mercado hoy?

H. Say which of the following activities you or someone you know of is going to do and when.

▶ estudiar la lección *[Esteban] va a estudiar la lección [el jueves].*

1. mirar la televisión
2. estudiar para un examen
3. hablar con la familia
4. trabajar en otro país
5. cantar en el coro
6. bailar en una discoteca
7. preparar una fiesta
8. regresar a casa

I. Accept or refuse the following invitations from a friend. Use the **vamos a** + *infinitive* construction in your responses to signify *let's.* If you refuse, offer an alternative.

▶ ¿Cambiamos el dinero ahora? *Bueno, ¡vamos a cambiar el dinero!* *No, ¡vamos a cambiar el dinero [otro día]!*

1. ¿Tomamos el metro pronto?
2. ¿Miramos las revistas mañana?
3. ¿Escuchamos el disco en mi casa?
4. ¿Esperamos el autobús aquí?
5. ¿Tomamos un taxi al centro?
6. ¿Estudiamos en la biblioteca?

III. Contractions **al** and **del**

*Pepe le habla **al** profesor.*

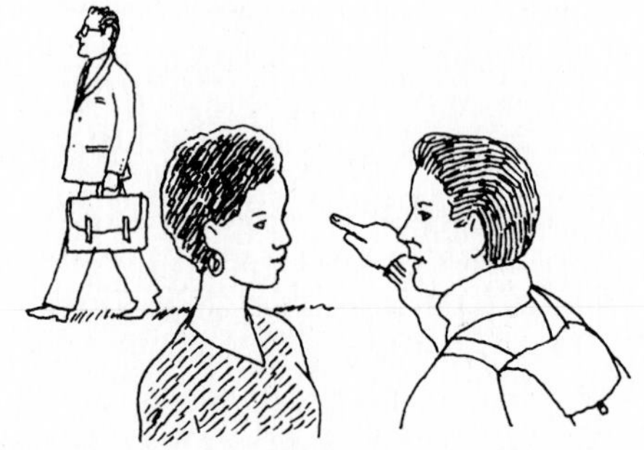

*Pepe habla **del** profesor.*

There are two written contractions in Spanish. The prepositions **a** and **de** contract with the definite article **el** to form **al** and **del.** They do *not* contract with **la, los,** or **las.**

Voy **al** teatro el sábado. *I'm going to the theater on Saturday.*
El teatro está frente **al** museo. *The theater is opposite the museum.*

—¿Dónde está la mamá **del** niño? *Where is the child's mother?*
—Está cerca **del** escritorio. *She's near the desk.*

J. This is a very busy week. Tell where the following people are going, and specify the day on which they are going.

▶ yo / el cine *Voy al cine [el lunes].*

1. tú / el aeropuerto
2. ellos / la capital de Argentina
3. él / el Banco Nacional
4. nosotras / la tienda San Miguel
5. tú y Jaime / el parque de Balboa
6. yo / el mercado de San José

K. Ask three individuals in the class on which days of the week they go to different places in town. Use vocabulary from the map of Río Verde in the *Estudio de palabras.* Then report the information to the class.

▶ S1: *¿Qué día vas [al cine]?* S2: *Voy [al cine] los sábados.*
S1: *[Pepe] dice que va [al cine] los sábados.*

L. You are trying to correct misinformation about the identity of the owner(s) of the items mentioned. Answer each question in the negative, using the opposite gender form of the noun, with the correct definite article.

▶ ¿El cuaderno es de la niña? *No, es del niño.*

1. ¿El bolígrafo es de la joven?
2. ¿Los lápices son de los estudiantes?
3. ¿La revista es de la señorita?
4. ¿El escritorio es del profesor?
5. ¿Los libros son de las muchachas?
6. ¿La calculadora es del hombre?

M. Show where the different buildings and places shown on the map of Río Verde in the *Estudio de palabras* are located in reference to each other. Use the following expressions, and remember to use the contractions **al** and **del** when necessary.

cerca de	near	**frente a**	facing
lejos de	far from	**a la izquierda de**	to the left of
delante de	in front of	**a la derecha de**	to the right of
detrás de	behind	**junto a**	next to

▶ *El teatro está [frente a la plaza].*
▶ *El restaurante está [junto al mercado].*

IV. Word order in interrogative sentences

1. Interrogative sentences that may be answered by **sí** or **no** are formed in several ways:
   a. by using rising intonation at the end of a statement.

      ¿Usted es americano? — *Are you (an) American?* / *You're (an) American?*

   b. by adding a tag phrase like **¿no?, ¿verdad?,** or **¿no es verdad?** to the end of a sentence. Note that **¿sí?** is never used as a tag phrase in Spanish.

Ud. habla inglés, **¿no?**	*You speak English, don't you?*
No está aquí Raúl, **¿verdad?**	*Raúl isn't here, is he?*

   c. by changing the word order and using rising intonation at the end of a statement. In this case, the subject follows either the verb or **ser** + *predicate adjective.*

¿Viaja usted a Panamá?	*Are you traveling to Panama?*
¿Es mexicano el banco?	*Is the bank Mexican?*

2. Interrogative sentences that ask for specific information are introduced by an interrogative word or expression that is usually followed immediately by the verb.

¿Cómo está usted?	*How are you?*
¿Qué haces tú por aquí?	*What are you doing around here?*
¿Dónde vive Elena?	*Where does Elena live?*
¿De qué país **son** ustedes?	*What country are you from?*
¿Cuándo necesitas las revistas?	*When do you need the magazines?*
¿Adónde va María?	*Where's Maria going to?*

N. Change the following statements to questions, using two or more of the ways of forming questions.

▶ Tú eres estudiante. — *¿Tú eres estudiante?*
¿Eres estudiante tú?
Tú eres estudiante, ¿no?

1. Ud. vive en Valencia.
2. Uds. trabajan en una fábrica.
3. María estudia medicina.
4. Alberto es mecánico.
5. Ellas hablan español perfectamente.
6. Vamos al cine el sábado.

O. Change the following statements to questions, using the interrogative words indicated.

▶ Roberto vive en Guadalajara. (¿dónde?) *¿Dónde vive Roberto?*

1. Elvira habla tres lenguas extranjeras. (¿cuántas?)
2. Los muchachos están en la biblioteca. (¿quiénes?)
3. La profesora mira el tránsito. (¿qué?)
4. Inés está triste hoy. (¿cómo?)
5. El joven necesita comprar un carro. (¿quién?)
6. Roberto y yo vamos al aeropuerto hoy. (¿cuándo?)
7. Carlos va a la oficina porque necesita información (¿por qué?)
8. Mi número de teléfono es el 13-19-07. (¿cuál?)

P. Ask your classmates as many questions as you can about the opening dialogue of this lesson to see how much of it they can remember.

¿Comprende usted?

Read the following dialogue between Carlos García and a travel agent without stopping to look up unfamiliar words. Then do the exercises.

En una agencia de turismo

Carlos García está en Ciudad de México, y desea viajar al estado de Yucatán en el sureste de México. Va a una agencia de turismo y habla con la agente.

Agente: Buenos días, señor. ¿En qué puedo servirle?
Carlos: Buenos días, señorita. Pues . . . busco información sobre una excursión a Yucatán.
Agente: ¿Desea viajar en avión?
Carlos: No, no me gusta viajar en avión. ¿Es posible ir en autobús?
Agente: Sí, cómo no. El lunes hay una excursión muy buena con visitas a Mérida, las zonas arqueológicas de Uxmal y muchos otros sitios interesantes. Aquí hay un folleto con detalles y muchas fotografías del área.
Carlos: ¿Cuánto cuesta la excursión?
Agente: Hay varias posibilidades. En mi opinión, la excursión número tres es excelente y es relativamente económica.
Carlos: Gracias. Voy a estudiar los folletos y mañana hablamos. ¿Está bien?
Agente: Sí, señor. Aquí está mi nombre y mi número de teléfono. Estoy a sus órdenes.

EN VACACIONES: ¡DISFRUTE!
LOS VISITANTES QUIEREN CONOCER TU CIUDAD. AYÚDALOS. ORIÉNTALOS. PÓRTATE CORTÉS; QUE LA VEAN LIMPIA Y BELLA Y CON TU SONRISA ¡HUMANÍZALA!
EL MEJOR VIAJE PRINCIPIA Y TERMINA EN CASA!
SECRETARIA DE TURISMO

A. Indicate whether the following statements are true or false, based on the reading.

1. Yucatán está cerca de Estados Unidos, en el norte de México.
2. Un folleto turístico tiene información ilustrada de áreas geográficas.
3. Si algo cuesta mucho, es económico.
4. Hay que ir a Uxmal en avión.
5. Según la agente de turismo, hay dos excursiones a Yucatán.

B. Choose the most appropriate rejoinders from the second column to complete these five exchanges.

1. —¿Le gusta viajar por autobús?
2. —¿Hay excursiones económicas?
3. —¿En qué puedo servirle?
4. —Deseo ir a Yucatán. ¿Hay excursiones?
5. —Miro los folletos y mañana hablamos.

a. La semana que viene hay unas excursiones a Mérida.
b. No, prefiero viajar en avión.
c. Bien. Aquí está mi número de teléfono.
d. Pues, necesito información sobre autobuses y trenes.
e. Sí, hay varias posibilidades.

C. Complete the following statements with appropriate words and expressions from the reading.

1. En una agencia de turismo es posible encontrar . . . .
2. Para una persona que no desea viajar en avión es posible . . . .
3. Algunos sitios de interés en el sureste de México son . . . .
4. Para hacer un viaje es buena idea primero estudiar unos folletos y después hablar con . . . .

Lección 6
En los Estados Unidos

¿Cómo es tu primo?

Daniel Briceño y su novia Carolina Ortiz están en un café en el aeropuerto de Miami, Florida. Beben café y té, y comen sándwiches mientras esperan la llegada en avión de un primo de Daniel que vive en Los Ángeles.

Carolina: ¿Te gustan los sándwiches? Están riquísimos, ¿verdad?
Daniel: Sí, pero ¡qué café más terrible! Está muy fuerte . . . Camarero, una cerveza, por favor.
Camarero: Sí, señor. Inmediatamente.
Carolina: Dime, Daniel, ¿cómo se llama tu primo?
Daniel: Enrique Briceño Cárdenas. Es técnico en computadoras.
Carolina: ¡Qué interesante! ¿Y cómo es? ¿alto y moreno como tú?
Daniel: No, al contrario, Quique es bajo y rubio . . . pero muy simpático, igual que yo.
Carolina: Y también muy humilde como tú, ¿eh?
Daniel: Sí, claro. Como todos los Briceño . . .° ¡Oye, Carolina, ya anuncian la llegada del vuelo de Los Ángeles.
Carolina: Y llega a tiempo. ¡Qué suerte!
Daniel: Camarero, la cuenta, por favor.
Camarero: En seguida, señor.

todos . . . all the Briceños

Un vuelo llega al aeropuerto de Miami, Florida.

Comprensión

1. ¿Dónde están Daniel Cárdenas y Carolina Ortiz en este momento?
2. ¿Qué hacen allí?
3. ¿Son novios o amigos Daniel y Carolina?
4. ¿Es buena o mala la comida del café?
5. ¿Por qué desea Daniel una cerveza?
6. ¿Quién llega de Los Ángeles en avión?
7. ¿Qué hace Quique en Los Ángeles? ¿Cuál es su profesión?
8. Según Daniel, ¿cómo es su primo?
9. Y según Carolina, ¿es Daniel simpático, humilde o arrogante?

Conversación

1. ¿Tiene Ud. primos? ¿Cómo se llaman? ¿Cuál es su apellido? ¿Cuál es su nombre de pila? ¿Tienen sobrenombres o apodos?
2. ¿Dónde viven sus primos? ¿Viven en los Estados Unidos o en otro país? Si viven en los Estados Unidos, ¿en qué estado y en qué ciudad o pueblo viven?
3. ¿Tiene Ud. hermanos o hermanas? ¿Son muy jóvenes? ¿Son estudiantes? ¿Trabajan?
4. ¿Le gusta a Ud. viajar? ¿Viaja Ud. mucho en avión?
5. ¿Hay un aeropuerto internacional en su ciudad? ¿Cómo se llama?
6. ¿Hay vuelos internacionales a países hispánicos? ¿a qué países?

Variaciones

1. Daniel bebe **café.**
   té
   vino
   agua

2. ¡Qué **taco más rico!**
   leche más deliciosa
   frutas más buenas
   helado más exquisito

3. **Carolina come** ensalada.
   Mi hermano y yo comemos
   Mis primos comen
   Tú comes

4. ¿Es Enrique **alto o bajo?**
   moreno o rubio
   simpático o antipático
   humilde o arrogante

Vocabulario

Palabras análogas

arrogante	**el interés**	**la profesión**
la computadora	**interesante**	**el sándwich**
delicioso, -a	**internacional**	**el taco**
exquisito, -a	**la opinión**	**terrible**

Sustantivos
el aeropuerto airport
el agua *(f)* water
el apodo nickname
el café coffee; café
el camarero waiter
la cerveza beer
la comida meal; food
la compañía company
la cuenta check, bill
la ensalada salad
la fruta fruit
el helado ice cream
la leche milk
la llegada arrival
el nombre de pila first name
la novia fiancée, sweetheart
el novio fiancé, sweetheart
la prima female cousin
el primo male cousin
el sobrenombre nickname
el té tea
el técnico en computadoras computer technician
el vino wine
el vuelo flight

Adjetivos
alto, -a tall
antipático, -a unpleasant, disagreeable
bajo, -a short *(in stature)*
bueno, -a good
fuerte strong
humilde humble, modest
malo, -a bad
moreno, -a dark-complexioned
rico, -a delicious; rich
riquísimo, -a very delicious; very rich
rubio, -a blond
simpático, -a attractive, nice, friendly
todo, -a all

Verbos
anunciar to announce
beber to drink
comer to eat
decir *(irreg.)* to tell; **dime** tell me

Otras palabras y expresiones
a tiempo on time
al contrario on the contrary
claro of course
como like
¿cómo es él? what's he like?
en seguida right away
igual que (yo) just like (me)
inmediatamente immediately, right away
mientras while
mucho a lot
¡oye! hey, listen!
¡qué café más terrible! what terrible coffee!
¡qué interesante! how interesting!
¡qué suerte! what luck!
ya already; now

ahora - now

Práctica

A. Describe the girl in the photo at the left. Tell what kind of a person she is. Tell where she lives (in a house, an apartment, or dormitory), what she does for a living, what her nationality is, and what she looks like. Use at least five adjectives from the dialogue in this lesson.

B. Imagine that you are in a snackbar. Order a sandwich and coffee with milk. The coffee is not good, so request something else to drink.

Oficinas de la Bolsa (Stock Exchange) *en Ciudad de México.*

Nota cultural Hispanics in Florida

Ever since its discovery, Florida has always had a very special meaning for Hispanics. The region was discovered by Juan Ponce de León in 1513 on the day of **Pascua Florida** *(Easter Sunday),* and received its name from that Christian holy day. Saint Augustine **(San Agustín),** one of the oldest cities in the United States, was founded in 1565 by another Spaniard, Pedro Menéndez de Avilés.

Today many Hispanics from the Caribbean, Central America, and South America live in Florida, especially in the Miami area. The largest group is comprised of Cubans who arrived there in large numbers in the late fifties and early sixties. Because of the presence of many Hispanics in Florida, other Spanish-speaking people have been attracted to the state, which has resulted in a constantly expanding Hispanic population.

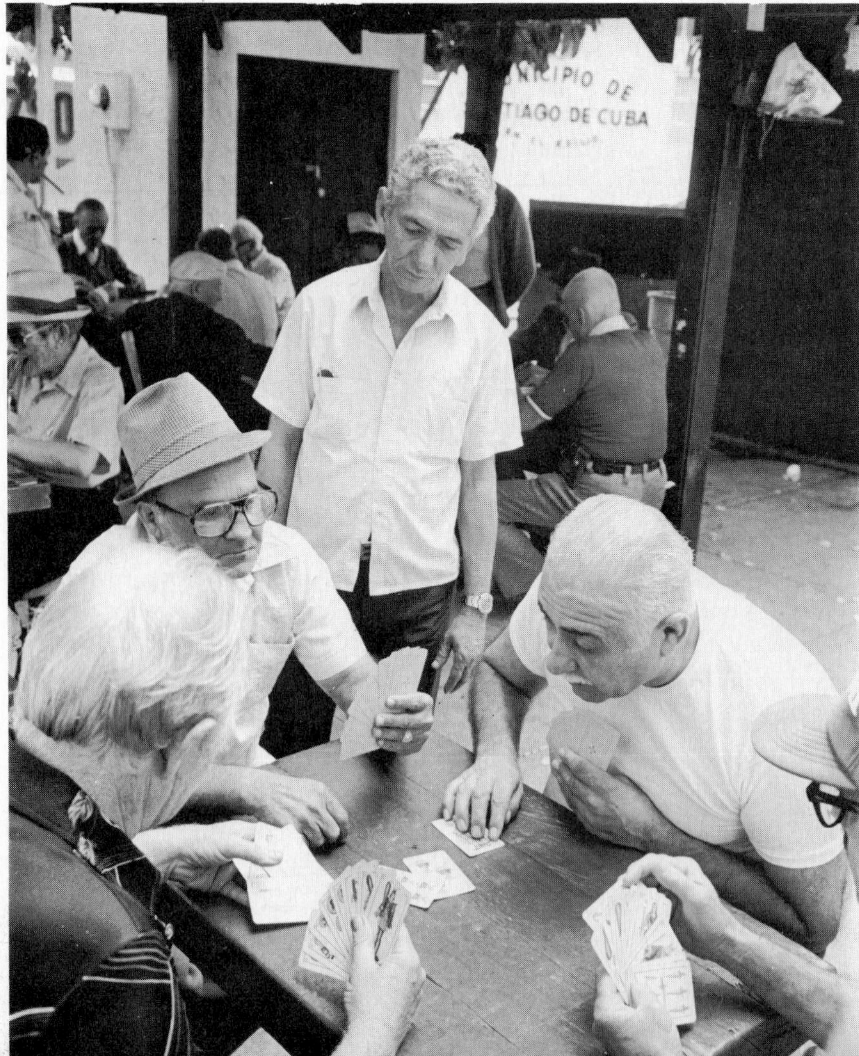

Inmigrantes cubanos juegan cartas en la pequeña Habana, Miami.

Pronunciación y ortografía

Trilled [R]

When pronouncing the trilled [R], the tongue tip is in the same position as when pronouncing the flap [r], on the upper gum ridge. However, when you pronounce the trilled [R], the tip of your tongue should *vibrate* against the gum ridge, as you force air through your mouth.

The trilled [R] is spelled **r** at the beginning of a word or after **l, n,** or **s.** It is spelled **rr** between vowels.

En**r**ique   **r**ápido   ca**rr**o   **r**ubio

A. Escuche a su profesor/a y repita las palabras siguientes. *(Listen and repeat the following words or expressions after your instructor.)*

Ramón	piza**rr**a	te**rr**ible	En**r**ique
Rosa	co**rr**ecto	ho**rr**ible	Is**r**ael

B. Escuche a su profesor/a pronunciar los siguientes pares de palabras. Repita sólo la palabra que tiene el sonido [R]. *(Listen to your instructor say the following pairs of words. Repeat only the word that contains the sound [R]).*

perro / pero	cero / cerro	coro / corro
caro / carro	parra / para	barrios / varios

C. Lea las siguientes oraciones en voz alta. Preste atención a la pronunciación de las palabras con **r** y **rr.** *(Read the following sentences aloud. Pay careful attention to the way you pronounce the words that contain the letters **r** and **rr**.)*

1. Enrique y Ramón van a cambiar dinero.
2. Rosa habla portugués y francés. No habla ruso.
3. ¿Hay una pizarra en la clase de arte romano?

D. Escuche a su profesor/a pronunciar las siguientes palabras. Si la palabra tiene el sonido [r], cámbiela a una palabra con [R], y viceversa. *(Listen to your instructor pronounce the following words. If the word contains the sound [r], change it to a word with [R], and vice versa.)*

▶ perro   *pero*
▶ pero   *perro*

1. cero	4. caro	7. carro
2. parra	5. coro	8. para
3. corro	6. pera	9. barrio

Trabalenguas *(Tongue twister)*

Por la Calle Carretas pasó un perrito. Pasó una carreta y le cortó el rabito. ¡Pobre perrito!

A small dog passed through Carretas Street. A cart passed by and cut off its small tail. Poor little dog!

Estudio de palabras

I. Adjetivos descriptivos

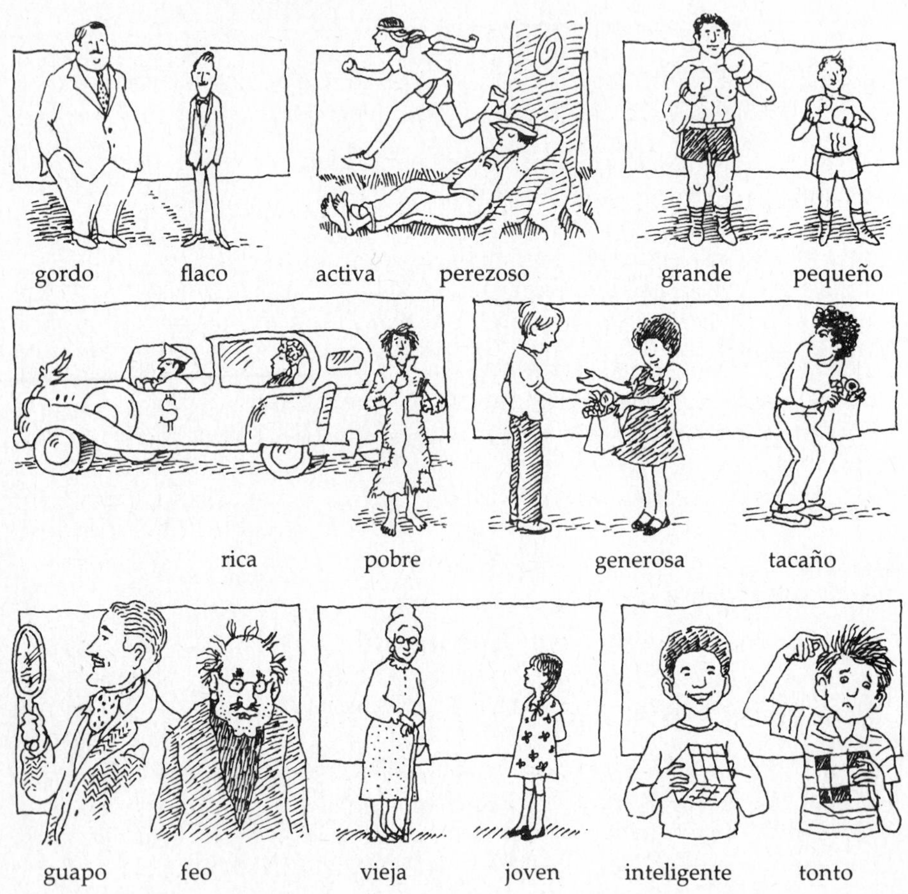

1. There are many adjectives in Spanish that express the idea of *pretty* or *handsome.* However, the terms **hermosa, linda, guapa,** and **bonita** are often used to describe a female, and **guapo** and **bien parecido** are often used to describe a male. The words are not always interchangeable, and their use varies from country to country.

2. The following are other useful descriptive words and phrases.

de estatura mediana of medium height
delgado, -a slim, slender
de cierta edad middle-aged
usa gafas he/she wears glasses
de pelo negro black-haired
de pelo castaño brown-haired
pelirrojo, -a red-headed

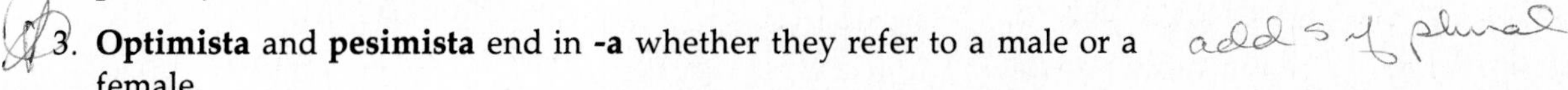

3. **Optimista** and **pesimista** end in **-a** whether they refer to a male or a female.

A. Conteste las siguientes preguntas, usando la forma correcta del adjetivo. *(Answer the following questions, using the appropriate form of the descriptive adjective.)*

1. ¿Cuál es el contrario de **alto?** ¿de **viejo?**
2. ¿Cuál es un sinónimo de **bonita?**
3. ¿Es Ud. optimista o pesimista? En su opinión, ¿es optimista o pesimista su profesor/a de español? ¿y su profesor/a de inglés?
4. ¿Es usted rubio/a? ¿moreno/a? ¿viejo/a?
5. ¿Es muy guapo/a su novio/a? ¿Es simpático/a?

B. Describa a las personas del siguiente dibujo, usando el mayor número posible de adjetivos de las listas anteriores. *(Describe the people in the following drawing, using as many adjectives as you can from the preceding lists.)*

Carlos García   el señor Gutiérrez   la señora Gómez de Valencia   Pepito el mendigo

C. Descríbase a sí mismo/a, usando algunos adjetivos y otras expresiones útiles de las listas anteriores. *(Describe yourself, using some of the adjectives and other useful descriptive words and phrases from the preceding lists.)*

II. Los colores

amarillo, -a yellow
anaranjado, -a orange
blanco, -a white
morado, -a purple
negro, -a black
rojo, -a red
rosado, -a pink

azul blue
gris gray
verde green
(de color) café brown
azul claro light blue
azul marino navy blue
verde oscuro dark green

1. The adjectives **café, azul, gris,** and **verde** are invariable; that is, they do not change when used with a feminine noun.

   el lápiz **café** la mesa **café**

2. The adjectives **claro** and **oscuro** are often used with **de color,** either stated or understood, and the adjective is then invariable.

   el papel azul **claro** las reglas de color azul **oscuro**

3. In addition to **(de color) café,** the following adjectives also represent the color *brown.*

   pardo, -a
   marrón *(invariable)*
   castaño, -a *(for hair)*
   moreno, -a *(for complexion)*

D. Pregúntele a otra persona de la clase de qué color son los siguientes objetos. *(Ask another person in the class to specify the color of the following items.)*

▶ tu casa / ¿azul o blanca? S1: *¿De qué color es tu casa, ¿azul o blanca?*
S2: *Es [blanca].*

1. el bolígrafo de Pepe / ¿negro o anaranjado?
2. la puerta de la clase / ¿blanca o café?
3. el libro de Juan / ¿rojo o amarillo?
4. el papel / ¿blanco o rosado?
5. la pizarra / ¿verde oscuro o gris?
6. la silla / ¿amarilla o morada?

Estructuras útiles

I. Descriptive adjectives and agreement

Las ciudades son ***agitadas.***

El campo es ***tranquilo.***

1. In Spanish, adjectives must agree in gender and number with the nouns they modify. There are two main classes of adjectives: four-form and two-form.

   a. Adjectives whose masculine singular form ends in **-o** have four forms.

	Singular	Plural
Masculine	alt**o**	alt**os**
Feminine	alt**a**	alt**as**

El muchacho es **alto.** — Los muchachos son **altos.**
La muchacha es **alta.** — Las muchachas son **altas.**

   b. Adjectives that end in a consonant or in a vowel other than **-o** usually have two forms. They agree *only* in number with the noun they modify. Note that a written accent is required on the plural form of **joven** in order to reflect its proper stress.

Singular	Plural
fácil	fáciles
pobre	pobres
joven	jóvenes
pesimista	pesimistas

El ejercicio es **fácil.** — Los ejercicios son **fáciles.**
La señora es **pobre.** — Las señoras son **pobres.**
La muchacha es **joven.** — Las muchachas son **jóvenes.**
El director es **pesimista.** — Los directores son **pesimistas.**

2. When an adjective modifies two or more nouns of different gender, the masculine plural form is used.

Pedro y Lucía son **bajos.**	*Pedro and Lucía are short.*
Carlos y Mercedes son **activos.**	*Carlos and Mercedes are active.*

3. Descriptive adjectives may precede or follow the noun.
   a. Adjectives of size, color, shape, and nationality usually follow the noun.
   b. Limiting adjectives such as definite and indefinite articles, possessive adjectives, and adjectives of quantity, such as **poco** and **mucho,** precede the noun.

Pepe es **un** niño **perezoso.**	*Pepe is a lazy child.*
La señora **rubia** es técnica en computadoras.	*The blonde woman is a computer technician.*
Mi novio compra **un** carro **rojo.**	*My fiancé is buying a red car.*
El señor López es **un** hombre **pesimista.**	*Mr. López is a pessimistic man.*
Hay **muchas** personas en mi clase de español.	*There are many people in my Spanish class.*

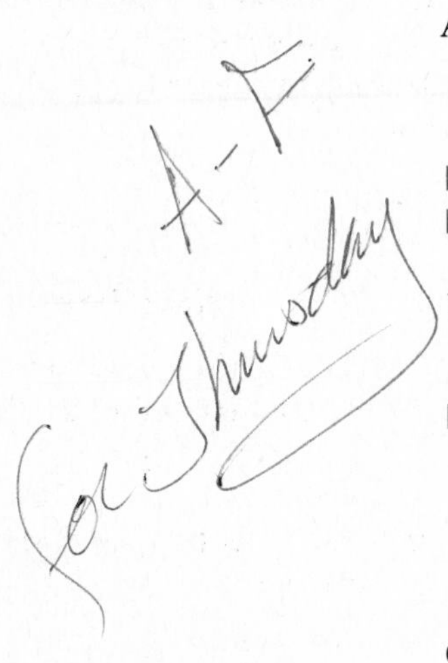

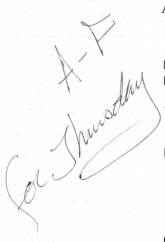

A. Describa el color de algunos objetos de la clase que pertenecen a diferentes personas. *(Describe the color of some classroom items that belong to different people.)*

▶ *Mi cuaderno es [azul claro].*
▶ *El cuaderno de Miguel es [verde oscuro].*

B. Cambie al plural las oraciones siguientes. *(Change the following sentences to the plural.)*

▶ La lección es fácil. *Las lecciones son fáciles.*

1. El aeropuerto es grande.
2. El joven es simpático.
3. La señora es flaca.
4. El niño es simpático.
5. La chica es morena.
6. El señor es arrogante.

C. Pregúntele a otro estudiante su opinión sobre las siguientes personas. Responda con la forma correcta de uno de los adjetivos indicados. *(Ask a classmate to give his/her opinion about the following people. Answer with the correct form of one of the adjectives given.)*

▶ la señora Gutiérrez / ¿viejo o joven?
S1: *¿Es muy vieja o muy joven la Sra. Gutiérrez?*
S2: *En mi opinión, es muy [vieja].*

1. los señores Guzmán / ¿humilde o arrogante?
2. tu primo Juan / ¿pobre o rico?
3. tu hermana Concha / ¿perezoso o activo?
4. doña Rosa / ¿gordo o flaco?
5. Pepe y Ángela / ¿simpático o antipático?
6. los estudiantes de la clase / ¿optimista o pesimista?

D. Describa las siguientes personas, usando por lo menos dos adjetivos de la lista para describir a cada una. *(Describe the following persons, using at least two adjectives from the list to describe each one.)*

rubio	moreno	tacaño	generoso	simpático
joven	viejo	pobre	rico	grande
alto	bajo	inteligente	pequeño	antipático

▶ tu tía y su hija *Mi tía [Teresa] y su hija son altas y generosas.*

1. uno de tus amigos
2. dos hermanas o primas
3. tu primo
4. dos de tus amigas
5. dos estudiantes de la clase
6. tú y yo

E. Escoja entre los adjetivos de la lista u otros originales el adjetivo apropiado para describir cada cosa, según su opinión. Puede usar más de un adjetivo. *(Choose from among the adjectives in the list, or other original ones, the proper adjective to describe each item according to your opinion. You may use more than one adjective.)*

bueno	terrible	exquisito	importante
fantástico	horrible	excelente	especial

▶ los deportes *Los deportes son excelentes, importantes y fantásticos.*

1. los aviones
2. los amigos
3. los espaguetis
4. los exámenes
5. las vacaciones
6. las novelas
7. las lenguas extranjeras
8. los libros de historia
9. las hamburguesas

F. Diga que los objetos mencionados son franceses, españoles o italianos. *(State that the objects mentioned are French, Spanish, or Italian.)*

▶ ¿La revista es de Italia? *Sí, es una revista italiana.*
▶ ¿Los periódicos son de España? *Sí, son unos periódicos españoles.*

1. ¿El mapa es de Francia?
2. ¿Las sillas son de Italia?
3. ¿El avión es de España?
4. ¿Las mesas son de Alemania?
5. ¿Los autobuses son de Inglaterra?
6. ¿Los libros son de Portugal?

II. Present tense of **-er** and **-ir** verbs

1. The present tense of regular **-er** and **-ir** verbs is formed by adding the present-tense endings (indicated in boldface in the chart below) to the infinitive stem. The endings of **-er** and **-ir** verbs are identical except for the **nosotros-** and **vosotros-**forms.

aprender	escribir
aprend **o**	escrib **o**
aprend **es**	escrib **es**
aprend **e**	escrib **e**
aprend **emos**	escrib **imos**
aprend **éis**	escrib **ís**
aprend **en**	escrib **en**

2. Here is a list of some common **-er** verbs.

aprender to learn	Tú **aprendes** inglés y español.
beber to drink	Usted **bebe** té por la mañana.
comer to eat	Ustedes **comen** mucha fruta.
comprender to understand	Yo no **comprendo,** María.
leer to read	Tú **lees** una revista y un periódico.
prometer to promise	**Prometemos** ser puntuales.
vender to sell	Mi hermana **vende** su coche.

3. Here is a list of some common regular **-ir** verbs.

asistir (a) to attend	**Asisto** a la clase de español todos los días.
decidir to decide	Mañana **decido** si voy a la conferencia.
describir to describe	Ellas **describen** la ciudad de Caracas.
dividir to divide	**Divido** diez entre cinco.
escribir to write	Eduardo **escribe** muchos trabalenguas en la pizarra.
recibir to receive	**¿Recibes** dinero el lunes?
vivir to live	Mi primo y yo **vivimos** en San Francisco.

G. Diga que estas personas siempre, nunca o algunas veces beben vino cuando comen. *(Say that these persons always, never, or sometimes drink wine when they eat.)*

▶ usted *Usted siempre bebe vino cuando come.*

1. tú	3. ellas	5. Carlos y Jaime	7. tú y Consuelo
2. él	4. nosotros	6. las jóvenes	8. Carmen

H. Diga que las siguientes personas leen mucho, pero aprenden poco. *(State that the following people read a lot, but learn little.)*

▶ tú *Tú lees mucho, pero aprendes poco.*

1. Paco y tú
2. los estudiantes
3. yo
4. el muchacho grande
5. nosotras
6. ellas

I. Diga qué prometen hacer las personas siguientes. *(Tell what the following people promise to do.)*

▶ papá / comprar un auto *Papá promete comprar un auto.*

1. los jóvenes / estudiar mucho
2. tú / vender la casa
3. usted / llamar el sábado
4. yo / trabajar el lunes
5. él / comer con nosotros
6. nosotras / llegar a tiempo

J. Conteste las siguientes preguntas. Luego haga las mismas preguntas a un/a compañero/a de clase, pero use la forma de **tú.** *(Answer the following questions. Then ask a classmate the same questions, but use the **tú**-form of the verb.)*

1. ¿Vive usted en una casa, un dormitorio o un apartamento?
2. ¿Qué días de la semana asisten ustedes al curso de español?
3. ¿Dónde comen sus amigos generalmente?
4. ¿Bebe usted leche, agua, vino o cerveza?
5. ¿Comprende su hermana el ruso? ¿el chino? ¿otros idiomas?
6. ¿Leen ustedes periódicos o revistas?
7. ¿Vende usted sus libros? ¿a quién(es)?
8. ¿Promete Pepe ser puntual al profesor o a la profesora?
9. ¿Recibe usted dinero de sus padres? ¿en dólares o en pesos?

K. Complete cada una de las siguientes oraciones con la forma apropiada de **asistir, decidir, describir, escribir, recibir** o **vivir,** según el significado. *(Complete each of the following sentences with the appropriate form of **asistir, decidir, describir, escribir, recibir,** or **vivir,** according to the context.)*

1. Mi prima y yo _____ a la universidad los lunes, martes y jueves.
2. ¿Quién _____ qué cursos ofrece el departamento de idiomas?
3. Yo no _____ composiciones muy buenas para la clase de inglés.
4. Guillermo _____ una «A» porque habla español muy bien.
5. Nosotros _____ la plaza de la fotografía en la clase.
6. Los López _____ en Santiago de Chile.
7. ¿Tú _____ dinero de tus padres todos los meses?

III. Use of **¡qué!** in exclamations

1. **¡Qué!** + *adjective* or *noun* is used to express surprise, approval, rejection, or astonishment in exclamatory sentences. The equivalent in English is ***how!*** + *adjective* or ***what a!*** + *noun.*

¡Qué inteligente!	*How intelligent!*
¡Qué chico!	*What a boy!*
¡Qué horrible!	*How horrible!*

2. The pattern **¡qué!** + *noun* + **más** or **tan** + *adjective* is very common in conversational Spanish.

¡Qué café más terrible!	*What terrible coffee!*
¡Qué aeropuerto tan grande!	*What a huge airport!*

L. Pregúntele a un/a compañero/a de clase cómo se dicen las siguientes expresiones en español. *(Ask a classmate how to say the following expressions in Spanish.)*

▶ How nice! S1: *¿Cómo se dice «How nice!» en español?*
S2: *Se dice «¡qué bueno!»*

1. What a hotel!
   How terrible!
   What a terrible hotel!
2. What a day!
   How beautiful!
   What a beautiful day!
3. What a waiter!
   How nice!
   What a nice waiter!
4. What a lesson!
   How easy!
   What an easy lesson!

M. Reaccione a las siguientes situaciones con una exclamación, usando **qué.** *(React to the following situations, using an expression with **qué.**)*

1. El/la profesor/a de español dice que no hay examen hoy.
2. Tu primo dice que hay una fiesta el sábado.
3. El Sr. Gallego dice que viaja a Puerto Rico.
4. Tu amiga dice que habla cuatro lenguas modernas.
5. Un niño de tres años dice que sabe contar *(knows how to count)* hasta 20.

IV. Adverbs in **-mente**

Adverbs that end in **-mente** in Spanish are usually equivalent to adverbs that end in *-ly* in English.

1. The suffix **-mente** is added to the *feminine singular* form of four-form adjectives. Note that accents are retained when the suffix **-mente** is added to an adjective.

   generosa ⟶ **generosamente**
   típica ⟶ **típicamente**

2. The suffix **-mente** is added to the *singular* form of two-form adjectives.

   fácil ⟶ **fácilmente**
   inteligente ⟶ **inteligentemente**

3. When two or more adverbs with **-mente** are used, the suffix appears attached to the *last adverb only.* If the adjectives used are four-form, the feminine form of the adjective is used for both.

   Paco lee **fácil, rápida** y **atentamente.** — *Paco reads easily, rapidly, and carefully.*

N. Cambie los adjetivos siguientes a adverbios, usando **-mente.** *(Change the following adjectives to adverbs, using **-mente.**)*

▶ difícil — *difícilmente*
▶ claro — *claramente*

1. activo
2. arrogante
3. generoso
4. perezoso
5. humilde
6. horrible

O. Complete las oraciones siguientes con un adverbio apropiado. Use los adjetivos de la lista para formar los adverbios. Usted debe poder comprender el significado de los adjetivos nuevos. *(Complete the following sentences with an appropriate adverb. Use the adjectives from the list to form the adverbs. You should be able to understand the meaning of the new adjectives.)*

evidente
frecuente
general
personal
inmediato
tradicional

1. _____ escucho la radio cuando estudio.
2. _____ comen en el restaurante «Sancho Panza».
3. Voy _____ al aeropuerto.
4. _____ los norteamericanos son muy generosos.
5. _____ el señor López no vive en San Diego ahora.
6. Voy a llamar _____ a la señora Gutiérrez.

V. **Ser** and **estar** in contrast

No, gracias, ¡para mí el café es horrible!

A Pepe no le gusta el café.

¡Este café está horrible!

A Doris le gusta el café, pero no bebe el café del aeropuerto.

Both **ser** and **estar** mean *to be* in English, but they cannot be used interchangeably.

1. **Ser** is used:
   a. to link (to equate or show the sameness of) two nouns, or a pronoun and a noun.

Diego **es** estudiante.	*Diego is a student.*
La joven **es** cantante.	*The young girl is a singer.*
Yo **soy** arquitecto.	*I'm an architect.*

   b. with a **de**-phrase to express origin, possession, or close relationship, or to state the material something is made of.

Mi novio **es** de Perú.	*My fiancé is from Peru.*
El televisor **es** de Anita.	*The TV set is Anita's (belongs to Anita).*
La mesa **es** de plástico.	*The table is (made of) plastic.*

   c. with adjectives to describe the normal attributes or characteristics of a noun, when these attributes can be verified objectively by anyone.

El señor López **es** antipático.	*Mr. López is unpleasant.*
Tu casa **es** grande.	*Your house is big.*
Los hoteles de Caracas **son** modernos.	*The hotels in Caracas are modern.*

2. **Estar** is used:
   a. to indicate location or position.

¿Dónde **están** Luis y tu primo?	*Where are Luis and your cousin?*
Mi automóvil **está** en la Calle San José.	*My car is on San José Street.*

b. to indicate health.

—¿Cómo **estás,** Juan? — *How are you, Juan?*
—No **estoy** muy bien. — *I'm not very well.*

c. with the following adjectives to express condition or state of being.

cansado	tired	**dormido**	asleep
ocupado	busy	**sentado**	seated
triste	sad	**abierto**	open
contento	happy	**cerrado**	closed
vacío	empty	**lleno**	full

—**¿Estás** triste o **estás** cansada? — *Are you sad or are you tired?*
—No **estoy** triste. **Estoy** contenta. — *I'm not sad. I'm happy.*

d. with adjectives to give a subjective appraisal of how someone or something seems, or to describe someone's behavior.

¡Este café **está** horrible! — *This coffee is (tastes) horrible (in my opinion)!*

Pepe **está** muy joven. — *Pepe looks very young (to me).*
Lucha **está** antipática. — *Lucha is acting disagreeably.*

P. Diga que estas personas son o no son lo que se indica. *(Say that these people are or are not what is indicated.)*

▶ tu padre / mecánico — *Sí, mi padre es mecánico.*
No, mi padre no es mecánico.

1. yo / estudiante
2. ustedes / profesores
3. tú / arquitecto
4. tu mamá / dentista
5. tu médico / una persona inteligente
6. nosotros / el futuro del país

Q. Complete cada oración con varias frases con **de** para indicar lugar de origen, posesión o material. *(Complete each statement with several **de**-phrases to indicate place of origin, possession, or material.)*

de Nicaragua	de mi amiga	de papel
de otros materiales	de la ciudad	de una familia humilde
de plástico	de un profesor	de metal

▶ El cassette . . . — *El cassette es de plástico, de metal y de otros materiales.*

1. Mi profesor de español . . .
2. El cuaderno . . .
3. Un amigo de mi papá . . .
4. La papelera . . .
5. La calculadora . . .
6. El dinero . . .

R. Use la forma correcta de **ser** o **estar,** según el contexto. *(Use the appropriate form of **ser** or **estar,** according to the context.)*

1. Mi primo _____ en Madrid, pero no _____ de Madrid.
2. Mis amigas no _____ en la biblioteca. _____ en el café.
3. Yo no _____ argentina. _____ de México.
4. El periódico _____ del profesor.
5. —¿Cómo _____ ? —Muy bien, gracias, ¿y tú?
6. Tú y tu amiga _____ enfermeras, ¿verdad?
7. ¡Estos sándwiches _____ riquísimos!
8. ¡Los exámenes _____ horribles! Me gustan más las vacaciones.

S. Explique cómo son estas personas y cómo están algunas veces. *(Explain what these people are like and how they feel or act sometimes.)*

▶ tú *Yo soy alegre y simpático/a, pero algunas veces estoy triste y furioso/a.*

1. tus hermanas
2. tus primas
3. tu profesor/a favorito/a
4. tu dentista
5. un/a amigo/a especial
6. tú

¿Comprende usted?

The following reading tells you about the familiar and the unfamiliar as you take an imaginary trip to a Hispanic country. Read for general meaning, then answer the true-false questions about the reading. Then re-read the passage before you do *Exercise B.*

Hispanoamérica en la edad del jet

Los grandes aeropuertos internacionales de los países hispanoamericanos dan una apariencia de fabricación en serie. El viajero que llega al aeropuerto internacional de Ciudad de México, de Bogotá, de Lima o de Buenos Aires recibe la falsa impresión de que los países de México, Colombia, Perú o Argentina son copias de los Estados Unidos. Los viajeros, elegantes o ridículos, altos o bajos, ricos o pobres, rubios o morenos, parecen idénticos a los viajeros que vemos en los aeropuertos norteamericanos: pasan rápidamente de un avión a otro, de una puerta de entrada a una puerta de salida, de un restaurante o cafetería a un taxi o autobús.

El norteamericano que llega a un país hispanoamericano generalmente sufre una gran desilusión en el aeropuerto: ¿dónde está la diferencia? ¿dónde están los famosos contrastes de Hispanoamérica? Las diferencias aparecen poco a poco: el aroma del café es diferente; muy pocas personas hablan inglés; las tiendas elegantes venden otros productos, diferentes para el extranjero; los restaurantes ofrecen un menú con nombres indescifrables en Chicago, Minneapolis o Detroit. Y cuando iniciamos el viaje a la ciudad en taxi o autobús, escuchamos la diferencia en la conversación de los otros viajeros o del chofer, leemos la diferencia en los avisos de tránsito y de los comercios, y vemos la diferencia en una ciudad con edificios altos y casas coloniales, en los automóviles de último modelo y los carros de caballos, en los contrastes de riqueza y miseria. ¡Estamos en Hispanoamérica!

A. *¿Verdad o falso?* Diga si las oraciones siguientes son verdaderas o falsas según la lectura. Si son falsas, dé la información correcta. *(Say whether the following statements are true or false, according to the reading. If they are false, give the correct information.)*

1. México, Colombia, Perú y Argentina son copias de los Estados Unidos.
2. Los aeropuertos internacionales parecen fabricados en serie.
3. Los viajeros son similares en todas partes.
4. Las diferencias entre los EEUU y el mundo hispánico son inmediatamente obvias para el viajero de la edad del jet.
5. Unos nombres de los platos y especialidades de los restaurantes de los aeropuertos son familiares y otros son diferentes para el viajero norteamericano.
6. El viaje del aeropuerto a la ciudad ofrece contrastes increíbles.
7. Es obvio que estamos en Hispanoamérica porque la lengua española está en todas partes.

B. Busque en la lectura un sinónimo para cada una de las palabras siguientes. *(Find the synonym used in the reading for each of the following words.)*

1. ilegible	3. manufactura	5. prosperidad
2. aspecto	4. turista	6. pobreza

Documentos y gráfica 2

Una estudiante española habla:

Me llamo Victoria López y Guerrero. Soy de España y vivo en Madrid, la capital del país. Soy estudiante de arquitectura en la Universidad de Madrid. Al terminar[1] los estudios, deseo ir a una universidad en los Estados Unidos para aprender el inglés primero, y luego[2] estudiar urbanística.[3]

1. **Al . . .** When I finish 2. then 3. urban planning

Un hombre de negocios[1] mexicano habla:

Me llamo Domingo Jiménez-Estrada. Soy hombre de negocios. Vivo y trabajo en Ciudad de México, la capital del país. Ciudad de México está situada en el centro del país. Es muy grande, y es el centro comercial de México.

Viajo mucho en avión para atender mis negocios. En México, viajo a ciudades del interior como Oaxaca en el sur y Monterrey en el norte. A veces[2] voy también a los Estados Unidos, especialmente a Nueva York, Texas y California.

1. **hombre . . .** businessman 2. **A . . .** Sometimes

Un joven chicano[1] habla:

Me llamo Manuel González. Soy chicano, tengo veintidós años y vivo con mi familia en la ciudad de San Antonio. San Antonio está en el sur de Texas y es una de las ciudades más antiguas[2] de los Estados Unidos. Fue fundada[3] por los colonizadores españoles en 1718 (mil setecientos dieciocho). Trabajo como empleado[4] del Instituto de Culturas Texanas, y hablo inglés y español. En mi trabajo aprendo muchas cosas de México, país de mis antepasados.[5] Mi trabajo es muy interesante.

1. Mexican-American 2. **más . . .** oldest 3. **Fue . . .** It was founded 4. clerk 5. ancestors

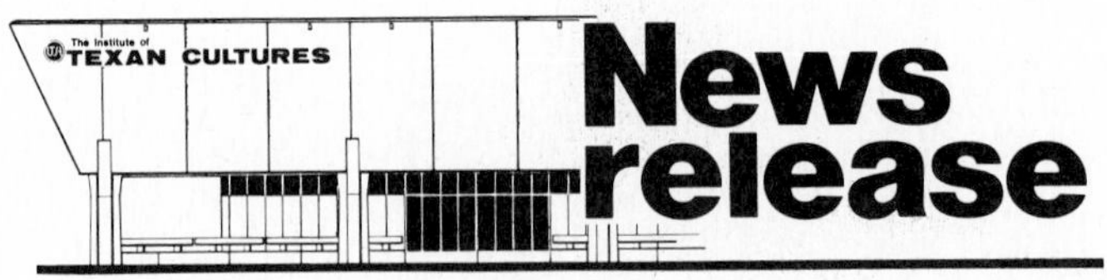

Una canción española

La canción «Eres tú» que ganó un premio internacional de la canción es muy popular en toda Hispanoamérica y también en los Estados Unidos.

Eres tú

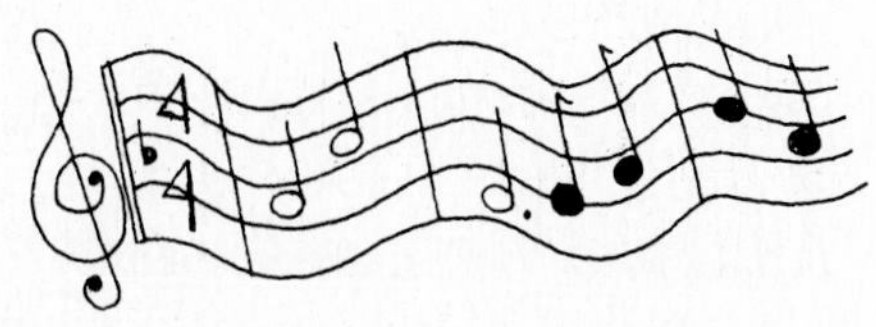

Como una promesa eres tú, eres tú
Como una mañana de verano[1]
Como una sonrisa,[2] eres tú, eres tú
Así,[3] así, eres tú.

Toda mi esperanza[4] eres tú, eres tú
Como lluvia[5] fresca en mis manos[6]
Como fuerte brisa,[7] eres tú, eres tú
Así, así, eres tú.

Coro
Eres tú como el agua de mi fuente[8]
Eres tú el fuego[9] de mi hogar.[10]

Como un poema eres tú, eres tú
Como una guitarra en la noche
Todo mi horizonte eres tú, eres tú
Así, así, eres tú.

---

1. **mañana . . .** summer morning 2. smile 3. like that 4. hope 5. rain 6. hands 7. breeze 8. fountain 9. fire 10. hearth

¿Sabía usted que . . . ?

La lengua oficial de México es el español, pero muchos indios hablan otras lenguas, como el náhuatl, la lengua de los aztecas. Hernán Cortés venció[1] a los aztecas durante la conquista de México en el siglo XVI.

En España hay varias universidades muy antiguas. La Universidad de Alcalá de Henares, a unos 30 kilómetros de Madrid, fue fundada en 1508. Se cree[2] que Miguel de Cervantes, autor de «Don Quijote de la Mancha», estudió[3] en esta universidad.

Monterrey es una ciudad mexicana cerca de los Estados Unidos. Es un centro industrial muy importante para la economía del país.

---

1. conquered 2. **Se . . .** It is believed 3. studied

Los tres grupos más grandes de hispanohablantes que viven en los EEUU son los chicanos, los puertorriqueños y los cubanos.

Los chicanos son personas de origen mexicano, y la mayoría de ellos viven en los estados del suroeste, como California, Texas y Nuevo México.

¿Cuánto recuerda Ud.?

Diga si las oraciones siguientes son verdaderas o falsas. Si son falsas, dé *(give)* una oración correcta.

1. La capital de España es Sevilla.
2. Ciudad de México está situada en el centro del país.
3. Oaxaca está en el norte, y Monterrey está en el sur de México.
4. Hay un Instituto de Culturas Texanas en San Agustín, Texas.
5. La ciudad de San Antonio fue fundada por los colonizadores peruanos.
6. La canción «Eres tú» habla de un chico que hace promesas pero no cumple las promesas.
7. Henares es el autor de «Don Quijote de la Mancha».
8. Los incas hablan el náhuatl.
9. Los chicanos son uno de los grandes grupos de hispanos en los EEUU.

ABC
DE LAS AMERICAS
Un periódico nuevo
para los nuevos
americanos que aún
conservan el castellano
en su equipaje

Unidad 3

En Argentina, Uruguay y Chile

Discoteca en Buenos Aires, Argentina

Lección 7
En Argentina

¡Contigo o sin ti!

Sergio Ramírez tiene una cita con su amiga Carmen en la taquilla° del Luna Park, gran estadio donde presentan los conciertos de música rock y popular en Buenos Aires. Ahora los dos jóvenes van a comprar sus entradas.

taquilla: box office

Escena 1

Sergio: Dos entradas, por favor. ¿Tiene numeradas° económicas?

numeradas: numbered seats

Empleada: No, ya no quedan. Sólo tengo para la «popu»,° a partir de la fila treinta.

«popu»: area of Luna Park where unnumbered seats are sold

Sergio: Entonces, dos para la «popu», por favor.

Carmen: ¡Qué lástima! No me gusta la «popu».

Sergio: Bueno, Mencha, por lo menos tenemos entradas . . . . Y, ¿qué hacen Luis y tu prima? ¿Vienen al concierto?

Carmen: No, no vienen. Mi prima no está bien, y mi hermano tiene que estudiar para el próximo examen de filosofía.

Sergio: Vamos, che.° Hay que entrar al estadio. *(Paga las entradas y entran.)*

Vamos . . . Listen, man! *(Argentinian interjection)*

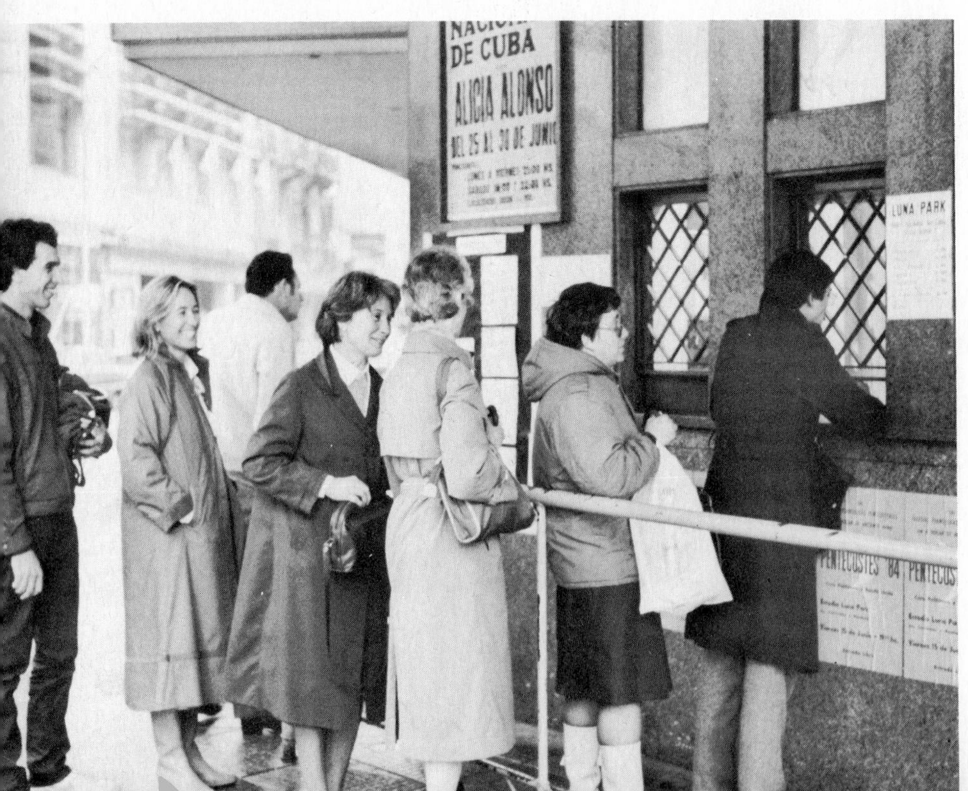

Un grupo de personas esperan para comprar sus entradas en el Luna Park, Buenos Aires, Argentina.

Escena 2

Locutor: Ahora presentamos al grupo español Alas° en «¡Contigo o sin ti!» — Wings

Grupo Alas: Tengo que hablar contigo, contigo, contigo
No puedo vivir sin ti, sin ti, sin ti
Si no deseas pasar tu vida conmigo, conmigo, conmigo,
¡El mundo va a ser fatal para mí, para mí, para mí!

(Gran aplauso)

Carmen: ¡Qué chévere! ¡Qué canción más estupenda!

Sergio: ¡Fenomenal! ¡Otro fabuloso éxito del grupo Alas!

Comprensión

1. ¿Qué es el Luna Park? ¿Por qué van Sergio y Carmen allí?
2. ¿Qué tipo de entradas compran los jóvenes?
3. ¿Quiénes no van al concierto? ¿Por qué no van?
4. ¿Cuál es el apodo de Carmen?
5. ¿Quién paga las entradas?
6. ¿Quiénes son los Alas? ¿Cuál es el título de la canción que cantan?
7. ¿Le gusta la canción a Sergio? ¿y a Carmen?
8. ¿De qué habla la canción?

Conversación

1. ¿A qué tipo de concierto le gusta ir a usted? ¿Le gustan los conciertos de música rock, o los conciertos de música clásica, folklórica o popular?
2. ¿A qué otros espectáculos va usted? ¿al teatro? ¿al cine? ¿a concursos televisados? ¿al ballet?
3. Cuando usted va a un concierto, ¿va solo/a o con amigos/as?
4. ¿Cómo se llama su canción favorita? ¿Quién/es canta/n la canción?
5. ¿Qué cantantes (grupos) son muy populares en los Estados Unidos? ¿en Europa? ¿Qué grupo le gusta más a usted?
6. ¿Qué tipo de música le gusta? ¿Le gusta cantar? ¿Canta Ud. en el coro de la universidad?

Variaciones

1. Tiene **una cita con Carmen.**
   hambre y sed
   veinte años
   miedo de los aviones
   una suerte tremenda

2. ¿No puedes vivir **conmigo?**
   sin él
   con ellas
   como yo
   entre nosotros

3. ¡Hay que **entrar al estadio!**
salir en tren
terminar la película
presentar al cantante
empezar el concierto

4. Tengo que **estudiar para mañana.**
comprar las entradas
pagar siempre
cambiar el libro
volver al grupo

Vocabulario

Palabras análogas

el aplauso	**fabuloso, -a**	**popular**
el ballet	**fatal**	**presentar**
clásico, -a	**favorito, -a**	**televisado, -a**
el concierto	**¡fenomenal!**	**el tipo**
económico, -a	**folklórico, -a**	**tremendo, -a**
el examen	**la música rock**	

Sustantivos

el/la cantante singer
la cita date; appointment
el concurso competition
el coro chorus
el/la empleado/a sales clerk, employee
la entrada ticket
la escena scene
el espectáculo show
el éxito hit, success
la fila row
el locutor speaker, announcer
el lugar place
la película film
el título title
el tren train
la vida life

Adjetivos

grande (gran) big, large; great
próximo, -a next
solo, -a alone
treinta thirty

Verbos

empezar (ie) to begin; **empiezo** I begin, I'm beginning
pagar to pay
poder *(irreg.)* to be able; can; **puedo** I can, I'm able to
quedar to remain; to be left
salir *(irreg.)* to go out; **salgo** I go out, I'm going out
tener *(irreg.)* to have; **tener que** + *inf.* to have to + *inf.*
terminar to end, finish
venir *(irreg.)* to come; **vengo** I come, I'm coming
volver (ue) to return; **vuelvo** I return, I'm returning

Otras palabras y expresiones

a partir de from
conmigo with me
contigo with you *(fam.)*
cuando when
¿de qué? about what?
en tren by train
entre between, among
para mí for me
por ejemplo for example
por lo menos at least
¡qué chévere! terrific!
siempre always
sin without; **sin ti** without you *(fam.)*
sólo only
tener . . . años to be . . . years old
tener hambre to be hungry
tener miedo to be afraid
tener sed to be thirsty
tener suerte to be lucky
ya no no longer; **ya no quedan** there aren't any left

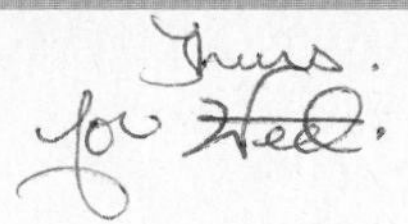

Práctica

A. Prepare un diálogo con un/a compañero/a de clase. Suponga *(Suppose)* que está con un/a amigo/a en la taquilla de un teatro y desea comprar entradas económicas. El empleado dice que sólo quedan entradas caras a partir de la fila diez. Su amigo/a dice que no tiene suficiente dinero, y usted tiene que pagar las dos entradas.

B. Suponga que usted tiene que preparar un programa de actividades musicales y teatrales para un semestre en su universidad. Usted presenta sus sugerencias *(suggestions)* al director de programas especiales y explica los tipos de conciertos y espectáculos.

Nota cultural El lenguaje popular

Native speakers of Spanish can often identify the nationality of a speaker by their use of certain expressions. For example, speakers using **bárbaro** and **che** would probably be identified as Argentinians. Slang terms (for example, **la popu**) might further indicate the speaker is from a certain age group (youth) within Argentina. Other Argentinian expressions, such as **chau** (from the Italian *ciao,* meaning *good-by*), have passed the national frontier and spread throughout the Hispanic world by means of the media or the entertainment industry.

Use of the **vos**-form may also identify the national origin of the speaker. Instead of the **tú**-form of the verb, people throughout Hispanic America, but mainly Argentinians and Uruguayans, may use a special **vos**-form (not to be confused with the plural **vosotros**-form used in Spain). For example, they would say **vos necesitás** instead of **tú necesitas,** and **vos bailás** or **comés** instead of **tú bailas** or **comes.** Like the **tú**-form, the **vos**-form is used among close friends and relatives, and rarely, if ever, used with strangers.

Pronunciación y ortografía

I. El sonido [ñ]

The Spanish [ñ] is pronounced with the front of the tongue pressed flat against the palate (the roof of the mouth). It resembles the sound of *ny* in *canyon* and is spelled **ñ.** Remember that **ñ** is a separate letter in the Spanish alphabet; words or syllables beginning with **ñ** are alphabetized after words or syllables beginning with **n.**

A. Escuche a su profesor/a y repita las siguientes palabras. Todas las palabras tienen el sonido [ñ].

español	doña	niño
señor	Briceño	España

B. Ahora cierre su libro. Escuche a su profesor/a y repita sólo las palabras que tienen el sonido [ñ].

cuna	cuña	caña	cana
sueño	sueno	napa	ñapa

C. Ponga en orden alfabético las siguientes palabras.

1. canal, caña, cansado, cantar, capital
2. anuncio, antiguo, antes, año, antipático
3. pino, piñón, pinche, pintar, piña

II. La letra h

The letter **h** is orthographic in Spanish; that is, it is used in spelling, but does not represent any sound. It is often referred to as "silent h".

D. Escuche a su profesor/a y repita las siguientes palabras. Recuerde no pronunciar la **h.**

ahora	hotel	Hugo	hoy	hace	hermano
Honduras	hospital	Hortensia	hay	habla	hola

E. Dicte las siguientes oraciones en voz alta a la clase.

1. Hugo está en el hospital.
2. ¿Hay un hotel por aquí?
3. Ahí está la hermana de Herminia.
4. ¡Hola, Hortensia! ¿Cómo estás hoy?

F. Complete las oraciones siguientes con palabras lógicas con **h.**

▶ Horacio es ____; no es arrogante. *humilde*

1. ¡Camarero! ¡Este café está ____!
2. Mi hermana está muy enferma; está en el ____.
3. Cuando viajo a México, voy siempre al ____ San Carlos.
4. En los países de América del Sur, no todos ____ español.
5. La capital de ____ es Tegucigalpa.
6. ¿ ____ un estadio en la ciudad donde usted vive?

Refranes

1. **Con arte y con engaño se vive la mitad del año.** With guile and deceit one can live only half a year.
2. **Hoy por ti, mañana por mí.** I'll help you out today and you'll help me tomorrow.

Estudio de palabras

I. Aparatos útiles

el altoparlante loudspeaker
la cámara (fotográfica) camera
la copiadora copier
el estéreo stereo
la filmadora movie camera
la grabadora tape recorder
la máquina de escribir typewriter
el micrófono microphone
la procesadora de palabras word processor
el televisor (en blanco y negro, a colores) (black-and-white, color) TV set
el videocassette videocassette
el videodisco videodisk

CAFETERA ELECTRICA
* Automática
* Atractivo color
* Café al instante
* Capacidad 4 tazas
TELEVISORES
BLANCO Y NEGRO
Y
A COLOR
MAQUINAS
DE
ESCRIBIR
PORTATILES

A. Diga si usted tiene los siguientes aparatos.

▶ copiadora / procesadora de palabras — *Tengo copiadora, pero no tengo procesadora de palabras.* *No tengo copiadora, y no tengo procesadora de palabras.*

1. tocadiscos / estéreo
2. radio / televisor
3. televisor / estéreo
4. cámara fotográfica / filmadora
5. videocassette / videodisco
6. grabadora / máquina de escribir
7. máquina de escribir / calculadora
8. micrófono / altoparlante

B. Conteste las siguientes preguntas.

1. ¿Tiene Ud. un televisor a colores o en blanco y negro?
2. ¿Es bueno usar la grabadora para aprender el español? ¿por qué? ¿Tiene usted cassettes en español?
3. ¿Escribe Ud. sus composiciones en la máquina de escribir o usa la procesadora de palabras?
4. ¿Le gusta más usar la cámara fotográfica o la filmadora? ¿por qué?
5. ¿Tiene Ud. una computadora? ¿Le gusta usar las computadoras? ¿Tiene que aprender a usar las computadoras para alguna de sus clases? ¿para cuáles?

II. Los números 21 – 30

21 = **veintiuno**	25 = **veinticinco**	29 = **veintinueve**
22 = **veintidós**	26 = **veintiséis**	30 = **treinta**
23 = **veintitrés**	27 = **veintisiete**	
24 = **veinticuatro**	28 = **veintiocho**	

1. Numbers from twenty-one to twenty-nine can be written as a single word or as three words: **veinte y seis, veinte y ocho,** et cetera.
2. **Veintiuno** becomes **veintiún** before a masculine plural noun and **veintiuna** before a feminine plural noun.

veintiún muchachos	**veintiuna** muchachas
veintiún días	**veintiuna** lecciones

III. Los números 31 – 199

31 = **treinta y uno**	39 = **treinta y nueve**	80 = **ochenta**
32 = **treinta y dos**	40 = **cuarenta**	90 = **noventa**
33 = **treinta y tres**	41 = **cuarenta y uno**	100 = **cien (ciento)**
34 = **treinta y cuatro**	50 = **cincuenta**	101 = **ciento uno**
35 = **treinta y cinco**	51 = **cincuenta y uno**	150 = **ciento cincuenta**
36 = **treinta y seis**	60 = **sesenta**	199 = **ciento noventa y nueve**
37 = **treinta y siete**	70 = **setenta**	
38 = **treinta y ocho**		

1. Compound numbers above thirty are usually written as three words (in contrast to numbers from **dieciséis** to **veintinueve**).

   cincuenta y dos **sesenta y tres**

2. In compound numbers above thirty, **uno** becomes **un** before a masculine plural noun and **una** before a feminine plural noun.

   treinta y un libros **treinta y una** revistas

3. **Cien** becomes **ciento** before numerals one through ninety-nine.

cien sillas	**ciento cincuenta** pesos
cien cuadernos	**ciento tres** páginas

4. In Spanish, commas are used instead of periods in expressing numerical amounts with decimals.

un dólar con treinta centavos = $1,30	*one dollar and thirty cents = $1.30*
cien dólares con noventa y un centavos = $100,91	*one hundred dollars and ninety-one cents = $100.91*

C. Usted necesita comprar los siguientes artículos. Pregúntele a la empleada de una tienda cuánto cuestan los objetos indicados *(how much these things cost).* Después diga cuánto cuestan.

► el estéreo ($179,60) S1: *¿Cuánto cuesta el estéreo?*
S2: *Cuesta ciento setenta y nueve dólares con sesenta centavos.*

1. la computadora ($99,99)
2. la grabadora ($72,50)
3. la cámara ($94,25)
4. la máquina de escribir ($153,95)
5. la calculadora ($21,70)
6. cinco discos ($38,40)
7. diez cassettes ($40,55)
8. el televisor en blanco y negro ($80,60)

D. Suponga que usted trabaja en un almacén de Puerto Rico. A causa de *(Due to)* la inflación, usted tiene que subir los precios *(prices).* Diga el precio de los siguientes aparatos antes *(before)* y después de añadir *(after adding)* 10 pesos.

Almacén San Marcos

Lista de precios	*¡Hoy! ¡Precios razon*
micrófonos	15 pesos cada uno
altoparlantes	85 pesos cada uno
filmadoras	140 pesos cada un
grabadoras	100 pesos cada u
máquinas de escribir	158 pesos cad
televisores en blanco y negro	152 pesos ca
tocadiscos	133 pesos

► *Hoy un micrófono cuesta 15 pesos; mañana c*

Estructuras útiles

I. Present tense of **tener;** idioms with **tener**

1. The verb **tener** *(to have)* is irregular in the present tense. The **yo**-form ends in **-go,** and the stem changes from **e** to **ie** in the **tú**-form and in the third person singular and plural.

	tener		
yo	ten	**go**	Tengo dos hermanas.
tú	tien	**es**	¿Tienes una prima?
Ud., él, ella	tien	**e**	Tiene una grabadora muy buena.
nosotros, -as	ten	**emos**	Tenemos un tocadiscos viejo.
vosotros, -as	ten	**éis**	¿Tenéis una cámara alemana?
Uds., ellos, ellas	tien	**en**	No tienen televisor a colores.

2. In Spanish, the indefinite article is often omitted after **tener,** unless the numeral *one* is meant. Note that in replies to questions, a direct object is not required after **tener.**

—¿Tienes estéreo, Sara?	*Do you have a stereo, Sara?*
—Sí, tengo un estéreo en casa.	*Yes, I have one stereo at home.*
—¿Y tu amigo Rafael?	*And your friend Rafael?*
—No, no tiene.	*No, he doesn't (have one).*

3. The verb **tener** is followed by a noun in many common idiomatic expressions. Note that the verb *to be + adjective* is used in English for these expressions.

tener . . . años to be . . . years old
tener calor to be warm *(persons)*
tener éxito to be successful
tener frío to be cold *(persons)*
tener hambre to be hungry
tener miedo to be afraid
tener razón to be right
no tener razón to be wrong
tener sed to be thirsty
tener sueño to be sleepy
tener suerte to be lucky

Tengo un **frío** terrible, pero no **tengo hambre.**	*I'm terribly cold, but I'm not hungry.*
Hace calor, **tengo** mucha **sed.**	*It's hot; I'm very thirsty.*

A. Diga cuántos años tienen las siguientes personas.

▶ Guillermo / 30 *Guillermo tiene treinta años.*

1. mi madre / 55
2. yo / 44
3. nosotros / 99
4. la novia de Juan / 22
5. tú / 66
6. tú y Sandra / 77

B. Conteste las preguntas siguientes, usando la forma apropiada de **tener.**

► Jaime tiene un estéreo estupendo. ¿y tú? — *Yo también tengo un estéreo estupendo.* *No, no tengo estéreo.*

1. Yo tengo quince discos del grupo Alas. ¿y usted?
2. El señor Ruiz tiene una calculadora japonesa. ¿y tus primos?
3. Marta y Susana tienen muchas amigas. ¿y tu mamá?
4. Ciudad de México tiene muchos restaurantes. ¿y el pueblo de Río Verde?
5. El señor Pinzón no tiene automóvil. ¿y tu familia?

C. Diga que las personas siguientes tienen **frío, calor, sed, miedo, razón, sueño** o **suerte,** según la lógica.

► Raúl acaba de encontrar cien dólares. En mi opinión ____ . — *tiene suerte*

1. No me gustan los leones; ____ de ellos.
2. Quiero beber una cerveza porque ____ .
3. Mencha va a comer un sándwich porque ____ .
4. Raúl dice que ____ . Entonces, ¿por qué no se pone un suéter?
5. Nosotros ____ . ¿Quieren abrir las ventanas, por favor?
6. Trabajo día y noche. Por eso estoy cansado y siempre ____ en la clase.
7. Ustedes ____ cuando dicen que cincuenta menos diez son cuarenta.

II. Tener que and hay que in contrast

***Hay que** trabajar para vivir.*

*Sí, pero yo **tengo que** trabajar menos para vivir más.*

1. The expression **tener que** *(to have to, must)* + *infinitive* is used in Spanish to express obligation by a specific person.

Tengo que comprar dos entradas.	*I have to (must) buy two tickets.*
No **tenemos que pagar** ahora.	*We don't have to pay now.*

2. The expression **hay que** + *infinitive* is used to express general need or obligation to do something. It is never used with a subject.

—¿A dónde **hay que ir** para cambiar dinero?	*Where must one (do you have to) go to change money?*
—**Hay que ir** a un banco.	*One must (You have to) go to a bank.*

D. ¿Qué hace Ud. esta semana? Forme oraciones completas, usando los sujetos indicados y la forma apropiada del verbo **tener.**

▶ (lunes) yo / comer en la cafetería — *El lunes yo tengo que comer en la cafetería.*

1. (lunes) Luisa / usar mi máquina de escribir
2. (martes) yo / llamar al aeropuerto
3. (miércoles) Pedro / comer conmigo y con Joselito
4. (jueves) Manuel / pagarme por los cassettes
5. (viernes) Manuel y yo / estudiar en la biblioteca
6. (sábado) los profesores / discutir los trabajos con nosotros
7. (domingo) Luisa y yo / ir al teatro

E. Explique lo que hay que hacer para alcanzar *(reach)* los siguientes objetivos.

▶ para sacar buenas notas *(grades)* — *Para sacar buenas notas hay que estudiar mucho.*

1. para ver la Estatua de la Libertad
2. para ser millonario *(millionaire)*
3. para ser feliz
4. para comprender a un amigo
5. para tener éxito en la vida
6. para comprender el mundo hispánico

III. Prepositional pronouns

¿*Te* gustan los calamares?
No, no *me* gustan.
¡A mí *me* gustan!
¡A nosotros *nos* gustan también!

1. Prepositional pronouns (also called disjunctive pronouns) are used principally as the objects of a preposition. They are the same in form as the subject pronouns except for the **yo**- and **tú**-forms.

¿Este radio es **para mí** o **para ti?**	*Is this radio for me or for you?*
Me gusta salir **con él,** pero no **con ella.**	*I like to go out with him, but not with her.*

Subject pronouns	Prepositional pronouns
yo	**mí,** (conmigo)
tú	**ti,** (contigo)
él, ella, Ud.	**él, ella, Ud.**
nosotros, -as	**nosotros, -as**
vosotros, -as	**vosotros, -as**
ellos, ellas, Uds.	**ellos, ellas, Uds.**

2. The pronoun **mí** has a written accent to distinguish it from the possessive adjective **mi** *(my).*

El tocadiscos es para **mí.**	*The record player is for me.*
Es **mi** tocadiscos.	*It's my record player.*

3. When used with **con,** the pronouns **mí** and **ti** form **conmigo** and **contigo.**

—¿Quieres salir **conmigo?**	*Do you want to go out with me?*
—No, no quiero salir **contigo.**	*No, I don't want to go out with you.*

4. **A** or **de** + *prepositional pronoun* is often used for clarity or emphasis.

—**¿A ti** te gusta la música clásica? Pues **a mí** me gusta mucho.	*Do you like classical music? Well, I like it a lot.*
—¿Es el carro **de él** o **de ella?**	*Is it his car or hers?*

5. Subject pronouns are used instead of prepositional pronouns after **entre, menos** *(except),* and **como,** in contrast to English usage.

Entre tú y yo no hay secretos.	*Between you and me there are no secrets.*
Todos van al teatro **menos yo.**	*Everyone is going to the theater except me.*
Como ella, quiero viajar a Chile.	*Like her, I want to travel to Chile.*

F. Durante sus vacaciones en Buenos Aires, Raúl va a muchos lugares interesantes con diferentes personas. Haga el papel de *(Play the part of)* Raúl, y conteste las preguntas siguientes.

▶ ¿Vas al Luna Park con Alberto? *Sí, voy con él.*

1. ¿Vas al Teatro Colón con la hermana de Rico?
2. ¿Vas a la playa con tu amigo Antonio?

3. ¿Vas a la Universidad de Buenos Aires conmigo?
4. ¿Vas a la Casa Rosada con nosotras?
5. ¿Vas a la Plaza San Martín con Virginia y conmigo?
6. ¿Vas al Museo Nacional con tus padres?

G. Mucha gente habla de otros y viceversa. Cambie las oraciones según el modelo.

▶ Felipe habla de nosotros . . . *y nosotros hablamos de él.*

1. Alma habla de ti . . .
2. Usted habla de ella . . .
3. Ellos hablan de usted . . .
4. Yo hablo de ellas . . .
5. Tú hablas de ellos . . .
6. Ustedes hablan de nosotros . . .

H. Conteste las siguientes preguntas. Use la forma apropiada del pronombre preposicional.

▶ ¿A ti te gusta bailar? *Sí, a mí me gusta mucho.*
No, a mí no me gusta bailar.

1. ¿A Roberto le gusta cantar?
2. ¿A tu hermana le gusta estudiar?
3. ¿A tus amigos les gusta trabajar?
4. ¿A usted le gusta viajar?

I. Exprese en español.

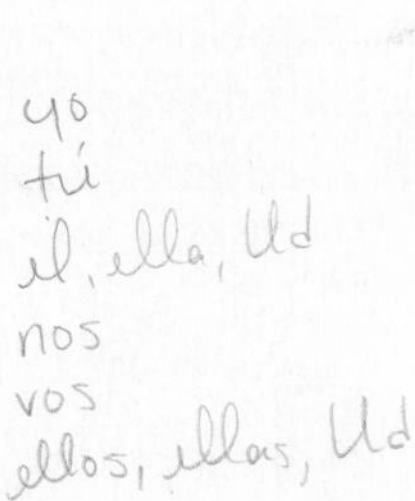

1. Between you *(fam.)* and me, Pepe is very lazy.
2. There are no problems between them and her.
3. Everyone is going to the concert except me.
4. Everyone has a nickname except him.
5. Like me, they don't want to go to the party.
6. Like her, I want to study in Buenos Aires.

IV. Present tense of verbs with irregular **yo**-forms

*Hoy **salgo** en noche de estrellas*
*porque **vengo** a tu balcón.*
*Te **traigo**, hermosa Mirella,*
en la mano, el corazón.

1. The following verbs end in **-go** in the **yo**-form of the present tense. This group of verbs includes **tener,** which you have just studied in this lesson. Note that some of the verbs listed below have stem and spelling changes in addition to the irregular **yo**-form that ends in **-go.**

decir	*to say, tell*	digo, dices, dice, decimos, decís, dicen
hacer	*to do, make*	hago, haces, hace, hacemos, hacéis, hacen
oír	*to hear*	oigo, oyes, oye, oímos, oís, oyen
poner	*to put*	pongo, pones, pone, ponemos, ponéis, ponen
salir	*to leave*	salgo, sales, sale, salimos, salís, salen
tener	*to have*	tengo, tienes, tiene, tenemos, tenéis, tienen
traer	*to bring*	traigo, traes, trae, traemos, traéis, traen
venir	*to come*	vengo, vienes, viene, venimos, venís, vienen

2. Compounds formed with these verbs normally follow the same pattern. For example:

distraer	*to distract*	distraigo, distraes, . . .
prevenir	*to prevent*	prevengo, previenes, . . .
proponer	*to propose*	propongo, propones, . . .

J. Diga que usted también hace las mismas actividades que las personas indicadas.

▶ Carlos y Ricardo traen sándwiches a la fiesta. — *Yo también traigo sándwiches a la fiesta.*

1. Hoy mi papá viene tarde a casa.
2. Pedro trae la guitarra a la reunión.
3. Mi hermana sale con los amigos hoy.
4. Elena pone los discos en la mesa.
5. Mi hermano hace mucho y dice poco.
6. Los jóvenes oyen música en la Calle Siete.
7. Los hijos de los Briceño dicen que van al estadio.
8. Ustedes tienen mucho sueño.

K. Complete las conversaciones siguientes con la forma apropiada de uno de los verbos de la lista.

decir salir oír traer
hacer tener poner venir

1. —¿_____ usted la canción «Guadalajara» en este momento?
   —No, ahora _____ la canción «En mi viejo San Juan».
2. —¿Con quién _____ usted de la clase?
   —_____ con mis amigas de San Juan.

3. —¿Qué ____ tú a la fiesta mañana?
—¿Yo? ____ la cerveza.
4. —Yo ____ tres primos. ¿y ustedes?
—¡Nosotros ____ muchísimos!
5. —¿Cuándo ____ otra vez a mi casa, Rosita?
—____ otra vez el lunes, si quieres.
6. —¿Qué ____ los domingos, Paco?
—¿Yo? ____ muy poco. Descanso mucho.
7. —¿Qué ____ en la mesa?
—____ mis libros de inglés.
8. —¿Qué ____ cuando estás furiosa?
—____: «¡Al diablo con todo!»

¿Comprende usted?

Sergio y Carmen conversan en un café después del concierto. Lea su conversación, observando la reacción de ellos a cada *(each)* comentario. Luego conteste las preguntas.

Después del concierto

Sergio: ¡Qué lata! Estos conciertos son demasiado populares. ¡Qué cantidad de gente!
Carmen: Vos tenés razón. Si tenés entradas numeradas, bueno. Pero en «la popu» siempre es difícil encontrar un buen puesto.
Sergio: Pues no tengo la culpa. Cuando no hay entradas, no hay entradas; y ya está.
Carmen: La próxima vez necesitás comprar las entradas con anticipación. No podés esperar hasta el último momento.
Sergio: Claro, pero entonces tengo que gastar el doble para tener asientos buenos.
Carmen: Bueno, ¿en qué estamos, entonces? ¿Vamos a «la popu» a estar incómodos, o gastamos el doble en entradas numeradas?
Sergio: ¡Pues nada! Vamos a ver qué pasa la próxima vez.

A. Conteste las siguientes preguntas sobre la lectura.

1. Además de Sergio y Carmen, ¿quiénes están en el concierto?
2. Según Carmen, ¿qué problema hay con «la popu»?
3. Según Sergio, ¿qué problema hay con las entradas numeradas?
4. ¿Qué solución tiene Sergio para el próximo concierto?

B. Estas palabras pueden tener distintas connotaciones. Escoja *(Choose)* el significado que más se aproxime a su uso en el diálogo.

1. último: final, fantástico, exterminado
2. incómodo: nervioso, difícil, en mala posición
3. claro: naturalmente, el contrario de oscuro, un día excelente
4. razón: justificación, causa, inteligencia
5. culpa: censura, falta, acusación
6. concierto: presentación musical, acuerdo, al mismo tiempo

C. Escoja una de las expresiones siguientes de la lectura para responder a cada situación. Recuerde el contexto en que ocurren y la emoción con que se usan en la lectura.

¡Qué lata!	¿En qué estamos entonces?
Tienes razón.	¡Pues nada! Vamos a ver qué pasa la próxima vez.
No tengo la culpa.	

1. —No quiero ir al teatro, aunque *(although)* presentan un drama formidable con actores magníficos.
2. —Estoy enferma y no puedo ir a la fiesta esta noche.
3. —¿Tu automóvil no funciona? ¿Entonces no podemos salir a ninguna parte?
4. —Es un problema salir a comer en un restaurante el viernes por la noche. Todo el mundo parece tener la misma idea.
5. —Quiero invitarte al cine, pero no hay una buena película. ¿Qué vamos a hacer?

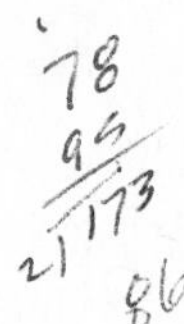

La Casa Rosada, en Buenos Aires, es un importante centro gubernamental argentino.

Lección 8
En Uruguay

¿Te gusta aquel velero?

Eduardo García y Raúl Díaz son dos jóvenes amigos que viven en Montevideo, capital de Uruguay. Ahora están en Punta del Este, centro de turismo internacional cerca de la capital. Este fin de semana hay una regata de gran colorido con setenta veleros, y los jóvenes los miran desde la orilla del mar.

Escena 1

Eduardo: Mira, ¡qué increíble! ¿Te gusta aquel velero rojo, Raúl?

Raúl: ¿El número cuarenta y dos? Sí, me gusta, pero prefiero aquel otro de velas azules.

Eduardo: Voy a ver si puedo sacar algunas fotos. Sobre todo quiero una de aquel rojo.

Raúl: No la puedes sacar bien desde aquí.

Eduardo: Podemos ir al Club Marino donde están los fotógrafos y reporteros oficiales . . . pero las entradas son muy caras.

Escena 2

Raúl: Mira, allí va mi vecina Pilar. ¿La recuerdas?

Eduardo: No, no la recuerdo. ¿Quién es?

Raúl: Es Pilar Guzmán, la reportera de *La Nación.* ¿Vamos a saludarla? Creo que ella puede llevarnos al Club. Así puedes sacar tus fotos desde allí con buena luz. . . . Y ¡no tenemos que pagar las entradas!

Eduardo: ¡Bárbaro! ¿Qué esperamos?

Un día ideal para navegar en Punta del Este, Uruguay.

Comprensión

1. ¿Quiénes son Eduardo y Raúl?
2. ¿Qué es Punta del Este?
3. ¿Qué hay este fin de semana en Punta del Este?
4. ¿Desde dónde miran los jóvenes los veleros?
5. ¿Qué quiere hacer Eduardo?
6. ¿Cómo son las entradas para el Club Marino, caras o baratas?
7. ¿Quién es Pilar Guzmán?
8. ¿Por qué quiere saludarla Raúl?

Conversación

1. ¿Le gustan los veleros o prefiere los botes de motor?
2. ¿Le gusta sacar fotos en la playa o prefiere dibujar o pintar?
3. ¿Qué prefiere ser usted: reportero, fotógrafo, artista o deportista profesional? ¿por qué?
4. ¿Quién cree Ud. que tiene una vida más interesante: el reportero, el fotógrafo, el artista o el deportista? ¿por qué?
5. ¿Le gustan los deportes? ¿Prefiere participar en ellos o ser espectador/a? ¿Es usted aficionado/a a algún deporte?

Variaciones

1. —¿Te gusta **aquel velero?** —No, prefiero **aquél.**
   aquella regata — aquélla
   ese fotógrafo — ése
   aquella chica — aquélla

2. —¿Vamos a saludar **a Pilar?** —Sí, vamos a **saludarla.**
   a Rafael — saludarlo
   a los Gómez — saludarlos
   a tus primas — saludarlas

Vocabulario

Palabras análogas

el/la artista	**increíble**	**oficial**	**profesional**
la foto	**marino, -a**	**participar**	**el/la reportero/a**
el/la fotógrafo/a	**la nación**	**preferir (ie)**	**el turismo**

Sustantivos

el/la aficionado/a fan
el bote de motor motor boat
el deporte sport
el/la deportista sportsman, sportswoman
el/la espectador/a spectator
la luz light
el mar sea
la orilla del mar seashore
la playa beach
la regata boat race, regatta
el/la vecino/a neighbor
la vela sail
el velero sailboat

Adjetivos
algún/alguno, -a some
aquel, aquella that (over there); **aquellos, aquellas** *(pl.)* those (over there)
barato, -a cheap, inexpensive
caro, -a expensive
ese, -a that; **esos, -as** *(pl.)* those
este, -a this; **estos, -as** *(pl.)* these

Verbos
creer to believe; to think
dibujar to draw, sketch
llevar to take; to carry
pintar to paint
querer (ie) to want; to wish; to love
recordar (ue) to remember
sacar (fotos) to take (pictures)
saludar to greet

Otras palabras y expresiones
así (in) that (this) way, thus, so
¡bárbaro! great!
de gran colorido very colorful
desde from
este fin de semana this weekend
la her, it; **lo** him, it
las them *(f)*; **los** them *(m)*
¡mira! (from **mirar**) look! *(fam.)*
¿qué esperamos? what are we waiting for?
vamos a saludarla let's go greet her

Práctica

Prepare un diálogo basado en la siguiente información, usando las palabras y las expresiones en el diálogo al comienzo de esta lección.

> Julia y Ricardo miran unos botes de motor en una sala de exposición. Julia quiere comprar un bote rojo, pero Ricardo dice que es mejor comprar un velero porque los veleros cuestan *(cost)* menos. Julia y Ricardo discuten los precios y si es mejor comprar el bote de motor o el velero.

Nota cultural Los deportes en el mundo hispánico

The most popular sport in Hispanic countries is soccer **(fútbol).** Most young men play it, and everyone follows the scores of their favorite teams with great interest and enthusiasm.

Many cities and towns have teams **(equipos)** which compete in national championships. Players from the best teams are selected for international competition, such as the **Copa de Europa** or the **Copa Mundial.** Hispanic teams have often been finalists in international competitions; Uruguay won the **Copa Mundial** in 1930 and in 1950. Argentina won the **Copa Mundial** in 1978 and narrowly lost to Italy in the 1982 competition.

Hispanics are well known the world over in other sports, such as tennis, polo, jai alai (a sport that originated in the Basque provinces of Spain), swimming, and baseball. While women participate in such tradi-

(Izquierda) Una joven mexicana juega a la pelota con sus amigas. (Derecha) El jai-alai o "frontón", de origen vasco, es popular en muchos países hispánicos.

tional sports as basketball **(baloncesto)** and volleyball **(vóleibol),** they are also becoming better known in sports that used to be considered the realm of men, such as fencing **(esgrima),** shot-put **(lanzamiento de peso),** and throwing the discus and javelin **(lanzamiento del disco y de la jabalina).**

Pronunciación y ortografía

I. Los sonidos [b] y [ƀ]

1. In Spanish, the stop sound [b] (spelled **b** or **v**) is pronounced much like the *b* in *boy.* It occurs at the beginning of a breath group or after a pause, and after **m** or **n.** Note that **n** is pronounced [m] before [b].

barato	**v**elero	tam**b**ién
busco	**v**iernes	in**v**itar

2. There is no English equivalent of the fricative [ƀ] (also spelled **b** or **v**), which occurs most often after a vowel. It is pronounced with the lips barely touching as air is forced out.

di**b**ujar	sá**b**ado	re**v**ista
auto**b**ús	tra**b**ajo	uni**v**ersidad

3. Since both [b] and [ƀ] are spelled either **b** or **v,** it is necessary to memorize the spelling of words containing these sounds.

A. Escuche y repita las palabras o frases que dice su profesor/a.

un **v**elero	es posi**b**le	¿**V**ive usted en **B**ogotá?
un **b**ote	es horri**b**le	¿**V**a usted a **B**olivia?

B. Lea las oraciones siguientes en voz alta. Ponga atención a la pronunciación de la [b] y [b̸].

1. **V**oy a **v**er a **B**ár**b**ara.
2. ¿Es el **b**anco de **B**ogotá?
3. **B**enito **v**iaja a **V**enezuela.
4. ¿Es posi**b**le ir en auto**b**ús?

II. Más sobre los diptongos

1. Diphthongs consist of a combination of a strong vowel **(a, o, e)** with a weak vowel **(i** or **u),** or a combination of the two weak vowels **(i** and **u).** These groupings are pronounced as a single vowel. The letter **y** is considered a weak vowel at the end of a word or syllable.

Ed**ua**rdo	internac**io**nal	pref**ie**ro	p**ue**do	r**ui**señor
c**ua**renta	ofic**ia**l	qu**ie**ro	b**ue**na	m**uy**

2. The following words contain vowel combinations that are *not* diphthongs, and thus are pronounced as separate syllables. The weak vowel has a written accent to show this pronunciation.

Raúl   increíble   Díaz   ahí

3. The letter **u** after **q** when followed by **e** or **i** is only orthographical and does not represent a diphthong.

que   a**qu**el   Quito   **qu**into

C. Diga si las siguientes palabras contienen diptongos y pronúncielas.

1. treinta
2. taquilla
3. cuatro
4. puedo
5. concierto
6. Luis
7. tienen
8. creo
9. quedan
10. estadio
11. día
12. hoy
13. filosofía
14. deseamos
15. seis
16. querer

Un verso fácil: *Burros y sabios*

La «v» de vaca y la «b» de burro
son diferentes cuando se escriben.° — they are written
(Algunos «burros»° siempre confunden° — dumb people / confuse
su transcripción.)
Pero los sabios,° siempre despiertos,° — wise people / alert
las reconocen y las separan.
Aunque estos sabios, en otras cosas . . .
¡muy burros son!

Estudio de palabras

I. Medios de transporte

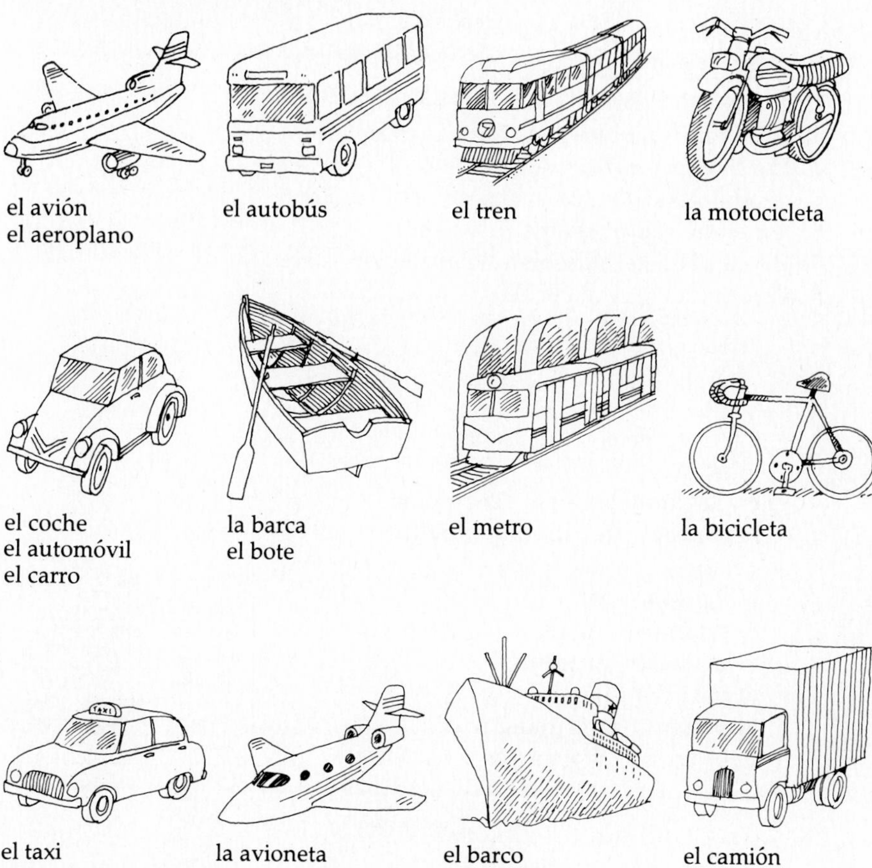

el avión
el aeroplano

el autobús

el tren

la motocicleta

el coche
el automóvil
el carro

la barca
el bote

el metro

la bicicleta

el taxi

la avioneta

el barco
el vapor

el camión

montar (andar, ir) en bicicleta o en (autobús, metro) to ride a (go by) bicycle (bus, subway)
montar en barca (bote) to go boating
viajar en avión (tren, barco) to travel by plane (train, boat)
ir a pie to go by foot

A. ¿Qué medios de transporte utilizamos en las siguientes situaciones?

1. en el agua
2. en el aire
3. en la ciudad
4. para el transporte público
5. para una sola persona
6. para transportar comida

B. ¿Cómo va usted a los siguientes lugares? ¿Qué medio de transporte usa y por qué?

► la ciudad: ¿tren o coche? *Voy a la ciudad en tren. No me gusta ir en coche.*

1. el parque: ¿bicicleta o a pie?
2. el mercado: ¿carro o motocicleta?
3. el estadio: ¿motocicleta, carro o autobús?
4. Las Bahamas: ¿avioneta o bote?
5. la biblioteca: ¿metro, taxi o a pie?
6. la tienda: ¿autobús, metro o taxi?
7. Punta del Este: ¿vapor, velero o avión?
8. el hospital: ¿taxi o coche?

II. Los deportes

Nombres de deportes

el alpinismo mountain climbing
el baloncesto (el básquetbol) basketball
el béisbol baseball
el esquí skiing
el fútbol soccer
el fútbol americano football
la natación swimming
el patinaje skating
la pista y campo track and field
el tenis tennis
la vela sailing

Otras palabras y expresiones

el árbitro referee
el/la campeón/ona champion
la cancha (tennis, basketball) court
el equipo team
el gimnasio gym
el maratón marathon
el partido game
la piscina swimming pool
la pista ski slope; race track

Verbos relacionados con los deportes

caminar to walk
correr to run; to jog
esquiar to ski
jugar (ue) (al + deporte) to play (a sport)
nadar to swim
patinar to skate
practicar el alpinismo to go mountain climbing
practicar los deportes to practice (go in for) sports

C. Conteste las siguientes preguntas en oraciones completas.

1. ¿Nada usted? ¿bien? ¿mal? ¿así así? ¿Dónde nada usted?
2. ¿Monta Ud. en barcos de vela? ¿cuándo? ¿Tiene su familia o un/a amigo/a un velero? ¿Es grande o pequeño?

3. ¿Tiene una bicicleta o una motocicleta? ¿Monta todos los días? ¿De qué marca *(brand)* es su moto o bicicleta?
4. ¿Hay equipos de fútbol o de béisbol en su universidad o ciudad? ¿Ganan muchos partidos?
5. ¿Le gusta caminar o correr? ¿Dónde y cuándo camina o corre? ¿Quiere correr en un maratón? ¿Cuántos kilómetros corre al día?
6. ¿Practica la pista y campo? ¿Es usted campeón o campeona? ¿Practica usted este deporte solo/a o con amigos?
7. ¿Es usted aficionado/a al baloncesto? ¿Qué equipo nacional o internacional le gusta más?
8. ¿Prefiere los equipos profesionales o los equipos de las universidades?
9. ¿Le gusta más esquiar, patinar o practicar el alpinismo? ¿Dónde practica estos deportes?

Estructuras útiles

I. Demonstrative adjectives and pronouns

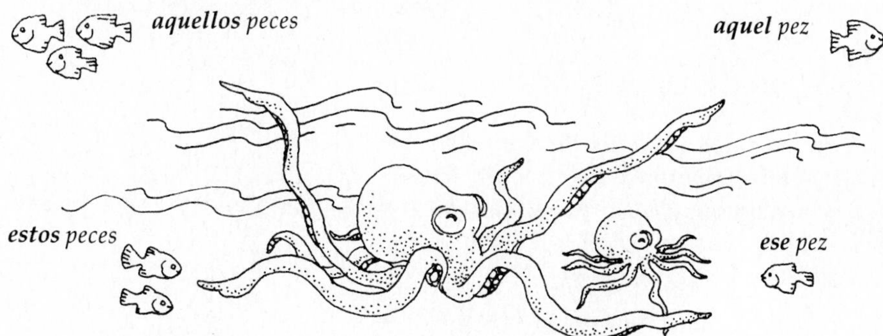

La madre pulpo enseña los adjetivos demostrativos al pulpito.

A. Demonstrative adjectives

1. Demonstrative adjectives demonstrate or point out specific persons or things. The chart below summarizes the forms of the demonstrative adjectives.

	Masculine Singular	Feminine Singular	Masculine Plural	Feminine Plural
este-group	este	esta	estos	estas
ese-group	ese	esa	esos	esas
aquel-group	aquel	aquella	aquellos	aquellas

2. Spanish has three groups of demonstrative adjectives in contrast to English, which has two groups (*this/these* and *that/those*). Demonstrative adjectives precede the noun they modify and agree with it in number and gender.

   a. The **este**-group indicates someone or something close to the speaker.

Este carro es nuevo.	***This car*** *is new.*
Estas bicicletas son viejas.	***These bicycles*** *are old.*

   b. The **ese**-group indicates someone or something close to the person spoken to.

Esa revista es buena.	***That magazine*** *is good.*
Esos periódicos son interesantes.	***Those newspapers*** *are interesting.*

   c. The **aquel**-group indicates someone or something distant from both speakers.

Aquel avión es grande.	***That airplane (over there)*** *is big.*
Aquellos aviones son grandes.	***Those airplanes (over there)*** *are big.*

B. Demonstrative pronouns

There are two different kinds of demonstrative pronouns:

a. When the referent is a specific person, place, or thing, the demonstrative pronoun always agrees in number and gender with its referent. These pronoun forms are the same as the adjective forms, except for a written accent on the stressed vowel.

—**Este coche** es caro, ¿verdad?	***This car*** *is expensive, isn't it?*
—Sí, y **ése** es caro también.	*Yes, and* ***that one*** *is expensive, too.*
—**Estos modelos** son baratos, ¿no?	***These models*** *are inexpensive, aren't they?*
—Sí, pero **aquéllos** son más baratos.	*Yes, but* ***those (over there)*** *are cheaper.*

b. When the referent is an abstract idea or concept, or an unknown or unidentified object, the invariable forms **esto, eso,** and **aquello** are used. These demonstrative pronouns do not change in number or gender and do not require a written accent.

—¿Qué es **esto?**	*What's* ***this?***
—**¿Eso?** No sé.	***That?*** *I don't know.*
—¿Qué es **aquello?**	*What's* ***that?***
—**Aquéllas** son las revistas nuevas.	***Those*** *are the new magazines.*

A. Diga que las personas del sexo femenino hacen más que las siguientes personas del sexo masculino.

▶ Ese niño dibuja mucho. *Sí, pero esa niña dibuja más.*

1. Esos señores trabajan mucho.
2. Este chico patina mucho.
3. Estos jóvenes esquían mucho.
4. Aquel hombre nada mucho.
5. Aquellos muchachos juegan mucho.
6. Ese viejo camina mucho.
7. Este joven corre mucho.

B. Complete cada oración de los mini-diálogos con **esto, eso** o **aquello,** según el contexto.

1. —_____ que digo yo es importante. Debes considerarlo.
   —Tienes razón. _____ es verdad.
2. —¿Qué es _____ que está al norte muy lejos, un avión?
   —Yo no sé qué es _____. Pero _____ que está aquí cerca sí es un avión.
3. —¿Qué es _____ que tienes en la mano, Julio?
   —¿ _____ ? Es un videocassette del grupo «Alas».

C. Busque *(Look for)* los siguientes objetos en la clase y descríbalos a su profesor/a. Use los adjetivos y pronombres demostrativos adecuados, según la posición de los objetos.

mapa	silla	puerta	bolígrafos
pizarra	mesa	lápiz	papelera
cuaderno	libros	ventanas	escritorio

▶ *Ese mapa es de Sur América. Aquél es de Europa y es más grande.*

II. Direct-object pronouns

—¿Puedes ver bien la película desde aquí?
*—Bueno, realmente no **la** veo nada bien.*

1. The direct object receives the action of the verb by completing the meaning of the verb phrase and answering the question *whom?* or *what?*

In the sentence, **Antonio desea unas camisas, unas camisas** is the direct object and tells what the speaker wants. Note that when the direct object refers to a specific person, it requires the personal **a.**

Tú hablas **español.** — *You speak Spanish.*
Rosa busca **trabajo.** — *Rosa is looking for work.*
Ellos invitan **a María Teresa.** — *They invite María Teresa.*

2. The direct-object noun may be replaced by a direct-object pronoun when the context is clear. Below is a chart of the direct-object pronouns in Spanish.

Singular		**Plural**	
me	me	**nos**	us
te	you *(fam.)*	**os**	you *(fam.)*
lo	you *(formal)*, him, it	**los**	you *(formal, m)*, them *(m)*
la	you *(formal)*, her, it	**las**	you *(formal, f)*, them *(f)*

—¿Tú hablas **español?** — *Do you speak **Spanish?***
—**Lo** hablo un poco. — *Yes, I speak **it** a little.*

—¿Rosa busca a **su hermano?** — *Is Rosa looking for **her brother?***
—No, no **lo** busca ahora. — *No, she's not looking for **him** now.*

—¿Visitan a **su mamá?** — *Do they visit their **mother?***
—Sí, **la** visitan con frecuencia. — *Yes, they visit **her** frequently.*

—¿Recuerdas a **mis vecinos?** — *Do you remember my neighbors?*
—No, no **los** recuerdo. ¿Quiénes son? — *No, I don't remember **them.** Who are they?*

3. Note that the direct-object pronoun normally *precedes* the verb in Spanish, while it follows the verb in English.

La comprendo. — *I understand **her.***
No **lo** necesito. — *I don't need **it.***

4. **Le** is used instead of **lo** in certain areas of Spain and Hispanic America to refer to *you (formal, masculine singular)* and *him.* In the same areas, **les** is used instead of **los.** In this text, the direct-object forms shown in the chart will be used.

5. In double-verb constructions (see *Lección* 3) or in constructions with **ir a** + *infinitive,* the direct-object pronoun may be attached to the infinitive or may precede the conjugated verb. Both structures are common.

Puedes sacarlas desde aquí.
Las puedes sacar desde aquí. — *You can take them (the photos) from here.*

¿Vamos a saludarla?
¿La vamos a saludar? — *Shall we go greet her?*

D. Diga que Ud. comprende estas cosas o a estas personas perfectamente. Use la forma correcta de los pronombres de objeto directo.

▶ ¿Comprendes al señor Llano? *Sí, lo comprendo perfectamente.*

1. ¿Comprendes el español?
2. ¿Comprendes la lección?
3. ¿Comprendes a tus padres?
4. ¿Nos comprendes a nosotros?
5. ¿Comprendes a las muchachas?
6. ¿Comprendes las instrucciones?

E. Unos amigos de Ud. se mudan *(are moving)* a Venezuela y venden estas cosas por los precios indicados. Diga si Ud. va a comprarlas o no.

▶ el tocadiscos ($50) *Sí, lo compro.*
No, no lo compro.

1. la cámara fotográfica ($200)
2. el televisor a colores ($80)
3. la computadora japonesa ($1.200)
4. los discos nuevos ($7 cada uno)
5. la motocicleta roja ($890)
6. la bicicleta amarilla ($20)
7. la calculadora norteamericana ($14)

F. Diga que piensa o que no piensa hacer las siguientes actividades esta noche.

▶ leer estas revistas *Sí, pienso leerlas esta noche.*
No, no pienso leerlas esta noche.

1. escribir unas cartas
2. mirar la televisión
3. visitar a tus padres
4. esperar a los amigos
5. escuchar las noticias
6. tocar el piano

G. Álvaro y Nina son novios. Haga el papel de Nina y conteste las preguntas de Álvaro en forma afirmativa o negativa.

▶ Álvaro: Nina, ¿me crees siempre? Nina: *Claro que te creo siempre.*
No, no te creo siempre.

1. Nina, ¿me invitas a tu casa hoy?
2. ¿Prefieres a otros chicos?
3. ¿Escuchas a otras personas?
4. Nina, ¿tú me admiras?
5. ¿Llevas a Roberto en tu coche hoy?
6. Nina, ¿tú me quieres mucho?

H. Complete las siguientes oraciones con frases lógicas. Use un pronombre de objeto directo.

1. —¿Ves esos veleros rojos? —Sí, ...
2. Ricardo siempre nos saluda a nosotras cuando . . . .

3. Las entradas son muy caras; por eso no . . . .
4. —Tengo un nuevo disco para el estéreo. —¿Puedo . . . ?
5. —¿Recuerdas a mi vecina Julia Romero? —No, ...
6. —Estas entradas son las últimas para el concierto. —¡Qué bien! Quiero . . . .
7. —¿Quién va a llevarnos a nosotros? —. . . .

III. Present tense of stem-changing verbs e > ie

1. In certain present-tense verb forms, the stem vowel changes from **e** to **ie** when it is stressed (that is, in all forms except the **nosotros-** and **vosotros**-forms). Note that the endings of stem-changing verbs are regular.

pensar	entender	preferir
p**ie**nso	ent**ie**ndo	pref**ie**ro
p**ie**nsas	ent**ie**ndes	pref**ie**res
p**ie**nsa	ent**ie**nde	pref**ie**re
pensamos	entendemos	preferimos
pensáis	entendéis	preferís
p**ie**nsan	ent**ie**nden	pref**ie**ren

—¿En qué **piensan** ustedes? *What are you thinking about?*
—**Pensamos** en las vacaciones. *We're thinking about vacation.*

—¿**Entienden** ustedes al señor? *Do you understand the man?*
—No, no lo **entendemos.** *No, we don't understand him.*

—¿**Preferís** esta revista? *Do you prefer this magazine?*
—No, **preferimos** ésa. *No, we prefer that one.*

2. Below is a list of common verbs that have a stem-vowel change **e > ie** in the present tense.

-ar	-er	-ir
cerrar to close	**encender** to turn on *(lights or equipment)*	**mentir** to lie
empezar to begin	**entender** to understand	**preferir** to prefer
negar to deny	**perder** to lose	**sugerir** to suggest
pensar to think; to intend	**querer** to want; to wish; to love	

3. The verb **empezar** takes **a** before an infinitive.

Empiezo **a** entenderte bien. *I'm beginning to understand you well.*
¿Quieres empezar **a** comer? *Do you want to start to eat?*

4. The verb **pensar** + **en** = *to think about;* **pensar** + **de** = *to have an opinion of;* **pensar** + *infinitive* = *to intend* + *infinitive.*

Pienso en el fin de semana.	*I'm thinking about the weekend.*
¿Qué **piensas de** ella?	*What do you think of her?*
Pienso ir al centro.	*I intend to go downtown.*

I. Un amigo dice que no hace estas cosas. Dígale *(Tell him)* que usted y otro/a amigo/a tampoco *(not . . . either)* las hacen.

▶ ¡No entiendo a Lucho! *¡Nosotros tampoco lo entendemos!*

1. ¡No niego el problema!
2. ¡No entiendo a los aficionados!
3. ¡No quiero esa situación!
4. ¡No prefiero el velero!
5. ¡No sugiero las preguntas!
6. ¡No miento a Pilar!

J. Diga cuál de las actividades mencionadas probablemente prefieren hacer las personas indicadas.

▶ los jóvenes: escuchar música clásica o música popular *Los jóvenes probablemente prefieren escuchar [música popular.]*

1. Elena: estudiar o salir con un amigo
2. nosotros: ir al centro a pie o en metro
3. yo: escuchar la radio o mirar la televisión
4. usted: leer un libro o leer el periódico
5. nosotras: esquiar o patinar
6. una muchacha de veinte años: ir a un baile o ir a un ballet
7. una persona que viaja mucho: cambiar dinero en un banco nacional o internacional
8. tú: jugar al tenis o jugar al fútbol

K. Conteste las siguientes preguntas, usando la forma apropiada de los verbos indicados.

▶ Yo **pienso** en las vacaciones. ¿y ustedes? *Nosotros también pensamos en las vacaciones.*

1. Nosotros **empezamos** a leer. ¿y ellos?
2. Paco **quiere** ir a las montañas. ¿y tú y tu novio/a?
3. Yo **sugiero** leer muchas revistas interesantes. ¿y tú?
4. Tina siempre **pierde** dinero. ¿y Ud.?
5. Nosotros **negamos** eso. ¿y ellas?
6. **Enciendo** el televisor. ¿y ella?
7. Esos niños **mienten.** ¿y ese niño?

L. Haga ocho oraciones lógicas con las siguientes palabras y expresiones. No use los verbos más de una vez.

nosotros	mentir	las puertas y las ventanas
tú y tu amiga	cerrar	los veleros blancos
ustedes	negar	buscar los discos
ellas	encender	todos los juegos de baloncesto
yo	pensar	mucho en (mi) familia
tú	perder	ir a la playa
él	sugerir	a (mis) hermanos
ella	querer	la luz del cuarto

IV. Present tense of stem-changing verbs **o > ue**

1. Certain verbs change the stem vowel **o** to **ue** in the present tense when the stem vowel is stressed. The endings remain regular.

almorzar	**volver**	**dormir**
alm**ue**rzo	v**ue**lvo	d**ue**rmo
alm**ue**rzas	v**ue**lves	d**ue**rmes
alm**ue**rza	v**ue**lve	d**ue**rme
almorzamos	volvemos	dormimos
almorzáis	volvéis	dormís
alm**ue**rzan	v**ue**lven	d**ue**rmen

—¿**Almuerzas** al mediodía? *Do you have lunch at noon?*
—No, **almuerzo** a la una y media. *No, I have lunch at 1:30 P.M.*

—¿**Volvéis** a la oficina pronto? *Are you returning soon to the office?*
—Sí, **volvemos** en cinco minutos. *Yes, we are returning in five minutes.*

—¿**Duermes** bien en tu cuarto? *Do you sleep well in your room?*
—No **duermo** bien porque mi vecino hace mucho ruido. *I don't sleep well because my neighbor makes a lot of noise.*

2. Below is a list of common verbs that have a stem change **o > ue** in the present tense. Note that the verb **costar** is generally used in the third person singular and plural only: **cuesta, cuestan.** The verb **llover** generally occurs in the third person singular only: **llueve.**

-ar	**-er**	**-ir**
almorzar to have lunch	**llover** to rain	**dormir** to sleep
aprobar to approve	**poder** to be able, can	**morir** to die
contar to count; to tell	**volver** to return	
costar to cost		
encontrar to find; to meet		
mostrar to show		
recordar to remember		

3. In the present tense, the verb **jugar** changes the stem vowel **u** > **ue** in all forms except the **nosotros-** and **vosotros-**forms: j**ue**go, j**ue**gas, j**ue**ga, jugamos, jugáis, j**ue**gan.

M. Algunas personas tienen mala memoria. Diga quién no recuerda la información indicada.

▶ Pepe / mi apodo   *Pepe no recuerda mi apodo.*

1. yo / el nombre de ese campeón de tenis
2. mi hermanito / cuántos son dos y dos
3. mis amigas / qué día es hoy
4. tú / cuándo viene el próximo examen
5. ese joven / cómo se dice «weekend» en español
6. tú y ella / cuánto cuesta una motocicleta
7. nosotras / el color del velero número doce
8. ustedes / cómo sacar buenas fotografías

N. Diga que estas personas buscan los siguientes artículos, pero no los encuentran. Después explique por qué no los encuentran.

▶ Ana / filmadora   *Ana no encuentra una filmadora barata. Cuestan demasiado.*

1. nosotros / grabadoras
2. Raúl / estéreo
3. yo / raqueta de tenis
4. mis hermanas / entradas
5. tú / esquís
6. tú y Mario / vuelos
7. el empleado / dinero
8. tu tío y tu primo / metro

O. Complete las siguientes oraciones con frases lógicas, usando el infinitivo o el tiempo presente del verbo indicado.

▶ Luis **puede** hablar francés; yo . . .   *puedo hablar [inglés y un poco de español].*

1. Yo **duermo** muy bien; Pepe . . .
2. Pablo **cuenta** historias absurdas; nosotros . . .
3. **Llueve** mucho en Puerto Rico; creo que también . . .
4. Hoy **vuelvo** a la playa con Carlos; mañana nosotros también . . .
5. Yo **apruebo** tu decisión, pero tu papá no . . .
6. **Muestro** mis dibujos a Clara; no quiero . . .
7. Yo no **almuerzo** en casa; prefiero . . .
8. Este bote **cuesta** cien pesos; esos botes . . .
9. Nosotros **jugamos** al tenis, pero ellas . . .

P. Conteste las preguntas siguientes con la forma apropiada del verbo. Note que los verbos pueden tener cambios en la raíz *(stem)* de **e > ie** y de **o > ue.**

1. ¿Duerme usted bien o mal generalmente?
2. ¿Vuelven sus amigos a casa o al dormitorio después de las clases?
3. ¿Pierde su novio/a muchas cosas?
4. ¿Miente usted a veces para no ofender a alguna persona?
5. ¿Usted y su familia prefieren viajar en coche, en autobús o en tren?

¿Comprende usted?

Lea el artículo del periódico *La Prensa* de Buenos Aires. Note los datos *(facts)* más importantes y después haga los ejercicios.

Regata en Punta del Este

Luis A. Medús, corresponsal

BUENOS AIRES—Este domingo, 2 de febrero, se celebra la regata anual a beneficio del Hospital del Niño de Montevideo. Numerosos deportistas y aficionados del país se trasladan al país vecino para participar en la regata y sólo piensan en el triunfo propio o del favorito que acompañan a la regata.

La Prensa tiene proyectado para el lunes un número extraordinario con los detalles de esta regata, que es uno de los eventos deportivos más importantes del año.

Las autoridades uruguayas estiman un incremento de un 20% sobre el número de espectadores del año pasado, y varias aerolíneas anuncian vuelos extraordinarios para aliviar la demanda en el transporte.

Como siempre, los entusiastas de la regata no viajan solamente para presenciar el famoso evento: los restaurantes, las discotecas y todos los establecimientos comerciales van a recibir el beneficio directo del entusiasmo que inspira la regata. Algunos de ellos ofrecen entradas gratis al Club Náutico, o a precios reducidos, para los clientes afortunados. Los nombres de estos establecimientos comerciales aparecen en nuestras ediciones de hoy y de mañana.

A. Sin mirar la lectura, indique si las siguientes declaraciones son verdaderas o falsas, según el contexto de la lectura. Después verifique sus respuestas en la lectura.

1. El Hospital del Niño de Montevideo participa en la regata.
2. La regata es el domingo, 2 de febrero, en Buenos Aires.
3. La regata es en Uruguay.

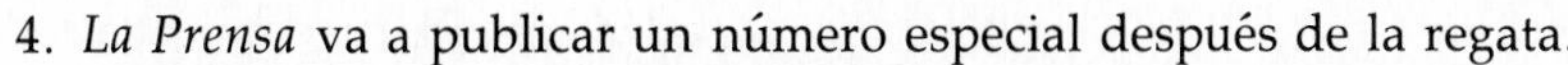

4. *La Prensa* va a publicar un número especial después de la regata.
5. Este año van a ir a la regata más espectadores que el año pasado.
6. La gente va exclusivamente para presenciar la regata.
7. Todas las entradas al Club Náutico son gratis.
8. La regata beneficia a los comerciantes de Montevideo.
9. *La Prensa* participa en la promoción de la regata.

B. Escoja la definición de la segunda columna que mejor describe cada palabra de la primera columna, según el significado que tiene en la lectura.

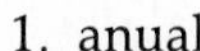

1. anual	a. nación cercana
2. triunfo	b. cantidad de dinero que se paga por un producto
3. proyectado	c. de todos los años
4. incremento	d. planeado, contemplado
5. aliviar	e. éxito
6. país vecino	f. especial
7. establecimiento comercial	g. aumento
8. precio	h. acompañar
9. extraordinario	i. lugar que vende artículos
	j. disminuir, reducir

Lección 9
En Chile

Una investigación sociológica

Patricia Torres es estudiante de sociología de la Universidad Nacional de Santiago. Este semestre tiene un proyecto interesante de investigación con otros estudiantes. Con ellos trata de averiguar el nivel de vida de la clase media de uno de los barrios de la capital de Chile. Los estudiantes preparan un cuestionario y luego salen a entrevistar a los habitantes del barrio.

Las respuestas al cuestionario dan a conocer información interesante sobre las condiciones de vida de la gente de ese barrio. Por ejemplo, entre los habitantes entrevistados, algunas familias no tienen ni teléfono, ni lavadora, ni estéreo. Todas tienen televisor, radio y nevera, pero ninguna familia tiene más de dos automóviles. La mayoría de las madres de familia son amas de casa. Algunas madres trabajan como empleadas u obreras; solamente el dos por ciento de ellas siguen profesiones. Todos los entrevistados necesitan más ayuda económica del gobierno.

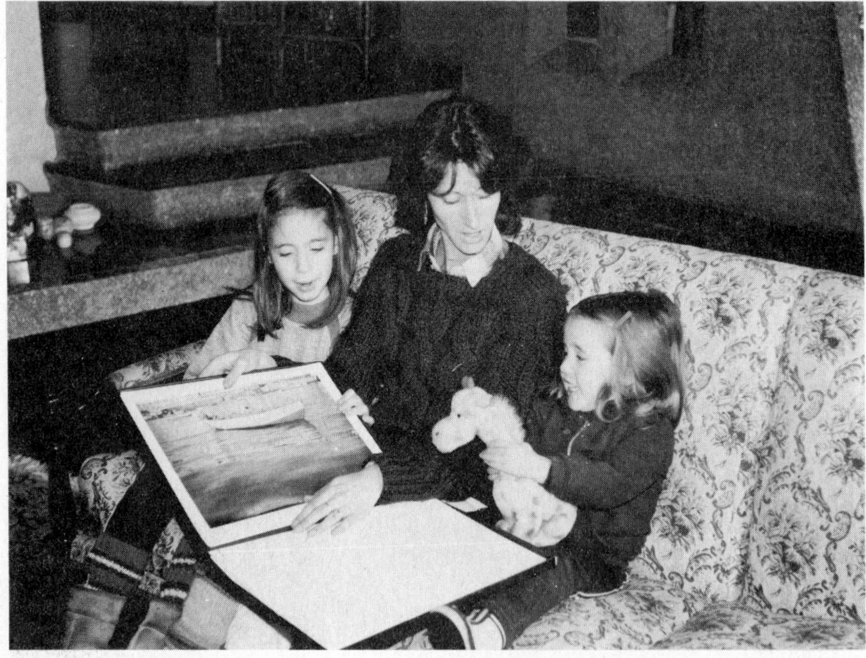

La educación de sus hijas es una parte importante de las responsabilidades de esta ama de casa chilena.

Cuestionario

1. ¿Cuántas personas en total viven en la casa?	una ____ dos ____ tres ____ más de tres ____
2. ¿Quién trabaja en la familia?	el padre ____ la madre ____ los hijos ____ las hijas ____
3. ¿En qué categoría trabaja el padre?	empleado ____ obrero ____ en casa ____ profesional ____
4. ¿En qué categoría trabaja la madre?	empleada ____ obrera ____ en casa ____ profesional ____
5. ¿Hay estudiantes en casa?	sí ____ no ____ ¿cuántos? ____
6. ¿Dónde estudian los hijos?	en una escuela pública ____ en la universidad ____ en un colegio particular ____ en un instituto técnico ____

7. ¿Tienen ustedes	*sí*	*no*
teléfono?	____	____
radio	____	____
televisor	____	____
nevera	____	____
estéreo	____	____
lavadora	____	____
lavaplatos	____	____
acondicionador de aire	____	____
secadora de ropa	____	____

8. ¿Tienen ustedes automóvil en la familia?	no ____ uno ____ dos ____ más de dos ____
9. ¿Usan el transporte público?	siempre ____ nunca ____ raras veces ____
10. Para vivir bien, ¿necesitan ustedes más ayuda económica del gobierno?	no ____ sí, un poco ____ sí, mucha ayuda ____

Comprensión

1. ¿Quién es Patricia Torres?
2. ¿En qué proyecto participa?
3. ¿Qué clase de documento preparan los estudiantes?
4. ¿A quiénes entrevistan?
5. ¿Qué tipo de información dan a conocer las respuestas de los cuestionarios?

Conversación

1. ¿Estudia Ud. sociología u otra disciplina en las ciencias sociales? ¿cuál/es?
2. ¿Para qué cursos tiene Ud. que hacer proyectos? ¿Cómo son sus proyectos: interesantes, monótonos, creativos?
3. ¿Qué aparatos eléctricos tienen usted o su familia? ¿Tiene teléfono?
4. ¿Tiene automóvil su familia? ¿ninguno? ¿uno? ¿dos? ¿más de dos? ¿De qué marca/s es/son?
5. ¿Hay transporte público en su ciudad o pueblo? ¿Usa el transporte público? ¿raras veces? ¿frecuentemente? ¿nunca?
6. En su opinión, ¿qué aparatos eléctricos son esenciales y qué aparatos son superfluos?

Variaciones

1. No tengo **ni radio ni televisor.**
   ni nevera ni lavadora
   ni coche ni bicicleta
   ni tocadiscos ni estéreo
2. Las madres **siguen profesiones.**
   piden información
   consiguen ayuda
   repiten errores
3. ¿De qué marca es **tu lavaplatos?**
   ese televisor a colores
   este estéreo
   aquella secadora

Vocabulario

Palabras análogas

la categoría
la condición
creativo, -a
el cuestionario
el documento
eléctrico, -a
esencial
la información
el instituto
monótono, -a
la persona
el proyecto
público, -a
el/la radio
el/la representante
el semestre
sociológico, -a
superfluo, -a
técnico, -a
el teléfono

Sustantivos

el acondicionador de aire air conditioner
el ama de casa housewife *(f)*
la ayuda help
el barrio neighborhood
la clase kind
la disciplina subject; discipline
el empleo work, job
el/la entrevistado/a the person interviewed
la escuela school
la gente people
el gobierno government
el/la habitante inhabitant
la investigación survey, research, investigation
la lavadora washing machine
el lavaplatos dishwasher
la marca brand
la mayoría majority
la nevera refrigerator (with freezer section)
el/la obrero/a (blue collar) worker
la respuesta answer
la secadora de ropa clothes dryer

Adjetivos
entrevistado, -a interviewed
ningún/ninguno, -a no, not any
particular private

Verbos
averiguar to find out; to verify
conseguir (i) to get, obtain
dar *(irreg.)* to give
elegir (i) to elect
entrevistar to interview
pedir (i) to ask for
repetir (i) to repeat
seguir (i) to follow
tratar (de) to try to

Otras palabras y expresiones
la clase media middle class
dar a conocer to show, make clear, reveal
en total in total, in all
frecuentemente frequently
luego then
más de (tres) more than (three)
ni . . . ni neither . . . nor
el nivel de vida standard of living
nunca never
por ciento percent
raras veces rarely
solamente only
todos/as everybody
el transporte público public transportation
u (= o before **o** or **ho)** or

Práctica

A. Imagine que Ud. trabaja para el censo *(census),* y tiene que ir de casa en casa para obtener información de la gente que vive en un barrio. Haga una investigación entre varios compañeros de clase que fingen *(pretend)* ser de familias hispánicas de la clase media. Use las preguntas del cuestionario de la página 157.

B. Informe a la clase sobre los resultados de la investigación. Ponga en la pizarra las estadísticas de las preguntas de 1 a 7.

Nota cultural La familia en la sociedad hispánica

In Spanish-speaking countries, **la familia** generally refers to the extended family which includes not only mother, father, and children, but also many close and distant relatives **(los parientes).** Traditionally, the family unit has been an important institution in Hispanic society. All family members feel a particular bond for each other and a strong sense of loyalty to the family.

The Hispanic family is currently undergoing many changes, due primarily to industrialization. Young people from small towns and rural areas are moving to the cities in search of better-paying jobs, leaving behind parents and relatives. In large urban areas the nuclear family is becoming increasingly more prevalent; and, in some instances, both husband and wife

Una familia hispánica celebra una ocasión especial: la Primera Comunión de uno de los niños.

hold jobs. These changes are creating many conflicts in a culture where traditionally the male has had the leading role as financial provider, and where individual members have depended upon and benefited from the support of large family units.

Pronunciación y ortografía

Los sonidos [d] y [đ]

1. The sounds [d] and [đ] are both spelled **d,** but they are pronounced differently. The stop sound [d] is pronounced with the tip of the tongue pressed flat against the back of the upper teeth, not against the gum ridge as in English. It occurs after a pause and after **n** and **l.**

don	acon**d**icionador	**D**on Martín **d**esea ir con **D**olores.
del	con**d**ición	**D**oña Luisa va al **d**entista.
dos	til**d**e	Fernan**d**o habla con **d**on **D**iego.

2. The fricative sound [đ] is pronounced much like the *th* in *mother,* but more relaxed, with the tip of the tongue protruding slightly between the teeth and barely touching them. It occurs after a vowel, at the end of a word, and after a consonant other than **n** or **l.** In some regions, final **d** and the **d** of words ending in **-ado** (with a stressed **a**) disappear in speech.

to**d**o	Ma**d**ri**d**	los Esta**d**os Uni**d**os	cansa**d**o
vi**d**a	uste**d**	que**d**an tres entra**d**as	pasa**d**o
rápi**d**o	ciu**d**a**d**	Ricar**d**o está en Ma**d**ri**d**.	la**d**o

A. Escuche a su profesor/a y repita estas palabras. Todas tienen el sonido [d] o [đ].

buenos **d**ías	**d**e na**d**a	el sába**d**o	la emplea**d**a	el pa**d**re
buenas tar**d**es	es gran**d**e	el **d**omingo	la lava**d**ora	la ma**d**re

B. Lea en voz alta las siguientes oraciones.

1. Buenos días, doña Matilde.
2. ¿Estudia usted medicina, Daniel?
3. ¿Dónde está el estadio?
4. Diego vive en Madrid.
5. Voy a pedir una lavadora de la tienda.

Refranes

1. **Poderoso caballero es don Dinero.** Money talks.
2. **Peso ahorrado, peso ganado.** A penny saved is a penny earned.
3. **Quien mucho duerme poco aprende.** He who sleeps a lot learns little.

Estudio de palabras

I. Otros miembros de la familia

el abuelo grandfather
la abuela grandmother
los abuelos grandparents
el esposo (marido) husband
la esposa wife
el sobrino nephew
la sobrina niece
el tío uncle
la tía aunt
el primo male cousin
la prima female cousin
el nieto grandson
la nieta granddaughter
los nietos grandchildren
el suegro father-in-law
la suegra mother-in-law
el cuñado brother-in-law
la cuñada sister-in-law
el yerno son-in-law
la nuera daughter-in-law
el padrino godfather
la madrina godmother

Otras expresiones relacionadas

estar casado/a to be married
estar divorciado/a to be divorced
el matrimonio married couple, matrimony
el pariente relative
el soltero bachelor
la soltera single woman
vivir juntos to live together

1. Masculine plural nouns (like **los primos** and **los cuñados**) can refer to all-male groups, or to a mixed group of males and females. Context will help make the meaning clear.

Mario tiene tres **nietos:** Marta, Josefa y Enrique.	*Mario has three grandchildren: Marta, Josefa, and Enrique.*
Mis cuatro **abuelos** viven en Buenos Aires.	*My four grandparents live in Buenos Aires.*

2. **Los parientes** means *relatives* (not *parents*). The Spanish word for *parents* is **padres.**
3. The terms **padrino** and **madrina** refer to *godparents* at a baptism or confirmation, or to *witnesses* at a wedding.

A. Conteste las siguientes preguntas sobre su familia verdadera o una familia imaginaria.

1. ¿Cuántos tíos tiene usted? ¿cuántas tías? ¿Dónde viven?
2. ¿Tiene usted sobrinos o sobrinas? ¿Viven cerca o lejos de usted?
3. ¿Cuántos años tiene su abuelo? ¿su abuela? ¿Viven todavía todos los abuelos?
4. ¿Tiene usted un hermano o una hermana que está casado/a? ¿divorciado/a?
5. ¿Cuál es el nombre y cuáles son los apellidos de su abuelo o tío? ¿de su abuela o tía?
6. ¿Cuántas personas hay en su familia? ¿Cuántos parientes tiene en total?

B. Complete las siguientes oraciones con palabras apropiadas.

1. El padre de mi padre es mi ____ .
2. Mi ____ Ramón es el hermano de mi madre.
3. Los hijos de mis padres son mis ____ .
4. Mis ____ son los padres de mis padres.
5. Mis ____ Paco y Rosita son los hijos de mi tía Mercedes.
6. La hermana de mi papá es mi ____ .
7. La hermana de mi esposa es mi ____ .
8. Mis ____ son los padres de mi marido.

II. Los números de 200 y más

Numbers beyond 200 are quite easy to learn, for they are based on the cardinal numbers you already know. In writing numbers 1,000 and above, a period is used in Spanish (1.000) where a comma is used in English.

200 = doscientos, -as
300 = trescientos, -as
400 = cuatrocientos, -as
500 = quinientos, -as
600 = seiscientos, -as
700 = setecientos, -as
800 = ochocientos, -as
900 = novecientos, -as

1.000 = mil
2.000 = dos mil
2.050 = dos mil cincuenta
10.000 = diez mil
100.000 = cien mil
1.000.000 = un millón
6.000.000 = seis millones
10.000.000 = diez millones

1. Plural hundreds show gender and number agreement.

trescientos lápices	**setecientas** fotos
cuatrocientos hombres	**novecientas** mujeres

2. **Mil** does not change in the plural when preceded by a cardinal number. In the plural, **miles** is followed by **de** + noun.

dos **mil** hombres	*2,000 men*
dos **mil** mujeres	*2,000 women*
miles de hombres	*thousands of men*
miles de mujeres	*thousands of women*

3. **Millón (millones)** requires a **de**-phrase to quantify other nouns when no other number follows.

un millón de dólares	*$1,000,000*
dos millones de dólares	*$2,000,000*
un millón doscientos mil habitantes	*1,200,000 inhabitants*

C. Diga y luego escriba las siguientes combinaciones en español.

▶ 200 male workers *doscientos obreros*

1. 500 magazines
2. 1,000 places
3. 1 million questions
4. 700 chairs
5. 3,000 students
6. 900 banks
7. 100,000 years
8. 3,400,000 dollars

D. Pregúntele a otra persona de la clase el precio de los artículos siguientes.

▶ bicicleta ($200) S1: *¿Cuánto cuesta esa bicicleta?*
S2: *Cuesta doscientos dólares.*

1. coche ($13.900)
2. motocicleta ($5.400)
3. computadora ($2.560)
4. grabadora ($375)
5. televisor a colores ($694)
6. estéreo ($1.745)
7. máquina de escribir ($530)
8. velero ($3.200)

E. Conteste las preguntas siguientes. Calcule el número aproximado si no lo sabe.

1. ¿Cuántos estudiantes hay en esta universidad?
2. ¿Cuánto cuesta la matrícula en esta universidad?
3. ¿Cuánto paga usted por mes por su apartamento?
4. Si usted desea viajar a México, ¿cuánto dinero necesita más o menos?
5. Si usted desea comprar una casa, ¿cuántos dólares necesita?
6. ¿Cuántos habitantes tiene su ciudad (pueblo)? ¿y los EEUU?
7. ¿Cuántos hispanohablantes más o menos viven en los EEUU?
8. Si un dólar vale 120 pesos, ¿cuántos pesos son $250?

Estructuras útiles

I. Affirmative and negative counterparts

*Yo **siempre** viajo en avión.*

*Yo **nunca** viajo en avión.*

1. The chart below shows common affirmative and negative expressions in Spanish and their English equivalents.

sí	yes	**no**	no
algo/todo	something/everything	**nada**	nothing (at all)
alguien	someone, somebody	**nadie**	nobody, no one
alguno, -s, alguna, -s	some *(pronoun)*	**ninguno, -s ninguna, -s**	none *(pronoun)*
algún, ~~alguno~~, -a, algunos, -as	some *(adjective)*	**ningún, ~~ninguno~~, -a, ningunos, -as**	(not) any *(adjective)*
también	also	**tampoco**	neither, not . . . either
o . . . o	either . . . or	**ni . . . ni**	neither . . . nor
siempre/alguna vez	always/sometimes, on occasion	**nunca/jamás**	never, not . . . ever

2. The negative expressions **nada, nadie, nunca,** and **jamás** may precede or follow the verb. When they follow the verb, **no** must precede the verb. In general, the use of the negative expressions **nada, nadie, nunca,** and **jamás** before the verb is more emphatic.

Nadie me comprende. **No** me comprende **nadie.**	*Nobody (No one) understands me.*
Nunca (Jamás) voy al cine. **No** voy **nunca (jamás)** al cine.	*I never go to the movies.*

3. **Alguno** and **ninguno** may be used as pronouns or as adjectives. When used as adjectives, **alguno** becomes **algún,** and **ninguno** becomes **ningún** before a masculine singular noun. The adjective **ninguno** is seldom used in the plural.

Algunos estudiantes trabajan, pero **ninguno** trabaja en una profesión técnica.	*Some students work, but not one (of them) works in a technical profession.*
Vamos a ir a México **algún** día.	*We are going to Mexico some day.*
Algunas (de ellas) tienen dos automóviles.	*Some (of them) have two cars.*
Ningún pariente (nuestro) vive con nosotros.	*No relative (of ours) lives with us.*

4. The expressions **o . . . o** and **ni . . . ni** normally require a plural form of the verb, in contrast to English usage.

O tú **o** ella **deben** ir a la fiesta.	*Either you or she must go to the party.*
Ni su tío **ni** su tía **están** en casa.	*Neither your uncle nor your aunt is at home.*

5. Note the use of **tampoco** in the following expressions.

—Jorge no va al museo. —(Ni) yo **tampoco.**	*Jorge isn't going to the museum.* *Neither am I. (I'm not going either.)*
—A mí no me gusta bailar. —A mí **tampoco.**	*I don't like to dance.* *Neither do I. (I don't either.)*

A. Diga que usted no tiene ninguno de los artículos siguientes.

▶ lápices *No tengo ningún lápiz.*

1. plumas	4. entradas	7. cassettes
2. revistas	5. motocicletas	8. televisores
3. mapas	6. coches	9. computadoras personales

B. Ponga la expresión negativa después del verbo.

▶ Nadie me comprende. *No me comprende nadie.*
▶ Ninguno de ellos trabaja. *No trabaja ninguno de ellos.*

1. Ningún estudiante me saluda.
2. Nunca escucho música clásica.
3. Jamás compramos discos.
4. Tampoco voy al teatro.
5. Nada pasa en esta ciudad.
6. Nadie tiene estéreo.

C. Usted está muy pesimista hoy y contradice a todos sus amigos. Empiece *(Begin)* cada respuesta con la expresión **¡Qué va!** *(Nonsense!)*

▶ En la vida todo es bueno. *¡Qué va! ¡En la vida nada es bueno!*

1. Todo es fácil en esta clase.
2. Alguien quiere ser tu amigo.
3. Tú siempre aprendes tus lecciones muy bien.
4. O tú o tu hermano pueden pasar las vacaciones en México.
5. La novia de Pablo también va a la fiesta.
6. Algún amigo te comprende.
7. Hay algo aquí para ti.

D. Exprese en español.

1. —He never works.
   —I don't work either!
2. —He never drinks wine.
   —I don't drink wine either!
3. —Nobody loves him.
   —That's not true. Somebody loves him.
4. —There's nothing in my refrigerator.
   —There's nothing in our refrigerator either!
5. —There isn't any park or museum in that town.
   —There is either a park or a museum in every town!

II. Present tense of stem-changing verbs **e > i**

1. Some **-ir** verbs have a stem-vowel change from **e** to **i** in the present tense when the stem vowel is stressed. The endings are regular.

pedir	**conseguir**	**reír**
pido	consigo	río
pides	consigues	ríes
pide	consigue	ríe
pedimos	conseguimos	reímos
pedís	conseguís	reís
piden	consiguen	ríen

Nunca **consigo** entradas baratas. — *I never (can) get cheap tickets.*
Oscar **ríe** mucho en la clase. — *Oscar laughs a lot in class.*
¿A quién **pides** consejo? ¿a tu padre? — *Who(m) do you ask advice from, your father?*

2. The following are common **-ir** verbs that have a stem vowel change from **e** to **i** in the present tense.

conseguir to get, obtain
despedir to say good-by
elegir to elect; to choose
pedir to ask (for); to request
reír to laugh
repetir to repeat
seguir to follow
servir to serve
sonreír to smile

3. **Elegir, seguir,** and **conseguir** have a spelling change in the **yo**-form of the present tense to preserve the regular pronunciation of the stem.

conseguir: (gu > g before **o)** consi**g**o, consi**gu**es, . . .
seguir: (gu > g before **o)** si**g**o, si**gu**es, . . .
eligir: (g > j before **o)** eli**j**o, eli**g**es, . . .

4. **Reír** and **sonreír** have an accent on the **í** in every form of the present tense. The two vowels are pronounced as separate syllables.

E. Diga que estas personas piden mucho pero no consiguen nada.

▶ yo *Pido mucho, pero no consigo nada.*

1. nosotros
2. tú
3. tú y tu hermana
4. mis padres
5. Ángel
6. María y Pedro
7. todos ellos
8. todos nosotros

F. Complete las oraciones lógicamente.

▶ Ángel consigue muchas cosas, pero yo . . . *no consigo nada.*

1. Yo río mucho, pero mi hermano . . . .
2. Carlos despide a su abuelo, y nosotros . . . .
3. Si tú pides un empleo en la biblioteca, yo . . . .
4. Ustedes sirven té en las recepciones; nosotras . . . .
5. Ellos no consiguen hablar con el director, pero yo siempre . . . .
6. En Puerto Rico eligen a un gobernador cada cuatro años; en este estado también . . . .
7. Cuando estamos juntos nosotros sonreímos mucho, pero tú y tu amigo . . . .
8. Yo repito la poesía para aprenderla, pero pocas personas . . . .

G. Haga seis oraciones lógicas, escogiendo palabras de las tres columnas. No use los verbos más de una vez.

tú	reír	nada
todos	conseguir	cosas exquisitas
mis amigos	servir	a un director
nadie	despedir	favores
alguno de ellos	seguir	en esa película
nosotros	elegir	a mi hermana
pocas personas	repetir	todo

III. Present tense of **conocer, dar, saber,** and **traducir**

The following verbs are irregular in the **yo**-form of the present tense.

conocer	dar	saber	traducir
conozco	**doy**	**sé**	**traduzco**
conoces	das	sabes	traduces
conoce	da	sabe	traduce
conocemos	damos	sabemos	traducimos
conocéis	dais	sabéis	traducís
conocen	dan	saben	traducen

—**Traduzco** estas páginas para el nuevo profesor de química. ¿Lo conoces?
—No, no lo **conozco** todavía.

I'm translating these pages for the new chemistry professor. Do you know him?
No, I don't know him yet.

Cuando **doy** mi opinión en casa, siempre **sé** que mis padres me van a escuchar.

When I give my opinion at home, I always know my parents are going to listen to me.

H. Diga si usted y otras personas que Ud. conoce hacen lo siguiente. Use los pronombres de objeto directo cuando el contexto lo requiere *(requires).*

▶ conocer España — *Yo no conozco España. Mis padres y mis hermanos la conocen.*

1. dar conferencias
2. traducir del francés al inglés
3. saber usar la computadora
4. dar conciertos
5. conocer a alguien en Centroamérica
6. saber tres lenguas extranjeras

IV. **Saber** and **conocer** in contrast

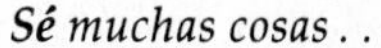

Sé muchas cosas . . .

¡pero no ***conozco*** *a muchas personas!*

1. **Saber** and **conocer** both mean *to know,* but they are associated with different types of knowledge and therefore cannot be used interchangeably. Remember that the **yo**-forms **sé** and **conozco** are irregular in the present tense.

—¿**Sabes** esquiar? —No, no **sé** esquiar.	*Do you know how to ski?* *No, I don't know how to ski.*
—¿**Conoces** a mi novia? —No, no la **conozco.**	*Do you know my fiancée?* *No, I don't know her.*

2. **Saber** is used to refer to knowledge of factual information (names, numbers, directions). This information is of the type that can be *imparted to someone else.*

Pilar **sabe** el nombre del artista.	*Pilar knows the artist's name.*
No **sé** tu número de teléfono.	*I don't know your telephone number.*
¿**Sabes** quién es el presidente de México?	*Do you know who is the president of Mexico?*

3. **Saber** + *infinitive* refers to knowledge in the sense of *knowing how to do something.*

Joaquín **sabe tocar** el piano.	*Joaquín knows how to play the piano.*
Yo **sé escribir** a máquina.	*I know how to type.*
Ustedes no **saben nadar,** ¿verdad?	*You don't know how to swim, do you?*

4. **Conocer** refers to knowledge in the sense of *knowing a person, a place, a thing,* or some other subject of knowledge that is acquired firsthand.

Note that personal **a** is sometimes used before the name of a city or country.

¡Es increíble! ¿Tú **conoces** bien a Luisa, pero no sabes dónde vive?	*That's incredible! You know Luisa well, but don't know where she lives?*
Conocemos (a) San Juan.	*We know San Juan (well).*
No **conozco** esa novela de Cervantes.	*I don't know that novel by Cervantes.*

I. Piense en personas que han viajado *(have travelled)* a otros países: su papá, sus primos, usted y su familia, unos tíos, sus abuelos, un/a amigo/a. Diga qué países conocen y si saben o no saben el idioma del país.

▶ *Mi papá conoce Francia y sabe (pero no sabe) francés.*

J. Pregúntele a otra persona de la clase si conoce algunos sitios o algunas personas y si sabe cierta información.

▶ ¿Conoces París? *Sí, lo conozco muy bien.*
▶ ¿Sabes hablar francés? *Sí, sé hablar francés.*

K. Exprese en español.

1. —Do you know Buenos Aires?
   —Yes, I know it very well.
2. —Does Milagros know Pilar?
   —No, she doesn't know her.
3. —Do you and your brother know how to swim?
   —Yes, but we don't know how to skate.
4. —Do you know the song «Cielito lindo»?
   —No, but I know «La cucaracha».
5. —Do you know where the train station is?
6. —Do you know today's date?

¿Comprende usted?

Patricia Torres habla con su familia sobre los problemas de su investigación sociológica. Hay diferentes actitudes entre los miembros de la familia. Uno de ellos no está contento con la participación de Patricia en el proyecto; otro es comprensivo y muestra interés en los problemas de Patricia; otro tiene una solución fácil. ¿Cómo son diferentes el padre y la madre de Patricia? Y Luisito, ¿cuántos años aproximadamente cree usted que tiene? Piense un poco y observe las palabras y expresiones que le ayudan a contestar las preguntas.

En casa de Patricia

Patricia: El proyecto es muy interesante, pero los problemas del investigador son tremendos.

Madre: ¡Claro! Seguramente piensan que eres empleada del gobierno y quieres poner más impuestos.

Patricia: Exactamente. Ése es el obstáculo más grande.

Padre: Seguramente tienes problemas de todas clases. No me gustan las benditas investigaciones sociológicas. ¿Por qué tienes que entrar en esas casas? Nunca sabes a quién vas a encontrar.

Patricia: No te preocupes, papá. La universidad lo tiene todo muy bien organizado, y yo nunca voy sola. Hoy voy a entrevistar a las familias del barrio con otros dos estudiantes que participan en el proyecto.

Luisito: Yo también voy a ser un gran investigador social, y si alguien causa problemas, saco la pistola y ¡pum! ¡pum!

Patricia: ¡Ay, ese niño me vuelve loca!

Madre: Ya está bien, Luis. ¡A comer y nada de pistolas!

A. Conteste las preguntas siguientes.

1. ¿Quién no está muy contento con la participación de Patricia en el proyecto?
2. ¿Quién muestra interés y comprende los problemas de Patricia?
3. ¿Está interesado en la conversación Luisito? ¿Qué solución tiene?
4. ¿Cuántos años aproximadamente cree usted que tiene Luisito?
5. ¿Patricia va a continuar a participar en la investigación?

B. Escoja entre las palabras de la lista siguiente las que mejor describen a las personas de la lectura.

preocupado	paciente	idealista
despreocupado	alegre	optimista
comprensivo	joven	pesimista
serio	impaciente	

▶ Patricia es . . . *seria, idealista y optimista.*

Documentos y gráfica 3

Buenos Aires, el París del Nuevo Mundo

Buenos Aires es la cosmopolita capital de Argentina. Por su interés en el arte y en la cultura es conocida como el París del hemisferio occidental.[1] En Buenos Aires viven casi[2] nueve millones de personas de origen principalmente europeo. Los porteños,[3] que es como se llama a los habitantes de Buenos Aires, están muy orgullosos[4] de su ciudad. Tiene parques, galerías de arte, museos, tiendas elegantes y anchas[5] avenidas, como la famosa Avenida 9 de Julio. Otros edificios[6] y monumentos importantes son la Catedral, el Teatro Colón y la Casa Rosada,[7] donde el presidente del país tiene sus oficinas.

Muchos artistas viven en el barrio de La Boca, donde se siente[8] la influencia italiana. La Boca está cerca del puerto, y allí hay casas multicolores de distintos y pintorescos estilos, muchas pequeñas tiendas donde se venden artículos de artesanía local y restaurantes donde se cocinan[9] platos nacionales e[10] internacionales.

---

1. western 2. almost 3. inhabitants of a city with a port **(puerto)** 4. proud 5. wide 6. buildings 7. **Casa** ... Pink House 8. **se** ... is felt 9. they cook 10. and

La Avenida 9 de Julio, arteria principal de Buenos Aires, muestra la tendencia europea en la arquitectura de la ciudad.

(Izquierda) Un obrero trabaja en una de las plantas hidroeléctricas de Paraguay. (Derecha) Vista de uno de los bonitos parques que abundan en la ciudad de Montevideo.

El pequeño país de Paraguay

Paraguay, un pequeño país de unos tres millones de habitantes, se encuentra[1] en el interior del continente. Tiene salida[2] al mar gracias a los ríos Paraná y Paraguay, que son navegables. Los habitantes de este país son principalmente descendientes de los indios guaraníes y de los españoles. La capital del país es Asunción, situada a orillas del Río Paraguay.

El gobierno de Paraguay desempeña[3] un papel muy importante en la economía del país. Participa directamente en la banca, en la producción eléctrica, el transporte, la industria y el planeamiento de la economía. Para la próxima década, Paraguay tiene el potencial de convertirse en uno de los mayores exportadores mundiales[4] de energía hidroeléctrica.

1. **se . . .** is located 2. outlet 3. plays 4. world

Montevideo, capital de Uruguay

Montevideo, donde vive la tercera parte de la población del país, está situada en el delta del Río de la Plata. Como Buenos Aires, Montevideo es una ciudad moderna y hermosa, con sombreadas[1] avenidas y hermosos edificios y parques. Naturalmente, es el centro económico y cultural del país. Miles de turistas visitan a Montevideo, atraídos[2] por las frescas[3] brisas del mar y por el ambiente[4] sofisticado, pero al mismo tiempo alegre y sin formalidades, de esta ciudad rioplatense.[5] Las grandes playas para tomar el sol[6] y nadar, y las hermosas colinas[7] para pasear, acampar[8] y montar en bicicleta son atractivos importantes de Montevideo. En Punta del Este los habitantes adinerados[9] de Uruguay y de Argentina tienen casas de recreo para los fines de semana y las vacaciones.

---

1. shaded 2. attracted 3. fresh, cool 4. atmosphere 5. on the Plata River 6. **tomar** . . . to sunbathe 7. hills 8. to camp 9. wealthy

El esquí en Chile

Chile es el centro de esquí del continente sur. Muchas de las zonas de esquí chilenas están en la frontera entre Chile y Argentina. Muchos aficionados de este deporte llegan a Chile de todos los países suramericanos. También llegan a Chile esquiadores norteamericanos y europeos, especialmente durante los meses de julio y agosto que son meses de invierno[1] en el continente sur.

Debido a[2] la presencia de montañas donde hay casi siempre nieve[3] y al fomento[4] del esquí por parte de los Clubes Andinos, del gobierno y de otras empresas,[5] Chile es un centro internacional de este saludable[6] deporte al aire libre.[7]

---

1. winter 2. Owing to 3. snow 4. support 5. firms 6. healthy 7. **al** . . . in the open air

Los aficionados al esquí encuentran lugares bonitos para practicar su deporte favorito en los Andes de Chile.

¿Sabía usted que . . . ?

El Río de la Plata no es un río. Es un estuario donde desembocan[1] los ríos Paraná-Paraguay y Uruguay.

Jorge Luis Borges (1899–) es un escritor contemporáneo argentino de fama internacional, célebre por sus narraciones filosóficas.

Mar del Plata es el balneario[2] argentino más popular y está al sur de Buenos Aires.

Valparaíso es el puerto principal de Chile. El nombre «Chile» viene de la expresión india «Chilli» que quiere decir «último rincón de la tierra».[3]

Pablo Neruda (1904–1973) es un famoso poeta chileno de este siglo.[4] Recibió el premio Nóbel de literatura en 1971.

Los guaraníes viven en partes de los actuales territorios de Brasil, Paraguay y Bolivia. En Paraguay la lengua oficial es el español, pero también se habla el guaraní.

---

1. flow into 2. bathing resort 3. **último . . .** last corner of the earth 4. century

¿Cuánto recuerda usted?

Complete las frases siguientes con una o dos palabras apropiadas.

1. Buenos Aires es una ciudad muy bella conocida como _____ del hemisferio occidental.
2. Viven más de _____ millones de personas en la capital de Argentina.
3. Los artistas de Buenos Aires viven en _____ , un barrio pintoresco cerca del puerto.
4. Los ríos _____ y _____ que pasan por Paraguay son navegables.
5. Los _____ son los indios que viven en Paraguay.
6. La energía _____ es un producto importante para la economía de Paraguay.
7. Montevideo está en el delta del _____ .
8. El famoso poeta chileno _____ recibió el premio Nóbel en 1971.
9. _____ viene de una palabra india y quiere decir «último rincón de la tierra».

Unidad 4

En Bolivia, Ecuador y Perú

Vista de Cuzco, centro del antiguo imperio inca.

Lección 10
En Bolivia

Una huelga inminente

Bolivia es un país pobre pero de considerables recursos minerales. Sus minas de estaño son de gran importancia económica y el país depende de su producción de estaño para obtener la mayor parte de sus ingresos.° Por eso las noticias sobre el precio del estaño y sobre la intranquilidad entre los mineros es de interés para todos los bolivianos. Hoy apareció en un periódico de La Paz este artículo sobre la situación laboral en las minas de estaño de Potosí.

ingresos: income

Trabajadores en una mina de estaño en Bolivia.

¡Huelga inminente de mineros!

Potosí, 8 de julio. En la tarde de ayer se celebró° una importante reunión entre los líderes del sindicato° de los mineros y el representante del gobierno, el Sr. Jorge Martínez Gutiérrez. Durante la reunión celebrada en la oficina del sindicato, los líderes obreros presentaron al delegado del gobierno una lista de demandas con las firmas de unos quinientos mineros. Los representantes discutieron las más importantes: un aumento de sueldo de no menos del diez por ciento, la reducción en las horas de trabajo y el mejoramiento inmediato de las condiciones de trabajo en todas las minas del país.

Los líderes sindicales transmitieron al representante gubernamental su preocupación por la falta de medidas° de seguridad en las minas. Exigen la inmediata adopción de medidas preventivas de accidentes desastrosos como el del pasado mes de marzo, donde murieron más de sesenta mineros. Los líderes obreros afirmaron «si el gobierno no accede° a nuestras demandas para fines de mes, vamos a declarar una huelga general con el objeto de paralizar la producción de estaño en todo el país.»

El Sr. Martínez mencionó varias posibles reformas que, según él, pueden ayudar a resolver los problemas. Los mineros, sin embargo, no quedaron satisfechos, y decidieron reunirse de nuevo el lunes próximo para continuar las negociaciones y evitar una huelga con grandes repercusiones para la economía boliviana.

was held

labor union

agree

measures

Comprensión

1. ¿De qué trata el artículo que apareció en el periódico de La Paz?
2. ¿Quiénes participaron en la reunión en la oficina del sindicato?
3. ¿Qué entregaron los líderes de los mineros al Sr. Martínez?
4. ¿Cuáles son los tres problemas principales de los mineros?
5. ¿Qué piensan hacer los mineros si el gobierno no accede a sus demandas para fines de mes?
6. ¿Qué mencionó el Sr. Martínez como posible solución a las dificultades?
7. ¿Por qué quieren los mineros otra reunión para el lunes próximo?

Conversación

1. ¿Qué tipo de minas hay en los Estados Unidos? ¿Hay minas de oro *(gold)*? ¿de plata *(silver)*? ¿de cobre *(copper)*? ¿En qué estado o en qué región están?
2. ¿Hay frecuentes huelgas en los Estados Unidos? ¿Qué tipo de cosas protestan las huelgas?

3. ¿Cómo es la vida de los estudiantes en general? ¿dura? ¿fácil? ¿compleja? ¿cómoda?
4. ¿Cuáles son algunos problemas de la vida estudiantil?
5. ¿Qué recomiendan ustedes para mejorar la vida estudiantil? Por ejemplo, ¿recomiendan ustedes una reducción en el número de clases?

Vocabulario

Palabras análogas

el accidente
la adopción
afirmar
el artículo
celebrado, -a
considerable
continuar
declarar
el delegado
la demanda
desastroso, -a
la dificultad
la economía
frecuente
general
la importancia
importante
inmediato, -a
inminente
la intranquilidad
laboral
el líder
la lista
mencionar
la mina
mineral
el minero
la negociación
obtener *(irreg.)*
la oficina
paralizar
la parte
la preocupación
preventivo, -a
el problema
la producción
protestar
recomendar (ie)
la reducción
la reforma
la región
la repercusión
resolver (ue)
la situación
transmitir

Sustantivos

el aumento increase
el estaño tin
la falta lack
la firma signature
la huelga strike
julio July
marzo March
el mejoramiento improvement
el mes month
la noticia news
el objeto purpose
el precio price
el recurso resource
la reunión meeting
la seguridad security
el sueldo salary
el trabajo work

Adjetivos

cómodo, -a comfortable
complejo, -a complex
duro, -a difficult, hard
estudiantil student
gubernamental government(al)
pasado, -a last
principal main
satisfecho, -a satisfied
sindical labor
varios, -as several

Verbos

aparecer (zc) to appear
ayudar to help
discutir to discuss
entregar to deliver; to hand over
evitar to avoid
exigir to demand
mejorar to better, improve
reunirse to get together

Otras palabras y expresiones

ayer yesterday
de nuevo again
¿de qué trata (el artículo)? what is (the article) about?
durante during
el fin de mes end of the month
la mayor parte de most of
para fines de mes by the end of the month
por ciento percent
sin embargo nevertheless

Práctica

Imagine que usted es un/a reportero/a de radio o televisión que está entrevistando a la gente que pasa por una calle en La Paz. Pregúnteles a varias personas cómo se llaman, cuál es su profesión, si creen que va a haber una huelga, qué piensan de la vida de los obreros, y si el gobierno va a mejorar las condiciones de vida de los trabajadores. Prepare por lo menos seis preguntas para la entrevista.

Nota cultural Lenguas indígenas

La mayoría[1] de la gente en los países de Hispanoamérica habla castellano, es decir,[2] español. Sin embargo, hay áreas pobladas de indios que hablan además su propio[3] idioma como, por ejemplo, el quechua en Perú, Ecuador y Bolivia, el náhuatl en México y el guaraní en Paraguay. Hay otras áreas pobladas de tribus indígenas que hablan solamente su propio idioma, como en las selvas del Amazonas o en los Andes.

1. majority 2. **es** . . . that is to say 3. **su** . . . their own

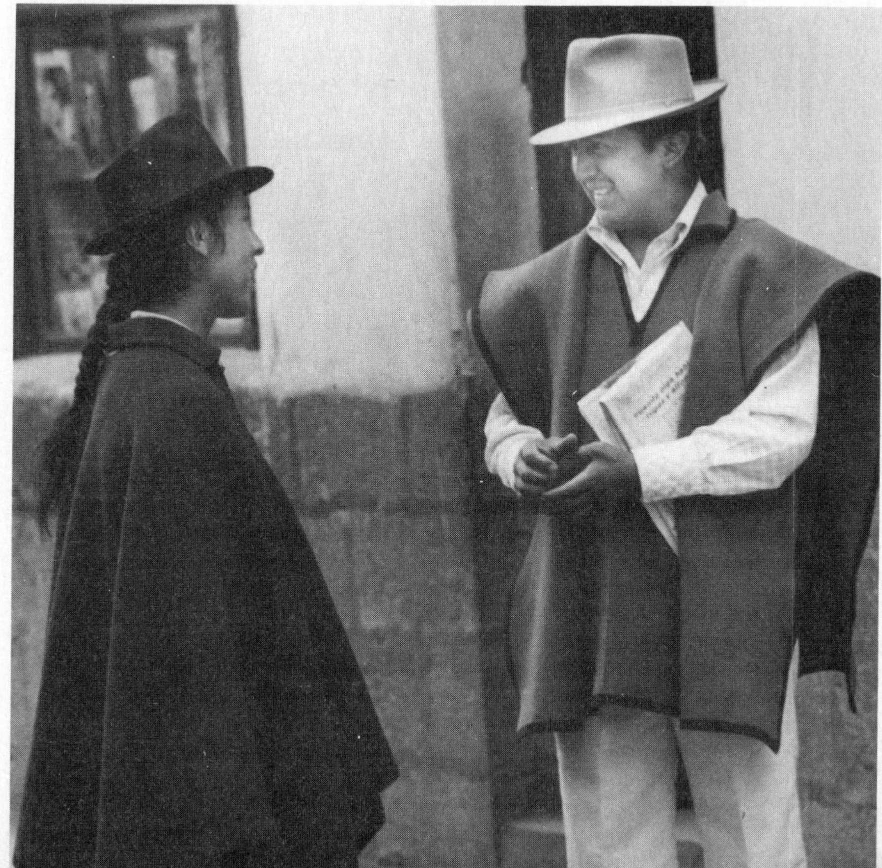

Estos indios quechuas de Ecuador probablemente hablan castellano además de quechua.

Algunos países tienen programas oficiales para establecer comunicación con los indios que ni hablan ni entienden el español. En algunos casos el gobierno facilita radios transistores y ofrece programas educativos por la radio. También ofrece alimentos y artículos de producción industrial.[4] Así el gobierno ayuda a integrar a los indios a la vida nacional del país. Sin embargo, esta intervención del gobierno puede traer malas consecuencias si se lleva a un extremo, pues podría[5] destruir la cultura del indio al hacerlo demasiado dependiente del sistema industrial moderno.

---

4. **artículos . . .** factory-made articles 5. could

Pronunciación y ortografía

Los sonidos [p], [t] y [k]

1. In English, the sounds [p], [t], and [k] are usually aspirated (that is, they are pronounced with a slight puff of air, like the [p] in the word *pot*). In Spanish, however, these sounds are not aspirated. The Spanish [p] is like the [p] in the word *spot,* which is not aspirated.

   Potosí **p**a**p**á **p**eligro re**p**resentante

2. The Spanish [t] is like the [t] in the word *stew* and not like the one in the word *two.* The sound is made with the tip of the tongue touching the back of the upper front teeth (not the gum ridge).

   trabajo **t**an**t**o **t**iempo par**t**icular

3. The Spanish [k] is also an unaspirated sound. It is spelled **c** before **a, o** and **u,** and **qu** before **e** and **i.**

   cultural **qu**e **c**ara**c**ol **qu**ien

Lea las siguientes oraciones en voz alta. Preste atención a la pronunciación de los sonidos [p], [t] y [k].

1. Los mineros presentaron las peticiones ayer por la tarde.
2. Vamos a discutir los problemas más ampliamente mañana.
3. ¿A qué hora comen aquí?
4. ¿Quién viene contigo a la cafetería?

Refrán

¡Qué bonita es la paciencia!
Mucho vale y poco cuesta.

All things come to he who waits.

Música, baile y teatro

Para la gente que se interesa en "las tablas" (el teatro) existen lugares como el Teatro Colón de Buenos Aires, donde se presentan obras, ballets, óperas, zarzuelas y presentaciones de música clásica, entre otras cosas. El talento nativo se organiza en compañías teatrales y musicales que presentan al público un repertorio de obras de gran calidad. (Interior del Teatro Colón, Buenos Aires, Argentina)

(Izquierda) El teatro se ha beneficiado mucho con la institución del gobierno democrático en España, que permite la presentación de obras de teatro en los idiomas regionales. Ahora el teatro florece más espontáneamente, sin restricciones sobre el idioma o el contenido. (Vestidor de teatro, Barcelona, España)

(Abajo izquierda) La música es importante para los hispanos, y las discotecas son un lugar popular de reunión para los que disfrutan del baile. Los jóvenes se divierten al ritmo de la música en su discoteca favorita. Como en otras partes del mundo, la música norteamericana tiene un gran impacto allí. (Buenos Aires, Argentina)

(Derecha) Un grupo folklórico muy conocido internacionalmente es el Ballet Folklórico de México. Este grupo de bailarines, vestidos en trajes multicolores, representa antiguas leyendas y bailes indios, y otras costumbres regionales acompañado por música popular mexicana. (Ballet Folklórico de México)

(Página opuesta, abajo derecha) El gobierno de muchos países hispánicos toma la iniciativa de desarrollar el talento artístico y musical de su juventud. Se ofrecen cursos de canto y baile, algunos patrocinados por fondos públicos, que preparan a los participantes sin que éstos abandonen sus estudios académicos. (Bailarina de ballet, México)

(Abajo) Es común ver a un conjunto musical tocando en una plaza hispánica. Ésta es una forma agradable de entretener a todo el pueblo. (Plaza de Armas, Guadalajara, México)

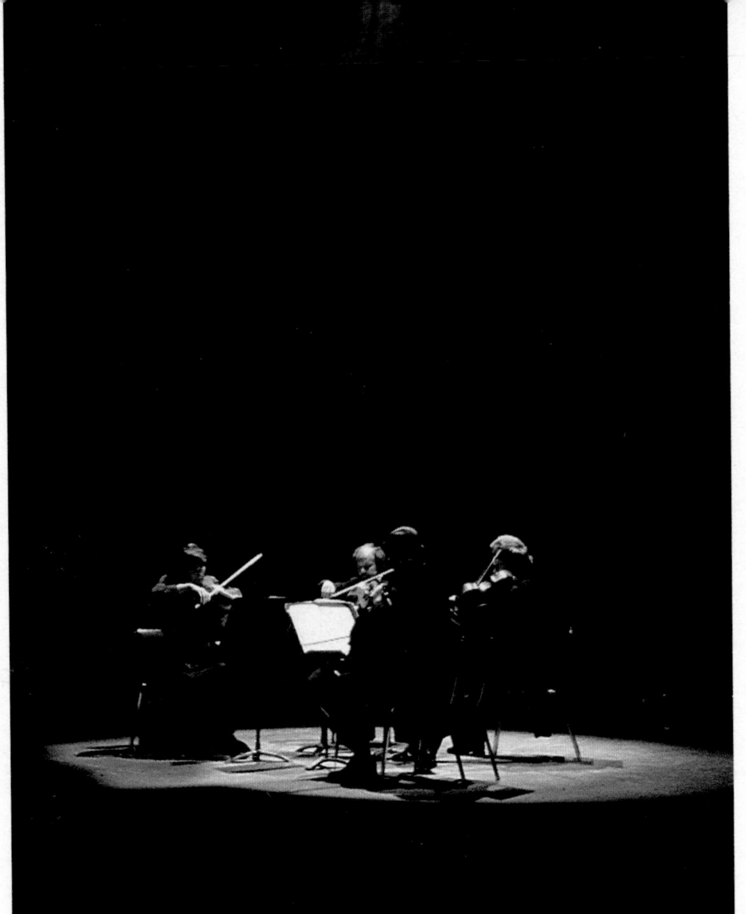

(Izquierda) Los hispanos han hecho grandes contribuciones a la música clásica a través de los tiempos. La fama de compositores españoles como Isaac Albéniz, Joaquín Turina y Manuel de Falla se ha extendido a muchos otros países. También en Hispanoamérica hay excelentes compositores de música clásica, tales como Domingo Santa Cruz en Chile, Carlos Chávez en México y Guillermo Uribe-Holguín en Colombia. (Conjunto de cuerda en el Teatro Degollado, Guadalajara, México)

(Abajo) La música indígena andina combina ritmos e instrumentos indígenas con los españoles. En los tiempos precolombinos, los indios de los Andes utilizaban diferentes clases de flautas e instrumentos de percusión, como la kena, el rondador y el bombo. Los españoles introdujeron los instrumentos de cuerda, que los indios adaptaron. Entre los instrumentos creados está el charango, que es hoy en día muy popular en los Andes. (Grupo musical andino, Perú)

Estudio de palabras

I. ¿Qué hora es?

Es mediodía.

Es la una.

Es la una y media.

Es la una menos cinco.

Es medianoche.

Son las dos.

Son las dos y cuarto.

Son las nueve menos diez.

1. In Spanish, two forms of the verb **ser** are used to express time. **Es** is used with singular expressions, such as **es la una, es mediodía,** and **es medianoche. Son** is used with plural expressions, as in **son las dos** and **son las cinco.**
2. The feminine definite articles **la** and **las** modify the unexpressed nouns **hora** or **horas.**

   Es **la** una (hora). Son **las** tres (horas) y quince.

3. Time between the full hour and the half hour is expressed by *adding* minutes to the hour.

   Son las **nueve y diez.** *It's 9:10.*

4. Time after the half hour is expressed by *subtracting* minutes from the next full hour.

   Son las **cinco menos veinte.** *It's 4:40.*

5. **¿A qué hora?** is used to ask at what time an event is going to occur. **A la (a las)** + *a number* is used in the reply.
6. Specific morning, afternoon, and evening hours (A.M./P.M.) are expressed with **de la mañana, de la tarde,** and **de la noche.**

   Los mineros trabajan a las siete **de la mañana.** *The miners work at 7 A.M.*

7. When no specific time is mentioned, the expressions **por la mañana (tarde, noche)** are used.

   Los mineros trabajan **por la mañana** y **por la tarde.** *The miners work in the morning and in the afternoon.*

8. Useful time expressions

una hora an hour
un minuto a minute
un segundo a second
en punto sharp, exactly
tarde late
temprano early
a tiempo on time
a eso de (las dos) at about (two o'clock)

el reloj watch, clock
el reloj corriente regular watch (clock)
el reloj digital digital watch (clock)
el reloj de pulsera wrist watch
el reloj de pared wall clock
estar atrasado (adelantado) to be running slow (fast)

A. Usted y varios amigos llegan a un balneario *(beach resort)* a distintas horas. Diga a qué hora llega cada persona.

► Miguel / 3:00 P.M. *Miguel llega a las tres de la tarde.*

1. Marta y Teresa / 11 A.M.
2. yo / 12:00 noon
3. Patricia / 2:15 A.M.
4. tu novia / 8:25 P.M.
5. Felipe y tú / 10:30 P.M.
6. Jaime / 9:40 A.M.
7. José y Antonio / 1:45 P.M.
8. Alicia y su hermano / 12:00 P.M.

B. Conteste las siguientes preguntas.

1. ¿Tiene usted un reloj de pulsera? ¿Está atrasado o adelantado su reloj, generalmente?
2. ¿Cuántos segundos hay en un minuto? ¿en dos minutos?
3. ¿A qué hora estudia generalmente?
4. Cuando usted tiene una cita con alguien, ¿llega usted siempre tarde? ¿temprano? ¿a tiempo?
5. ¿Tiene usted una cita con alguien esta tarde o esta noche? ¿A qué hora? ¿A eso de [las siete] o a [las siete] en punto? ¿A dónde van ustedes?
6. ¿Qué tipo de reloj [relojes] tiene usted en su casa? ¿Cómo son?
7. ¿Qué hora es? ¿Es hora de salir? ¿de comer?

II. Expresiones de tiempo en el pasado

Learn the following expressions referring to time in the past.

ayer yesterday
ayer por la mañana yesterday morning
ayer por la tarde yesterday afternoon
ayer por la noche yesterday evening
anteayer the day before yesterday
anoche last night

el año pasado last year
el mes pasado last month
la semana pasada last week
el sábado (domingo, etcétera, pasado) last Saturday (Sunday, et cetera)

C. Diga cuándo hizo *(did)* Ricardo las siguientes actividades. Use las expresiones de tiempo en el pasado.

▶ bailó con Isabel   *Bailó con Isabel [anoche].*

1. estudió en la biblioteca
2. escuchó la radio
3. trabajó en una oficina
4. compró discos
5. viajó a La Paz
6. pasó las vacaciones en Bolivia
7. habló con su abuelo
8. invitó a Carlota al cine

D. Diga cuándo fue la última vez que Ud. llamó por teléfono a: sus padres, sus hermanos, sus tíos, su mejor amigo/a, sus abuelos, etcétera.

▶ *(Yo) llamé por teléfono a mi hermano/a [ayer].*

Estructuras útiles

I. The preterit

—¿Qué ***pasó****? ¿Necesitas ayuda?*
—No es nada. Es la primera vez que esquío . . .

There are two aspects of the past tense in Spanish: the preterit and the imperfect. The preterit represents a completed action in the past and views the past action in its beginning stage, in its ending stage, or in its entirety.

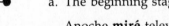

a. The beginning stage

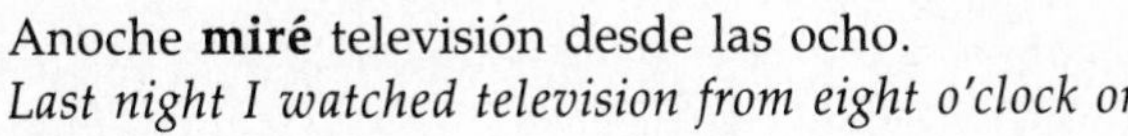

Anoche **miré** televisión desde las ocho.
Last night I watched television from eight o'clock on.

b. The ending stage

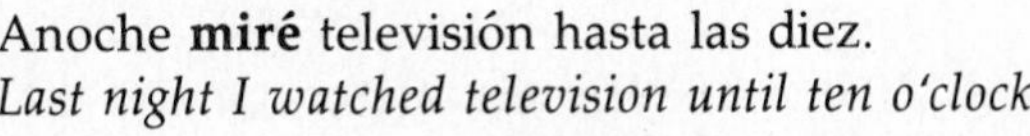

Anoche **miré** televisión hasta las diez.
Last night I watched television until ten o'clock.

c. The entire action

Anoche **miré** televisión por dos horas.
Last night I watched television for two hours.

1. The preterit of regular verbs is formed by adding the preterit endings to the infinitive stem. The chart below shows the preterit forms of regular **-ar, -er,** and **-ir** verbs.

entrar	**comer**	**vivir**
entr **é**	com **í**	viv **í**
entr **aste**	com **iste**	viv **iste**
entr **ó**	com **ió**	viv **ió**
entr **amos**	com **imos**	viv **imos**
entr **asteis**	com **isteis**	viv **isteis**
entr **aron**	com **ieron**	viv **ieron**

2. Note the following:
   a. The **-er** and **-ir** verbs have identical preterit endings.
   b. The **yo**-form and the **Ud.-, él-, ella-**forms are stressed on the last syllable: **tomé, tomó; salí, salió.**
3. The **nosotros-**forms of **-ar** and **-ir** verbs are identical in the present and preterit. The meaning is usually made clear by the context of each sentence.

Normalmente **escuchamos** la radio todos los días, pero ayer no la **escuchamos.**	*We usually listen to the radio every day, but yesterday we didn't listen to it.*
Este año **vivimos** en una casa, pero el año pasado **vivimos** en un apartamento.	*This year we live in a house, but last year we lived in an apartment.*

4. The **-ar** and **-er** verbs that change the stem vowel from **e** > **ie** or **o** > **ue** in the present tense do not have a stem change in the preterit.

—¿**Volvió** Ud. tarde o temprano?	*Did you return early or late?*
—**Volví** tarde.	*I returned late.*
—¿**Cerraste** las ventanas?	*Did you close the windows?*
—Sí, las **cerré.**	*Yes, I closed them.*

5. Verbs that end in **-car, -gar,** and **-zar** undergo regular spelling changes in the **yo-**form of the preterit. The **c** becomes **qu,** and **g** becomes **gu** to maintain the [k] or [g] sound of the infinitive before the **-é** ending. Also, **z** becomes **c** before the **-é** ending.

Llegué a las doce, **busqué** un restaurante y **almorcé** a la una.	*I arrived at noon, looked for a restaurant, and had lunch at one.*
Practiqué el alpinismo.	*I practiced mountain climbing.*
Analicé el problema.	*I analyzed the problem.*

6. **-Er** and **-ir** verbs whose infinitive stem ends in a strong vowel, such as **creer, leer,** and **oír,** have a **y** in the third-person singular and plural of the preterit. Note that the **i** of the preterit endings has a written accent.

creer	leer	oír
creí	leí	oí
creíste	leíste	oíste
creyó	leyó	oyó
creímos	leímos	oímos
creísteis	leísteis	oísteis
creyeron	leyeron	oyeron

Tomás **leyó** la noticia en *El Tiempo*. — *Tomás read the news in* El Tiempo.
¿**Creyeron** esa barbaridad? — *Did they believe that absurdity?*
¿Ustedes **oyeron** la música anoche? — *Did you hear the music last night?*

A. Diga si estas personas escucharon o no las noticias esta mañana.

▶ yo — *Sí, escuché las noticias esta mañana.*
No, no escuché las noticias esta mañana.

1. esta chica
2. su compañero/a de cuarto
3. todos nosotros
4. su papá
5. tú y tu amigo
6. tú
7. la empleada
8. mis parientes

B. Explique que las siguientes personas esperaron a sus amigos o parientes por varias horas y luego volvieron al club.

▶ mis padres / mi tío — *Mis padres esperaron a mi tío por [dos horas]. Luego volvieron al club.*

1. María y Juana / su prima
2. Julio y yo / nuestras cuñadas
3. Carmen / su suegra
4. sus abuelos / sus nietos
5. tú / tus hermanas
6. yo / mi primo
7. Pepe / su novia
8. tú y Ángela / sus sobrinos

C. Contraste lo que las siguientes personas hacen normalmente con lo que hicieron ayer. Use las formas apropiadas del presente y del pretérito.

▶ yo / normalmente llegar a las tres de mis clases — *Normalmente llego a las tres de mis clases pero ayer llegué a las cinco.*

1. nosotros / siempre beber limonada
2. yo / nunca olvidar mis llaves
3. tú / normalmente salir con tus sobrinos
4. ustedes / generalmente comer a las ocho de la noche
5. su esposo / siempre regresar a la casa a almorzar
6. los muchachos / siempre entrar temprano a casa

D. Gabriela y Jaime no están de acuerdo *(don't agree)*. Haga el papel de Jaime, y conteste negativamente usando los verbos en el pretérito.

▶ Gabriela: Yo escribí la composición anoche. — Jaime: *No es verdad. Tú no la escribiste anoche. La escribiste hoy.*

1. Yo preparé las tareas anteayer.
2. Ayer yo hablé español en la clase.
3. Ustedes llegaron tarde a la clase el lunes.
4. La semana pasada empecé a trabajar en la cafetería.
5. El año pasado mis padres compraron una casa.
6. Ayer por la mañana leímos el periódico.
7. El mes pasado participé en un proyecto interesante.

E. Pregúnteles a las siguientes personas cómo pasaron el sábado pasado. Después conteste la pregunta según el modelo, usando el pretérito.

▶ Gabriela / tocar la guitarra (piano, trompeta)

S1: *Gabriela, ¿tocaste la guitarra el sábado pasado?*
S2: *No, toqué el piano, ¿y tú?*
S1: *Toqué la trompeta.*

1. Jaime y Roberto / comprar una nevera (secadora, lavaplatos)
2. Marcos / escribir un cuestionario (carta, composición)
3. Ana / practicar el tenis (fútbol, básquetbol)
4. Patricia y Elena / comer en un restaurante (café, cafetería)
5. Carlos y su hermano / trabajar dos horas (hasta la una, con Pepe)
6. Marta y Roberto / describir la playa (la costa, los veleros)

F. Escriba de nuevo el siguiente párrafo. Cambie el sujeto de **yo** a **nosotros.** Luego escríbalo otra vez, usando **ellas** como sujeto.

El mes pasado yo escribí un cuestionario sobre el nivel de vida de la clase media en nuestro barrio. Entrevisté a cincuenta personas; les pregunté sobre el uso de aparatos eléctricos, como neveras, secadoras y lavaplatos. Luego analicé las respuestas. Aprendí muchas cosas interesantes sobre las condiciones de vida de la gente del barrio.

G. Diga dos cosas que usted hizo *(did)* la semana pasada. Use los verbos siguientes en el pretérito. Luego diga dos cosas que hizo un/a amigo/a o pariente anteayer.

tomar	pagar	comer	asistir	practicar
saludar	analizar	aprender	escribir	ver
entrevistar	buscar	leer	recibir	salir

▶ *La semana pasada escribí una carta a mis amigos y comí en un buen restaurante.*

▶ *Anteayer mi primo Roberto asistió a un concierto de música clásica y entrevistó al director de la orquesta.*

II. **Para** and **por** in contrast

*Salgo **para** España.*

*Viajo **por** España.*

You have been using the prepositions **para** and **por** in various contexts from the beginning of this course. Although both **para** and **por** are often used to express *for,* they have other English equivalents and are not interchangeable.

A. *Para*

Para toda la familia ...

1. The preposition **para** is commonly used to express *motion* or *direction toward a final goal or destination.* The English equivalents may be:

   a. *in order to*

Trabajo **para** pagar mis gastos.	*I'm working in order to pay for my expenses.*

   b. *destined for a place or person*

Salgo **para** Caracas la semana entrante.	*I'm leaving for Caracas next week.*
María tiene muchas fotos **para** usted.	*María has many photos for you.*

   c. *for or by a specific time*

Los documentos deben estar listos **para** la reunión.	*The documents must be ready for (by the time of) the meeting.*
Tienes que terminar esto **para** las diez.	*You have to finish this by ten o'clock.*

2. **Para** is also used in structures with the meaning of *considering (the fact that)* and *in the opinion of.*

Para ser español, Luis habla bien el inglés.	*Considering that he is Spanish, Luis speaks English well.*
Para mí, Lucía es la mejor estudiante de los dos.	*In my opinion, Lucía is the better student of the two.*

B. *Por*

1. **Por** has a wide variety of meanings, but many of them stem from the concept of *motion through* or *by a place* or *through a segment of time.*

   ¿Te gusta pasear **por** el parque? — *Do you like to walk through the park?*
   El festival dura **(por)** una semana. — *The festival lasts for a week.*
   Viví en Colombia **(por)** quince años. — *I lived in Colombia for fifteen years.*

no quiere más amor... por el momento

2. **Por** is also used to express the following meanings:

   a. *because of*

   Hoy no juegan **por** el calor. — *They are not playing today because of the heat.*

   b. *by (agent or means)*

   Mando las fotografías **por** correo. — *I'm sending the photographs by mail.*

DEPORTES POR TELEVISION

   c. *for (stopping or passing by to get someone or something)*

   Mañana paso **por** ella a las diez. — *Tomorrow I'll stop by for her at ten.*

   d. *in exchange for*

   Compramos un televisor **por** cien dólares. — *We bought a television set for a hundred dollars.*

   e. *in appreciation for*

   ¡Muchas gracias **por** el reloj! — *Thank you very much for the watch!*

H. ¿Qué va a hacer usted en los siguientes lugares?

▶ Esta noche voy al cine . . . — *para ver una película.*

1. Mañana por la tarde voy a la playa . . .
2. Siempre voy al almacén García . . .
3. En octubre voy a Argentina . . .
4. Me gusta la música clásica. Voy al concierto . . .

I. Exprese su opinión acerca de las siguientes cosas o actividades.

▶ ¿Cuál es más interesante: un libro de historia o un libro de arte? — *Pues, para mí es más interesante [un libro de historia].*

1. ¿Cuál es más difícil: un examen de matemáticas o un examen de español?
2. ¿Cuál es más fácil: patinar o nadar?

3. ¿Cuál es más rico: el pudín de vainilla o el pudín de chocolate?
4. ¿Cuál es más económico: vivir en un apartamento, vivir con la familia o vivir en un dormitorio de la universidad?

J. Usted tiene varios objetos de segunda mano *(secondhand)* y decide cambiarlos por otros. Diga a un/a amigo/a cuál de los siguientes objetos quiere cambiar. Use algunos adjetivos descriptivos.

un radio	una filmadora	una computadora
un tocadiscos	una motocicleta	una calculadora
una bicicleta	unas revistas	una cámara
unos cassettes	unos discos	una máquina de escribir

▶ *Cambio mi bicicleta azul por tu bicicleta roja.*

K. Calcule el tiempo que necesita para pasar por algunos de sus amigos y llegar a tiempo a las siguientes actividades. Use la imaginación.

▶ la película / 7:00 P.M.
S1: *La película empieza a las siete de la tarde.*
S2: *Entonces paso por Roberto a las seis y veinte y por ti a las seis y media.*

1. la conferencia / 9:00 A.M.
2. la reunión / 2:30 P.M.
3. el concierto / 4:00 P.M.
4. la comida / 6:00 P.M.

L. Diga por qué son famosos los siguientes países o ciudades.

▶ Buenos Aires tiene muchos teatros excelentes, ¿verdad?
Sí, es famoso por sus teatros.

1. Puerto Rico tiene muchas playas bonitas, ¿no?
2. Madrid tiene muchos museos interesantes, ¿verdad?
3. Chile tiene muchos centros de esquí, ¿no?
4. Granada tiene muchos monumentos históricos, ¿no?

M. Complete las oraciones siguientes con **para** o **por**, según el contexto.

1. Vamos a la oficina del sindicato _____ presentar la lista de demandas.
2. Me gusta tu bolígrafo. ¿Quieres cambiarlo _____ éste?
3. Si el coche de Pablo no funciona, pasamos _____ él a las dos.
4. Trabajas _____ vivir mejor algún día, ¿no?
5. ¡Diego muestra mucha inteligencia _____ ser tan joven!
6. Te esperé ayer en el café _____ veinticinco minutos.
7. Este documento debe estar preparado _____ las doce en punto.
8. Estoy muy agradecido _____ su ayuda.
9. Daniel no vino hoy _____ estar enfermo.
10. Tenemos que pasar _____ varios pueblos _____ llegar a Sevilla.

III. Adjectives with shortened forms

*Jaime es un **gran** amigo mío.*

*Mi amigo Miguel es un hombre **grande** y fuerte.*

1. In Spanish, some adjectives drop their final **-o** before a masculine singular noun. Among these adjectives are **bueno, malo, primero,** and **tercero.**

Hablé con un **buen** amigo. Hablé con un amigo **bueno.**	*I talked with a good friend.*
Pasamos una **mala** semana. Pasamos una semana **mala.**	*We had a bad week.*
El **primer** niño se llama Juan.	*The first boy is called Juan.*
Es el ejercicio **primero.**	*It's the first exercise.*
La **primera** niña se llama Juana.	*The first girl is called Juana.*
Es la lección **primera.**	*It's the first lesson.*

2. The adjectives **alguno** and **ninguno** are shortened to **algún** and **ningún** before a masculine singular noun. Note that **ninguno** is rarely used in the plural.

Leyó eso en **algún** libro.	*He read that in some book.*
Leyó eso en **alguna** revista.	*He read that in some magazine.*
No tengo **ningún** amigo.	*I don't have a single (any) friend(s).*
No tengo **ninguna** amiga.	*I don't have a single (any) friend(s).*

3. The adjective **grande** becomes **gran** before a noun of either gender. When used before a noun, **gran** means *great, fine, famous;* when used after the noun, **grande** means *big* or *large.*

Es un **gran** artista.	*He's a great (fine) artist.*
Es una **gran** escuela.	*It's a great (famous) school.*
Es un artista **grande.**	*He's a big artist.*
Es una escuela **grande.**	*It's a large school.*

4. The adjective **cualquiera** becomes **cualquier** before a singular noun of either gender.

Lo comprende **cualquier** estudiante.	*Any student can understand it.*
Lo comprende **cualquier** persona.	*Any person can understand it.*

N. Dé la forma apropiada de cada adjetivo entre paréntesis.

1. un (grande) problema
2. un (bueno) estudiante
3. el (primero) asunto
4. (alguno) agencia
5. una (malo) comida
6. una (grande) ciudad
7. (ninguno) idea
8. (tercero) lugar

O. Complete las oraciones siguientes con la forma apropiada del adjetivo entre paréntesis.

1. (primero) ¿Cuál es el ______ día del mes?
2. (tercero) El ______ edificio es un almacén.
3. (alguno) ¿Tienes ______ fotos de Machu Picchu?
4. (ninguno) No hay ______ problema.
5. (bueno) Jorge es un ______ muchacho.
6. (malo) Hace ______ tiempo hoy.
7. (grande) Nueva York es una ciudad ______.
8. (malo) Pasé unas vacaciones ______ en Perú.
9. (primero) La *Lección* ______ es muy difícil para mí.
10. (cualquiera) ______ niño puede hacerlo.

¿Comprende usted?

Lea el siguiente cuento, fijándose en las actitudes y modos de pensar de los personajes. Prepárese a dar un título que resuma el cuento y que llame la atención.

Minicuento

—¿Por qué no termina la huelga?— preguntó ansiosamente la mujer. —Sabes que ya no hay comida y no podemos vivir del aire.

Lorenzo pensó en la huelga y en sus compañeros de trabajo.

—No sé,— respondió casi automáticamente. —Queremos más dinero, más seguridad, más tiempo libre con nuestras familias.

—Sí, sí, entiendo todo eso— gritó Remigia, casi desesperada. —Pero tú sabes que nunca vamos a tener una vida mejor aquí en las minas de Potosí.

Siempre vamos a ser pobres. ¡Hay que trabajar para comer, para vivir, para todo! Si la huelga no termina . . .

—Mira, Remigia, si quieres, podemos ir a vivir a la capital. Puedo buscar empleo en una fábrica en La Paz, o . . .

—No, Lorenzo, eso no. Tu padre y mi padre trabajaron en las minas, tu abuelo y mi abuelo también. Todos vivieron aquí y todos están enterrados aquí. No quiero abandonarlos.

Lorenzo pensó otra vez en Jaime y en todos los compañeros muertos. Vio su futuro y el futuro de sus hijos y sus nietos . . . y guardó silencio.

A. Conteste las preguntas, según la lectura.

1. ¿Quién es más flexible en su actitud? ¿Remigia o Lorenzo?
2. ¿Por qué no quiere Remigia ir a la capital?
3. Al final del cuento, Lorenzo guarda silencio. ¿Cree Ud. que muestra resignación? ¿Qué futuro cree Ud. que imagina Lorenzo?

B. Escoja entre los siguientes títulos el más apropiado, o escriba el que usted creó *(created)*.

«Si la huelga no termina . . . »
«Mañana es otro día»
«El laberinto de Potosí»
«Vamos a la capital»
«El último accidente»

C. Escoja la expresión que más se aproxima en significado a las palabras indicadas.

1. no podemos vivir **del aire:** fuera de casa, sin casa, sin comer, con frío
2. **gritó** Remigia, casi desesperada: habló en voz baja, habló en voz alta, pensó, explicó
3. nunca vamos a tener una vida **mejor:** perfecta, difícil, más cómoda, diferente
4. están **enterrados** aquí: bajo tierra, vivos, tristes, felices

Lección 11
En Ecuador

Un viaje de negocios

En Ecuador hay dos ciudades importantes: Quito, la capital y sede° del gobierno; y Guayaquil, un gran puerto en la costa, que es el centro económico del país. En la escena siguiente, Consuelo Molina, coordinadora de la Sección de Investigaciones de una gran compañía petrolera ecuatoriana, habla con su jefe, el Sr. Martínez. Éste le mostró una carpeta de documentos hace un minuto.

seat

Sr. Martínez: Señorita, los planes para la investigación de los nuevos campos petrolíferos° del Oriente ya están listos. Ahora es necesario llevar estos documentos al Ministerio de Industrias,° como usted sabe.

Consuelo: Sí, señor. ¿Cuándo va usted a la capital?

Sr. Martínez: Yo no puedo ir a causa de la Conferencia Internacional de Petróleo aquí en Guayaquil. ¿Puede ir usted en mi lugar?

Consuelo: ¡Qué lástima! ¡Y pensar que yo estuve en Quito la semana pasada visitando° a mis parientes!

Sr. Martínez: Es que sólo hoy terminamos los planes de investigación. Tuve que cancelar mi viaje a Quito a última hora por la Conferencia.

oilbearing

Ministerio . . . Ministry of Commerce

visiting

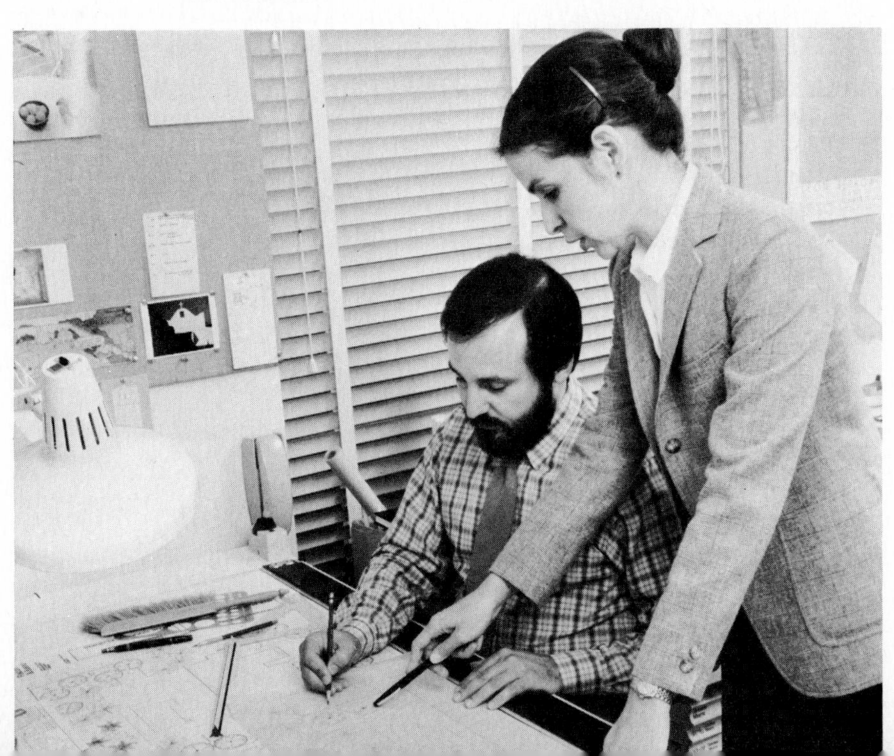

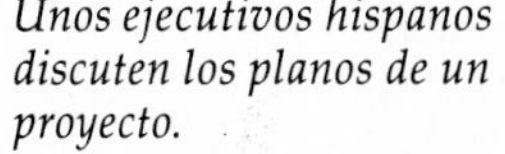

Unos ejecutivos hispanos discuten los planos de un proyecto.

Consuelo: Está bien, Sr. Martínez. ¿Cuánto tiempo cree usted que debo permanecer en la capital para arreglar el asunto?

Sr. Martínez: Un mínimo de tres días. Es urgente obtener la firma del ministro lo más pronto posible. Me parece que Ud. puede tener problemas con la burocracia y el papeleo.

Consuelo: ¡Claro! A propósito, ¿con quién debo hablar en el Ministerio de Industrias?

Sr. Martínez: Con el jefe de la Sección Comercial. ¿Lo conoce? Es Gilberto Jiménez, mi cuñado. Siempre nos ayuda en estas cosas. Trabaja en esa sección y tiene mucha palanca. Esta misma tarde le mando un telegrama.

Consuelo: Entonces voy a hacer reservaciones para el vuelo del martes, y regreso el primero o el dos de junio.

Comprensión

1. ¿Qué puesto tiene Consuelo en la compañía petrolera en Guayaquil?
2. ¿Qué necesita del Ministro de Industrias la compañía?
3. ¿Por qué no puede ir a Quito el jefe de Consuelo?
4. ¿Cuánto tiempo debe permanecer Consuelo en la capital?
5. ¿Por qué va el jefe a mandarle un telegrama a su cuñado Gilberto Jiménez?
6. ¿Cuándo va Consuelo a Quito y cuándo piensa volver?

Conversación

1. ¿Qué tipo de problemas tiene usted con la burocracia y el papeleo en la universidad?
2. En los Estados Unidos, ¿hay muchos problemas con la burocracia y el papeleo en el gobierno federal o estatal?
3. ¿Conoce usted a alguien con mucha palanca en el gobierno federal o estatal?
4. ¿Tiene usted parientes que hacen viajes de negocios? ¿Viajan mucho o poco? ¿A qué continentes o países viajan?
5. ¿Tiene usted algún pariente que trabaja en una compañía industrial o petrolera? ¿Cuál es su puesto?

Vocabulario

Palabras análogas

la burocracia
cancelar
comercial
la conferencia
la coordinadora
federal
imaginar
el ministro
necesario, -a
el petróleo
petrolero, -a
el plan
la reservación
la sección
el telegrama

Sustantivos
el asunto matter, business
el campo field
la carpeta file
el/la jefe/a boss
junio June
mayo May
el Oriente eastern region (of Ecuador)
la palanca leverage, "pull"
el papeleo "red tape"
el puerto port
el puesto position, appointment
el tiempo time
el viaje de negocios business trip

Adjetivos
estatal state
listo, -a ready

Verbos
deber should, have to, must
mandar to send
parecer (zc) to seem
permanecer (zc) to remain

Otras palabras y expresiones
a causa de because of
a propósito by the way
a última hora at the last minute
antes before
es urgente it's essential
esta misma tarde this very afternoon
hace un minuto a minute ago
hacer reservaciones to make reservations
lo más pronto posible as soon as possible
un mínimo de a minimum of

Práctica

Usted es jefe/a de la Sección de Investigaciones de una gran compañía bananera con sede en Guayaquil. Usted le da las instrucciones siguientes a un/a empleado/a:

a. Es necesario llevar algunos papeles al Ministerio de Industrias en Quito.
b. Es necesario obtener la firma del ministro para estos papeles.
c. Es importante hacer esto para poder continuar el proyecto de investigaciones en la ciudad de Esmeraldas en la costa.

Escriba su conversación. Mencione el nombre de algunos amigos o parientes que pueden ayudar al/a la empleado/a con el papeleo y la burocracia del gobierno.

Nota cultural Personalismo y palanca

Una costumbre muy tradicional en las sociedades hispánicas es **el personalismo.** En los países hispánicos se le da una atención especial a las relaciones personales. Todo el mundo[1] fomenta los lazos[2] entre parientes y entre amigos.

1. **todo** . . . everybody 2. ties

Este cultivo de las relaciones humanas empieza a una edad temprana. Los padres les enseñan a sus hijos a ser gregarios,[3] calurosos[4] y extrovertidos en su trato[5] con otras personas. Cuando los hijos son mayores aprecian estas conexiones personales porque resultan esenciales en las sociedades hispánicas, donde la burocracia y el papeleo son realidades del diario vivir.[6]

Un individuo que cuenta con buenas conexiones personales puede obtener fácilmente permisos,[7] entradas para el teatro, una licencia de conducir,[8] favores de todas clases. Muchas veces el buen puesto de una persona y su buena posición social dependen de las conexiones personales y de **la palanca.** Se dice que[9] una persona tiene palanca cuando puede obtener favores para sí[10] o para otras personas.

---

3. talkative 4. warm 5. **en** . . . in their dealings 6. **del** . . . of daily life
7. authorizations 8. **licencia** . . . driver's license 9. **Se** . . . It is said that
10. himself/herself

Pronunciación y ortografía

El sonido [h]

The Spanish [h] has no English equivalent and should not be confused with the English [h] in *hat,* which is much softer. The Spanish [h], often referred to as the "jota sound," is pronounced at the back of the throat, with air forced through a narrow opening.

The sound [h] is spelled **j** before **a, o** and **u** and either **j** or **g** before **e** and **i.** A few proper nouns that contain an [h] sound, such as **México** and **Ximena,** have retained the old Spanish spelling with an **x,** but can also be spelled with the letter **j,** as in **Méjico** and **Jimena.**

A. Escuche y repita las palabras que dice su profesor/a.

hijo	viaje	urgente	lejos	bajo
hija	jefe	general	joven	jirafa
junio	julio	Jiménez	Gilberto	

B. Lea las siguientes oraciones en voz alta. Preste atención a la pronunciación de las letras **j** y **g.**

1. Gilberto Jiménez es cuñado del jefe.
2. Mi hija Josefa vive en Argentina.
3. Juanita hace un viaje de negocios en julio.
4. El jefe es el general Jorge Luján.

Refranes

1. **Cada oveja con su pareja.** Birds of a feather flock together.
2. **Quien no oye consejo, no llega a viejo.** Prudent men listen to others' counsel.

Estudio de palabras

I. Las estaciones y los meses

la primavera
abril mayo junio

el verano
julio agosto septiembre

el otoño
octubre noviembre diciembre

el invierno
enero febrero marzo

The names of the months are usually not capitalized in Spanish.

A. Conteste las preguntas siguientes acerca de las estaciones.

1. ¿En qué estación estamos?
2. ¿Cuáles son los meses de la primavera?

3. ¿Qué estación viene antes de la primavera?
4. ¿Qué estación sigue al verano?
5. ¿En qué estación juegas al tenis? ¿practicas el alpinismo? ¿montas en bicicleta? ¿patinas?
6. ¿Te gusta el invierno? ¿Te gusta la primavera? ¿Qué estación te gusta más?

B. Lea este verso y después diga el equivalente en inglés.

Treinta días trae noviembre
con abril, junio y septiembre
De veintiocho hay sólo uno,
los demás de treinta y uno.

II. Las fechas

—¿Cuál es la fecha de hoy? — *What's the date today?*
—El primero de marzo. — *The first of March (March 1).*

—¿Cuál es la fecha de su cumpleaños? — *What's the date of your birthday?*
—El dos de abril. — *The second of April (April 2).*

1. The first day of the month is expressed with the ordinal number **primero.**

   el **primero** de febrero — *the first of February (February 1)*

2. The other days of the month are expressed with cardinal numbers.

   el **cuatro** de agosto — *the fourth of August (August 4)*
   el **tres** de mayo — *the third of May (May 3)*

C. Diga en español las siguientes fechas.

▶ April 1 — *el primero de abril*
▶ June 10 — *el diez de junio*

1. July 7
2. December 5
3. May 9
4. March 31
5. January 14
6. September 11

D. Conteste las siguientes preguntas.

1. ¿Cuál es la fecha de hoy?
2. ¿Cuál es la fecha de mañana?
3. ¿Cuál es el primer día de la primavera?
4. ¿Qué día comienza el nuevo año?
5. ¿Qué día celebramos la independencia de Estados Unidos?

III. ¿Qué tiempo hace?

Hace buen tiempo. The weather is nice.
Hace mal tiempo. The weather is bad.
Hace mucho calor. It's very hot.
Hace mucho frío. It's very cold.
Hace fresco. It's cool.
Hace un día estupendo. It's a great day.
Hace sol. It's sunny.

Hace viento. It's windy.
Llueve. It's raining.
Nieva. It's snowing.
Está nublado. It's cloudy.
Hay neblina. It's misty. (It's foggy.)

E. Describa el tiempo de hoy. Use por lo menos cuatro expresiones de la lista anterior. Empiece la descripción con la palabra **hoy.**

F. Describa el siguiente dibujo en ocho o diez oraciones. Incluya en su descripción cuál es la fecha, cómo está el tiempo, quiénes van de viaje, adónde van y por qué. Use la imaginación en su descripción.

IV. Los años y las décadas

1. Calendar years are expressed in Spanish as a single breath group, as in English. Listen to your instructor pronounce the following dates. Stressed syllables are shown in boldface type.

   1983 = mil nove**cien**tos ochenta y **tres**
   1999 = mil nove**cien**tos noventa y **nueve**

2. Calendar years in the present century are sometimes shortened to **el** + *the last two digits.*

En **el setenta y dos** visité Guayaquil. — *In '72 I visited Guayaquil.*

3. A decade is normally expressed as **los años** + *numeral.*

Trabajé en Quito en **los años sesenta.** — *I worked in Quito in the sixties.*

G. Lea en voz alta los siguientes años en español.

▶ 1492 *mil cuatrocientos noventa y dos*

1. 1663	3. 1880	5. in '85	7. in the 80s
2. 1776	4. 1982	6. in '87	8. in the 90s

H. Diga en qué años nació *(was born)* y murió cada uno de los siguientes escritores famosos del mundo hispánico.

1. Miguel Ángel Asturias (Guatemala): 1899–1974
2. Sor Juana Inés de la Cruz (México): 1651–1695
3. Miguel de Cervantes (España): 1547–1616
4. José Martí (Cuba): 1853–1895
5. Gabriela Mistral (Chile): 1889–1957
6. Alfonsina Storni (Argentina): 1892–1938

Estructuras útiles

I. Preterit of irregular verbs

*Vanessa **fue** a Quito el año pasado.*

*Vanessa **fue** estudiante en Quito el año pasado.*

Many common Spanish verbs, although irregular in the preterit, follow certain patterns that make them easier to learn by groups. Note that the stress in the first and third persons singular of irregular preterit forms falls on the next-to-last syllable, and not on the last syllable, as it does in the case of regular preterits.

1. The verbs **ir** and **ser** have identical forms in the preterit. The context in which they are used will clarify whether the preterit form refers to **ir** or to **ser.** Note that **ir** is normally followed by the preposition **a.**

ir and ser	
fui	—¿Adónde **fuiste** en abril?
fuiste	—**Fui** a la Florida.
fue	
fuimos	—¿Quién **fue** el último en llegar?
fuisteis	—No sé, creo que **fui** yo.
fueron	

2. Although the verb **dar** ends in **-ar,** it follows the same pattern as regular **-er** and **-ir** verbs in the preterit. Note that the first and third persons singular have no written accents.

dar	
di	—¿**Diste** una contribución al Hospital del Niño?
diste	
dio	—Sí, le **di** cincuenta pesos a su representante.
dimos	
disteis	
dieron	

3. The following chart shows three sets of irregular verbs in the preterit. Note that the endings of the first two groups are identical. The endings of verbs with **j** in the stem differ from the first two sets only in the third person plural form, which ends in **-eron** (not **-ieron**).

stem vowel **u** **estar**	stem vowel **i** **venir**	**j** in the stem **decir**
est**uve**	v**ine**	dij**e**
est**uviste**	v**iniste**	dij**iste**
est**uvo**	v**ino**	dij**o**
est**uvimos**	v**inimos**	dij**imos**
est**uvisteis**	v**inisteis**	dij**isteis**
est**uvieron**	v**inieron**	dij**eron**

no i

4. The chart below shows common verbs that follow the same patterns as **estar, venir,** and **decir** in the preterit. The verb **hacer** has a spelling change from **c** to **z** in the third person singular **(hizo).**

verbs like **estar**	verbs like **venir**	verbs like **decir**
andar: anduve	hacer: hice, hiciste, hizo	traducir: traduje
haber: hube	querer: quise	traer: traje
poder: pude		
poner: puse		
saber: supe		
tener: tuve		

No **pudimos** salir, pero **hicimos** el trabajo. — *We couldn't go out, but we did the work.*

—¿Dónde **pusiste** los discos? ¿Los **trajiste?** — *Where did you put the records? Did you bring them?*
—**Tuve** que dejarlos en mi cuarto. — *I had to leave them in my room.*

5. The preterit of **hay** *(there is, there are)* is **hubo.**

—No **hubo** muchas dificultades. — *There weren't many difficulties.*
—Sí, pero **hubo** mucho papeleo. — *Yes, but there was a lot of red tape.*

6. Most compounds of the verbs shown in the preceding charts form their preterit in the same way.

proponer: Miguel **propuso** la mejor opción.
retener: El agente **retuvo** nuestros billetes.
predecir: Los reporteros **predijeron** el resultado de la regata.

A. Diga que las personas mencionadas fueron a varios lugares el otro día, pero no hicieron nada especial allí. Use el pretérito del verbo **ir.**

▶ Pepe: capital — *Pepe fue a la capital, pero no hizo nada especial allí.*

1. yo / Nueva York
2. Alicia y Elena / centro
3. tu prima / reunión del departamento
4. nosotros / oficina
5. ustedes / costa
6. tú / puerto de Guayaquil

B. Mariela llamó a Felipe por teléfono después de las vacaciones y le preguntó dónde estuvieron él y otros/as amigos/as. Haga el papel *(role)* de Mariela o el papel de Felipe.

▶ tu primo (Caracas) Mariela: *¿Dónde estuvo tu primo en las vacaciones?*
Felipe: *Estuvo en Caracas.*

1. Mencha (Ecuador)
2. ustedes (el Caribe)
3. tu hermana (en el campo)
4. tú (en la playa)
5. Juan y Manuel (en las montañas)
6. tú y Margarita (en casa)

C. Diga que las personas mencionadas no pudieron ayudar a sus padres el sábado pasado por distintas razones. Use el pretérito del verbo.

▶ Julián / ir a la biblioteca *Julián no pudo ayudarlos porque tuvo que ir a la biblioteca.*

1. Tomás y tú / arreglar el carro
2. tú / comprar muchas cosas
3. usted / hacer una investigación
4. yo / escribir una composición
5. nosotras / estudiar para un examen
6. ellas / jugar al tenis

D. A Juan le gusta contradecir a Elvira. Haga el papel de Juan, y exprese el verbo en el pretérito.

▶ Elvira: Yo siempre digo la verdad. Juan: *No es cierto. ¡Ayer no dijiste la verdad!*

1. Yo siempre quiero participar en las conversaciones.
2. Yo siempre vengo a las clases a tiempo.
3. Yo siempre traigo mi libro a la clase.
4. Yo siempre traduzco del español al inglés perfectamente.
5. Yo siempre propongo ideas buenas.

E. Complete las oraciones siguientes con la forma apropiada del pretérito del verbo entre paréntesis.

1. (traducir) El mes pasado yo _____ el artículo del español al inglés, y Alicia lo _____ al francés.
2. (traer) Anoche tú _____ discos de música italiana a mi fiesta, y ellas _____ discos de música alemana.
3. (venir) Mi tío Enrique _____ anoche, y mis abuelos _____ anteayer para la reunión anual de la familia.
4. (proponer) En la última reunión el representante del gobierno _____ varias reformas, y los mineros _____ otras.
5. (saber) Nosotros no _____ nada de la reunión hasta hoy.
6. (haber) Ayer _____ una reunión importante en Potosí.
7. (andar) Anoche mi novia y yo _____ cerca del mar.
8. (dar) Mis padres me _____ un reloj de oro, y mi hermano me _____ un libro de arte.

II. Indirect-object pronouns

—*¿**Me** das cincuenta pesos?*
—*¿Por qué?*
—*Porque mañana es el Día de San Valentín y quiero comprar**te** unos chocolates . . .*

1. The following chart shows the indirect-object pronouns in Spanish and their English equivalents.

Singular		Plural	
me	me	**nos**	us
te	you *(fam.)*	**os**	you *(fam.)*
le	him, her, you *(formal)*	**les**	you, them

2. Indirect-object pronouns generally indicate *to whom* or *for whom* something is done, given, et cetera. They follow the same rules of position as direct-object pronouns. They *precede* the conjugated verb form, and may precede the conjugated verb form or be attached to the infinitive in double-verb constructions.

Los ministros están en Quito y hay que llevar**les** los documentos.	*The ministers are in Quito and we have to take the documents to them.*
Me gusta el helado.	*I like (= To me is pleasing) ice cream.*
Voy a explicar**le** el problema. **Le** voy a explicar el problema.	*I'm going to explain the problem to you.*

3. The meaning of the indirect-object pronouns **le** and **les** often may be clarified by using **a** + *a noun* or *prepositional pronoun.*

Le doy la información **a ella,** no a José.	*I'm giving the information to her, not to José.*
¿Qué **les** parece **a ustedes** si salimos ahora?	*What do you think; should we leave now?*

4. The indirect-object pronouns **le** and **les** are often used in sentences that have **a** + *a noun phrase,* even though they might sound redundant to

the English speaker. To many speakers of Spanish, the omission of the pronoun sounds unnatural or stilted.

(Le) escribo una carta **a Pablo.**	*I am writing a letter to Pablo.*
(Les) doy dinero **a mis padres.**	*I give money to my parents.*

5. The indirect-object pronouns are also used with **a** for emphasis.

—**¿Te** interesa el jazz?	*Are you interested in jazz?*
—**A mí** me fascina pero a mi novia no.	*I love it but my fiancée doesn't.*

F. Exprese cada oración o pregunta de otra manera, según el modelo.

▶ No puedo darte el dinero. *No te puedo dar el dinero.*

1. Vamos a escribirles hoy.
2. No queremos hablarte.
3. No voy a telefonearles ahora.
4. ¿Puedes mostrarnos la casa?
5. ¿Puedes traerme el periódico?
6. Voy a describirte el cuadro.

G. Explique si usted preparó una comida mexicana para las siguientes personas.

▶ ¿a María? *Sí, le preparé una comida mexicana.*
No, no le preparé una comida mexicana.

1. ¿a nosotras?
2. ¿a mí?
3. ¿a tus parientes?
4. ¿a los amigos?
5. ¿a la clase de español?
6. ¿a Antonio?

H. Las siguientes personas lo/la invitaron a usted a participar en varias actividades. Diga si usted aceptó o no aceptó la invitación.

▶ tú / a un baile *Tú me invitaste a un baile y te acepté la invitación.*
Tú me invitaste a un baile y no te acepté la invitación.

1. María / al cine
2. Pepe y tú / a nadar
3. Rafael / a estudiar
4. José y Rosa / a su casa
5. tú / a la playa
6. Andrés / a jugar al tenis

I. ¿Cómo les parece lo siguiente a las personas indicadas? ¿fantástico? ¿fabuloso? ¿estupendo? ¿interesante? ¿horrible? ¿simpático? ¿antipático?

▶ los viajes de negocio / a Ud. *Me parecen [interesantes].*

1. los estudiantes de la clase / al profesor
2. el papeleo del gobierno / a todo el mundo
3. la compañía / a los nuevos empleados

4. el comercio de Guayaquil / a los turistas
5. los turistas norteamericanos / al gobierno peruano
6. el viaje por tren / a un amigo

J. Hoy vamos a intercambiar *(exchange)* artículos de poco valor *(value).* Hable con otra persona de la clase y pregúntele cuáles de sus cosas les regala a diferentes personas. Use los pronombres apropiados.

► a mí S1: *¿Qué me regalas a mí?*
S2: *A ti te regalo mi lápiz.*

1. a Guillermo
2. a tu hermano/a
3. a mí y a Luisa
4. a tus primas
5. a Luisa
6. al profesor

III. **Hace . . . que** in expressions of time

Hace dos horas que tomo este examen.

Hace dos horas que tomé el examen.

1. **Hace** + *a time expression* + **que** + *a verb in the present tense* is used in Spanish to express the idea that an action has been (and still is) going on for a given length of time.

Hace dos meses que Carlos **trabaja** para una compañía española.	*Carlos has been working for a Spanish company for two months.*
Hace mucho tiempo que viven en este país.	*They have been living in this country for a long time.*

2. Another way of expressing the same idea is to use **hace** + *a time expression,* or **(desde) hace** + *a time expression* at the end of the sentence.

Carlos trabaja para esa compañía **(desde) hace dos meses.**
Viven en este país **(desde) hace mucho tiempo.**

3. **Hace** + *a time expression* **(+ que)** + *a verb in the preterit* is used to express *ago.*

Hace un mes (que) compraron este coche.	*They bought this car a month ago.*
Raúl me **visitó hace una semana.**	*Raúl visited me a week ago.*

K. Explique el tiempo que usted lleva en las siguientes situaciones.

▶ Usted estudia el español. *Hace dos años que estudio el español.*

1. Usted no ve a su familia.
2. Usted y su familia viven en la misma ciudad.
3. Usted no está enfermo/a.
4. Usted desea aprender español.
5. Usted está en esta clase.

L. Ernesto desea saber cuándo ocurrieron las siguientes cosas y le pide la información a Margarita. Haga el papel de uno de los dos.

▶ empezar los estudios
Ernesto: *¿Cuánto (tiempo) hace que empezaste los estudios?*
Margarita: *Empecé hace siete meses. (Hace siete meses que empecé.)*

1. visitar al dentista
2. tener vacaciones
3. leer una novela interesante
4. escribir una carta a alguien
5. llamar a tu casa
6. comprar una bicicleta
7. ir a una buena película
8. comer en un restaurante chino

¿Comprende usted?

Hay ciertas expresiones que son muy aptas para usar en determinadas circunstancias, ya que todo el mundo las entiende y comprende el sentimiento que expresan. Lea la conversación siguiente entre Consuelo Molina, que está en Quito, su marido Rafael, y su hijo Rafa. Trate de reconocer estas expresiones y entender lo que cada una trata de expresar.

Una llamada por teléfono

Consuelo: ¿Aló? ¿Rafael?
Rafael: Sí, Coni, ¿cómo van las cosas?
Consuelo: Ya ves, mi vida, no puedo volver mañana jueves. El Ministro de Industrias salió en un viaje urgente y regresa mañana.

Tengo que esperarlo. Voy a permanecer en Quito hasta el viernes o el sábado.

Rafael: ¡Qué lata! Y mañana tenemos invitados a los Urrutia. En fin, los llevo a un restaurante. ¿Cambio tu cita con el dentista del viernes a la semana próxima?

Consuelo: Todavía no. La cita es por la tarde y si las cosas van bien, regreso el viernes al mediodía. Yo te llamo mañana por la noche otra vez. La prima Isabel y el cuñado Pepe te mandan recuerdos. Dicen que la próxima vez debes venir tú también.

Rafael: Pues les das mis saludos también. Le dices a Isabelita que si prepara otro arroz como el del Año Nuevo, hago el viaje inmediatamente. Espera, Rafa quiere saludarte. Aquí está.

Rafa: ¿Mamá? Salí de campeón de tenis del colegio, y mis amigos están aquí para celebrarlo.

Consuelo: ¡Hombre, felicitaciones! Y la aritmética, ¿cómo va?

Rafa: Eso . . . pues . . . ¿Cuándo vuelves, mamá?

Consuelo: El viernes o el sábado. Adiós, hijo.

Rafa: Adiós, mamá . . . ¡Hasta el viernes!

A. Busque la siguiente información en la lectura *Una llamada por teléfono.*

1. ¿Por qué llama Consuelo a su marido?
2. ¿Qué dos complicaciones causa el cambio de planes de Consuelo?
3. ¿Cuáles son las soluciones a las dos complicaciones?
4. Rafa, el hijo de Rafael y Consuelo, ¿es buen estudiante de aritmética? ¿Es buen deportista? ¿Cómo lo sabe usted?
5. ¿Quién es Isabelita?

B. Escriba una reacción lógica para cada situación, usando una frase del diálogo.

1. Usted está irritado/a porque no puede ir a comer en casa de unos amigos.
2. Usted llama a su primo/a por teléfono y hablan por largo rato. Al final Ud. quiere decirle que sus padres le mandan saludos.
3. Un profesor le pregunta a usted si ya terminó la tarea. Usted no hizo la tarea y no quiere responderle.
4. Su mejor amigo/a recibió un premio en el departamento de física. Usted está muy contento/a. ¿Qué le puede decir a él/ella?

Lección 12
En Perú

Excursión a Machu Picchu

Alberto Falla, un joven panameño, pasa un mes de vacaciones en Lima, Perú, en casa de su buen amigo, Tomás Rivera. En la escena siguiente, Alberto se entusiasma con un posible viaje a las ruinas incaicas° de la ciudad de Machu Picchu al ver las fotos de Tomás.

incaicas°: Incan

Tomás: Pero hombre, ¡no puedes irte a Panamá sin visitar Machu Picchu! Te repito otra vez: ¡es un lugar realmente extraordinario y misterioso! ¿Sabes que el explorador norteamericano Hiram Bingham lo descubrió en 1911?

Machu Picchu, Perú.

Alberto: Me encantan las ruinas, pero ya conozco las de Copán en Honduras y las de Chichén Itzá en Yucatán. Me imagino que las incaicas son muy similares a las mayas.

Tomás: ¡No, no, son completamente distintas! Ni en México ni en Honduras quedan restos° de una ciudad entera a dos mil metros o más de altura. ¿Ves esta foto del panorama? ¿Y la de la ciudad misma?° ¡Machu Picchu se encuentra dentro de las nubes!

remains
de . . . of the city itself

Alberto: Tienes razón. Pero, ¿por qué dices que es misterioso?

Tomás: Con el terreno° tan abrupto, lleno de precipicios y montañas, es difícil imaginar cómo los indios consiguieron llevar a ese lugar las gigantescas piedras para las construcciones.

terrain

Alberto: Bueno, tengo que confiar en ti y en tu opinión. ¿Pero no es Machu Picchu un sitio comercializado y lleno de turistas?

Tomás: Bueno, en Cuzco sí hay miles de turistas y mucho comercialismo, pero Machu Picchu es un monumento nacional. Te aseguro que te va a gustar mucho.

Alberto: Entonces debemos ir este sábado, porque me quedan sólo diez días. ¿Cómo hacemos el viaje?

Tomás: Podemos ir en avión hasta Cuzco, y luego en tren hasta las ruinas mismas. Tenemos que hacer las reservaciones inmediatamente porque sólo hay un hotel en Machu Picchu.

Alberto: Si quieres, vamos a consultar con un agente de viajes sobre horarios y vuelos. Al mismo tiempo la agencia puede hacer las reservaciones del hotel. Así que, ¡manos a la obra!

Comprensión

1. ¿Qué le muestra Tomás a su amigo Alberto?
2. ¿Le impresionan las fotos a Alberto? ¿por qué sí o no?
3. ¿Con qué ruinas compara Alberto las ruinas incaicas?
4. Según Tomás, ¿son similares las ruinas incaicas de Machu Picchu a las ruinas mayas *(Mayan)* de Honduras y Yucatán?
5. ¿Quién descubrió las ruinas de Machu Picchu? ¿en qué año?
6. Según Tomás, ¿por qué hay poco comercialismo en Machu Picchu?
7. ¿Cuándo piensan ir a Machu Picchu los dos jóvenes?

Conversación

1. ¿Le interesa a usted la arqueología? ¿Conoce algunas ruinas arqueológicas interesantes? ¿dónde?
2. ¿Saca usted fotos de los lugares que visita? ¿Qué tipo de fotografías le gusta sacar? ¿de personas? ¿de edificios? ¿de paisajes?
3. Cuando usted viaja, ¿consulta con una agencia de viajes, o hace todas las reservaciones usted mismo/a?
4. ¿Cuáles son algunas de las ventajas y desventajas de usar los servicios de una agencia de viajes?

Vocabulario

Palabras análogas

la agencia
la arqueología
arqueológico, -a
comercializado, -a
comparar
la construcción
consultar (con)
la excursión
el/la explorador/a
extraordinario, -a
fascinar
gigantesco, -a
impresionar
el indio
interesar
el metro
misterioso, -a
el monumento
nacional
el precipicio
la ruina
el servicio
similar
el/la turista

Sustantivos

el/la agente de viajes travel agent
la altura height, altitude
la desventaja disadvantage
el edificio building
el horario schedule, timetable
la nube cloud
el paisaje countryside
la piedra stone
el siglo century
la ventaja advantage

Adjetivos

abrupto, -a rough *(terrain)*
difícil difficult
distinto, -a distinct, different
entero, -a entire, whole
siguiente following

Verbos

asegurar to assure
confiar (en) to trust
descubrir to discover
encantar to like something very much
encontrarse (ue) to be located
enfermarse to get sick, fall ill
entusiasmarse (con) to get enthusiastic (about)
irse *(irreg.)* to go (away)

Otras palabras y expresiones

al mismo tiempo at the same time
al ver on seeing
completamente completely
dentro de within
¡manos a la obra! to work!
me quedan [diez días] I have [ten days] left
otra vez again
realmente really
tan so

Práctica

A. Imagínese que usted trabaja en una agencia de viajes y tiene que informar a varios clientes sobre un viaje desde Miami hasta Lima y Machu Picchu. Explique a los clientes los horarios de aviones.

Posibilidades de vuelos Miami-Lima-Cuzco

	Aerolínea	*Vuelo*	*Hora Salida*	*Hora Llegada*	*Frecuencia*
Miami-Lima	Eastern	518	17:10	21:26	Sáb./Dom.
	AeroPerú	605	18:15	23:55	Domingo
Lima-Cuzco	AeroPerú	431	6:30	7:30	Diario
	Faucett	215	7:00	8:00	Domingo

B. Enseñe a la clase algunas fotos de un sitio que visitó y le gustó. Diga por qué le interesó el lugar y qué medios de transporte usó para ir allí. Diga si allí van normalmente muchos turistas y si el sitio está muy comercializado. Use expresiones y estructuras del diálogo.

Nota cultural Cuzco y los incas

Cuzco, la antigua capital de los incas, está situado en los Andes a una altura de más de 3.000 metros. Entre las principales ruinas incaicas que se conservan allí están la Casa de las Mujeres del Sol y el Templo del Sol, lugar re-

Representación del Gran Inca durante las celebraciones del Festival del Sol en Cuzco.

servado a los sacerdotes[1] y centro de los ritos religiosos del pueblo. Una de las leyendas sobre la fundación de la ciudad de Cuzco y del templo la atribuye a los hijos del dios del sol. El dios les mandó buscar un lugar fértil donde establecer un templo en su honor, y ésta fue su selección. Otra leyenda explica que en la antigüedad, los sobrevivientes[2] de una gran inundación[3] se establecieron en el sitio que es hoy día Cuzco.

En el mes de junio se celebra el Festival del Sol en Cuzco. Los trajes de colores vivos de los indios, la música, los bailes y las comidas recuerdan la antigua tradición de rendir homenaje al sol y celebrar la llegada de la primavera.

Cerca de Cuzco está el pueblo de Pisac. Allí hay un mercado muy antiguo donde los indios venden sus productos agrícolas y su artesanía.[4] Ofrecen productos muy variados—frutas y legumbres,[5] ropa,[6] lana[7] de alpaca, joyas,[8] artículos de plata y utensilios de cocina.[9] Reina un ambiente[10] festivo entre la multitud que compra y regatea.[11]

---

1. priests 2. survivors 3. flood 4. crafts 5. vegetables 6. clothing 7. wool 8. jewelry 9. **utensilios ...** kitchen utensils 10. environment 11. bargains

Pronunciación y ortografía

Los sonidos [s] y [z]

1. The Spanish consonant sound [s], as in *Sue,* is usually represented by the letters **c** (before **e** and **i**), **s** (before any vowel), or **z.**

   cero **c**ien **s**olo a**z**ul

2. The Spanish consonant sound [z], as in *zoo,* is represented by the letter **s** when it is followed by another voiced consonant sound such as [m], [d], or [l].

   mi**s**mo de**s**de i**s**la

3. In Spain, the letter **c** before **e** or **i** and the letter **z** represent a sound similar to the sound of *th* in the word *thin.*

   cero **c**iudad lápi**z**

A. Escuche a su profesor/a y repita las palabras siguientes.

	[s]		**[z]**	
cero	**s**abe	a**z**ul	mi**s**mo	asimi**s**mo
ha**c**e	**s**egún	a**z**teca	entu**s**ia**s**mado	de**s**mejorar
cien	**s**itio	almuer**z**o	de**s**de	I**s**landia
edifi**c**io	ca**s**a	abra**z**o	i**s**la	I**s**mael
cora**z**ón	di**c**es			

B. Escuche y repita las siguientes oraciones que lee su profesor/a.

1. La ciudad de Cuzco está en el sur de Perú.
2. Debemos consultar con una agencia de viajes para hacer las reservaciones.
3. Hay un refrán que dice: «Cielo azul en marzo, cielo gris en abril».
4. Se entusiasmó con la visita a Islandia.

Refranes

No es oro todo lo que reluce. All that glitters is not gold.
No hay cosa segura en esta vida. Nothing is certain in this life.

Estudio de palabras

I. Artículos de ropa

1. la camisa
2. la corbata
3. los pantalones
4. la billetera
5. el vestido
6. la bolsa, el bolso
7. la blusa
8. la falda
9. los zapatos
10. las sandalias
11. las botas
12. los calcetines
13. las medias
14. los guantes
15. el suéter
16. la bufanda
17. el impermeable
18. el sombrero
19. el gorro
20. la chaqueta
21. el abrigo
22. el traje

Expresiones útiles
ir de compras to go shopping
llevar to wear
el número size *(of shoes)*
quedar bien (grande, pequeño) to fit well (to be large, small)
la ropa de (verano) (summer) clothing
la talla size *(of clothing)*
el tamaño size *(general term)*
usar to wear

A. Conteste las siguientes preguntas acerca de su manera de vestir.

1. ¿Qué lleva usted cuando va a una entrevista?
2. ¿Qué ropa lleva en la primavera? ¿en el verano?
3. ¿Lleva usted sombrero cuando hace calor?
4. ¿Qué lleva usted cuando llueve?
5. ¿Qué usa cuando hace frío?
6. ¿De qué talla es su camisa?
7. ¿Qué número de zapatos usa usted?

B. Describa la ropa que usted lleva en este momento. Mencione el color, el tamaño y si quiere el precio *(price).*

II. Los viajes

Sustantivos
la aduana customs
el/la aduanero/a customs officer
la agencia de viajes travel agency
el aterrizaje landing
el billete (boleto) de ida one-way ticket
el billete de ida y vuelta round-trip ticket
la carretera highway
el despegue takeoff
el destino destination
el equipaje baggage
la estación de ferrocarril train station
la línea aérea airline *(also,* **aerolínea***)*
la maleta suitcase
el/la pasajero/a passenger
el pasaporte passport
el/la viajero/a traveler

Verbos
alojarse to lodge
aterrizar to land (in a plane)
conducir (zc) to drive (a car) *(also,* **manejar***)*
despegar to take off (in a plane)
volar (ue) to fly

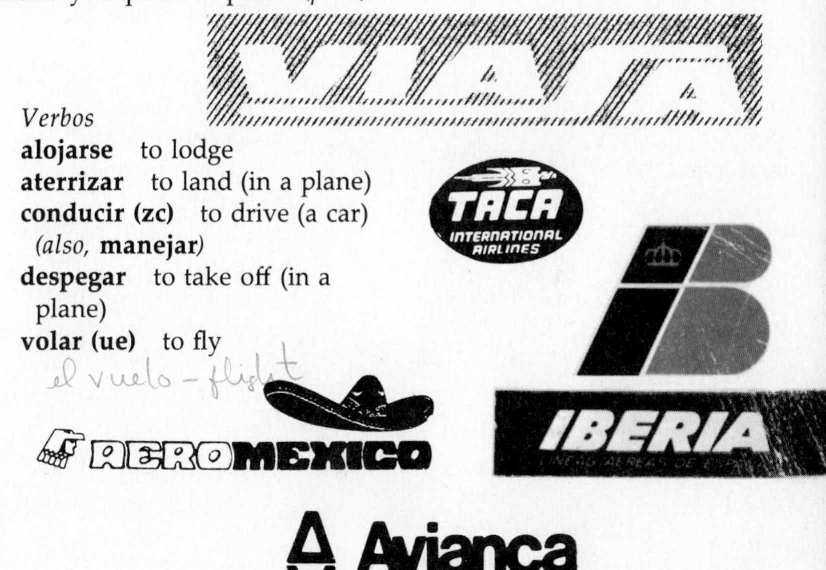

Otras palabras y expresiones

¡buen viaje! have a good trip!
hacer escala to make a stop (on the way to a destination)
hacer las maletas to pack the suitcases
hacer un viaje to take a trip
tomar el tren to take the train
¡que le (te) vaya bien! have a good time!
¡que se (te) divierta(s) mucho! enjoy yourself!

C. Usted participa en una encuesta *(survey)* de una agencia de viajes. Tiene que dar la información siguiente sobre su último viaje.

1. ¿Adónde viajó usted?
2. ¿En qué mes o estación del año viajó usted?
3. ¿Con quién viajó?
4. ¿Qué medio de transporte usó?
5. ¿Qué pasó cuando usted llegó a su destino?
6. ¿Estuvo en un hotel? ¿en cuál? ¿por cuánto tiempo?

D. Complete las oraciones de la primera columna con una frase apropiada de la segunda columna.

1. Cuando mi amiga hace un viaje,
2. Tuvimos que esperar en la estación de ferrocarril
3. Cuando fui a Quito,
4. ¿Compraste un billete de ida solamente,
5. Cuando viajaron con esa línea aérea,
6. No nos permiten fumar
7. ¿Le mostraste tu pasaporte
8. Cuando salió le dijimos,
9. Cuando hay mucho tráfico en la carretera,
10. Después de aterrizar,

a. el avión hizo escala en Bogotá y en Lima.
b. al aduanero?
c. o uno de ida y vuelta?
d. no es posible conducir rápidamente.
e. lleva siempre mucho equipaje.
f. tuvieron que esperar una hora en la aduana.
g. porque el tren tardó mucho.
h. durante el despegue y el aterrizaje.
i. «¡Buen viaje! ¡Que se divierta!»
j. perdieron sus maletas.

Estructuras útiles

I. Preterit of -ir verbs with stem changes o > u and e > i

1. The **-ir** verbs that have a stem-vowel change **o** > **ue** in the present tense (see pages 152–153) also have a stem-vowel change **o** > **u** in the third person singular and plural forms of the preterit.

dormir	morir
dormí	morí
dormiste	moriste
durmió	**murió**
dormimos	morimos
dormisteis	moristeis
durmieron	**murieron**

Todos **durmieron** como unos troncos. *They all slept like logs.*
¿Cuándo **murió** la abuela? *When did grandmother die?*

2. The **-ir** verbs that have a stem-vowel change **e** > **i** in the present tense (see pages 166–167) also have a stem change **e** > **i** in the third person singular and plural forms of the preterit.

pedir	conseguir	reír
pedí	conseguí	reí
pediste	conseguiste	reíste
pidió	**consiguió**	**rió**
pedimos	conseguimos	reímos
pedisteis	conseguisteis	reisteis
pidieron	**consiguieron**	**rieron**

—Al jefe le **pedimos** un millón de pesos. *We asked the boss for one million pesos.*
—¿Y por qué le **pidieron** tanto? *And why did you ask him for so much?*

Other common **-ir** verbs with a stem-vowel change **e** > **i** in the preterit are:

despedir	perseguir	sentir
divertir	preferir	vestir
elegir	repetir	

A. Diga por qué no durmieron anoche las personas indicadas, usando las expresiones siguientes.

hizo frío — alguien roncó *(snored)*
la persona tuvo insomnia — la persona estuvo enferma

▶ yo *Anoche no dormí porque tuve insomnia.*

1. tú
2. el profesor de ingeniería
3. mi amiga Hilda y su mamá
4. tú y tu hermano
5. Silvia y yo
6. yo

B. Haga oraciones completas, usando el pretérito de los verbos.

▶ yo / conseguir / tres entradas / ópera — *Yo conseguí tres entradas para la ópera.*

1. ¿tú / despedir / a tu hermano / ayer en el aeropuerto?
2. el policía / perseguir / hombre / por las calles de la ciudad
3. nosotros / nunca / pedir / dinero / a nuestros padres
4. él / repetir / las palabras / en español
5. tú y Olga / elegir / un buen trabajo
6. las plantas / morir / durante las vacaciones

C. Diga qué piden este año las siguientes personas, escogiendo *(choosing)* una opción de la segunda columna. Luego diga qué pidieron el año pasado.

▶ los mineros — *Este año los mineros piden [más dinero].*
El año pasado pidieron [menos horas de trabajo].

1. los estudiantes	a. más dinero
2. la doctora	b. mejor comida
3. el empleado	c. menos horas de trabajo
4. los profesores	d. mejores condiciones
5. los policías	e. atención médica
6. las mujeres	f. buenos servicios

II. Nominalization

—¿El muchacho alto es hermano de Ángela?
—Sí, ***el alto*** *es su hermano Carlos.*

1. In Spanish, a noun is often distinguished from other nouns by means of an adjective, a **de**-phrase, or a **que**-clause.

—¿Ya conoces a algunos estudiantes este año?	*Do you know any students this year yet?*
—Sí, conozco a los estudiantes **de esta clase** y a casi todos los estudiantes **que viven en el dormitorio.**	*Yes, I know the students in this class and most of the students who live in the dorm.*

2. In normal conversation, when the context is clear, a noun modified by an adjective, a **de**-phrase, or a **que**-clause used as an adjective can be omitted in a response, as long as the *article* modifying the noun is retained. This is often referred to as nominalization; that is, the adjective phrase functions as a noun.

—¿El libro verde es tu libro de química?	*Is the green book your chemistry book?*
—Sí, **el verde** es mi libro de química.	*Yes, the green one is my chemistry book.*
—¿La mujer del sombrero azul es hermana de Ángela?	*Is the woman with the blue hat Angela's sister?*
—No, **la del sombrero azul** es su tía.	*No, the one with the blue hat is her aunt.*

3. Nominalization is often used to avoid repetition.

El edificio blanco y **el azul** fueron construidos en 1911.	*The white building and the blue one were built in 1911.*
El libro de ciencia y **el de cálculo** cuestan $20 cada uno.	*The science book and the calculus one cost $20 each.*
La calculadora que yo tengo y **la que** tú tienes son iguales.	*The calculator I have and the one you have are the same.*

4. The neuter article **lo** may be used with an adjective, a **de**-phrase, or a **que**-clause in nominalization to refer to an abstract quality or characteristic.

Lo difícil es que no entienden español.	*The hard part is that they do not understand Spanish.*
¡**Lo del accidente** fue terrible!	*The whole business about the accident was terrible!*
Lo que dijo usted no es verdad.	*What you said isn't true.*

5. The indefinite article **un** changes to **uno** when it appears in nominalization. **Una** remains the same.

—Compré un automóvil de dos puertas.	*I bought a car with two doors.*
—¡Qué casualidad! Ayer yo compré **uno** de dos puertas también.	*What a coincidence! Yesterday I bought one with two doors, too!*
—Conozco a una señora que trabaja en Chile.	*I know a woman who works in Chile.*
—Pues yo conozco a **una** que trabaja en Argentina.	*Well, I know one who works in Argentina.*

D. Exprese de otra manera la siguiente información, usando nominalización.

▶ Los viajeros que tienen dinero van a mejores hoteles. — *Los que tienen dinero van a mejores hoteles.*

1. La muchacha rubia que habla con Ricardo tiene razón.
2. El hombre de la cámara fotográfica es nuestro profesor.
3. Me gustan las fotos de monumentos nacionales.
4. La señora que está cerca de la ventana tiene frío.
5. La agente que hace las reservaciones es muy simpática.
6. Las jóvenes colombianas llegaron a Nueva York.

E. Haga preguntas y respuestas lógicas en el pretérito con las frases indicadas, sin usar los sustantivos en las respuestas.

▶ turistas alemanes / salir en avión

S1: *¿Es verdad que los turistas alemanes salieron en avión?*
S2: *Sí, los alemanes salieron en avión a las siete.*

1. señora chilena / visitar / Lima
2. señor que regresó a Panamá / olvidar / maleta
3. jefe de la compañía petrolera / viajar / Quito
4. muchacho guapo / conseguir / reservaciones
5. muchacha alta / pedir / información
6. turista norteamericana / consultar con / un agente de viajes
7. señora del sombrero / ir / aeropuerto

III. Reflexive constructions

La vi *en la calle. ¡Qué simpática es!*

Me vi *en el espejo. ¡Qué viejo estoy!*

1. A reflexive construction is one in which the direct or indirect object of the verb refers to or represents the same person or thing as the subject.

Reflexive

Alicia **se mira.**	*Alicia is looking at herself.*
Me veo en el espejo.	*I see myself in the mirror.*

Non-reflexive

Alicia **los mira.**	*Alicia is looking at them.*
Te veo en el espejo.	*I see you in the mirror.*

2. The chart that follows shows two Spanish verbs used reflexively, the first in the present and the second in the preterit. Note that the reflexive pronouns **me, te, nos,** and **os** are identical to the direct- and indirect-object pronouns. Only the third person singular and plural reflexive forms, **se,** are different.

	llamarse	**divertirse**
yo	me llamo	me divertí
tú	te llamas	te divertiste
Ud., él, ella	se llama	se divirtió
nosotros, -as	nos llamamos	nos divertimos
vosotros, -as	os llamáis	os divertisteis
Uds., ellos, ellas	se llaman	se divirtieron

3. The reflexive object pronouns follow the same rules of position as non-reflexive object pronouns. Note that the reflexive pronoun **se** appears in dictionaries and vocabulary lists attached to the infinitive **(llamarse, divertirse)** to indicate the reflexive usage of the verb.

4. The following verbs are frequently used reflexively in Spanish.

acordarse (ue) de to remember
acostarse (ue) to go to bed
afeitarse to shave
arrepentirse (ie) to repent, to be sorry
bañarse to take a shower, bathe
decidirse (a) to make up one's mind
despertarse (ie) to wake up
divertirse (ie) to have a good time, enjoy oneself
dormirse (ue) to fall asleep
enamorarse (de) to fall in love (with)
enfermarse to become sick
enojarse to get mad, get angry
equivocarse to make a mistake
imaginarse to imagine
irse to go away
lavarse to wash oneself
levantarse to get up
llamarse to be called
negarse (ie) a to refuse to
peinarse to comb one's hair
ponerse to put on *(clothing)*
preocuparse to worry
reírse (i) to laugh
quejarse to complain
quitarse to take off *(clothing)*
sentarse (ie) to sit down
sentirse (ie) to feel
vestirse (i) to get dressed

5. Reflexive constructions are much more common in Spanish than they are in English. Often a verb that is used reflexively in Spanish is not used reflexively in English. Some Spanish verbs are always used reflexively and others may be used in both non-reflexive and reflexive constructions, depending on the situation.

Me llamo Eduardo.	*My name is Eduardo* (literally, *I call **myself** Eduardo).*
Llamo a Bernardo esta noche.	*I'm calling Bernardo tonight.*
Me imagino que son similares.	*I imagine that they are similar.*

6. **Poner** *(to put)* and **quitar** *(to take away)* are used in their reflexive forms with articles of clothing to mean *to put on* or *to take off.* When used with a reflexive construction, the definite article, not the possessive adjective, is used in Spanish with articles of clothing.

—¿Qué **te pones** cuando hace frío?	*What do you put on when it's cold?*
—**Me pongo** el abrigo.	*I put on my coat.*

F. Las siguientes personas no conocen las ruinas incaicas, pero le dicen a usted que se imaginan que son estupendas.

▶ yo *Me imagino que las ruinas incaicas son estupendas.*

1. tú
2. usted
3. tú y Tomás
4. ella
5. los turistas
6. Carlos y yo

G. Diga en qué pasatiempos se divierten algunas personas que usted conoce. Escoja un pasatiempo de la lista o diga uno original.

jugar al fútbol	nadar	jugar al béisbol
ir al cine	patinar	jugar al tenis
cantar	sacar fotos	ir al museo
bailar	leer libros	escribir poesía

▶ *Mi primo [Daniel] se divierte mucho cuando saca fotos.*

H. Complete las oraciones siguientes con una frase lógica, usando el presente o el pretérito de los verbos de la lista según el contexto.

decidirse (a)	enfermarse	equivocarse	quejarse
enamorarse (de)	enojarse	imaginarse	sentirse

1. Cuando vi a esa chica simpática, ____ .
2. Ricardo se negó a ayudarme, por eso ____ mucho.
3. Tuve que ir al hospital porque comí algo malo y____ .
4. ¿Cómo ____ hoy, señorita? ¿Mejor que ayer?
5. Nosotros no ____ cómo ustedes consiguieron las entradas para el concierto.

6. Ayer mis amigos y yo ____ ir a la playa este fin de semana.
7. Esos muchachos siempre ____ de la comida en la cafetería.
8. Si yo no ____ , Pedro y Diego son primos.

IV. Verbs like **gustar**

1. Sentences with the verb **gustar** follow the pattern *indirect-object pronoun + third person verb form + noun* or *infinitive.*

Les gusta viajar.	*They like to travel.*
¿Te gustan los deportes?	*Do you like sports?*

2. The following verbs follow the same sentence pattern as **gustar.**

doler (ue) to hurt	**interesar** to interest
encantar to love	**molestar** to bother
faltar to need	**quedar** to have left

Me interesa mucho **la política.**	*Politics interests me a lot.*
Les encanta viajar por barco.	*They love to travel by boat.*

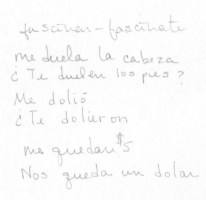

3. In constructions with **gustar** and verbs like **gustar,** prepositional **a**-phrases are often used for emphasis or clarification.

A mí me faltan dos pesos.	*I need two pesos.*
A ella le quedan tres lápices.	*She has three pencils left.*

I. A las siguientes personas les faltan muchas cosas. Diga si a usted le faltan las mismas cosas.

▶ Tomás: un reloj — *A Tomás le falta un reloj, pero a mí no me falta ninguno.*
A Tomás le falta un reloj, y a mí también me falta uno.

1. a ustedes: los documentos de identificación
2. a ti y a Luis: tres discos
3. a ellas: dinero
4. a él: tiempo
5. a esos señores: dos buenos diccionarios
6. a esa señora: un buen sueldo

J. Las personas siguientes se fueron de compras al almacén con cien pesos y compraron varias cosas. ¿Cuánto dinero les queda?

▶ Yo compré una camisa por veinte pesos. — *Me quedan ochenta pesos.*

1. Ángela compró una camisa por ochenta pesos.
2. Alberto y Luis compraron dos corbatas por diez pesos.
3. Nosotras compramos unas botas por treinta y tres pesos.
4. Eduardo compró unos zapatos por veintidós pesos.
5. Yo compré un gorro por dos pesos.

K. Complete con frases lógicas. Use los verbos **doler, encantar, faltar, interesar, molestar** o **quedar** y el objeto indirecto apropiado.

1. A Grisel ______ la mano, y tiene que ir al médico.
2. A mí ______ ver esas fotos de Yucatán porque pienso viajar a México en julio.
3. A ustedes ______ pintar y dibujar, ¿no es verdad?
4. Mi papá me dio diez dólares, pero ya sólo ______ dos.
5. A mi madre ______ el comercialismo de los lugares históricos.
6. ¿A ti ______ más los libros de historia o los libros de filosofía?
7. Tengo dos pesos, y ______ dos más para comprar ese sombrero.

L. Diga a cuáles de estas personas les interesan (o no) las siguientes cosas o actividades.

a usted	al presidente de los EEUU
a sus padres	a su mejor amiga
a una prima	a uno de sus profesores
a su mejor amigo	a un compañero de clase

1. la política	5. las novelas de detectives
2. viajar a Europa	6. los animales domésticos
3. los deportes	7. la profesión que tiene
4. la biología	8. las lenguas modernas

¿Comprende usted?

Tarjetas postales

Todo escritor tiene una audiencia particular en mente *(mind)* cuando escribe. La consideración de esa audiencia lo limita en cuanto a la selección de palabras y al estilo que utiliza al escribir. Alberto Falla envía *(sends)* estas tarjetas postales a sus amigos panameños. Una tarjeta es para su novia. Otra es para una amiga que le ayudó a conocer amigos en Perú. Dos son para unos amigos. Descubra cuál es cuál.

Lucha de mi vida:

El Perú es un país de encanto, pero aquí no está mi Lucha para salir y pasear con ella. Algún día tú y yo tenemos que venir juntos y ver esta maravilla. ¿Piensas mucho en mí? Yo no te olvido un instante.

Tuyo,

Alberto

Srta. Lucía Puerto
Av. del Mar 5874
Panamá, Panamá C.A.

Querido Cuco:

Afortunadamente Tomás me convenció de visitar Machu Picchu. Esta foto te da una idea de la maravilla que es este lugar, pero la realidad es mucho mejor. El mes de vacaciones pasa rápidamente y la semana entrante vuelvo a Panamá.

Tu amigo,

Alberto

Sr. Antonio Tovar
Calle Torrijos 1, 2°B
Panamá, Panamá C.A.

Mi querida Mencha:

¡Tienes toda la razón! Perú es una maravilla. Ya visité a tus amigos los Romero y son simpatiquísimos. Te mandan saludos afectuosos. Me invitaron a comer, y otro día me llevaron a las ruinas de Pachacámac cerca de Lima, donde los incas tuvieron un gran templo.

Te recuerda siempre,

Alberto

Srta. Clemencia Pinzón
Calle de las Flores 2367
Panamá, Panamá C.A.

Mi queridísimo Pepe:

Estoy pasando un mes fantástico. Lima tiene su sector moderno y su parte colonial. Hoy estuve en el cambio de guardia del Palacio Presidencial. Los guardias tienen este mismo uniforme que ves en la postal. Es realmente imponente.

Te recuerda tu amigo,

Alberto

Sr. José María Agudelo
Apartado 79
Panamá, Panamá C.A.

A. Complete las oraciones según el contenido de las postales.

1. La novia de Alberto se llama _____ .
2. _____ son amigos de Alberto.
3. _____ le ayudó a Alberto a conocer gente en Perú.
4. A Alberto le queda _____ de vacaciones.
5. Alberto quiere regresar a Perú para _____ .
6. Una de las postales es una fotografía de _____ .

B. Usando las tarjetas postales, haga un resumen del viaje de Alberto.

1. Diga cuánto tiempo dura el viaje.
2. Mencione tres sitios que Alberto visitó en Perú.
3. Explique cómo es Lima según Alberto.
4. Diga cuándo piensa regresar Alberto a Perú y con quién.
5. Explique por qué decidió Alberto visitar Machu Picchu.

C. Suponga que usted está en Perú y escribe tarjetas postales a dos personas (por ejemplo a un/a amigo/a y a un pariente). Escoja algunos datos de las tarjetas de Alberto para escribir sus tarjetas.

Documentos y gráfica 4

La Paz, Bolivia

El pueblo de La Paz fue fundado[1] en una cuenca de río[2] originalmente rica en oro y circundada[3] por altas montañas. Durante el imperio de los incas, La Paz se convirtió en una ciudad próspera. Es la capital más alta del mundo, situada a una altura de 3.400 metros. Un lugar pintoresco y muy característico de la ciudad es el mercado del Prado, donde muchas indias vestidas con[4] varias faldas y con sombreros hongos[5] venden sus productos de artesanía.[6] El comprador tiene que regatear[7] con ellas para comprar a buen precio artículos como ponchos de lana,[8] suéteres de alpaca y otros objetos.

No muy lejos de La Paz están las ruinas de los monumentos y monolitos[9] de Tiahuanaco. Esta antigua ciudad aymará[10] tiene gran importancia arqueológica. Se piensa que sus templos y tumbas[11] fueron construidos entre los años 800 a.C. (antes de Cristo) y 500 d.C. (después de Cristo). Las ruinas de esta ciudad incluyen la fortaleza[12] de Acapana y el Templo del Sol.

---

1. founded 2. **cuenca ...** river basin 3. surrounded 4. **vestidas ...** wearing 5. **sombreros ...** bowler hats 6. handicrafts 7. bargain 8. wool 9. monoliths 10. name of ancient Indian civilization 11. tombs 12. fortress

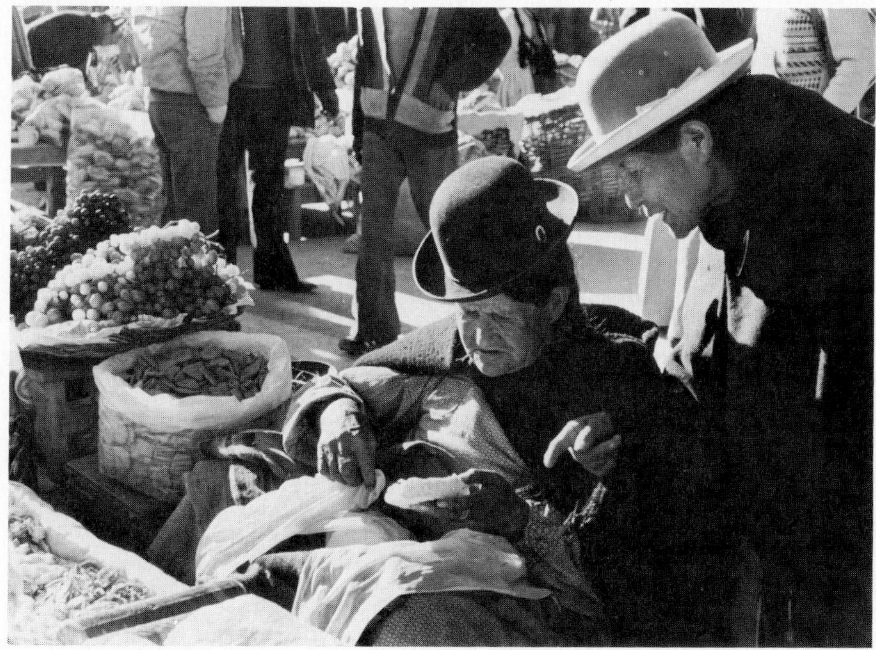

El mercado del Prado en La Paz, Bolivia.

(Izquierda) Un indio boliviano pesca en el lago Titicaca. (Derecha) Los edificios modernos de Lima contrastan con los de la época colonial.

El lago Titicaca

Entre Bolivia y Perú, circundado por los picos[1] más altos de los Andes, se encuentra el lago Titicaca, el lago navegable más alto del mundo. La leyenda de los incas cuenta que los fundadores y primeros reyes[2] del imperio fueron creados[3] en la Isla del Sol, una de las islas en medio del lago.

Hoy en día los indios pescan truchas[4] en las aguas azules del lago desde sus barcos de caña,[5] cuya[6] construcción primitiva contrasta fuertemente con los aerodeslizadores[7] ultramodernos que cruzan el lago de un lado a otro.

1. peaks 2. king and queen 3. created 4. trout 5. reed 6. whose 7. hydrofoils

Lima: Ayer y hoy

Al establecer la capital de Perú en Lima en 1535, Francisco de Pizarro le dio el nombre de Ciudad de Los Reyes, y desde el siglo XVI esta ciudad fue uno de los centros sociales, culturales y comerciales más importantes de la América del Sur. La riqueza[1] mineral del país, especialmente el oro, permitió la construcción de iglesias ricas en obras[2] de arte, como la Catedral; de conventos de decoración elaborada, como el convento de los Nazarenos; y de estructuras y palacios majestuosos, como la Universidad de San Marcos y el Palacio del Arzobispo.

En contraste con el aspecto de la ciudad durante la época colonial, hoy la silueta de Lima está caracterizada por sus edificios y rascacielos[3] modernos. Más de tres millones de personas se concentran en Lima y sus alrededores,[4] y es el centro industrial más importante del país.

1. wealth 2. works 3. skyscrapers 4. environs

Los artefactos peruanos

Figura precolombina en el Museo de Antropología y Arqueología de Lima, Perú.

Los museos de Perú están llenos de tesoros[1] de las civilizaciones precolombinas—vestigios de las culturas indias, como la inca y la nazca. Entre estos tesoros hay máscaras, figuras, estatuas, objetos de la vida diaria, objetos rituales y valiosas filigranas[2] en oro y en plata. Además hay artefactos del período colonial, que reflejan la mezcla de la artesanía india y la española. Se encuentran exquisitos tejidos[3] de lana de alpaca, de llama y de vicuña, alfombras[4] y bellas cerámicas multicolores.

1. treasures 2. **valiosas** ... valuable filigrees 3. cloth weavings 4. rugs

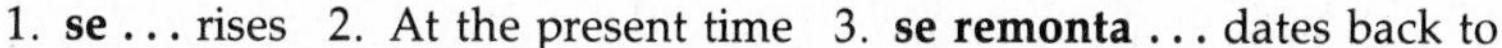

Quito, capital de Ecuador

Quito fue destruida dos veces en el siglo XVI y de nuevo en el siglo XVII por el volcán Pichincha, que se levanta[1] cerca de la ciudad. Sin embargo, se construyó de nuevo y en el siglo XVIII llegó a ser una ciudad colonial muy importante, una de las principales ciudades coloniales de las Américas. Actualmente,[2] iglesias como las de Santo Domingo, San Francisco y La Compañía, y museos, como el de San Francisco y el Museo de Arte Colonial, conservan una extensa colección de arte que se remonta a[3] la época colonial.

1. **se** ... rises 2. At the present time 3. **se remonta** ... dates back to

Vista de la Plaza Independencia en el centro de la ciudad de Quito, Ecuador.

¿Sabía usted que . . . ?

La capital oficial de Bolivia es Sucre, pero el gobierno usa La Paz como sede para sus operaciones. Por eso a Bolivia se le dice «el país de dos capitales».

Bolivia tuvo minas riquísimas de plata en Potosí durante la época colonial. Esto originó la expresión «vale un Potosí» para indicar que algo vale mucho. Hoy en día, sin embargo, Bolivia es uno de los países más pobres del mundo hispánico.

Los indios que viven en Los Andes están acostumbrados a vivir a grandes alturas, pero el visitante que viene de regiones más bajas sufre frecuentemente de los mareos y falta de aire que causa el «mal de altura» (llamado «soroche» por los indios).

La Universidad de San Marcos en Lima fue fundada en 1552, 85 años antes que la Universidad de Harvard en Cambridge, Massachusetts.

¿Qué recuerda usted?

Escoja entre las expresiones de la segunda lista la que mejor identifique las cosas o lugares de la primera lista.

1. el lago navegable más alto del mundo
2. ciudad destruida tres veces por un volcán
3. Ciudad de los Reyes y centro de la industria de Perú
4. una de las dos capitales de su país
5. lugar en una leyenda de los incas
6. antigua ciudad aymará de gran importancia arqueológica
7. barcos ultramodernos

a. aerodeslizadores
b. Tiahuanaco
c. Sucre
d. La Isla del Sol
e. Lima
f. Titicaca
g. Quito

Unidad 5

En Colombia, Venezuela y Panamá

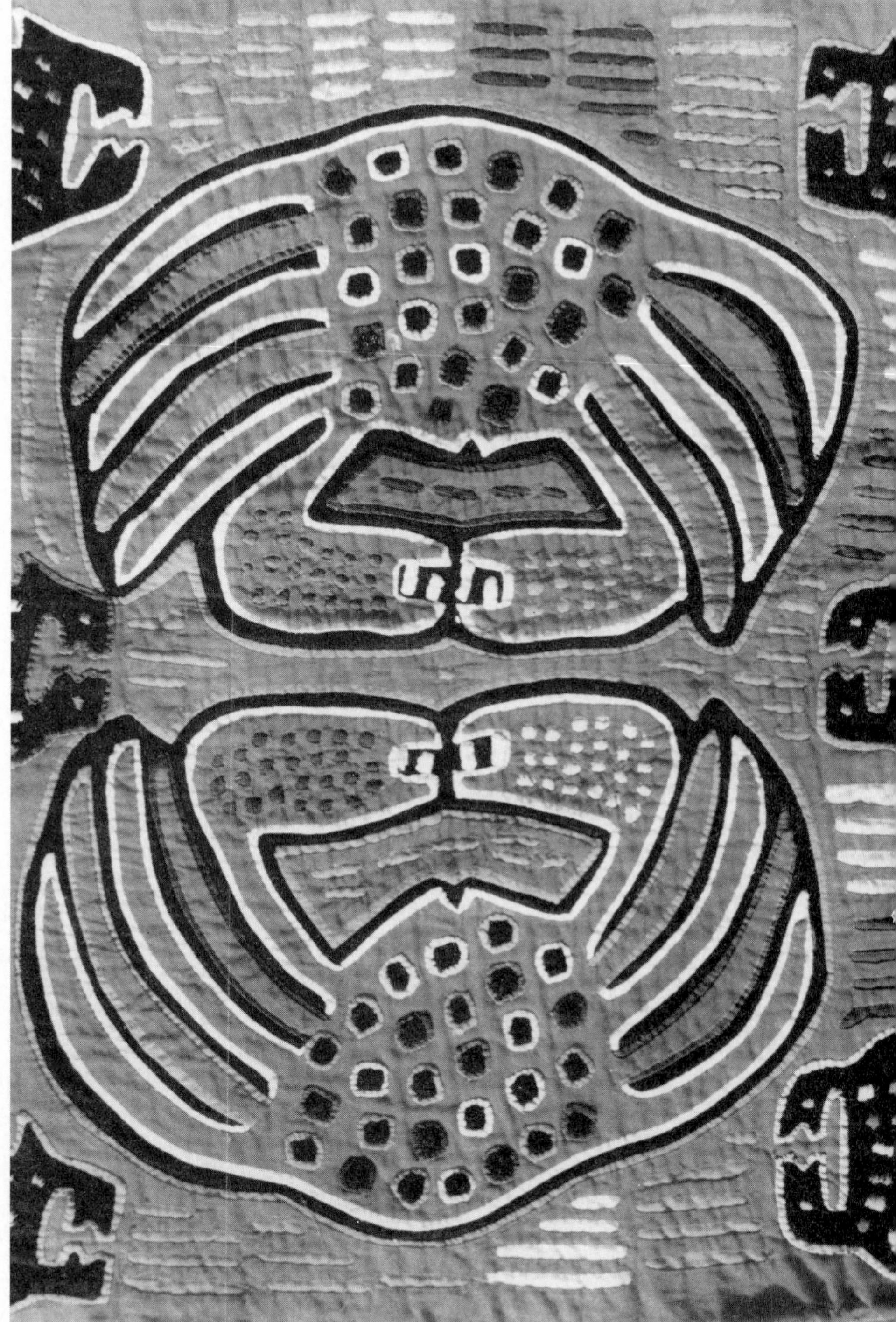

Fragmento de una típica mola panameña.

Lección 13
En Colombia

Las noticias del día

Son las siete de la mañana en Medellín, ciudad del noroeste de Colombia. El señor Alonso Fernández enciende la radio para escuchar las noticias del día antes de salir a trabajar. Mientras escucha las noticias, toma una taza de café con leche y saborea una arepa antioqueña.°

saborea . . . he savors an Antioquian corn griddle cake

Locutor: Muy buenos días, señoras y señores. Desde Medellín, éste es su noticiero Todecol, «El primero con las últimas».° Y . . . quiero que recuerden . . . para el dolor de cabeza, ¡mejor mejora Mejoradina!

El . . . the first one with the latest news

Bogotá. —Anoche llegó a Bogotá el Secretario de Estado de los Estados Unidos para asistir a la Conferencia Interamericana de Desarrollo Económico. El Secretario expresó su interés en encontrar cuanto antes° una solución justa y efectiva a los problemas monetarios que agobian° a varias naciones del hemisferio occidental.

cuanto . . . as soon as possible
overwhelm

Cali. —El conocido ciudadano Dr. Pedro Ayala, jefe de la compañía Plasticol de Colombia, fue secuestrado° ayer en la tarde de su automóvil en la Calle Quince. La policía afirma que con la cooperación de los ciudadanos es probable que se encuentre a los culpables.

kidnapped

Cartagena. —El festival mundial de cine causa sensación internacional en esta ciudad. En una entrevista exclusiva con

Estación de radio en Bogotá, Colombia.

esta estación, la señorita Oldtown, una de las actrices más admiradas, declaró que le encanta Colombia y que espera que la comisión del festival le conceda° un premio por su actuación° en la película *Doble pasión.* Esta película despertó más interés entre el público que *Amor sin dolor,* de la misma actriz.

awards / performance

Locutora: ¿Ya compró su billete para el sorteo° extraordinario de la Lotería de Antioquia? ¡Puede ganar más de veinticinco millones el viernes de la semana entrante!

drawing

Locutor: Y ahora seguimos con las noticias deportivas.—Todo el país sigue de cerca° la Vuelta a Colombia en Bicicleta.° Raúl Tomillo, favorito de la Vuelta, parece tener serias dificultades. La etapa de hoy termina en Medellín, y si las noticias sobre Tomillo resultan ciertas, es posible que Matamoros llegue a ser el nuevo líder de la Vuelta.

sigue . . . follows closely / **Vuelta** . . . Colombian cross-country bicycle race

Locutura: Y ahora, señoras y señores, otra vez . . . para el dolor de cabeza, ¡mejor mejora Mejoradina! Hasta las noticias del mediodía, éste es su noticiero Todecol, «El primero con las últimas».

El señor Fernández apaga el radio, mira su reloj, abre la puerta y sale para la oficina en carrera.°

en . . . in a rush

Comprensión

1. Describa las primeras acciones del señor Fernández por la mañana.
2. ¿Para qué es buena la Mejoradina?
3. ¿Por qué llegó anoche el Secretario de Estado de los Estados Unidos a Bogotá?
4. ¿Qué le pasó al Dr. Pedro Ayala ayer por la tarde?
5. ¿En qué ciudad colombiana celebran los festivales mundiales de cine este año?
6. ¿Cuánto dinero puede uno ganar en la lotería de Antioquia el viernes de la semana entrante?
7. ¿De qué evento deportivo habla el locutor?
8. Dé algunos detalles de la Vuelta a Colombia en Bicicleta.
9. ¿Qué hace el señor Fernández después de escuchar las noticias del día?

Conversación

1. ¿A qué hora desayuna usted? ¿y almuerza? ¿y cena?
2. ¿A qué hora del día escucha usted la radio?
3. ¿Generalmente escucha usted música o las noticias del día en la radio?
4. ¿Prefiere usted escuchar las noticias en la radio o mirarlas en la televisión?
5. ¿Participa usted en carreras de bicicletas? Si no, ¿en qué deportes participa?
6. ¿Qué le parecen los anuncios comerciales en la radio? ¿Qué le parecen los anuncios comerciales en la televisión?

Vocabulario

Palabras análogas

la acción
el actor
admirado, -a
causar
la comisión
la cooperación
efectivo, -a
el evento
exclusivo, -a
expresar
el festival
el hemisferio
interamericano, -a
justo, -a
la lotería
monetario, -a
la pasión
probable
resultar
el/la secretario/a
la sensación
serio, -a
la solución

Sustantivos

la actriz actress
el anuncio announcement
la carrera race
el/la ciudadano/a citizen
el/la culpable guilty person
el desarrollo development
el detalle detail
el dolor de cabeza headache
la entrevista interview
la estación station (as in *radio station*)
el noticiero newscast
el premio prize
la taza cup

Adjetivos

cierto, -a true
conocido, -a well-known
deportivo, -a sporting; referring to sports
doble double
mundial world
occidental western

Verbos

abrir to open
apagar to turn off
cenar to have dinner
desayunar to have breakfast
esperar to hope (for)
ganar to win
pasar to happen
terminar to end, finish

Otras palabras y expresiones

al + *inf.* on *or* upon (doing something)
después de + *inf.* after (doing something)
generalmente generally
llegar a ser to become
¿qué le pasó? what happened to him?
la semana entrante the coming week
todo el país the whole country

Práctica

A. Prepare un diálogo con otro/a estudiante entre el Sr. Fernández y su hijo/a. Al entrar en el comedor *(dining room)* para tomar el desayuno con su padre, el hijo o hija le pregunta cuáles son las noticias del día. El Sr. Fernández le cuenta los últimos acontecimientos *(events)*. Usen expresiones apropiadas del diálogo en esta lección.

B. Imagine que usted es locutor/a de radio o de televisión. Prepare un breve comentario de dos o tres sucesos recientes, reales o imaginarios, ocurridos en su pueblo o ciudad. Luego presente las noticias en la clase.

Nota cultural La radio en Colombia

Para comprender la importancia de la radio en la educación colombiana, es necesario darse cuenta de[1] lo difícil que es el transporte debido a[2] las enormes cordilleras de los Andes que atraviesan[3] el país. Hay muchas regiones que no reciben comunicación televisiva y donde el correo[4] llega solamente una vez a la semana o al mes. Llevar la educación a estas regiones aisladas es un problema de tremendas dimensiones.

El padre José Joaquín Salcedo encontró en la radio una solución que contribuye a resolver el problema de proporcionar educación a todos. Fundó el programa de «Acción Cultural Popular» en 1947 para llevar la educación a zonas rurales aisladas. El programa tuvo tanto éxito que los educadores de otros países de Hispanoamérica siguieron el ejemplo del padre Salcedo y empezaron programas similares. Los programas de radio no sólo enseñan[5] a leer y a escribir, sino que[6] llevan a la población conocimientos[7] de historia, arte, música, higiene, agricultura y otros campos de interés práctico o de enriquecimiento[8] cultural. Así la radio ocupa un lugar esencial en las comunicaciones de Colombia. Sirve una función multifacética como medio de entretenimiento,[9] de difusión de las noticias y de educación.

---

1. **darse**... to realize 2. **debido**... owing to 3. cross 4. mail 5. teach 6. **sino**... but (also) 7. knowledge 8. enrichment 9. entertainment

Dos indios colombianos escuchan las noticias del día.

Pronunciación y ortografía

Los sonidos [s], [ks] y [gs]

1. The sounds [s], [ks], and [gs] may all be spelled **x**, depending in part on the origin of the word or on regional pronunciation. The letter **x** is pronounced [ks] or [gs] when followed by a vowel. It is pronounced [s] when followed by a consonant sound.

x = [ks] or [gs]	**ex**amen	**ex**orbitante	**ex**istir
	éxito	**ex**uberante	**ex**agerar
x = [s]	**ex**pectativa	**ex**traordinario	**ex**plicar
	exclamación	**ex**cepcional	**ex**cusar

2. Remember that the letter **x** in some family and place names sometimes represents [h]; for example, in **Xavier, México, Oaxaca.**

A. Escuche a su profesor/a leer las siguientes oraciones. Después repítalas, poniendo atención a la pronunciación de la **x.**

1. Hay gran expectativa entre los estudiantes de México.
2. Usted exagera cuando dice que su experiencia es excepcional.
3. Hiram Bingham exploró las extraordinarias ruinas de Machu Picchu.
4. Los precios de las excursiones son exorbitantes.

B. El siguiente poema muestra un poco exageradamente algunos posibles malentendidos *(misunderstandings)* interculturales. Complete el poema con las palabras de la lista. Luego, léalo en voz alta.

México	exótico	mexicano
exorbitantes	expresa	exagera

_____ con gran dolor
un _____ de Chiapas
que una dama americana
_____ la situación:

al pobre lo encuentra _____
y al rico peripatético;° (extravagant)
los precios _____,
¡y _____ encantador!

Estudio de palabras

I. Comidas y bebidas

There are various regional terms for food in Hispanic countries, but the following words and expressions will be understood in most Spanish-speaking areas. Learn the following food terms, including the categories into which they have been grouped.

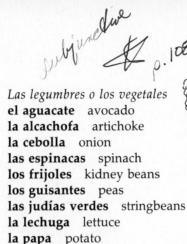

Las comidas
el almuerzo lunch, late mid-morning meal
la cena supper, evening meal
la comida main meal of the day
el desayuno breakfast

Utensilios
la cuchara spoon
el cuchillo knife
el plato plate
la servilleta napkin
el tenedor fork
el vaso glass

Los mariscos y el pescado
la almeja clam
el atún tuna
el camarón shrimp
el cangrejo crawfish, crab
la langosta lobster
el langostino prawn
el lenguado sole

Las frutas
la banana banana
el durazno peach
la fresa strawberry
el limón lemon
la manzana apple
la naranja orange
la pera pear
la piña pineapple
la toronja grapefruit
las uvas grapes

La carne y las aves de corral
el bistec beefsteak
la carne de cerdo pork
la carne de res beef
el cordero lamb
el jamón ham
el pavo turkey
el pollo chicken
la ternera veal
el tocino bacon

Las legumbres o los vegetales
el aguacate avocado
la alcachofa artichoke
la cebolla onion
las espinacas spinach
los frijoles kidney beans
los guisantes peas
las judías verdes stringbeans
la lechuga lettuce
la papa potato
el tomate tomato
la zanahoria carrot

Los postres
los caramelos candy
el flan baked custard
la gelatina gelatin
el helado ice cream
el pastel pie, pastry
la torta cake

Las bebidas
el agua (mineral) (mineral) water
las gaseosas soda, pop
el jugo juice
la limonada lemonade
el vino (tinto o blanco) (red or white) wine

Otros productos
el aceite (de oliva) (olive) oil
el arroz rice
el azúcar sugar
los cereales cereals
la crema cream
la ensalada salad
los huevos eggs
la mantequilla butter
la margarina margarine
el pan bread
la pimienta pepper
el queso cheese
la sal salt
la tostada toast

A. Conteste las siguientes preguntas.

1. ¿Qué come usted para el almuerzo? ¿para la comida?
2. ¿Le gusta la carne? ¿Qué clase de carne le gusta más?
3. ¿Le gustan los mariscos? ¿Le gustan más los camarones o la langosta?
4. ¿Le gustan los sándwiches de atún? ¿Los come para el desayuno, el almuerzo o la cena?
5. Imagine que usted va a comer pavo para la comida. ¿Qué legumbres le gusta comer con el pavo?
6. Imagine que usted va a prepararse una ensalada de frutas para el almuerzo. ¿Qué clase de frutas va a poner en la ensalada?
7. ¿Qué bebidas toma usted con el desayuno? ¿con el almuerzo? ¿con la cena?

B. Imagine que usted fue a una comida muy elegante anoche. Identifique las cosas enumeradas sobre la mesa que Ud. se sirve del buffet. Use palabras de esta sección.

C. Pregúntele a un/a compañero/a de clase qué tomó para el desayuno esta mañana. Luego dígale qué tomó usted.

D. Imagínese que usted está a dieta *(on a diet)*. Prepare un menú para el día.

II. Pequeños negocios

In many cities and towns of Spain and Hispanic America people often buy food every day in small stores or markets rather than weekly or biweekly in big supermarkets.

Learn the names of small stores where foods are sold and the names of the people who work in these places. Notice that nouns referring to small stores often end in **-ía,** and nouns referring to employees often end in **-ero** and **-era.**

Negocios		*Empleados (o dueños)*
la carnicería	butcher shop	**el/la carnicero/a**
la frutería	fruit shop	**el/la frutero/a**
la lechería	dairy, creamery	**el/la lechero/a**
la panadería	bakery	**el/la panadero/a**
la pastelería	pastry shop	**el/la pastelero/a**
la pescadería	fish market	**el/la pescadero/a**
la tienda de comestibles	grocery store	**el/la tendero/a**

E. Usted está en uno de los negocios mencionados arriba, y necesita comprar algunas cosas. En ese país, $1 US = 100 pesos. Prepare un diálogo apropiado entre usted y un/a empleado/a del negocio. Por ejemplo:

En una frutería

El frutero: ¿En qué puedo servirle?
Usted: Necesito un kilo de manzanas y medio kilo de uvas.
El frutero: Muy bien, [señor].
Usted: ¿Cuánto cuestan las manzanas?
El frutero: Cien pesos el kilo.
Usted: ¿Y las uvas?
El frutero: Ochenta pesos el kilo.

Estructuras útiles

I. Introduction to the subjunctive mood

1. Up to this point you have studied verbs in the indicative mood, which is used when the speaker relates facts or supplies information.

   I *know* that Paul *is* at home at this moment.
   We *returned* home early last night.

2. In this lesson you will begin to study the *subjunctive mood.* In English, only a few subjunctive forms of the verb are left that are clearly different from the indicative forms.

   I insist that Paul *be* at home at five o'clock sharp.
   My mother wishes that I *were* a better student.

3. In Spanish, the subjunctive mood is used more frequently than in English. It is used most often in dependent **que-**clauses when a speaker attempts to influence someone's actions, expresses emotion, doubt, denial, or uncertainty, or expresses a subjective judgment.

Mi padre prefiere que yo **trabaje,** pero dudo que **pueda** encontrar trabajo.	*My father prefers that I work, but I doubt that I can find work.*
Es necesario que **almorcemos** temprano.	*It is necessary that we eat early.*

II. Present subjunctive forms of -**ar** verbs

1. The present subjunctive forms of regular **-ar** verbs are made up of a stem based on the **yo-**form of the present indicative and a set of endings that have a characteristic vowel **e** in all persons. Note that verbs that end in **-car** and **-gar** change **c** > **qu** and **g** > **gu** in accordance with regular Spanish spelling changes.

hablar	buscar	llegar
habl **e**	busqu **e**	llegu **e**
habl **es**	busqu **es**	llegu **es**
habl **e**	busqu **e**	llegu **e**
habl **emos**	busqu **emos**	llegu **emos**
habl **éis**	busqu **éis**	llegu **éis**
habl **en**	busqu **en**	llegu **en**

María quiere que yo la **busque.**	*María wants me to look for her.*
Es importante que **llegues** a tiempo.	*It is important that you arrive on time.*

2. Verbs in **-ar** with stem changes **e** > **ie** and **o** > **ue** in the present indicative undergo the same stem-vowel changes in the present subjunctive. Remember that the **z** in **almorzar, comenzar,** and **empezar** changes to **c** before the **e** of the ending in accordance with regular Spanish spelling changes. For examples of common **-ar** verbs with stem-vowel changes **e** > **ie** and **o** > **ue,** see *Lección 8.*

cerrar	**encontrar**	**almorzar**
ci**e**rre	enc**ue**ntre	alm**ue**rce
ci**e**rres	enc**ue**ntres	alm**ue**rces
ci**e**rre	enc**ue**ntre	alm**ue**rce
cerremos	encontremos	almorcemos
cerréis	encontréis	almorcéis
ci**e**rren	enc**ue**ntren	alm**ue**rcen

3. The present subjunctive forms of **dar** and **estar** have the same endings as other **-ar** verbs, but accents occur in the first and third persons singular of **dar** and in all forms except the first person plural of **estar.**

dar	**estar**
dé	esté
des	estés
dé	esté
demos	estemos
deis	estéis
den	estén

A. Diga que usted quiere que las siguientes personas hagan *(do)* las cosas indicadas.

▶ David busca su cuaderno. *Quiero que David busque su cuaderno.*

1. Tú compras el periódico.
2. Nosotros terminamos el trabajo hoy.
3. Marta nos espera en el café.
4. Tú y Pablo pagan la cuenta.
5. Josefina me llama por teléfono esta tarde.
6. Tú y Manuel llegan a las dos.

B. Añada *(Add)* el sujeto indicado a cada una de las oraciones siguientes, según el modelo.

▶ Es necesario estudiar para los exámenes. (tú, ella) *Es necesario que tú estudies para los exámenes. Es necesario que ella estudie para los exámenes.*

1. Es difícil trabajar el domingo. (nosotros, tú)
2. Es importante firmar estos papeles. (el jefe, nosotros)
3. Es necesario participar en el festival. (todos, los jóvenes)
4. Es fácil arreglar el asunto. (él, tú y Pepe)
5. Es absurdo comprar un nuevo televisor. (ellos, yo)
6. Es difícil ganar la lotería. (ella, nosotras)

C. Exprese su reacción personal acerca de los siguientes acontecimientos. Empiece cada oración con los verbos **desear, querer, insistir (en), preferir** o **esperar** y use el presente del subjuntivo de los verbos indicados.

▶ Carlos y Carlota **dan** una buena excusa.	*[Insisto en que] Carlos y Carlota den una buena excusa.*

1. **Piensan** ir al museo.
2. El carro **cuesta** menos de diez mil dólares.
3. **Nieva** todo el día.
4. Ricardo **busca** trabajo.
5. Ustedes **están** en casa a las once.
6. Hoy **llegamos** a clase a tiempo.

III. Uses of the subjunctive

*Insisto (en) que Pablo **está** en casa en este momento.*

*Insisto (en) que Pablo **esté** en casa a las cinco en punto.*

1. When the verb of the main clause expresses a *desire to influence,* and the subject of the main clause is different from the subject of the dependent clause, the subjunctive must be used in the dependent clause. The following verbs express a desire to influence.

aconsejar to advise	**preferir (ie)** to prefer
decir to say, tell	**prohibir** to prohibit, forbid
desear to desire, want	**querer** to want
insistir (en) to insist (on)	**recomendar (ie)** to recommend
mandar to order	**rogar (ue)** to beg
pedir (i) to ask for	**sugerir (ie)** to suggest
permitir to permit	

Quiero que **tú** me **ayudes.**	*I want you to help me.*
Insisto en que **ustedes investiguen** el asunto.	*I insist that you investigate the matter.*

2. When the verb of the main clause expresses an *emotion* or *hope*, the subjunctive is required in the dependent clause. The following verbs express emotion or hope.

alegrarse de to be glad
enojarse de to be angry
esperar to hope
gustar to like
lamentar to regret
molestar to bother
ojalá (I) hope
sentir (ie) to regret
sorprender to surprise
temer to fear
tener miedo de to be afraid of

Esperamos que **paguen** las cuentas.	*We hope that they pay the bills.*
Temo que ellos no **arreglen** el asunto.	*I fear that they won't take care of the matter.*

3. When the verb in the main clause expresses *doubt, denial,* or *uncertainty,* the subjunctive is required in the dependent clause. However, when the verb in the main clause expresses certainty or a lack of doubt or denial, the indicative is generally used in the dependent clause.

Followed by subjunctive		*Followed by indicative*	
dudar	negar	no dudar	no negar
no es cierto	no estoy seguro	es cierto	estoy seguro
es dudoso	puede ser	es verdad	

Dudo que Teresa **esté** en casa ahora.	*I doubt Teresa is home now.*
No estoy segura de que **regrese** mañana.	*I'm not sure he's going to return tomorrow.*
But:	
No dudo que Teresa **está** en casa. La vi entrar.	*I don't doubt Teresa is home. I saw her go in.*
Estoy segura de que **regresa** mañana.	*I'm sure he's going to return tomorrow.*

4. When the verb **creer** is used in the main clause, the speaker's intent determines whether the subjunctive or the indicative is used in the dependent clause.
   a. In affirmative sentences, **creer** is usually followed by the indicative.
   b. In questions or in negative sentences, if there is doubt on the part of the speaker, the subjunctive is used. If there is certainty on the part of the speaker, the indicative is used.

—Hay muchas nubes y **creo** que **va** a llover. ¿**Cree** usted que **va** a llover? *(opinion: no doubt)*
—No **creo** que **va** a llover. *(opinion: no doubt)*

—Hay muchos problemas en las minas. **¿Cree** Ud. que los mineros **declaren** una huelga? *(doubt)*
—No, **no creo** que **declaren** una huelga. *(answer indicates doubt)*
—No estoy de acuerdo. **No creo** que **declaran** una huelga. *(answer does not indicate doubt)*

5. The following impersonal expressions require the subjunctive in the dependent clause because they express *a subjective judgment, an emotion, doubt or uncertainty, denial, or a desire to influence on the part of the speaker.*

es difícil	es importante	es preferible
es dudoso	es (im)posible	es triste
es estupendo	es increíble	es una lástima
es fácil	es mejor	no es cierto
es horrible	es necesario	puede ser

Es mejor que ayudes a Jaime.	*It's best for you to help Jaime.*
Es dudoso que pasemos las vacaciones en Colombia.	*It is doubtful (that) we'll spend our vacation in Colombia.*

6. If there is no change in subject, the infinitive construction is used.

Quiero comprar una bicicleta. *(no change in subject)*
Quiero que tú me compres una bicicleta. *(different subjects)*

Es bueno usar la imaginación. *(no change in subject)*
Es bueno que los niños usen la imaginación. *(different subjects)*

D. Diga que usted no quiere que ocurran las siguientes situaciones.

▶ Esa señorita llama a la policía. *¡No quiero que llame a la policía!*

1. Fernando viaja con cinco maletas.
2. Beatriz compra pollo para la comida todos los días.
3. Los tíos están tristes.
4. Carmen y yo hablamos inglés en la clase de español.
5. Nosotros trabajamos sin ganar dinero.
6. Buscamos más libros en la biblioteca.

E. Usted es una persona extrovertida. Exprese su reacción personal acerca de los siguientes acontecimientos. Empiece cada oración con **me alegro de que, me enojo de que, siento que, me parece extraño (bueno, natural, raro) que, temo que** o **tengo miedo de que** y el presente del subjuntivo de los verbos.

▶ Rosarito gana el premio. *[Me alegro de que] Rosarito gane el premio.*

1. Mejoradina mejora los dolores de cabeza.
2. La conferencia dura tres días.

3. Un grupo terrorista secuestra al Dr. Pedro Ayala.
4. Los policías no investigan la situación.
5. El festival mundial de cine causa sensación internacional.
6. La actriz inglesa declara que le encanta Colombia.
7. La etapa de hoy de la Vuelta termina en Medellín.

F. Demuestre esperanza de que los siguientes acontecimientos ocurran. Empiece cada oración con **espero que** u **ojalá (que)** y use el presente del subjuntivo de los verbos indicados.

▶ Pedro no te niega nunca la verdad. *Espero [Ojalá] que Pedro no te niegue nunca la verdad.*

1. Encontramos la respuesta.
2. Te cuentan algo más interesante esta vez.
3. Ada almuerza con sus amigos en el café.
4. Volamos directamente a Bogotá.
5. Recuerdas la dirección exacta.
6. Encuentran los billetes de la lotería.
7. Mi hermano me presta su carro.

G. Diga si **es necesario (importante, estupendo)** o si **no es necesario (importante, estupendo)** que las siguientes personas hagan las acciones indicadas. Haga oraciones completas.

▶ Jorge piensa estudiar ahora. *Pues (no) es necesario que estudie ahora.*

1. Yo pienso volar a mi casa esta tarde en el vuelo de las 8:00.
2. Ellos piensan contarnos una historia interesante.
3. Nosotros pensamos cerrar la puerta y las ventanas.
4. Los profesores piensan dar exámenes mañana.
5. Isabel piensa tocar la guitarra y cantar.
6. Esos chicos piensan encontrar a las amigas en el restaurante.

H. Jorge afirma muchas cosas interesantes, pero Pablo no siempre está de acuerdo con Jorge. Haga el papel de Pablo y empiece cada oración con **dudo que** o **no dudo que.** Termine la oración con una razón apropiada.

▶ Jorge: Luisa gana cien dólares a la semana. Pablo: *Dudo que gane cien dólares a la semana [porque parece muy rica].*

1. Yo me levanto a las seis.
2. Pepe y su mujer compran un Fiat.
3. Mi profesor trabaja en el Ministerio de Industrias.
4. Nadie me llama por teléfono.
5. Mario y Linda bailan en el Club Marino todos los sábados.

6. La hermana de Luis da clases de cerámica.
7. Lucía y Manuel le consultan su futuro a un astrólogo.
8. Tú y yo no necesitamos estudiar.

I. Diga si usted cree que van a ocurrir o no los siguientes acontecimientos. Empiece con **(no) estoy seguro/a de, es verdad, es dudoso,** o **(no) es cierto** y use el presente del indicativo o del subjuntivo, según el contexto.

▶ Raúl gana la Vuelta, ¿verdad? *Estoy seguro de que Raúl la gana.*

1. El presidente viaja a Colombia, ¿no?
2. Ud. compra un nuevo automóvil.
3. Sus padres regresan de Cali.
4. Una amiga lo/la visita este fin de semana.
5. Los alumnos de esta clase están entusiasmados, ¿no?
6. La comisión del festival le concede un premio al actor francés, ¿no?
7. Ud. toma un café en la cafetería, ¿verdad?
8. Ud. termina su trabajo de la semana el viernes, ¿no?

J. Haga oraciones con las siguientes frases. Use el presente del indicativo o del subjuntivo en la cláusula subordinada, según el contexto.

▶ nosotros / creer / mineros declarar una huelga *Creemos que los mineros declaran una huelga.*

1. yo / lamentar / el trabajo / no estar listo
2. ¿no creer / tú / ellos / pagar demasiado por ese apartamento?
3. tú / saber / nosotras / siempre viajar en el verano
4. Raquel / pedir / yo / mirar este artículo
5. Carlos / sugerir / Susana / jugar primero
6. ¿es verdad / Fernando / hablar tres idiomas?
7. nosotros / alegrarse de / tú y él / cambiar la fecha de la / reunión
8. yo / pensar / tú / gastar demasiado dinero

IV. Comparisons of inequality

—Estas cataratas son ***más altas que*** *las del Niágara.*
—Sí, y aquí hay ***menos turistas que*** *en el Niágara.*

1. Comparisons of inequality of adjectives, adverbs, and nouns are usually expressed in Spanish with the patterns **más . . . que** *(more . . . than)* and **menos . . . que** *(less . . . than).*

Caracas es **más** moderna **que** Bogotá.	*Caracas is more modern than Bogotá.*
Este actor es **menos** popular **que** Gloria Valencia.	*This actor is less popular than Gloria Valencia.*
Tú siempre haces todo **más** rápidamente **que** yo.	*You always do everything more quickly than I (do).*
Enrique conduce **menos** cuidadosamente **que** tú.	*Enrique drives less carefully than you (do).*
En Perú hay **más** llamas **que** en Colombia.	*In Peru there are more llamas than in Colombia.*
En general, leo **menos** revistas **que** periódicos.	*In general, I read fewer magazines than newspapers.*

2. Comparisons of inequality of quantity that involve a specified number of items or a specific amount are expressed by the following patterns.

más de + *noun phrase*	*more than* + noun phrase
menos de + *noun phrase*	*less than* / *fewer than* } + noun phrase
Me tomé **más de cuatro aspirinas** y todavía tengo dolor de cabeza.	*I took more than four aspirins and I still have a headache.*
Hay **menos de quince personas** aquí para escuchar al orador.	*There are fewer than fifteen people here to listen to the speaker.*

3. In negative sentences, **no . . . más que** usually expresses the idea of *only.*

No puedo darte **más que** dos dólares.	*I can only give you two dollars.*

K. Diga cómo hace la primera persona las siguientes cosas en comparación con la segunda.

▶ David / hablar / claramente / Manuel — *David habla más (menos) claramente que Manuel.*

1. Ángela / escuchar / atentamente / José
2. Felipe / leer / rápidamente / Carmen
3. Pedro / responder / frecuentemente / Antonio
4. Julia / explicar / pacientemente / Paco
5. Félix / escribir / fácilmente / Raquel
6. Rosa / contestar / imaginativamente / Pancho

L. Compare las cosas o personas de cada dibujo. Use **más** o **menos** + la forma apropiada del adjetivo + **que.**

gordo/a	rico/a	nuevo/a
alto/a	moderno/a	bonito/a
viejo/a	pequeño/a	joven

▶ *Mónica es más bonita que Marta.*
Marta es menos bonita que Mónica.

M. Compare sus propias acciones con las de su mejor amigo/a.

▶ tomar medicina — *Yo tomo menos medicina que [Eduardo].*
[Eduardo] toma más medicina que yo.

1. participar en deportes
2. mirar televisión
3. salir con amigos
4. beber cerveza
5. asistir a conciertos
6. ganar premios
7. comer cosas exóticas
8. comprar ropa

N. Compare sus propias acciones con las de las siguientes personas. Use **más de** o **menos de** en sus respuestas.

▶ Susana leyó tres libros el mes pasado. — *Pues yo leí más (menos) de tres libros. Leí [cuatro].*

1. Juan les pidió diez dólares a sus padres.
2. Ricardo comió seis huevos para el desayuno.
3. Julia fue al cine seis veces la semana pasada.
4. Marta compró veinte discos el año pasado.
5. Ana y María pasaron dos semanas en La Florida la primavera pasada.
6. Gonzalo escribió diez cartas ayer.

Los Arrayanes
Comida criolla preparada al carbón. Disfrute un ambiente tradicional. Música de cuerda.

O. Las personas mencionadas quieren comprar las siguientes cosas. Diga que ellos no quieren pagar más del precio indicado. Emplee la expresión **no . . . más que.**

▶ yo / $4 / una comida española — *No quiero pagar más que cuatro dólares por una comida española.*

1. ellos / $3 / dos pollos
2. tú / $15 / un pavo
3. nosotras / $1 / diez manzanas
4. Miguel / $5 / tres pasteles

¡Exprésese usted!

Descripción de un evento

Cuando usted desea describir un evento, debe concentrarse en los detalles que puedan resultar interesantes para el lector: el **qué,** el **quién,** el **cuándo,** el **cómo** y el **por qué.**

Lea el siguiente artículo y escriba los cuatro o cinco puntos que el corresponsal, Miguel Uribe, posiblemente consideró más importantes al escribirlo.

La noticia del año
Miguel Uribe, corresponsal.
Bogotá, 11 de octubre. Ayer a las tres de la tarde Raúl Tomillo ganó la Vuelta a Colombia en Bicicleta. Raúl, favorito de la Vuelta por su magnífica actuación del año pasado, tuvo un serio accidente antes de llegar a Medellín. Pudo terminar la etapa muy difícilmente, pero los médicos que lo atendieron declararon inmediatamente: «Es obvio que Raúl Tomillo necesita descanso, y es casi seguro que tenga que retirarse de la competencia». Sin embargo, cuando empezó la etapa del día siguiente, Raúl se presentó, con algunas obvias laceraciones, pero en alto estado de espíritu, decidido a ganar el gran evento deportivo.

La Vuelta continuó y todo el país la siguió minuto a minuto en

Ciclistas en la Vuelta a Colombia pasan por Santa Fe de Antioquia.

la televisión, en los periódicos, en los radios transistores que hasta en las regiones más remotas del país informaron al público del progreso diario de los participantes de la Vuelta.

El triunfo de Raúl Tomillo con un escaso margen de un minuto tiene que recordarse para siempre en los anales del deporte colombiano. Es un triunfo personal y un triunfo del espíritu tenaz de competencia de nuestros atletas.

¡Felicitaciones, Raúl! Tu triunfo es nuestro triunfo. Tus laureles son los laureles de Colombia entera.

A. Conteste las siguientes preguntas que resumen la información básica sobre el artículo, basando sus respuestas en las notas que tomó.

1. ¿Por qué es particularmente emocionante *(exciting)* la Vuelta a Colombia este año?
2. ¿Dónde y cuándo tuvo el accidente Raúl?
3. ¿Qué declararon los médicos?
4. ¿Cómo estaba Raúl al día siguiente?
5. ¿Por qué es obvio que todo el país tiene gran interés en la Vuelta?
6. ¿Cómo considera el autor el triunfo de Raúl?

B. Escriba un artículo imaginario para la revista o periódico de su universidad. Describa un evento deportivo, musical o teatral que ocurrió allí recientemente. Incluya la siguiente información en un máximo de diez oraciones.

1. ¿Quién o quiénes participaron?
2. ¿Qué momentos especiales tuvo?
3. ¿Dónde y cuándo tuvo lugar?
4. ¿Cómo resultó?
5. ¿Por qué es memorable?

Lección 14
En Venezuela

Una carta de Caracas

Enrique (Quique) Pérez, un joven arquitecto colombiano, está en Caracas, adonde lo envió su gobierno para estudiar unos proyectos de vivienda del gobierno venezolano. Después de un mes en Venezuela, escribe una carta a su hermano Miguel, estudiante de la Universidad Nacional de Colombia, para contarle sus impresiones sobre Caracas.

Caracas, 15 de marzo

Querido Miguel:

Por fin encuentro tiempo para escribirte unas líneas, y te aseguro que estoy «vivito y coleando».° El problema más grande es que, entre el ajetreo de las reuniones de trabajo, la preparación de informes y un poco de turismo, ¡no paro! Pero no te olvido, ni a papá ni a mamá tampoco.

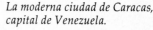

«vivito . . . "alive and kicking"

Dudo que pueda volver a Bogotá el mes próximo. Es necesario que lea unos informes del gobierno venezolano sobre el desarrollo urbanístico y que escriba un informe de todo para la oficina del Ministerio de Desarrollo° en Bogotá. De todos modos, te doy algunas de mis impresiones de estas primeras semanas en Venezuela.

Ministerio . . . Ministry of Development

La ciudad de Caracas me parece sumamente moderna, aunque tiene muchos barrios pobres. La industrialización, que es evidente por todas partes, es más reciente que en Bogotá. La arquitectura me parece buena,

La moderna ciudad de Caracas, capital de Venezuela.

pero la de Bogotá es mejor, en mi opinión. Puede ser prejuicio personal, pero me parece que Bogotá tiene entre los mejores estilos urbanísticos del hemisferio.

La semana pasada tus amigos Luis y Rosa Pinzón me recibieron muy gentilmente en su casa. Con ellos fui a visitar varios sitios de interés en los alrededores de la capital, como el puerto de La Guaira y Macuto. De camino, pude ver las famosas autopistas que nuestros ingenieros civiles estiman tanto, y balnearios y magníficas playas venezolanas. Quizás pueda practicar mi pasatiempo favorito: la natación.

Tengo muchas ganas de conocer la vida del llano venezolano ahora, y es posible que tenga la oportunidad de ir este fin de semana. Los Pinzón tienen una hacienda de ganado cerca de San Carlos, y me invitaron a hacer el viaje con ellos. Espero que pueda montar a caballo y comer ternera a la llanera° al estilo venezolano. Me dicen que es fabulosa.

ternera . . . veal roasted on a spit

Por favor, le das mis saludos a Pilar. Todavía sales con ella, ¿verdad? Debes mantenerme al tanto porque ¡no quiero llegar a Bogotá y encontrarte casado y con hijos!

Te abraza tu hermano,

Quique

Comprensión

1. Explique quién es Enrique Pérez y por qué está en Caracas.
2. ¿A quién le escribe la carta? ¿Por qué le escribe?
3. ¿Qué tipo de carta escribe? ¿Es una carta comercial? ¿personal? ¿amistosa? ¿íntima?
4. ¿Por qué duda Enrique que pueda volver a Bogotá el mes próximo?
5. ¿Cómo es Caracas, según Enrique? ¿Le impresiona la ciudad? ¿En qué aspectos prefiere él a Caracas? ¿a Bogotá?
6. ¿Quiénes son los Pinzón? ¿Qué lugares en los alrededores de Caracas visitó Enrique con ellos?
7. ¿Qué piensa hacer Enrique este fin de semana? ¿Con quiénes va?
8. ¿Quién es Pilar? ¿Qué quiere saber Enrique de ella?
9. ¿Es «Quique» un nombre de pila, un apodo o un apellido?

Conversación

1. ¿Hay autopistas grandes en los alrededores de su ciudad o pueblo? ¿Le gusta conducir por las autopistas o prefiere conducir por las calles más tranquilas?

2. ¿Qué ciudad moderna o antigua conoce usted en los Estados Unidos? ¿Prefiere usted la arquitectura moderna o la antigua?
3. ¿Tiene usted hermanos o hermanas? ¿Les escribe cartas? ¿frecuentemente? ¿raras veces? ¿una vez al mes o a la semana?
4. ¿Escribe usted cartas íntimas o sólo cosas de interés general a su familia? ¿A quién más le escribe usted cartas con frecuencia?
5. Cuando usted viaja a otra ciudad o país, ¿le gusta visitar lugares turísticos o prefiere visitar amigos y parientes? ¿por qué?

Vocabulario

Palabras análogas

el/la arquitecto/a
la arquitectura
el aspecto
el estilo
estimar
evidente
famoso, -a
la impresión
la industrialización
íntimo, -a
invitar
la línea
magnífico, -a
moderno, -a
la oportunidad
personal
la preparación
reciente
turístico, -a

Sustantivos

el ajetreo hustle and bustle
los alrededores outskirts
la autopista high-speed highway
el balneario bathing resort
la carta letter
el ganado cattle
la hacienda ranch
el informe report
el ingeniero civil civil engineer
el llano plain
el pasatiempo hobby
el prejuicio bias, prejudice
el saludo greeting

Adjetivos

amistoso, -a friendly
antiguo, -a ancient, old
urbanístico, -a referring to the city

Verbos

abrazar to hug, embrace
conducir (zc) to drive
enviar to send
explicar to explain
mantener *(irreg.)* to maintain, keep
olvidar(se) (de) to forget (about)
parar to stop

Otras palabras y expresiones

al tanto up to date
aunque although
con frecuencia frequently
de camino on the way
de todos modos at any rate, anyway
el fin de semana weekend
gentilmente kindly
montar a caballo to ride horseback
por fin finally
por todas partes everywhere
proyectos de vivienda housing projects
quizás perhaps
sumamente very
tener ganas (de) to want, feel like
todavía still

Práctica

A. Entreviste a otra persona de la clase sobre un viaje que hizo recientemente. Haga cinco o seis preguntas sobre el lugar que visitó, cuánto tiempo permaneció allí, cómo fue, qué vio y cuándo regresó.

B. Imagínese que usted está en Caracas o en otra ciudad hispánica para pasar el fin de semana. Escriba una tarjeta postal a un/a compañero/a de clase, y cuente lo que hizo el sábado o el domingo. Lea la tarjeta a la clase.

Nota cultural La arquitectura en Caracas

Caracas, la capital de Venezuela, es un ejemplo notable de ciudad en desarrollo, en la que se mezclan[1] los estilos arquitectónicos de siglos pasados con las construcciones modernas. En el centro antiguo de la ciudad se sitúa la Plaza Bolívar, cuyo[2] nombre rinde homenaje[3] al héroe de la independencia venezolana. Alrededor de la plaza están la Catedral, de estilo colonial, construida en el siglo XVI, y la Casa Amarilla, antigua residencia presidencial y ahora Ministerio de Relaciones Exteriores.[4]

1. **se** ... are mixed 2. whose 3. **rinde** ... pays homage 4. **Ministerio** ... Ministry of Foreign Affairs

En el centro de la Plaza Bolívar en Caracas se encuentra una estatua del gran líder hispanoamericano, Simón Bolívar.

La ciudad moderna se ha desplegado[5] en torno al[6] centro antiguo y se caracteriza por sus rascacielos,[7] estructuras ultramodernas, centros comerciales y amplias[8] avenidas y autopistas.

Entre los edificios modernos se destacan[9] las torres gemelas[10] del Centro Simón Bolívar, centro comercial y sede de muchas oficinas de gobierno.

---

5. **se** . . . has spread out 6. **en** . . . around the 7. skyscrapers 8. wide
9. **se** . . . stand out 10. **torres** . . . twin towers

Pronunciación y ortografía

Los sonidos [g] y [ǥ]

The strong Spanish [g], as in **gané,** is similar to the hard [g] in *go.* It occurs after a pause and after [n]. The soft Spanish [ǥ], as in **amigo,** is similar to the [g] in *egg* (that is, without a complete closure at the velum.). It occurs after a vowel and (depending on the regional variation) after consonant sounds other than [n].

Both [g] and [ǥ] are spelled **g** before **a, o,** and **u.** Since **g** before **e** or **i** is pronounced like [h], the strong [g] and soft [ǥ] sounds are represented by the spelling **gu** before the letters **e** and **i.** The sounds [gwe] and [gwi] are spelled **güe** and **güi** respectively.

A. Escuche y repita las siguientes oraciones leídas por su profesor/a. Cada oración tiene los sonidos [g] o [ǥ].

[g]	**[ǥ]**
Gano mucho.	Te ase**g**uro que sí.
Guillermo está aquí.	Hay mucho **g**anado.
Ten**g**o dos pesetas.	Es la ciudad de Bo**g**otá.
Es un **g**rupo terrorista.	Apa**g**ué el radio.
María es bilin**g**üe.	Él es muy ele**g**ante.

B. Complete este verso de una canción colombiana tradicional con las siguientes palabras. Después, léalo en voz alta.

llegar
Bogotá
aguas
Magdalena
tengo

_____ que subir,° subir (° to go up)
las _____ del _____
pa'° _____ a _____ (° = **para**)
¡y besar° a mi morena! (° to kiss)

C. Lea las siguientes oraciones en voz alta. Ponga atención especial a la pronunciación de las palabras con **g** o **gu.**

1. Me gusta mucho la ciudad de Bogotá.
2. Tengo ganas de ir a Aragón.
3. Llegué a Santiago en agosto.
4. El lago de Nicaragua es magnífico.

Estudio de palabras

I. Plano de una casa

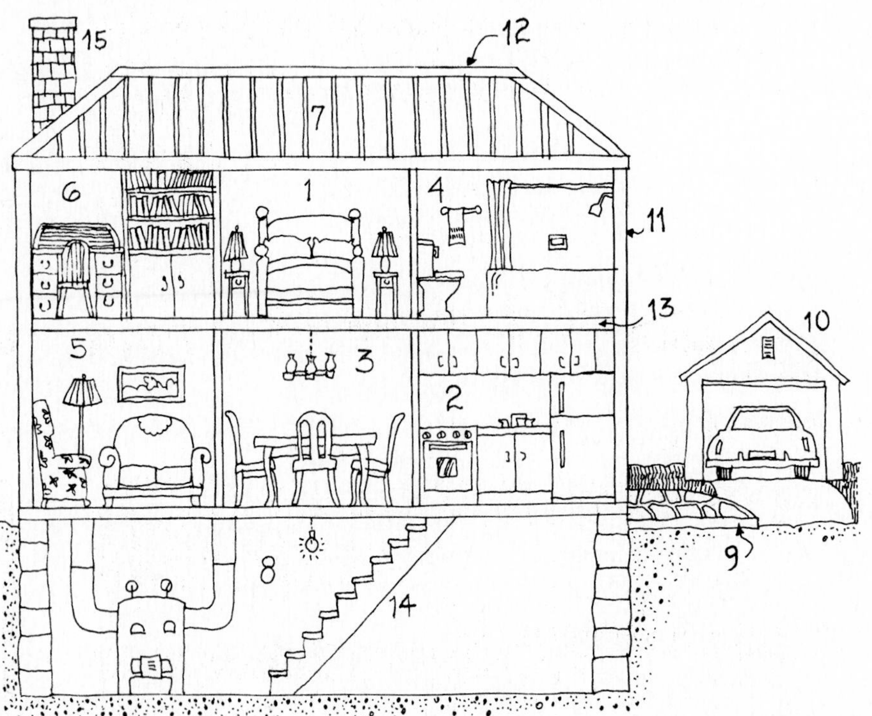

1. la alcoba (el cuarto de dormir, la habitación)
2. la cocina
3. el comedor
4. el cuarto de baño
5. la sala (el salón)
6. el estudio
7. el ático (el desván)
8. el sótano (la bodega)
9. el patio
10. el garaje
11. la pared
12. el techo
13. el suelo
14. las escaleras
15. la chimenea

Aprenda el vocabulario necesario para hablar de los cuartos de una casa.

~~week traveling~~

A. Imagine que uno/a de sus compañeros/as de clase es dueño/a *(owner)* de una casa. Pregúntele acerca de su casa.

1. ¿Cuántos cuartos tiene la casa? ¿cuántos pisos?
2. ¿En qué cuarto de la casa cocina? ¿En qué cuarto duerme? ¿mira la televisión? ¿se baña?
3. ¿En qué piso de la casa está la sala? ¿la cocina? ¿el comedor? ¿las alcobas?
4. ¿Cómo es la sala, grande o pequeña? ¿y los otros cuartos de la casa?
5. ¿Tiene garaje la casa? ¿Para cuántos coches hay lugar?
6. ¿Tiene patio la casa? ¿Es grande o pequeño? ¿Tiene flores *(flowers)* y plantas?
7. ¿Tiene chimenea la casa? ¿sótano? ¿ático? ¿Dónde se guardan *(keep)* las cosas que no se usan cada día?

su gran OPORTUNIDAD

lo tienen todo

de 1 a 5 dormitorios con calidades de primera, chimenea, energía solar

B. Usted quiere alquilar *(rent)* su apartamento a estudiantes hispanohablantes. Prepare una tarjeta para poner en el tablero *(bulletin board)* de la cafetería, en la que describe el apartamento y el precio del alquiler.

Cuatro dormitorios, dos baños, aseo, salón con chimenea, comedor, cocina, garaje para dos coches

II. Preposiciones compuestas

In Spanish, as in English, prepositions are used to indicate the relationship in time or in space of a person, place, or thing to another person, place, or thing. Here is a list of frequently used compound prepositions (prepositions consisting of more than one word).

a la derecha de to the right of
a la izquierda de to the left of
al lado de next to, beside
cerca de near
debajo de under, below
delante de in front of

dentro de within
detrás de behind
encima de above, over
enfrente de facing, opposite
fuera de outside of
lejos de far from

C. Imagínese que usted tiene que darle instrucciones a un estudiante nuevo sobre cómo llegar a diversos lugares en la universidad. Dígale dónde están lugares como la biblioteca, la cafetería, la oficina del rector, el teatro, el gimnasio, las canchas de tenis, etcétera.

▶ *Los dormitorios están enfrente [del gimnasio].*

D. Esta señora necesita algunas cosas y las busca en la tienda de comestibles que está cerca de su casa. Mire el dibujo y describa la posición de por lo menos cinco objetos con relación a otros cinco objetos.

Estructuras útiles

I. Present subjunctive of -er and -ir verbs

1. The present subjunctive forms of most **-er** and **-ir** verbs are made up of a stem based on the **yo-**form of the present indicative and a set of endings that have a characteristic vowel **a** in *all* persons.

comer	vivir
com **a**	viv **a**
com **as**	viv **as**
com **a**	viv **a**
com **amos**	viv **amos**
com **áis**	viv **áis**
com **an**	viv **an**

2. Verbs in **-er** with stem-vowel changes **e > ie** or **o > ue** in the present indicative undergo the same stem-vowel change in the present subjunctive. For examples of common **-er** verbs with stem-vowel changes **e > ie** or **o > ue,** see pages 150 and 152.

entender (e > ie)		**volver (o > ue)**	
ent**ie**nd	a	v**ue**lv	a
ent**ie**nd	as	v**ue**lv	as
ent**ie**nd	a	v**ue**lv	a
entend	amos	volv	amos
entend	áis	volv	áis
ent**ie**nd	an	v**ue**lv	an

3. Verbs in **-ir** with stem-vowel changes **e > ie, e > i,** or **o > ue** in the present indicative undergo the same stem-vowel changes in the present subjunctive. For examples of common **-ir** verbs with stem-vowel changes **e > ie, e > i,** and **o > ue**, see pages 150, 167, and 152, respectively.

   Unlike their corresponding forms in the present indicative, these verbs have an additional stem-vowel change in the **nosotros-** and **vosotros-**forms of the subjunctive.

preferir (e > ie)		**pedir (e > i)**		**dormir (o > ue)**	
pref**ie**r	a	p**i**d	a	d**ue**rm	a
pref**ie**r	as	p**i**d	as	d**ue**rm	as
pref**ie**r	a	p**i**d	a	d**ue**rm	a
pref**i**r	amos	p**i**d	amos	d**u**rm	amos
pref**i**r	áis	p**i**d	áis	d**u**rm	áis
pref**ie**r	an	p**i**d	an	d**ue**rm	an

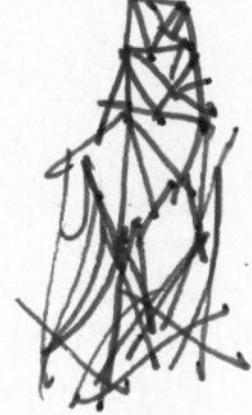

A. Las siguientes personas van a hacer varias actividades. Pregúntele a alguien de la clase si quiere que otras personas también participen en estas actividades.

▶ Susana va a comer en casa. (yo, ellos) — *¿Quieres que yo también coma en casa? ¿Quieres que ellos también coman en casa?*

1. Lucho va a leer el periódico. (Tomás y yo, Beto)
2. Quique va a discutir los problemas contigo. (Luisa, yo)
3. Anita va a aprender chino. (ellas, tú y yo)
4. Maricarmen va a asistir al ballet. (Mario y Pepe, Lucha)
5. Raúl va a vender revistas. (nosotros, Marta y Jorge)
6. Tomás y yo vamos a comer comida mexicana. (Fernando, tú y yo)

B. Complete las siguientes oraciones lógicamente. Use el presente del subjuntivo de los verbos entre paréntesis. Si puede, explique su afirmación *(statement).*

▶ (correr) Me gusta que (tú) . . . . *Me gusta que (tú) corras todos los días. El ejercicio es bueno.*

1. (sentirse) Quiero que usted . . . .
2. (sufrir) Temo que mi hermano mayor . . . .
3. (comprender) Me alegro de que tú . . . .
4. (beber) Dudo que mis amigos . . . .
5. (divertirse) Es posible que nosotros . . . .
6. (decidir) No es probable que mis parientes . . . .
7. (pedir) Espero que mi mejor amigo . . . .
8. (responder) Ojalá que el presidente . . . .

C. Complete las siguientes oraciones lógicamente. Use el presente del subjuntivo de los verbos de la lista.

encender	mentir	conseguir	dormir
entender	repetir	despedir	morir
volver	seguir	reír	servir

1. ¡Es increíble que tus padres . . . !
2. Me enojo de que mi hermano mayor . . . .
3. Es mejor que el profesor . . . .
4. Estoy segura de que la señora Gutiérrez . . . .
5. Es una lástima que Lucha y tú . . . .
6. ¡Es horrible que ese muchacho . . . !
7. Tengo miedo de que mi prima . . . .
8. Me alegro de que esa niña . . . .

II. Uses of the present subjunctive

Le recomiendo que no vaya *muy lejos en ese carro . . . .*

Here are some examples showing the present subjunctive of **-er** and **-ir** verbs in dependent clauses grouped according to the main uses of the subjunctive. For further details concerning the uses of the present subjunctive, see *Lección 13,* pages 244–246.

1. *Desire to influence:* ¡Es mejor que tú **comas** las espinacas!
2. *Emotion or hope:* Me alegro de que me **escriba** una vez al mes.
3. *Doubt, denial, uncertainty:* Dudamos que nos **comprendan.**

D. Recomiende lo que deben hacer las personas indicadas. Use verbos y expresiones como **recomiendo que, prohibo que, sugiero que, pido que** y **aconsejo que.**

▶ Esos jóvenes no leen nada. *[Sugiero que] esos jóvenes lean mucho.*

1. Ese chico no duerme ocho horas al día.
2. Mis padres no me escriben mucho.
3. Tú prometes más de lo que puedes hacer.
4. Siempre respondemos mal a las preguntas.
5. Miguel y yo no corremos todos los días.
6. Mi hermano de 10 años no aprende sus lecciones.
7. Nunca comemos el desayuno.
8. No vuelve usted a tiempo con sus compañeros a clase.

E. Trate de influir en el comportamiento *(behavior)* de alguien, usando verbos y expresiones como **quiero que, deseo que, insisto en que, prefiero que, es necesario que, es importante que.**

▶ Creo que no voy a reunirme con ustedes ahora. *[Quiero que] te reúnas con nosotros inmediatamente.*

1. Voy a encender todas las luces de la casa.
2. Pensamos elegir al mismo presidente en las elecciones próximas.
3. Mi papá piensa dormir ahora.
4. Pablo y yo esperamos conseguir entradas económicas para el concierto.
5. Ellos dicen que no van a despedirse de Josefina esta tarde.
6. Voy a mentirles a mis padres acerca de la fiesta.

F. Su amiga Consuelo habla de lo que varios amigos y parientes quieren hacer. Comente sobre sus preferencias y ofrezca una alternativa.

▶ Jorge desea vivir en Ciudad de México. *No es bueno que viva en Ciudad de México. Es mejor que viva en [Guadalajara] porque hay menos tránsito.*

1. Luz no piensa asistir a la universidad este año.
2. Elena y Fernando quieren pedir trabajo en Santiago.

3. Yo espero conseguir tres coches nuevos.
4. Mi prima Alicia y yo deseamos vender carros.
5. Mi cuñado espera vivir en Bogotá.
6. Mi suegra quiere volver a Panamá.

G. Suponga que usted es padre o madre de una familia numerosa. Exprese la esperanza **(espero que . . .)**, la duda **(no creo que . . . , dudo que . . .)** o la certeza **(estoy seguro/a de que . . .)** que sus hijos hagan ciertas cosas. Use su imaginación y algunos de los siguientes verbos.

dormir	mentir	servir	volver
seguir	vivir	encender	repetir

▶ *Carlos, estoy seguro/a que duermes muy poco. Dudo que estudies en la biblioteca hasta las tres de la mañana. Espero que tus amigos . . .*

H. Complete las siguientes oraciones con la forma apropiada de los verbos indicados. Use el presente del indicativo o subjuntivo, según el contexto.

1. (aprender, querer) Creo que tú no _____ venir porque no te gusta bailar. Te aconsejo que _____ a bailar y así vas a divertirte más.
2. (querer, poder) Es verdad que Laura _____ tocar el piano, pero no creo que _____ dedicarse a la música.
3. (poder, beber) Es una lástima que nadie _____ traer los refrescos a la fiesta. Yo no tengo carro, y ¡temo que finalmente (nosotros) no _____ nada!
4. (reír, querer) Es obvio que todo el mundo se _____ con ese programa de televisión. Me sorprende que tú no _____ verlo esta noche.
5. (comprender, hablar) No creo que él _____ inglés, pero es posible que (él) _____ un poco el ruso.

III. Superlative of adjectives

1. The superlative of adjectives is usually expressed with the following patterns. Note that after the superlative construction, **de** is used to express *in* or *of*.

el (la, etc.) más + adjetivo	*the most* + adjective *the* + an adjective ending in *-est*
el (la, etc.) menos + adjetivo	*the least* + adjective
Enrique es **el más inteligente** de la clase.	*Enrique is the most intelligent (one) in the class.*
Margarita es **la menos imaginativa** de todas.	*Margarita is the least imaginative (one) of all.*

2. If the superlative construction includes a noun, the noun immediately follows the definite article in Spanish.

Raúl es **el muchacho más alto** del grupo.	*Raúl is the tallest boy in the group.*
Ésas son **las iglesias más bonitas** de la ciudad.	*Those are the most beautiful churches in the city.*

I. Comente sobre las cualidades de los siguientes sitios. Use el superlativo del adjetivo.

► Esa hacienda es más atractiva que la otra, ¿verdad? — *Sí, es la hacienda más atractiva de todas.*

1. Esos edificios son más altos que éstos, ¿no?
2. Esa entrevista fue más interesante que las otras, ¿no es verdad?
3. Este puerto es más moderno que el otro, ¿no crees?
4. Estos restaurantes son más caros que los otros, ¿no?
5. Esta huelga fue más larga que aquélla, ¿no te parece?
6. Este barrio es más exclusivo que los otros, ¿verdad?

J. Usted quiere comentar sobre las siguientes afirmaciones. Use el superlativo del adjetivo y los sustantivos indicados.

► Muchos productos de Venezuela son importantes. (el petróleo) — *Sí, pero el petróleo es el producto más importante de todos.*

1. La mayoría de los países centroamericanos son pequeños. (El Salvador)
2. Algunas ciudades de Venezuela son modernas. (Caracas)
3. Muchos ríos de Suramérica son largos. (el Amazonas)
4. Todas las minas de Colombia son importantes. (las minas de esmeraldas)
5. Hay muchas montañas altas en Chile. (el Aconcagua)
6. Hay algunas universidades antiguas en Perú. (Universidad de San Marcos)

K. ¿Qué o quién considera Ud. superior dentro de las siguientes categorías?

► escritor — *Para mí Shakespeare es el escritor más [importante de Inglaterra].*

1. actriz
2. actor
3. tipo de comida
4. deportista
5. cantante
6. grupo musical
7. programa de televisión
8. estación del año

IV. Irregular comparatives and superlatives

*¿Es esta manzana **más buena** que la otra? Sí, es mucho **mejor**.*

1. The adjectives **bueno, malo, grande,** and **pequeño** have both regular and irregular comparative and superlative forms.

Adjectives	Comparative	Superlative
bueno	más bueno/a mejor	el/la más bueno/a el/la mejor
malo	más malo/a peor	el/la más malo/a el/la peor
grande	más grande mayor	el/la más grande el/la mayor
pequeño	más pequeño/a menor	el/la más pequeño/a el/la menor

Estas manzanas son { **mejores** / **más buenas** } que ésas. — *These apples are better than those.*

Ese durazno es { **el mejor** / **el más bueno** } de todos. — *That peach is the best one of all.*

2. **Mejor (el mejor)** and **peor (el peor),** which are generally used in the sense of *better (best)* and *worse (worst),* refer to quality; **más bueno** and **más malo** usually refer to taste.

Este automóvil es **mejor** que aquél.	*This car is better than that one.*
La cosa **más barata** es a veces **la peor.**	*The cheapest thing is sometimes the worst.*
Los postres son **más buenos** que las verduras.	*Desserts are better (-tasting) than vegetables.*
Esta medicina es **más mala** que el vinagre.	*This medicine is worse (-tasting) than vinegar.*

3. **Mayor (el mayor)** and **menor (el menor)** generally refer to age; **más grande** and **más pequeño** usually refer to size.

Alicia es **mayor** que yo, pero es **más pequeña.**	*Alicia is older than I (am), but she's smaller.*
Tú eres **el menor** del grupo.	*You are the youngest (boy) in the group.*

4. The adverbs **bien, mal, mucho,** and **poco** have irregular comparative forms. They have no superlative forms.

Adverbs	Comparative
bien well	**mejor** better
mal badly	**peor** worse
mucho much	**más** more
poco little	**menos** less

Manuel canta **bien,** pero Ramona canta **mejor** que Manuel.	*Manuel sings well, but Ramona sings better than Manuel.*
David escribe **mal** en español, pero tú escribes **peor.**	*David writes poorly in Spanish, but you write worse.*

L. Julio y Alicia comparan varias cosas. Haga el papel de Julio o el de Alicia, y use las formas irregulares de **bueno** y de **malo.**

► tren / avión — Julio: *Viajar en tren es mejor (peor) que viajar en avión.*
Alicia: *No, viajar en tren es peor (mejor) que viajar en avión.*

1. la música clásica / la música moderna
2. las novelas españolas / las novelas inglesas
3. los sándwiches de jamón / los sándwiches de pollo
4. las novelas de misterio / las novelas de aventuras
5. los automóviles japoneses / los automóviles alemanes
6. la arquitectura moderna / la arquitectura tradicional

M. Ricardo y Victoria comparan varios sitios en un mapa. Haga el papel de Ricardo o de Victoria, y use las formas regulares o irregulares de **grande** y de **pequeño.** Verifique las respuestas en los mapas de la *Lección preliminar.*

► Bogotá / Ciudad de México — Ricardo: *Bogotá es más grande (mayor) que Ciudad de México.*
Victoria: *No, Bogotá es más pequeña (menor) que Ciudad de México.*

1. Ciudad de México / Mérida
2. Guatemala / Colombia

3. el Río Amazonas / el Río Negro
4. el Lago Izabal / el Lago de Nicaragua
5. la isla de Cuba / la isla de Puerto Rico
6. Portugal / España
7. El Mar Caribe / el Golfo de México

N. Diga quién es mayor o menor entre las personas mencionadas.

▶ Paco tiene catorce años; Luisa tiene quince. — *Paco es menor que Luisa. Luisa es mayor que Paco.*

1. El señor Gómez tiene ochenta años; su esposa tiene noventa.
2. El hermano de Jorge tiene veintiún años; el hermano de Luisa tiene treinta.
3. María Concepción tiene doce años; María de Lourdes tiene diecisiete; y María Isabel tiene once años.
4. Mi marido tiene treinta y ocho años; yo tengo veintiocho años.
5. La doctora Díaz tiene cuarenta años; su hijo Enrique tiene diez; y su hija Linda tiene diecinueve.
6. Todos nosotros tenemos veinticinco años; todos ustedes tienen veinticuatro años.

O. Compare lo que hace Lupita con lo que hace Miguel.

▶ cantar: ¿bien o mal? — *Lupita canta bien, pero Miguel canta mejor (que Lupita).*

1. nadar: ¿mucho o poco?
2. cocinar: ¿bien o mal?
3. dormir en clase: ¿mucho o poco?
4. escribir en español: ¿mucho o poco?
5. conducir: ¿bien o mal?
6. viajar: ¿mucho o poco?

P. Dé su opinión acerca de qué cosas tienen buen sabor y qué cosas son mejores para la salud *(health).*

▶ las verduras / los postres — *Para mí los postres son más buenos que las verduras, pero las verduras son mejores para la salud.*

1. los caramelos / el arroz
2. la carne / las verduras
3. el pan / las tortas
4. los helados / la carne
5. los refrescos / los jugos de fruta
6. el pollo / el pescado
7. los huevos / la sopa
8. la leche / el vino

¡Exprésese usted!

El resumen

El primer paso al hacer un resumen escrito u oral es tomar notas en sus propias palabras de los puntos más importantes de la lectura. Se deben citar *(quote)* sólo aquellas frases de la lectura que usted piense usar luego para apoyar *(support)* esos puntos principales.

Lea la siguiente selección sobre la importancia del petróleo en Venezuela, y tome nota en sus propias palabras de los seis o siete puntos más importantes de la selección.

Venezuela y el petróleo

El petróleo forma la base de la economía venezolana desde los años 60. Venezuela paga la importación de la gran mayoría de los productos manufacturados necesarios para la vida económica del país con las ventas de petróleo en Europa y en los Estados Unidos.

Durante los años 60, el gobierno del presidente Rafael Caldera comenzó a nacionalizar las compañías de petróleo para establecer una base industrial totalmente venezolana. También durante los 60, el gran político venezolano Juan Pablo Pérez Alfonzo promovió la fundación de la OPEP (Organización de Países Exportadores de Petróleo), conocida internacionalmente como OPEC. Esta organización trató de controlar los precios mundiales del petróleo y de proteger los intereses de sus miembros. Aunque varias crisis internacionales durante la década de los 70 y a principios de los 80 causaron mucha fluctuación en los precios mundiales del petróleo, la participación de Venezuela en la OPEP benefició grandemente al país.

Venezuela terminó de nacionalizar las compañías petroleras en los años 70, pero no llegó a diversificar mucho la producción industrial del país y hoy día sigue dependiente de los países más industrializados para maquinaria, automóviles y otros productos manufacturados importantes. Sin em-

LA OPEP Y AMÉRICA LATINA

OPEP y el Tercer Mundo

Otro milagro del petróleo

bargo, gracias a la exportación del petróleo, Venezuela tiene la renta per cápita más alta de Hispanoamérica, según los censos de 1978 a 1982. Si consigue hacerse más autosuficiente con la diversificación de su economía, puede llegar a ser uno de los países más prósperos del mundo.

A. Escriba un resumen de la lectura sobre la importancia del petróleo en Venezuela. Use los apuntes que Ud. tomó para resumir los puntos siguientes.

1. ¿Cuándo empezó la nacionalización del petróleo en Venezuela?
2. ¿Para qué nacionalizó Venezuela la producción de petróleo?
3. ¿Quién participó en la fundación de la OPEP?
4. ¿Qué trató de hacer la OPEP y qué efectos tuvo en la economía venezolana?
5. ¿Cuál es la situación actual (presente) de la producción industrial venezolana?
6. ¿Qué posible futuro tiene Venezuela?

B. Escriba dos citas *(quotations)* de la selección que posiblemente puedan apoyar *(support)* su resumen sobre la importancia del petróleo en Venezuela.

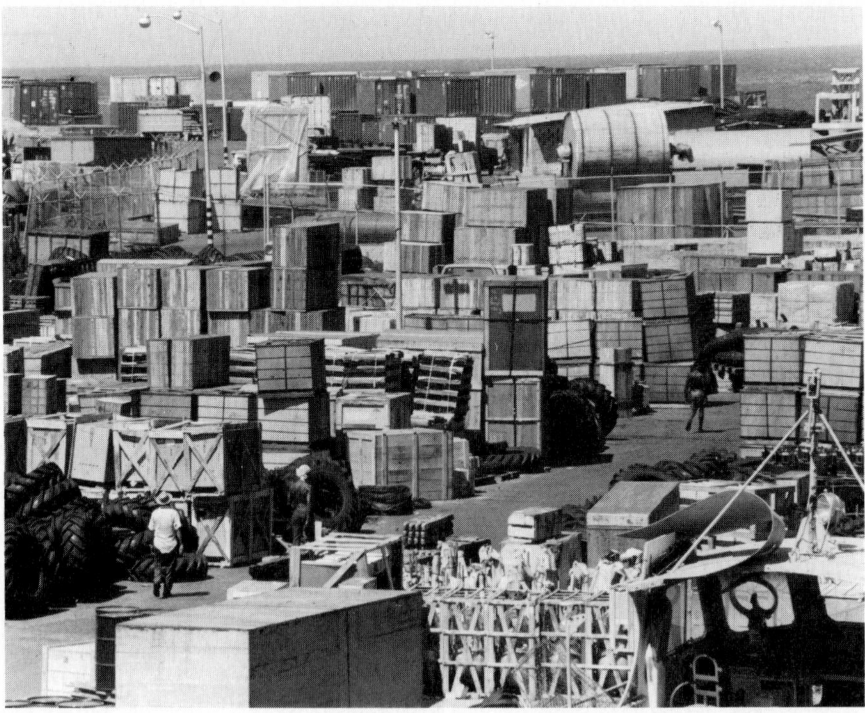

El puerto de La Guaira al norte de Caracas es uno de los puertos comerciales más importantes de Venezuela.

Lección 15
En Panamá

Los indios cunas

Los indios cunas viven a lo largo de la costa oriental de Panamá y en las numerosas islas de San Blas en el Caribe. Hablan una lengua derivada del chibcha, la lengua extinta de los antiguos pobladores° de la región central de Colombia. Lo interesante es que poco a poco los indios cunas aceptan la lengua española para comunicarse con el mundo exterior en un tipo de bilingüismo.

inhabitants

Los indios cunas, que viven en pequeñas aldeas° bajo el mando de un jefe, se sienten muy orgullosos de sus costumbres y tradiciones. Para ser jefe es necesario que un hombre conozca muy bien todas las tradiciones de la tribu y que sea de una familia poderosa.

villages

Aunque la pesca es la base de la economía, los cunas también cultivan plátanos, maíz, caña de azúcar, cacao y cocos. Usan los cocos como dinero entre sí, pero usan y exigen dinero panameño para comerciar con otra

Los indios cunas de San Blas, Panamá.

gente. Son excelentes artesanos: tallan° madera, hacen canastas y tejen° hamacas. Las mujeres cunas, además de preparar otras piezas de artesanía, hacen encajes° y molas. La palabra "mola" quiere decir *blusa,* pero en general, se refiere al tipo de tela multicolor que representa pájaros, reptiles, plantas y símbolos religiosos indios y cristianos. Las molas que hacen para la venta no son tan delicadas ni tan bien trabajadas° como las propias, pero a los turistas y a los coleccionistas de arte de todo el mundo les encantan.

they carve/weave
laces
done

La mujer cuna desempeña un papel importante en esta sociedad matriarcal, porque la herencia y la posición social de una persona dependen de la descendencia por línea materna. Al casarse es necesario que el hombre vaya a vivir con la familia de su esposa y que trabaje para el padre de ella. Sin embargo, en la vida política y social, las mujeres no ejercen tanta autoridad como los hombres.

En los últimos años la civilización occidental rompe poco a poco el aislamiento° cultural de los cunas. Las ocasiones en que los cunas se ven más expuestos a la introducción de costumbres y valores ajenos a los suyos° son cuando los hombres trabajan por dinero en el istmo,° cuando las mujeres cunas van a Ciudad de Panamá para vender sus molas, y cuando los frecuentes visitantes de otros países van a las islas de San Blas. En otras palabras, las necesidades económicas y el deseo de mejorar su nivel de vida causan un impacto y cambios al sistema tradicional de valores de esta tribu.

isolation
theirs
Isthmus (Panama)

Comprensión

1. ¿Dónde viven los cunas?
2. ¿Qué lenguas hablan estos indios?
3. ¿Qué es necesario saber para ser jefe?
4. ¿Cuáles son algunos productos que cultivan los cunas?
5. Mencione algunos productos de artesanía de los cunas.
6. Describa la mola cuna.
7. ¿Qué papel importante desempeña la mujer en la sociedad cuna?
8. ¿A qué se debe el cambio de valores tradicionales entre los cunas?

Conversación

1. ¿Le interesa a usted la vida de los cunas? ¿por qué sí o por qué no?
2. Desde su punto de vista, ¿por qué es bueno o malo que los indios cunas cambien sus valores?
3. ¿Quiere usted mejorar su propio nivel de vida? ¿por qué sí o por qué no?
4. Si usted mejora su nivel de vida, ¿van a sufrir algún cambio sus valores? Explique su opinión.
5. Identifique algunas cosas que causan un impacto en su nivel de vida (por ejemplo, el barrio donde usted vive).

Vocabulario

Palabras análogas

aceptar
la autoridad
el bilingüismo
la civilización
comunicarse (con)
cristiano, -a
cultivar
delicado, -a
depender (de)
derivado, -a
excelente
extinto, -a
la hamaca
identificar
el impacto
la introducción
materno, -a
matriarcal
multicolor
numeroso, -a
la ocasión
la planta
político, -a
la posición
preparar
religioso, -a
representar
el reptil
el sistema
social
la sociedad
la tradición
tradicional

Sustantivos

la artesanía artisanry
el/la artesano/a artisan
la base basis
el cacao cocoa (bean)
el cambio change
la canasta basket
la caña de azúcar sugar cane
el coco coconut
el/la coleccionista collector
la costumbre custom
la descendencia ancestry, lineage
el deseo desire, wish
la herencia inheritance
la madera wood
el maíz corn
el mando command
la necesidad need, necessity
el papel role
la pesca fishing
la pieza piece
el plátano plantain
el punto de vista point of view
el símbolo symbol
la tela cloth
la tribu tribe
el valor value
la venta sale
el/la visitante visitor

Adjetivos

exterior outside, exterior
orgulloso, -a proud
oriental eastern
poderoso, -a powerful
propio, -a one's (their) own
último, -a last

Verbos

casarse to marry
comerciar to trade
desempeñar to play (a role)
ejercer to exercise (one's rights); to practice (a profession)
referirse (ie) a to refer to
romper to break

Otras palabras y expresiones

a lo largo de along (the length of)
además de in addition to
ajeno a foreign to
bajo under
en general generally
en los últimos años recently
entre sí among themselves
expuesto a exposed to
poco a poco little by little
se debe (a) is due to
tan . . . como as (so) . . . as
tanto . . . como as many (much) . . . as
todo el mundo the whole world, everyone

Práctica

A. Usted entrevista a algún turista acerca de su visita reciente a las islas de San Blas. Pregúntele cómo son los indios cunas, qué hacen, qué lengua hablan, etcétera.

B. Imagine que usted tiene que preparar un itinerario para dos amigos que quieren visitar algunos lugares interesantes cerca de su ciudad o pueblo. Dígales cuáles son los lugares de interés, cómo pueden ir, qué cosas pueden ver allí y dónde pueden comer y dormir.

Nota cultural El regateo y los precios fijos

Una costumbre característica de casi todos los países hispánicos es el regateo.[1] Es el arte de negociar[2] el precio de un objeto entre el vendedor y el comprador. Esta costumbre bastante antigua se practica principalmente en los mercados al aire libre,[3] donde las costumbres tradicionales prevalecen. La persona que quiere comprar pregunta el precio del producto que le interesa y puede pasarse hasta media hora mientras conversa con el vendedor, y tratan de llegar al precio que les conviene a ambos.[4] Para regatear es necesario saber conversar y tratar con la gente sin perder de vista el propósito del intercambio de palabras.

Sin embargo, el regateo generalmente no se practica en las tiendas, almacenes y supermercados modernos donde existen precios fijos que se indican en la etiqueta.[5] Bajo estas circunstancias el contacto entre el comprador y el vendedor es mínimo y se limita al intercambio de un objeto por cierta cantidad de dinero.

1. bargaining 2. negotiating 3. **al** . . . in the open air 4. **les** . . . is agreeable to both of them 5. price tag

Un cliente regatea el precio de unos artículos en un mercado peruano.

Pronunciación y ortografía

Las letras **ll, y** *(+ vocal)* y **hie**

The Spanish spellings **ll, y** *(+ vowel),* and **hie** are pronounced differently in various parts of Spain and Hispanic America. Some speakers of Spanish distinguish between the [L] sound reflected by the **ll** spelling, as in **calle,** and the [y] sound spelled **y** *(+ vowel),* as in **yo,** or **hie,** as in **hierba.** The [L] sound is close to the English *ly* in *halyard;* the [y] sound is close to the English *y* in *yes.* Note that some speakers of Spanish have only one sound [y] reflected by all three spellings **ll, y** *(+ vowel),* and **hie.**

[L]		[y]	
calle	anillo	yo	leyes
orgulloso	llevar	cayeron	hierba
collares	llamar	¡huyuyuy!	hierro

Specific pronunciations of these sounds often signal the place of origin of the speaker, but they are all understood without difficulty among Spanish speakers. The best policy is to follow your instructor's pronunciation.

A. Escuche y repita las palabras leídas por su profesor/a.

ll	**y** *(+ vowel)*	**hie**
llego	**y**a	**hie**rba
llamo	a**y**er	**hie**lo
lleno	a**y**udo	**hie**na
deta**ll**e	o**y**en	**hie**rro

B. Escuche las siguientes oraciones leídas por su profesor/a y repítalas con atención especial a las palabras escritas con **ll, y** *(+ vowel)* y **hie.**

1. Allí en las islas de San Blas, los cunas llevan molas y tallan figuras de madera.
2. Ya no creo que haya hielo en el lago.
3. Cuando llueve en mayo, prospera la hierba.
4. Mi apellido es Yánez y voy en avión a Yucatán.

C. Aprenda a leer correctamente la siguiente balada. Ponga atención a las palabras escritas con **ll, y** *(+ vowel)* y **hie.**

En Sevilla hay un balcón
que tiene rejas de hierro.° — **rejas** . . . iron grill work
Detrás del hierro una niña,
con cabello de azabache,° — **cabello** . . . jet-black hair
entre las flores de mayo
esconde° mi corazón. — hides

Estudio de palabras

I. El cuerpo humano

Aprenda los términos para las partes del cuerpo en el dibujo que aparece abajo.

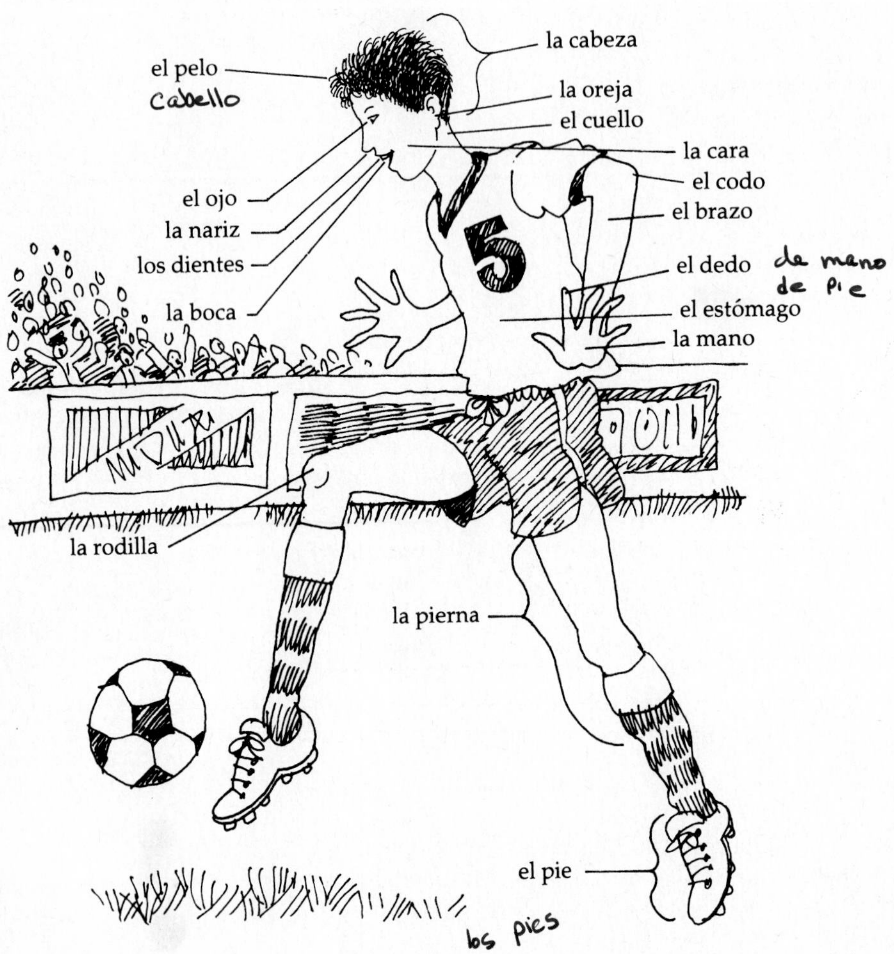

A. Escriba una breve descripción del muchacho en el dibujo. Diga si es alto o bajo, gordo o flaco, etcétera. Mencione también el color de su pelo y de sus ojos. Añada otros detalles imaginarios (por ejemplo, su nombre, su nacionalidad, los miembros de su familia).

B. Pregúntele a sus compañeros de clase si les duele alguna parte del cuerpo en las situaciones indicadas.

▶ los pies / andar mucho — S1: *¿Te duelen los pies después de andar mucho?*
S2: *¡Sí, me duelen bastante!*

1. la cabeza / leer mucho
2. los ojos / mirar mucho la tele
3. el estómago / comer mucho
4. el brazo / jugar al tenis
5. los dientes / visitar al dentista
6. las rodillas / hacer ejercicios
7. los dedos / escribir a máquina
8. el pie izquierdo / correr

II. Sustantivos que terminan en **-ma** y **-ta**

Nouns of Greek origin that end in **-ma** and **-ta** are masculine. Most of them are cognates.

el clima	el poema	el sistema	el cometa
el drama	el problema	el telegrama	el planeta

C. Complete las oraciones siguientes con sustantivos lógicos que terminen en **-ma** o **-ta** de la lista que precede.

1. El _____ de Guayaquil es muy caluroso.
2. Algunas personas tienen miedo cuando ven un _____ en el cielo *(sky).*
3. Me gustan más los _____ que los cuentos *(stories).*
4. Espero recibir un _____ de Guillermo, que vuelve de Madrid el siete de agosto.
5. Tengo un _____ con el estéreo. ¡No funciona!
6. El _____ de tejer de los cunas es muy complicado.
7. ¿Quiere usted viajar al _____ Marte algún día?

III. Sufijos en **-oso**

The adjectival suffix **-oso/a (-osos/as)** means *full of.* Many adjectives ending in **-oso** have English equivalents ending in **-ous.** Other adjectives ending in **-oso** have English equivalents ending in **-ful** or **-ic.**

maravilloso/a	marvelous	**temeroso/a**	fearful
nervioso/a	nervous	**majestuoso/a**	majestic

D. Dé los equivalentes en inglés de los adjetivos siguientes que terminan en **-oso.**

1. fabuloso
2. peligroso
3. dudoso
4. desastroso
5. hermoso
6. curioso
7. poderoso
8. delicioso
9. religioso

E. Complete las oraciones siguientes con la forma correcta de un adjetivo lógico del Ejercicio D.

1. Mi viaje a Costa Rica fue ____ . Quiero volver a ese país el verano próximo.
2. Para mí, Puerto Rico es una isla muy ____ .
3. Las minas de estaño son muy ____ . Cada año ocurren muchos accidentes allí.
4. Jorge Rivas es un hombre ____ ; es jefe de una gran compañía.
5. ¡El examen de química fue ____ ! ¡No pude contestar ninguna de las preguntas!
6. Doña Margarita es una persona muy ____ . Va mucho a la iglesia.
7. Ese hombre es muy ____ . Quiere saber muchas cosas.
8. Las manzanas que acabo de comprar son ____ . ¿Quiere Ud. comer una?

Estructuras útiles

I. Verbs with irregular present subjunctive stems

No te preocupes, es posible que el ruido no ***sea*** *nada . . . .*

1. The following verbs have irregular present subjunctive stems, although the *endings* are regular.

haber:	haya, hayas, haya, hayamos, hayáis, hayan
ir:	vaya, vayas, vaya, vayamos, vayáis, vayan
saber:	sepa, sepas, sepa, sepamos, sepáis, sepan
ser:	sea, seas, sea, seamos, seáis, sean

Es posible que **haya** mucha gente, pero no creo que éste **sea** el grupo que buscamos.	*There may be many people, but I don't think this is the group that we are looking for.*
No quiero que **vayas** a la playa sin mí.	*I don't want you to go to the beach without me.*

2. Verbs with a special **yo**-form in the present indicative that ends in **-go** or **-zco** have a subjunctive stem based on this form. Their present subjunctive *endings,* however, are regular.

tener: tenga, tengas, tenga, tengamos, tengáis, tengan
poner: ponga, pongas, ponga, pongamos, pongáis, pongan
decir: diga, digas, diga, digamos, digáis, digan

conocer: conozca, conozcas, conozca, conozcamos, conozcáis, conozcan
parecer: parezca, parezcas, parezca, parezcamos, parezcáis, parezcan
conducir: conduzca, conduzcas, conduzca, conduzcamos, conduzcáis, conduzcan

Other verbs that fall in this category include: **caer** *(to fall),* **hacer, oír, pertenecer, salir, traducir, traer,** and **venir.**

Espero que **conozcamos** pronto a tu novio.	*I hope we meet your boyfriend soon.*
No creo que **tenga** importancia.	*I don't think it has any importance.*

A. Usted habla con Roberto y cree que él exagera mucho. Exprese sus dudas con cortesía, usando el presente del subjuntivo de los verbos.

▶ Roberto: Tengo un coche rojo, uno blanco y otro azul. — *Me parece increíble que tengas un coche rojo, uno blanco y otro azul.*

1. En México los trenes siempre salen tarde.
2. Conozco bien todos los países de Hispanoamérica.
3. Mis padres van a Europa todos los años.
4. Pablo y yo tenemos doscientos discos.
5. Siempre vengo a clase a tiempo.
6. Yo sé la fecha de nacimiento de todos los héroes de mi país.
7. Salgo de casa todos los días a las siete de la mañana.
8. Pongo todo mi dinero en un banco.

B. Exprese sus deseos de que todo salga bien para un picnic que prepara con unos amigos y familiares. Use **ojalá que** con el presente del subjuntivo de los verbos indicados.

▶ Carmen / traer / refrescos — *Ojalá que Carmen traiga los refrescos.*

1. Jorge / salir / temprano
2. mi hermana / venir / a tiempo
3. Juan y Emilia / hacer / su famoso arroz con camarones
4. tú / traer / sandalias cómodas
5. todos / tener / hambre

6. Guillermo / conducir / bien
7. haber / un buen sitio junto al río
8. hacer / un día estupendo

C. Exprese su opinión acerca de los siguientes pares de afirmaciones. Use expresiones de la lista y el presente del indicativo o del subjuntivo, según la lógica de la situación.

es cierto	es posible	es probable
es dudoso	no es posible	no es probable
no es cierto	es increíble	es claro

▶ Hay sesenta minutos en una hora. Hay veintitrés horas en un día. — *Es cierto que hay sesenta minutos en una hora. No es cierto que haya veintitrés horas en un día.*

1. Hace buen tiempo hoy. Va a hacer mal tiempo mañana.
2. Los artistas son inteligentes. Los políticos son astutos.
3. Si tengo calor, nado en la piscina. Si tengo frío, voy al parque.
4. Hay pocos puertorriqueños en Nueva York. Hay muchos cubanos en Miami.
5. Estos muchachos no saben nada. Aquellos muchachos lo saben todo.
6. Tus abuelos vienen a verte mañana. Tus primos vienen a visitarte el año próximo.

II. Comparisons of equality

En mi jardín tengo ***tantos*** *geranios* ***como*** *rosas.*

1. Comparisons of equality are expressed with the following patterns:

tan + *adjective* + **como**	as (so) . . . as
tan + *adverb* + **como**	as (so) . . . as
tanto/a (tantos/as) + *noun* + **como**	as much (many) . . . as

Ella es **tan tacaña como** él.	*She is as stingy as he (is).*
Yo conduzco **tan rápidamente como** él.	*I drive as fast as he (does).*
Tengo **tantas amigas como** amigos.	*I have as many women friends as men friends.*
Tenemos **tanto tiempo como** ellos.	*We have as much time as they (do).*

2. When the adjective, adverb, or noun is omitted, the pattern **tanto como** is used.

Tú eres ágil, pero ella lo es **tanto como** Ud.	*You're agile, but she's as agile as you.*
Nosotros trabajamos **tanto como** ustedes.	*We work as much as you.*

D. Raúl y su novia Julia son muy semejantes *(similar).* Compárelos, usando la fórmula **tan + adjetivo + como.**

▶ sincero *Raúl es tan sincero como su novia.*
Julia es tan sincera como su novio.

1. generoso
2. pobre
3. optimista
4. imaginativo
5. joven
6. simpático
7. alto
8. rubio

E. Luisa y su hermana hacen las mismas actividades de la misma forma. Compare su manera de hacer las cosas, usando la fórmula **tan + adverbio + como.**

▶ comer rápidamente *Luisa come tan rápidamente como su hermana.*

1. esperar pacientemente
2. hablar fácilmente
3. responder cordialmente
4. bailar alegremente
5. patinar bien
6. nadar mal
7. trabajar constantemente
8. cantar tristemente

F. Compare varias personas y objetos que usted conoce muy bien. Use la expresión **tan . . . como** en sus comparaciones.

▶ *Consuelo y Ramón son tan simpáticos como Alicia Aragón.*
▶ *Este mapa de Hispanoamérica es tan grande como el otro.*

G. Haga oraciones comparativas, usando la información dada.

▶ Isabel e Inés tienen muchas faldas. *Isabel tiene tantas faldas como Inés.*

1. Vivian e Ignacio tienen muchas plantas.
2. El señor Ruiz y el señor Gómez tienen muchas hijas.
3. Los artesanos y los pescadores tienen mucha paciencia.

4. Pilar y yo tenemos mucho tiempo libre.
5. Los cunas y los mayas conservan muchas tradiciones.
6. El director y el presidente ejercen mucha autoridad.
7. Tú y tus amigos tienen muchas vacaciones.
8. Ismael y Alberto son muy estudiosos.

H. Pregúntele a un/a compañero/a de clase si quiere tener **más que, menos que** o **tanto como** las personas mencionadas.

▶ dinero / señor González — S1: *¿Quiere Ud. tener tanto dinero como el señor González?*
S2: *Sí, quiero tener tanto como él.*
No, quiero tener más (menos) que él.

1. discos / sus amigos
2. oportunidades de trabajo / sus padres
3. fama / algunos científicos
4. éxito / su actriz favorita
5. inteligencia / Einstein
6. habilidad / Picasso
7. amigos / su primo
8. posibilidades en la vida / cualquiera

III. The neuter article lo

1. The neuter article **lo** is often used before a verb to replace a whole thought or fact already mentioned or understood.

—¿Sabes que Pepita sale con Ricardo?	*Do you know that Pepita is going out with Ricardo?*
—Sí, **lo** sé.	*Yes, I know (all that).*
—¿Crees que Jorge es inteligente?	*Do you think Jorge is intelligent?*
—Sí, creo que **lo** es.	*Yes, I think he is.*

2. As mentioned in *Lección 12,* the neuter article **lo** can also be used with an adjective to refer to an abstract quality or characteristic. The English equivalent often contains the word *thing* or *part.*

Lo interesante es que los cunas aceptan poco a poco la lengua española.	*The interesting thing is that the Cunas are slowly accepting the Spanish language.*
Lo difícil es comprender algunas de sus costumbres.	*The difficult part is to understand some of their customs.*

3. **Lo** + *de-phrase* is often used to refer to a recent situation or event. The equivalent in English would be the expression *that matter of, that (whole) business about,* or *that thing about.*

Lo de la huelga de mineros es muy serio.	*That matter of the miners' strike is very serious.*
¡Lo del secuestro en Bogotá es terrible!	*That business about the kidnapping in Bogotá is terrible!*

4. **Lo** + *que-clause* is used to refer to the totality of a past, present, or future event or situation. It does not refer to a specific noun. The equivalent in English is *what* or *that which.*

No sé **lo que voy a hacer.**	*I don't know what I'm going to do.*
Lo que pasó es que olvidé invitarlos.	*What happened is that I forgot to invite them.*
Lo que me dice usted es muy interesante.	*What you're telling me is very interesting.*

I. Conteste las siguientes preguntas según el modelo, usando el verbo **saber** y el pronombre **lo.**

▶ ¿Sabe usted que los cunas son bilingües? — *Sí, lo sé.* / *¿De verdad? Pues ahora lo sé.*

1. ¿Sabe usted que Anthony Quinn es hispano?
2. ¿Saben ustedes que el fútbol es el deporte más popular en Hispanoamérica?
3. ¿Sabe usted que Cristobal Colón hizo cuatro viajes de exploración al Nuevo Mundo?
4. ¿Sabe usted que El Salvador es el país más pequeño de Centroamérica?
5. ¿Sabe usted que el sol es la moneda de Perú?

J. Complete las oraciones siguientes con frases lógicas.

▶ Lo malo es que . . . . *Lo malo es que no puedo ir al partido de fútbol hoy.*

1. Lo interesante es que . . . .
2. Lo bueno es que . . . .
3. Lo difícil es que . . . .
4. Lo fácil es que . . . .
5. Lo probable es que . . . .
6. Lo curioso es que . . . .

K. Empiece las oraciones siguientes con **lo de** + una expresión apropiada, usando la imaginación.

▶ . . . es muy interesante. *Lo del sistema de comercio de los cunas es muy interesante.*

1. . . . es estupendo.
2. . . . es horrible.
3. . . . es dudoso.
4. . . . es serio.
5. . . . es ridículo.
6. . . . es necesario.

L. Complete cada oración con una cláusula que empiece con **lo que.**

▶ No sé . . . . *No sé lo que quieres decir.*

▶ Quiero aprender . . . . *Quiero aprender lo que enseña Roberto.*

1. ¿No deseas comer . . . ?
2. Comprendemos . . . .
3. Le prometo . . . .
4. Usted lee . . . .
5. No te voy a vender . . . .
6. Vamos a pedirles . . . .

¡Exprésese usted!

La carta amistosa

Para escribir una carta amistosa en español se usa un formato diferente al formato en inglés. Considere la siguiente carta: notará que el encabezamiento *(heading)* incluye el nombre de la ciudad o pueblo de donde se escribe y la fecha que se escribe con mención del día antes que el mes. En español se usan los dos puntos *(colon)* después del saludo *(salutation)*, en vez de una coma *(comma)*. Normalmente se incluye el cierre o despedida *(closing)* de una carta en español dentro del párrafo final o en un nuevo párrafo, pero es posible escribirlo encima de la firma, al igual que en inglés.

Lea la siguiente carta de un estudiante panameño que desea establecer correspondencia con una estudiante norteamericana. Note el uso de preguntas y otros comentarios que muestran el interés de Juan Ramón en la persona a quien escribe.

Ciudad de Panamá, 7 de marzo

Querida Leslie:

Karen Hobart, tu compañera en la universidad que pasó un mes aquí en Panamá, me dio tu dirección y me dijo que te interesa establecer correspondencia con una persona de mi edad. Me llamo Juan Ramón, pero mis amigos me llaman Juancho. Estudio primer año de biología, y pienso estudiar medicina tropical porque aquí en Panamá tenemos un buen centro de investigaciones de enfermedades tropicales.

No sé mucho de ti, porque Karen me aconsejó preguntarte las cosas que me interesa saber. ¿Cómo es tu universidad? ¿Qué estudias allí? ¿Por cuál disciplina es más famosa? ¿Tienen estudios de medicina general y de especializaciones?

Te cuento que mi país no es grande. La capital, Ciudad de Panamá, es la ciudad más grande con más de medio millón de habitantes. La otra ciudad relativamente importante es Colón, que queda, al igual que Ciudad de Panamá, a orillas del Canal. Muy pocos extranjeros saben que la entrada del Pacífico al Canal queda al este de la entrada del Atlántico. Se puede entender esto mejor si se mira en un mapa.

Mi país es muy pintoresco. Si te interesan las ruinas, aquí tenemos algunas muy interesantes como las ruinas del Panamá Viejo, la ciudad que destruyó el pirata inglés Morgan en 1671. Son de interés también varias islas muy hermosas cerca de donde yo vivo, y por supuesto las islas de San Blas, donde viven los famosos indios cunas.

Yo tengo muchos amigos y paso mucho tiempo con ellos cuando mis estudios me lo permiten. Prefiero ir a la playa y montar en bote, o bailar en casa de amigos en vez de ir a discotecas, donde no es posible charlar con la música tan alta. Y tú, ¿cómo son tus amigas y tus amigos? ¿Cómo prefieres pasar tu tiempo con ellos? ¿Cuáles son tus pasatiempos favoritos?

Bueno, no escribo más por hoy; espero que me escribas muy pronto. Espero también que puedas venir algún día a Panamá como tu amiga Karen, para así conocerte personalmente. Hasta la próxima, recibe un saludo de tu amigo,

Juancho

A. Conteste las siguientes preguntas.

1. ¿Qué especialización piensa estudiar Juan Ramón y por qué?
2. ¿Qué puede Ud. mencionar de interés sobre Ciudad de Panamá? ¿y sobre el Canal?
3. ¿Qué quiere saber Juan Ramón de Leslie?
4. ¿Cuáles son los pasatiempos de Juancho?

B. Imagínese que Ud. recibió la carta de Juan Ramón. Contéstela con una carta similar e incluya lo siguiente.

1. Conteste las preguntas que él le hace.
2. Hágale tres o cuatro preguntas más, pero no las escriba en forma de lista. Mézclelas *(mix them)* con la información que usted da en su carta.
3. Use la forma correcta de la fecha y las fórmulas de saludo y despedida.

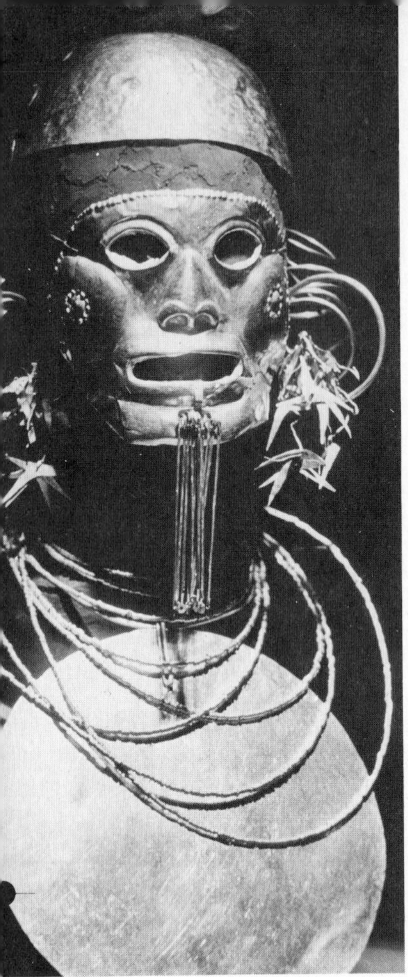

Documentos y gráfica 5

El Museo del Oro de Bogotá

El Museo del Oro de Bogotá contiene una colección extraordinaria de artefactos precolombinos, que representan las principales culturas indias que encontraron los conquistadores españoles en lo que es hoy día Colombia. Entre los objetos y esculturas, cuyc[1] número asciende a[2] más de dieciocho mil, figuran amuletos,[3] anillos[4] para la nariz, escudos,[5] collares, broches, máscaras, estatuas, magníficos vasos ceremoniales, y piedras preciosas, como la esmeralda, que se encuentra en Colombia en considerables cantidades.

1. whose 2. **asciende ...** amounts to 3. charms 4. rings 5. shields

El café colombiano

El producto agrícola más importante de la economía colombiana es el café. Según los expertos, el café colombiano es de calidad superior, y este juicio[1] vale mucho si uno se da cuenta[2] de que Colombia es el tercer país del mundo en la producción del café. Los mayores ingresos[3] del país provienen de la exportación del café, que es controlada por el gobierno. El café se transporta desde los cafetales[4] que están en el interior del país en barco por el Río Magdalena hasta Barranquilla, que es el puerto comercial colombiano más importante.

1. judgment 2. **se da ...** realizes 3. revenues 4. coffee plantations

(Arriba) Máscara precolombina en el Museo del Oro en Bogotá, Colombia. (Derecha) Recogedor de café en una plantación cerca del pueblo de La Merced, Colombia.

Además del café, Colombia exporta otros productos agrícolas como el azúcar y el algodón.[5] Con la ayuda de los ingresos recibidos de la exportación de estos productos, el gobierno colombiano trata de establecer una mayor diversificación económica y de fomentar[6] el desarrollo de nuevas industrias además de las industrias textiles y las de cuero,[7] que ya están bien adelantadas.[8]

5. cotton 6. encourage 7. leather 8. advanced

La economía venezolana

La economía de Venezuela está basada principalmente en las industrias del petróleo y del hierro.[1] Los pozos[2] petrolíferos de mayor importancia se encuentran en el lago de Maracaibo en el oeste del país, mientras que las principales minas de hierro se encuentran en la región de Guayana en el

1. iron 2. wells

estado de Bolívar. La nacionalización de la industria del hierro se efectuó en 1975, y la del petróleo en 1976.

Son muchas las otras fuentes de riqueza[3] del país, entre las cuales se destacan[4] la ganadería, el café, el cacao, y las minas de diamantes, de oro, de bauxita y de carbón. Debido al rápido desarrollo de la industria petroquímica y de la actividad agrícola, y a la inversión[5] en la industria alimenticia por parte del gobierno, estas industrias contribuyen una parte substancial a la productividad nacional de Venezuela.

3. **fuentes . . .** sources of wealth 4. stand out 5. investment

El Parque Nacional de Canaima

Una de las excursiones más interesantes de Venezuela es la que se puede hacer al Parque Nacional de Canaima en el sureste del país. Es un lugar completamente aislado[1] de la civilización, a unos doscientos cincuenta kilómetros del pueblo más cercano.[2] En Canaima se pueden visitar varios ríos, islas, la selva y espectaculares cascadas como la del Salto Ángel,[3] que es la más alta del mundo con 3.298 pies de altura. El visitante puede ir allí en avión y quedarse a la orilla de la Laguna[4] de Canaima donde se encuentra un campamento de cabañas rústicas mantenidas por los guardias nacionales del país.

Pozos petrolíferos en el lago de Maracaibo, Venezuela.

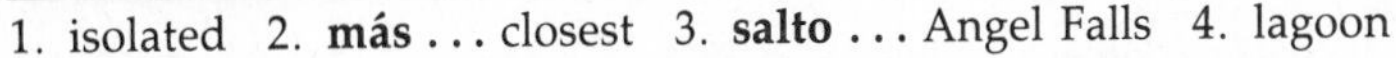

1. isolated 2. **más . . .** closest 3. **salto . . .** Angel Falls 4. lagoon

Cascadas en el Parque Nacional de Canaima, Venezuela.

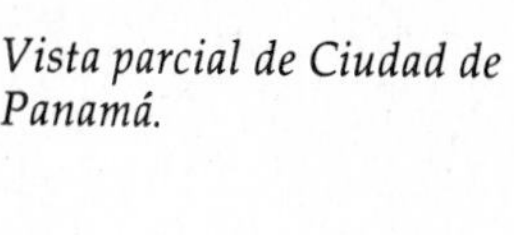

Vista parcial de Ciudad de Panamá.

Panamá

Panamá fue una provincia de Colombia hasta 1903, cuando obtuvo su independencia con la ayuda del gobierno de los Estados Unidos. Al independizarse, Panamá se convirtió en una república. Hoy día casi dos millones de personas viven en Panamá, cuyas ciudades principales son Colón (117.000 habitantes), en la costa del Atlántico, y Ciudad de Panamá (655.000 habitantes), en la costa del Pacífico.

La economía del país depende en parte de la agricultura y la pesca, y algunos de sus productos de exportación son los plátanos, el azúcar y los camarones. Sin embargo, el Canal es el mayor recurso económico, y contribuye $400 millones cada año a la economía del país. Muchos barcos extranjeros cruzan el Canal que une el océano Atlántico con el Pacífico, y por eso Panamá es un país de gran importancia internacional.

¿Sabía usted que . . . ?

Gabriel García Márquez, famoso escritor colombiano y autor de *Cien años de soledad* y de *Crónica de una muerte anunciada,* recibió el Premio Nóbel en 1982.

Los llanos venezolanos están a orillas del Orinoco, que es el río más grande de Venezuela.

Venezuela, que quiere decir «pequeña Venecia», es el nombre que le dieron los españoles a este país al ver que los indios vivían en casas construidas sobre el agua en el lago de Maracaibo.

Colombia y Ecuador formaron La Gran Colombia, establecida por Simón Bolívar después de la independencia de estos países de España. Pero la Gran Colombia se desintegró con la muerte del gran libertador y hoy día estas dos países solamente tienen en común la bandera tricolor: amarilla, azul y roja.

El Canal de Panamá fue construido a principios del siglo XX. Su construcción, comenzada por una compañía francesa, fue terminada por los norteamericanos bajo la supervisión del Cuerpo de Ingenieros del Ejército de los Estados Unidos. Los Estados Unidos controlan gran parte de la operación del Canal, pero el presente tratado entre los Estados Unidos y Panamá dará control absoluto del Canal a Panamá en el año 2000.

¡Averigüe usted!

Trate de averiguar lo que describen las frases siguientes.

1. En este lugar venezolano, aislado de la civilización, se puede visitar islas, ríos, selvas y cascadas espectaculares.
2. Los barcos internacionales se sirven de esta facilidad para cruzar de un océano a otro y así contribuyen a los ingresos nacionales de este país.
3. Escritor colombiano de fama internacional, y autor de *Cien años de soledad.*
4. Este país recibió el nombre de una antigua ciudad italiana.
5. En este lugar colombiano hay una rica colección de artefactos precolombinos en oro y piedras preciosas.
6. La industria venezolana se basa principalmente en dos productos. El gobierno nacionalizó estas industrias en los años 70.
7. Este producto agrícola muy importante de Colombia se considera de calidad excelente.

Unidad 6

En Costa Rica, la República Dominicana y Cuba

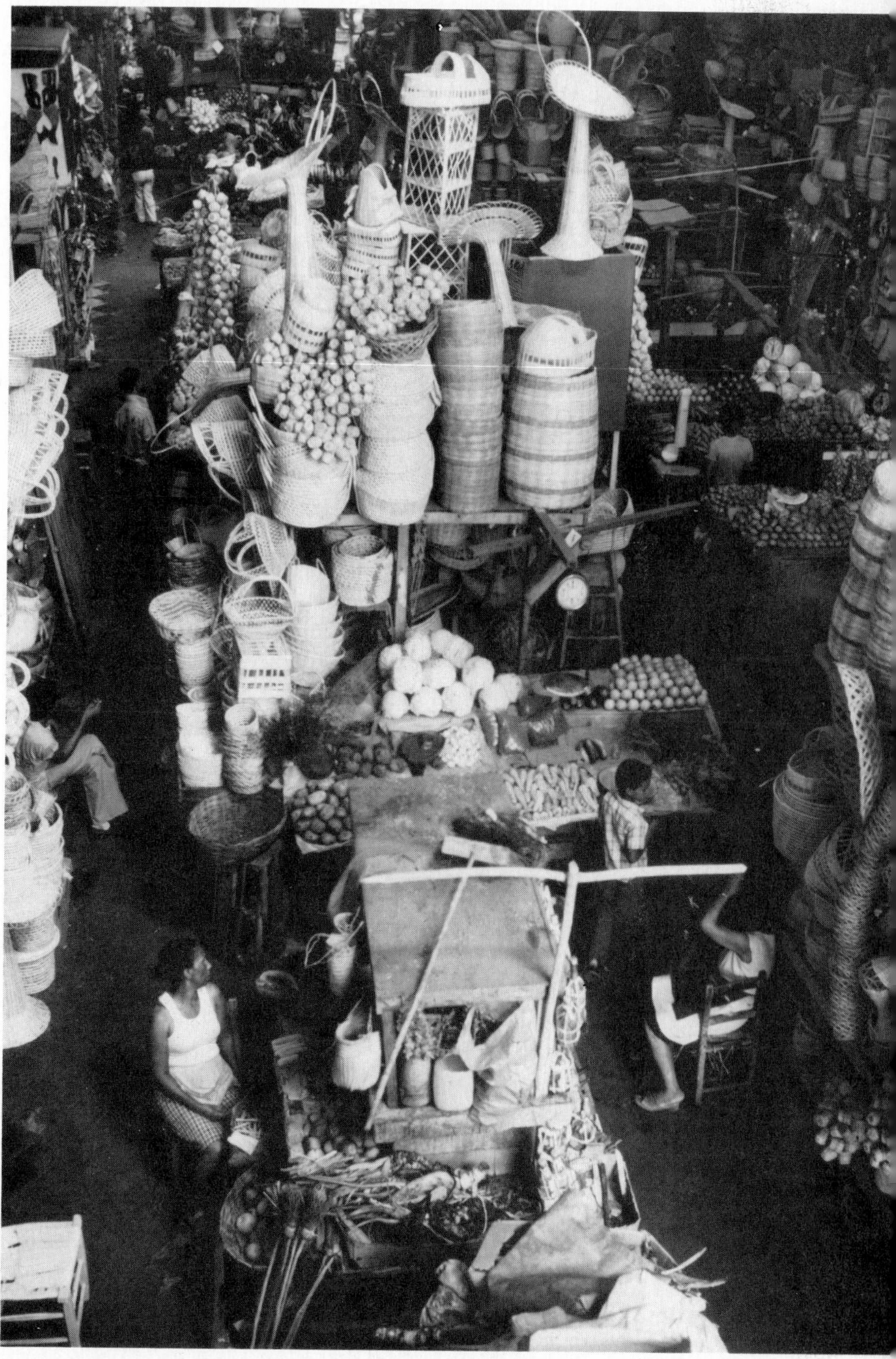

Mercado en Santo Domingo, República Dominicana.

Lección 16
En Costa Rica

La estación biológica de Monteverde

La estación biológica de Monteverde, situada al norte de San José, está financiada por organizaciones nacionales e internacionales. Allí se ofrece un amplio campo de investigación para científicos interesados en el estudio de la riquísima fauna y flora de la selva y en la preservación del medio ambiente. En esa estación Alicia Benavides, una estudiante costarricense, participa en el estudio de los hábitos de una gran variedad de insectos y pájaros. En este momento, Lorenzo Díaz, un amigo suyo, llega con Pedro Ruiz, un biólogo de la estación.

se . . . is offered

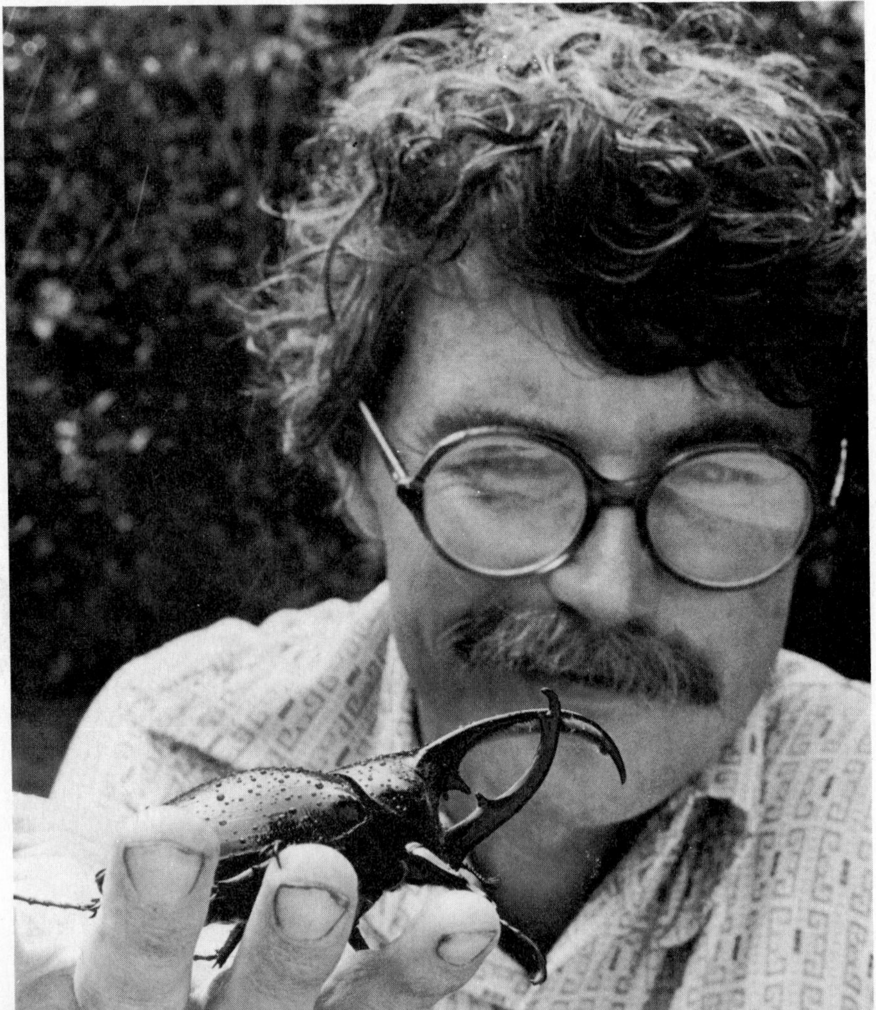

Biólogo observa de cerca un escarabajo en Monteverde, Costa Rica.

Alicia: ¡Hola, Lorenzo, hola, Pedro! Ya estábamos preocupados porque tardaban tanto en llegar. Los esperábamos ayer por la mañana. ¿Qué pasó?

Pedro: Nada. Que se dañó el bendito° jeep y tuvimos que regresar a San José por repuestos para arreglarlo. Por eso no pudimos llegar ayer. Pero cuéntanos, ¿cómo van las cosas?

darn

Alicia: Pues, ¡muy bien! Pude observar muchos tipos de pájaros y saqué fotos muy interesantes, ¡incluso una de un quetzal!°

a rare tropical bird

Pedro: Hablando de fotos, compré las películas que querías . . . y también creo que hay otras cosas para ti en el correo que trajimos. ¿Acabaste de clasificar las mariposas que fotografiamos la semana pasada?

Alicia: Las diapositivas° mías, sí. Todavía necesito clasificar las tuyas. Como no estabas, decidí esperar hasta tu regreso para consultarte sobre algunas. ¿Podemos reunirnos más tarde para hablar de eso?

slides

Pedro: De acuerdo. Ahora voy a ver si me limpio y me organizo un poco. Mientras tanto, ¿puedes mostrarle la estación a Lorenzo?

Alicia: Sí, cómo no. Lorenzo, creo que te va a entusiasmar lo que hacemos aquí. Me imagino que sabes que ahora tenemos un grupo internacional de expertos en el medio ambiente aquí, en la estación. Vas a aprender mucho sobre la preservación del ambiente, que es lo que más te interesa.

Lorenzo: Sí, vine precisamente por eso. ¿Y tú? . . . Es evidente que te gusta mucho la estación, pero, ¿no echas de menos la vida cómoda de la capital?

Alicia: No mucho. El trabajo de investigación biológica es realmente interesante, y a la falta de comodidades te acostumbras muy pronto. Por lo menos tenemos las cosas esenciales: buenas camas, un comedor, un salón pequeño y varios baños y duchas. Y claro, el laboratorio de biología.

Lorenzo: ¡Caramba! ¡Esto es mejor de lo que esperaba!

Comprensión

1. ¿Dónde está Alicia y qué hace ella allí?
2. ¿Qué ofrece la estación biológica de Monteverde? ¿Dónde está situada?
3. ¿Por qué llegaron tarde a la estación biológica Pedro Ruiz y Lorenzo?
4. Identifique algunos de los animales que se observan en Monteverde.
5. ¿Qué trajo Pedro Ruiz para Alicia?
6. ¿Qué comodidades hay en la estación, según Alicia?
7. ¿Qué es lo que más le interesa a Lorenzo?

Conversación

1. ¿Hay selvas en los Estados Unidos? ¿en qué estado o región?
2. ¿De qué animales tiene miedo usted? ¿de las culebras? ¿de las ranas? ¿de los ratones?
3. ¿Qué tipos de pájaros hay en el estado donde usted vive? ¿Cuál es el pájaro oficial de su estado?
4. ¿Qué hace su estado para proteger las especies de animales en peligro de desaparecer? ¿y para preservar regiones naturales?
5. ¿Prefiere Ud. más los lugares primitivos o los lugares civilizados para vivir? ¿por qué?
6. ¿Le gusta ir de camping en los bosques? ¿Le gusta dormir en tiendas de campaña o al aire libre?
7. ¿Qué comodidades considera usted esenciales para su felicidad?

Vocabulario

Palabras análogas

el animal
biológico, -a
el/la biólogo/a
civilizado, -a
clasificar
considerar
el/la experto/a
la fauna
financiado, -a
la flora
fotografiar
el hábito
el insecto
interesado, -a
el jeep
el laboratorio
natural
observar
la organización
organizar
preservar
primitivo, -a

Sustantivos

el bosque woods
la cama bed
el/la científico/a scientist
la comodidad comfort, convenience
el correo mail
la culebra snake
la ducha shower
la especie species
la estación biológica biological research station
la felicidad happiness
la mariposa butterfly
el medio ambiente environment
el peligro danger
la preservación del ambiente environmental conservation
la rana frog
el ratón mouse
el regreso return
el repuesto spare (part)
la selva jungle
la tienda de campaña tent
la variedad variety

Adjetivos

amplio, -a wide, full
mío, -a my
preocupado, -a worried
situado, -a located
suyo, -a his, her, your *(formal)*
tuyo, -a your *(fam.)*

Verbos

acabar de *(+ inf.)* to have just done something, finish doing something
acostumbrarse a to get used to, be accustomed to
arreglar to fix
dañarse to become damaged
desaparecer (zc) to disappear
limpiar to clean
ofrecer (zc) to offer
proteger to protect

Festivales y celebraciones

La celebración de una boda varía mucho de una región a otra dentro del mundo hispánico. Cada clase social celebra de diferente manera de acuerdo con sus costumbres y medios económicos, y cada grupo indio tiene una ceremonia distinta. Una boda de clase media en México, por ejemplo, es similar a una boda estadounidense o europea en cuanto al vestido blanco, el velo, los padrinos, etc. (Boda en Puebla, México)

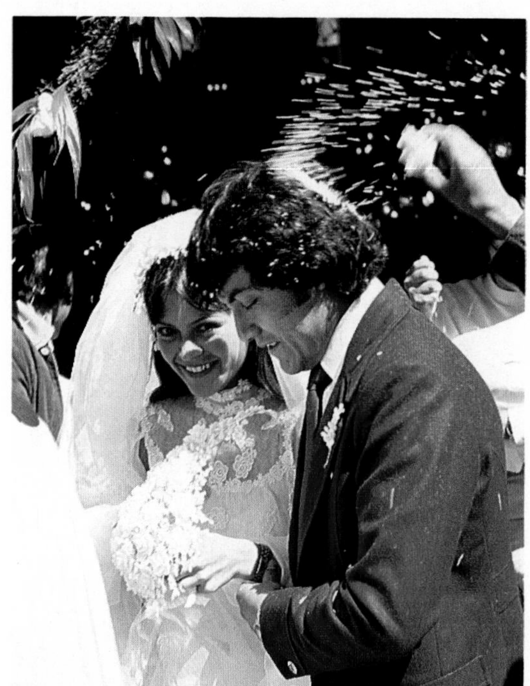

España y gran parte de Hispanoamérica celebran la Pascua católica en procesiones de gran participación popular. De todas estas celebraciones de la Semana Santa, quizás la más conocida es la de Sevilla. En estas procesiones participan los "nazarenos" o penitentes, que se cubren la cara con un capuchón terminado en punta para mostrar su penitencia. (Sevilla, España)

(Arriba) El Día de los Muertos es una de las celebraciones principales del calendario mexicano. El dos de noviembre la gente va a los cementerios, deja ofrendas de comida para los espíritus y decora las tumbas con flores. Estas celebraciones ayudan a aceptar la naturalidad de la muerte. (Día de los Muertos, México)

(Página opuesta, arriba izquierda) Los hispanos celebran una gran variedad de fiestas que incluyen carnavales, fuegos artificiales y otras con tradiciones locales. Los disfraces con máscaras se conocen por todo el mundo hispánico, ya sea con el nombre de "vejigantes", "cabezudos" o "mojigangas". (Celebración local en México)

(Arriba derecha) Una de las celebraciones más pintorescas del "Corpus Christi" en España tiene lugar en partes de las provincias de Cataluña y Galicia. Después de una procesión por las calles del pueblo, se dibujan diseños en las calles que la gente rellena con pétalos de flores para formar bellas figuras. (Provincia de Cataluña, España)

(Abajo) En partes de Guatemala se lleva a cabo una bonita celebración del Día de Todos los Santos. Cerca de la ciudad de Antigua la gente eleva unas cometas gigantescas desde los cementerios el día primero de noviembre en una fiesta de gran colorido. (Día de Todos los Santos, Guatemala)

Muchos vascos que han emigrado de España a los Estados Unidos, principalmente a trabajar como pastores y en las minas, conservan su idioma y costumbres. Uno de los bailes típicos vascos es el "baile de las cintas", del cual existen variaciones en las culturas alemana y austriaca, y también en otras regiones de España y México. (Festival vasco en Nevada, Estados Unidos)

En Hispanoamérica se festeja con entusiasmo el cumpleaños de los niños con un pastel, golosinas, y a veces una "piñata" que los niños se divierten en abrir para obtener los dulces que tiene dentro. Otra fecha que se celebra a menudo entre los hispanos es el día del santo. Como la mayoría de los hispanos tiene nombres tomados del calendario católico, se conmemora el día del santo con regalos y tarjetas de felicitación. (Fiesta de cumpleaños, Cali, Colombia)

Otras palabras y expresiones

al aire libre in the open air
¡caramba! *(interj.)* hah!
de acuerdo agreed
e and (before words beginning with **hi** or **i**)
echar de menos to miss (someone or something)
incluso including
ir de camping to go camping
mientras tanto meanwhile
por eso for that reason
precisamente precisely
pronto quickly, soon

Práctica

A. Escriba una tarjeta desde Monteverde a un/a amigo/a. Dígale si le gusta la selva costarricense y por qué. Explíquele lo que usted vio en la selva.

B. Usted discute con un/a compañero/a de clase sobre algunos animales que están en peligro de desaparecer. ¿Cuáles son? ¿Qué se puede hacer para salvarlos *(save them)*?

Nota cultural La selva en Hispanoamérica

Tradicionalmente los hispanoamericanos que viven en los pueblos y en las ciudades ven la selva como su enemigo natural y no sienten deseos de conservarla. Esta actitud negativa de resentimiento hacia una naturaleza hostil se refleja en muchas obras de la literatura hispanoamericana. Entre los animales peligrosos que viven en las selvas de Hispanoamérica están el jaguar, las serpientes, las hormigas carniceras[1] y aun ciertas clases de ranas,

1. **hormigas . . .** meat-eating ants

Unos visitantes disfrutan de la belleza de la flora tropical de Monteverde.

que a pesar de[2] su apariencia tranquila pueden matar[3] a un individuo en pocos minutos con su potente veneno.[4] Algunas de las plantas también pueden ser venenosas y destructoras del esfuerzo[5] civilizador humano.

Sin embargo, las selvas tienen un papel muy importante en el balance ambiental de la tierra. Si las selvas desaparecen, la vida humana en todo el planeta se va a afectar irreparablemente. Pero a pesar de las grandes campañas[6] de los expertos en el medio ambiente por protegerlas, las selvas van desapareciendo rápidamente. Costa Rica es uno de los pocos países que se preocupa por preservar muchas de sus selvas y las declara parques o reservas nacionales.

A través de[7] los esfuerzos de varias organizaciones internacionales se trata de despertar hoy en día el interés por la protección y conservación del medio ambiente. Esto es a pesar de que en muchos casos, estos esfuerzos compiten frente a frente con nuestra idea del "progreso".

---

2. **a** ... in spite of 3. kill 4. poison 5. effort 6. campaigns 7. **A** ... Through

Pronunciación y ortografía

Consonantes con cambios ortográficos

The following chart summarizes the different spellings of some of the consonant sounds you have had in this course. It will be especially useful in learning to anticipate regular spelling changes that occur in Spanish verbs, nouns, and adjectives.

Spelling-changing consonant sounds

Sound and spelling	*Before **a***	*Before **o***	*Before **u***	*Before **e***	*Before **i***
[k] = **c** or **qu**	**ca**rta	**co**sa	**cu**rar	**que**rer	**qui**en
[s] = **s, z,** or **c**	**sa**ludo **za**pato	**so**lo **zo**rro	**su**bida a**zu**l	**se**mana **ce**ntro	**si**no **ci**ne
[g] = **g** or **gu**	**ga**to	**go**rro	**gu**sto	**gue**rra	**guí**a
[ǥ] = **g** or **gu**	ami**ga**	ami**go**	se**gu**ro	si**gue**	se**guí**
[h] = **j** or **g**	de**ja**r —	**jo**ven —	**ju**lio —	mu**je**r reco**ge**	**ji**rafa pá**gi**na
[gw] + [ǥw] = **gu** and **gü**	**gua**pa	a**guo**so	—	pin**güe**	**güi**ro

A. Escriba las siguientes oraciones dictadas por su profesor/a. Luego corrija los errores, comparando sus oraciones con las del libro.

1. Mi amigo participa en un programa de investigación.
2. Te traigo los libros que querías de San José.

3. El jaguar es una especie en peligro de desaparecer.
4. ¿Cuál es la casa de Cuco?
5. Organizaron un viaje a Zaragoza.

B. Complete cada oración con la forma correcta del verbo indicado.

1. Ayer yo **conseguí** dos billetes y Pablo ____ tres.
2. Hoy **averigüé** dónde vive Carlota; mañana voy a ____ dónde vive Pepita.
3. Alicia **buscó** un quetzal; yo ____ unas mariposas.
4. Yo **llegué** a la estación a las dos, pero Jorge no ____ hasta las tres.
5. Carlos **abrazó** a mi mamá y yo también la ____ .

Estudio de palabras

I. Algunos animales e insectos

Animales salvajes

el caimán alligator
la cebra zebra
el ciervo wild deer
el cocodrilo crocodile
el elefante elephant
el jaguar jaguar
la jirafa giraffe
el león lion
el lobo wolf
el mono monkey
el oso bear
la rana frog
la serpiente (culebra) snake
el tigre tiger
el zorro fox

Insectos comunes

la abeja bee
la cucaracha cockroach
la hormiga ant
la mariposa butterfly
la mosca fly
el mosquito mosquito

Animales domésticos

el burro donkey
la cabra goat
el cerdo pig
el conejo rabbit
el gato cat
la oveja sheep
el pato duck
el perro dog

Some animals have different names for the male and female species; for example:

el caballo horse
la yegua mare

el gallo rooster
la gallina hen

el toro bull
la vaca cow

A. Busque una descripción apropiada en la columna de la derecha para cada animal salvaje.

1. el caimán
2. el zorro
3. el tigre
4. el mono
5. el león
6. la jirafa
7. la cebra
8. el ciervo
9. el elefante
10. el oso

a. Es el rey *(king)* de la selva.
b. Tiene el cuello largo *(long)*.
c. Hay unos de color blanco que viven en el círculo polar ártico.
d. Es similar al burro, pero tiene rayas (líneas) blancas y negras.
e. Es un animal muy listo *(clever)*, y le gusta comer pollos.
f. Es un animal enorme, y tiene fama de tener una memoria excelente.
g. Vive casi siempre en el agua.
h. Le encanta imitar a las personas.
i. Es fuerte, elegante, agresivo y tiene el pelo casi anaranjado con rayas negras.
j. Vive en los bosques, es tímido y corre muy rápidamente.

B. Identifique los animales domésticos del dibujo siguiente, y descríbalos en pocas palabras, como se hizo en el Ejercicio A.

C. Describa un animal para que un/a compañero/a de clase pueda identificarlo.

▶ S1: *Es un animal que vive en casa, come pescado y le gusta salir por la noche.*
S2: *El gato.*

II. Los números ordinales

1. Ordinal numbers indicate position or order in a series. Below are listed the ordinal numbers from *first* to *tenth* in Spanish.

primero, -a	first	**sexto, -a**	sixth
segundo, -a	second	**séptimo, -a**	seventh
tercero, -a	third	**octavo, -a**	eighth
cuarto, -a	fourth	**noveno, -a**	ninth
quinto, -a	fifth	**décimo, -a**	tenth

2. Use of the first ten ordinal numbers is very common in Spanish. After **décimo,** however, cardinal numbers are generally used instead of ordinal numbers and are placed after the noun.

la lección cuarenta **la unidad veinte**

3. Ordinal numbers agree in gender and number with the noun they modify.

la quinta calle **las primeras lecciones**
el octavo piso **los primeros libros**

4. **Primero** and **tercero** drop the final **-o** before a masculine singular noun.

el primer día **el tercer cuarto**

5. Ordinal numbers are abbreviated with the use of a cardinal number and a raised **o** or **a,** depending on the gender of the noun modified.

1° = primero 2° = segundo
1^{a} = primera 2^{a} = segunda

6. Ordinal numbers often precede the noun they modify. Important exceptions are when they are part of the name of a street and the title of a chapter.

El **primer capítulo** que leí es el **capítulo quinto.**	*The first chapter I read is Chapter Five.*
Mi mejor amiga vive en la **Calle Novena.**	*My best friend lives on Ninth Street.*

Note the English influence in the following exception.

La **Quinta Avenida** es muy elegante.	*Fifth Avenue is very elegant.*

D. Haga oraciones completas, usando la forma apropiada del número ordinal.

▶ quinto / revista / leer *Es la quinta revista que leo.*

1. tercero / canción / escuchar
2. segundo / película / ver
3. cuarto / casa / comprar
4. primero / vaso / romper
5. décimo / programa / preparar
6. octavo / concurso / ganar

E. Identifique dónde se sientan varios estudiantes de la clase, indicando el asiento *(seat)* y la fila.

▶ S1: *¿Dónde se sienta [Marta]?*
S2: *[Marta] se sienta en el primer asiento de la primera fila.*

F. Estudie el siguiente dibujo de un edificio de apartamentos. Diga en

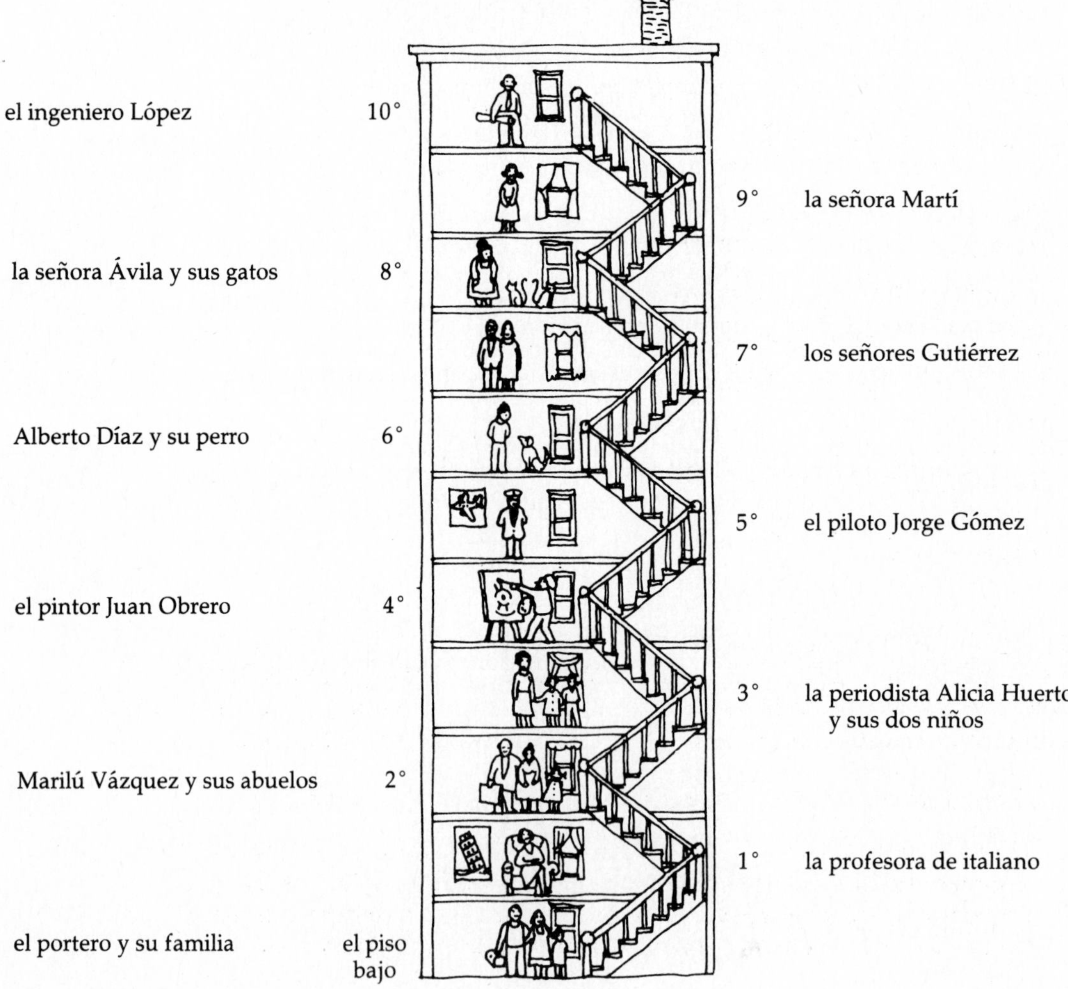

qué piso del edificio de apartamentos viven las personas mencionadas. Note que en algunas regiones, **el piso bajo = la planta baja** o **el primer piso.**

▶ la señora Martí *Vive en el noveno piso.*

1. Alicia Huerto con sus dos niños
2. Marilú Vázquez y sus abuelos
3. Alberto Díaz y su perro
4. los señores Gutiérrez
5. el pintor Juan Obrero
6. el ingeniero López
7. el piloto Jorge Gómez
8. la profesora de italiano
9. la señora Ávila y sus gatos
10. el portero y su familia

Estructuras útiles

I. The imperfect tense

De niña yo ***vivía*** *en una casa grande y* ***tenía*** *un perro y un gato.*

In *Lección 10* you learned that there are two simple past tenses in Spanish. The *preterit* refers to the beginning or the end of an action or to a whole action that was completed in the past. The *imperfect* refers to an habitual action or to an action in progress viewed at a given moment in the past.

A. Forms of the imperfect for all verbs

1. The imperfect tense of almost all Spanish verbs is formed by adding the imperfect endings to the infinitive stem. The imperfect endings of **-ar** verbs have a characteristic **b** and an accent mark on the stressed **a** of the **nosotros-**forms. The imperfect endings of **-er** and **-ir** verbs have a characteristic stressed **í.**

escuchar		comer		vivir	
escuch	**aba**	com	**ía**	viv	**ía**
escuch	**abas**	com	**ías**	viv	**ías**
escuch	**aba**	com	**ía**	viv	**ía**
escuch	**ábamos**	com	**íamos**	viv	**íamos**
escuch	**abais**	com	**íais**	viv	**íais**
escuch	**aban**	com	**ían**	viv	**ían**

El año pasado, mientras **vivía** en un dormitorio, **escuchaba** muchos programas de nutrición en la radio. — *Last year while I lived in a dorm, I listened to many programs about nutrition on the radio.*

Por eso, **comía** una comida balanceada: vegetales y frutas, proteínas, leche y cereales. — *For that reason, I ate balanced meals: vegetables and fruit, proteins, milk, and cereals.*

2. Only three verbs in Spanish are irregular in the imperfect: **ir, ver,** and **ser.**

ir	ver	ser
iba	veía	era
ibas	veías	eras
iba	veía	era
íbamos	veíamos	éramos
ibais	veíais	erais
iban	veían	eran

Cuando yo **era** pequeño, **iba** al colegio y allí **veía** a todos mis amigos. — *When I was young, I went to school and there I saw all my friends.*

B. *Uses of the imperfect*

1. The imperfect tense describes an action in progress in the past or a situation or condition that existed over an indefinite period of time in the past. The equivalent in English is usually given as *was (were)* + the *-ing* form of the verb.

¿Qué **hacían** Uds. a las diez anoche? — *What were you doing at ten last night?*

Mientras mi hermana **miraba** la televisión, yo **leía** el periódico. — *While my sister was watching (watched) television, I was reading (read) the newspaper.*

Trabajábamos día y noche en el proyecto. — *We were working (worked) day and night on the project.*

2. The imperfect tense describes a habitual or repeated past action. Words or expressions such as **con frecuencia, muchas veces,** and **siempre** often serve as cues for the imperfect. The English equivalents of these kinds of action are *used to* + *verb* or *would* + *verb.*

De joven, yo **iba** a la playa con frecuencia.	*When I was young, I used to (would) go to the beach frequently.*
Visitaba a mis abuelos todas las semanas.	*I used to (would) visit my grandparents every week.*

3. The imperfect tense is often used to describe the background of an event or to tell what was happening when an event took place.

Hacía un tiempo excelente, y no **había** viento.	*The weather was excellent, and there wasn't any wind.*
¡Qué jóvenes **éramos** entonces!	*How young we were then!*

4. The imperfect expresses clock time and age in the past.

Eran las cinco de la tarde.	*It was five o'clock in the afternoon.*
Tenías veintiséis años.	*You were twenty-six years old.*

A. Diga que antes estas personas hacían las cosas mencionadas, pero ya no las hacen.

▶ (leer) Antes yo _____ fotonovelas, pero ya no las _____. *leía; leo*

1. (estudiar) Antes tú y Pepe _____ francés, pero ya no lo _____.
2. (caminar) Antes nosotras _____ a la universidad, pero ya no _____.
3. (recibir) Antes Lucía _____ muchas visitas, pero ya no _____ tantas.
4. (tocar) Antes Gonzalo _____ el piano como pasatiempo, pero ahora nunca lo _____.
5. (escribir) Antes tú _____ poemas, pero ya no los _____.
6. (salir) Antes Catalina _____ con muchos amigos, pero ya no _____ con nadie.

B. Explíquele a un amigo o a una amiga qué hacía ayer mientras él/ella hacía otra cosa.

▶ jugar al tenis / estudiar *Yo jugaba al tenis mientras tú estudiabas. Yo estudiaba mientras tú jugabas al tenis.*

1. comer en casa / comer en la cafetería
2. fotografiar las culebras / observar sus hábitos
3. montar a caballo / patinar
4. asistir a un concierto / bailar en el club
5. ver una exposición de fotos / ir a un partido de básquetbol
6. dirigir el seminario / escribir notas
7. conducir el carro / leer el mapa
8. preparar café / lavar los platos

C. Dígale a su profesor/a qué actividades hacía o no hacía cuando era joven. Use verbos de la lista siguiente u otros verbos que conoce.

cantar	cocinar	nadar	dormir	dibujar
bailar	tocar	esquiar	leer	caminar
pintar	jugar	comer	salir	correr

▶ *Cuando era joven, dibujaba mucho pero no pintaba nunca.*

D. Exprese en español las siguientes conversaciones.

1. —What were you doing yesterday afternoon?
   —I was painting the bathroom.
2. —Where did you use to live when you were young?
   —I used to live in Puerto Rico.
3. —Who was studying while you were watching television?
   —Ricardo and Anita were studying. Pepe was listening to the radio.
4. —When you lived in a dorm, what did you use to do every day?
   —I would get up at seven, study until ten o'clock, and then go to classes.
5. —What time was it when you had lunch?
   —It was twelve o'clock.
6. —How old were you in 1978?
   —I was twelve.

II. Imperfect versus preterit

The preterit and the imperfect reflect different ways of looking at the past. They enable the Spanish speaker to express from different perspectives an action or an event that took place in the past.

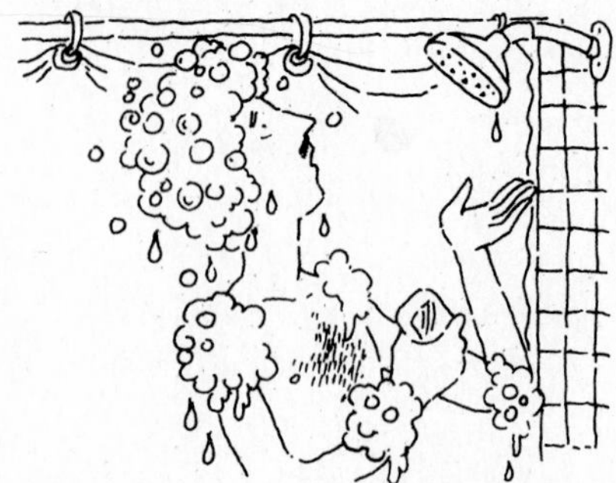

*Ayer mientras **me bañaba, cortaron** el agua. . .*

A. The preterit refers to:

1. a single, completed past event, as well as a completed series of past events, actions, or situations.

Llegué al museo antes que los otros.	*I arrived at the museum before the others.*
Les **pregunté** varias veces, hasta que me **respondieron.**	*I asked them several times, until they answered me.*

2. the beginning or the end of a past event or action.

El programa de radio **empezó** a las ocho y **terminó** a las nueve.	*The radio program began at eight o'clock and ended at nine.*

B. *The imperfect refers to:*

1. actions that were occurring at a particular time in the past.

Pepe **dormía** a las once anoche.	*Pepe was sleeping at eleven last night.*
En 1982, **¿estabas** en Santo Domingo?	*In 1982, were you in Santo Domingo?*

2. customary actions in the past or a series of actions whose end is not indicated.

Usted siempre **iba** a la playa los veranos.	*You always used to go to the beach in the summer.*
De joven, yo **comía** mucho.	*When (I was) young, I used to eat a lot.*

3. what *used to happen* in the past in contrast to what happens now.

Piedad **estudiaba** lenguas, pero ahora estudia química.	*Piedad used to study languages, but now she studies chemistry.*
Yo **vivía** en la Calle Real, y ahora vivo en la Avenida Caracas.	*I used to live on Real Street, and now I live on Caracas Avenue.*

4. what was going on when something occurred to interrupt it.

El detective **investigaba** el crimen cuando **ocurrió** una explosión.	*The detective was investigating the crime when an explosion occurred.*

The diagram below contrasts the uses of the preterit and the imperfect. Keep in mind that Spanish speakers can express the same past event or action with the preterit or the imperfect, depending on their point of view.

action begun at some point in the past — *action ends*

preterit tense — imperfect tense — preterit tense

Miguel **escribió** muchas cartas.	Miguel *wrote many letters.*
Miguel **escribía** muchas cartas.	Miguel *wrote (was writing, used to write) many letters.*

E. Lea las siguientes oraciones. Identifique cada verbo y diga si está en el pretérito o en el imperfecto. Después diga por qué requiere el pretérito o el imperfecto.

1. Cuando **llegué** a la estación de Monteverde, Alicia me **esperaba.** Yo le **entregué** el correo y algunas cosas que ella **necesitaba.**
2. Pedro Ruiz **llegó** a la estación conmigo. Pedro le **dijo** a Alicia que él **iba** a organizar sus cosas y que no **tenía** tiempo de mostrarme la estación.
3. Alicia me **dijo** que la estación **era** primitiva, pero que **tenía** buenos laboratorios. Me **mostró** el comedor y el salón y me **llevó** a mi cuarto.

F. Complete los siguientes párrafos con la forma apropiada del pretérito o del imperfecto de los verbos entre paréntesis, según el contexto.

1. Cuando yo (ser) _____ joven, con frecuencia (visitar) _____ a un amigo que (vivir) _____ cerca.
2. Un día yo (ir) _____ a verlo, y su madre me (decir) _____ que mi amigo (estar) _____ en el hospital, pero que no (estar) _____ muy enfermo.
3. Yo (decidir) _____ ir a visitarlo, pero una enfermera del hospital me (explicar) _____ que yo (ser) _____ muy joven. Entonces, yo (ir) _____ a otra puerta y (entrar) _____ con un grupo de gente mayor, y así (poder) _____ visitar a mi amigo.

G. Explique que las primeras personas hacían algo cuando las segundas los interrumpieron. Use la imaginación para explicar las circunstancias.

▶ yo / dormir / tú / despertarme — *Yo dormía tranquilamente cuando tú me despertaste con la música.*

1. Pepe / comer / Luisa / llamarlo
2. nosotros / salir / tú y tu hermana / llegar
3. tú / visitar / yo / descubrir
4. Eugenia / estar / Margarita / mostrar
5. tú / vivir / yo / ir
6. Anita y yo / discutir / Pedro / entrar

H. Exprese en español los siguientes diálogos.

1. —Hi, John, where did you go yesterday?
   —I went to see Luisa, but she wasn't home.
   —What did you do then?
   —I returned home and watched an old movie on television.
2. —Was it raining when you went out?
   —Yes, that's why I called a taxi.
   —Did it arrive soon?
   —No, there weren't any taxis!

3. —I didn't live in Costa Rica when I was a child.
—Where did you live?
—I lived in Colombia until 1970.
—Did you speak Spanish then?
—A little, but I improved my Spanish when I worked in Costa Rica later.

III. Long forms of possessive adjectives

1. The following chart compares the short and long forms of the possessive adjectives. Note that the short and long forms of the possessives **nuestro (nuestra,** etc.) and **vuestro (vuestra,** etc.) are the same.

Owner	Short forms	Long forms
yo	mi, mis	**mío/a, míos/as**
tú	tu, tus	**tuyo/a, tuyos/as**
él, ella, Ud.	su, sus	**suyo/a, suyos/as**
nosotros, -as	nuestro/a, nuestros/as	**nuestro/a, nuestros/as**
vosotros, -as	vuestro/a, vuestros/as	**vuestro/a, vuestros/as**
ellos, ellas, Uds.	su, sus	**suyo/a, suyos/as**

2. The long forms of the possessive adjectives follow the noun and are more emphatic than the short forms. They agree in gender and number with the noun they modify.

Aquí está la chaqueta **mía.** Y ahora, ¿dónde está la corbata **tuya?** — *Here is my jacket. Now, where is your tie?*
Mi carro es pequeño y viejo, pero el carro **tuyo** es grande y moderno. — *My car is small and old, but your car is big and modern.*

3. Note how Spanish expresses the English construction *a friend of mine, an aunt of hers,* et cetera.

Carlos es **un amigo mío.** — *Carlos is a friend of mine.*
Esa señora es **una tía suya.** — *That woman is an aunt of hers.*

I. Usted, sus parientes y sus amigos tienen diferentes cosas. Piense en una de esas personas y describa las cosas que tiene, usando la forma larga del adjetivo posesivo.

▶ una tía / los sombreros — *Pienso en mi tía Juana. Los sombreros suyos son elegantes pero un poco pasados de moda* (old-fashioned).

1. un amigo / el automóvil
2. una amiga / el cuarto

3. su compañero de cuarto / los programas de estudio
4. dos amigas / la cámara fotográfica
5. usted / trabajo
6. un primo / la casa
7. un chico de esta clase / el pelo
8. dos chicas de esta clase / los ojos

J. Usted trabaja en un campamento *(camp)* de verano. Tiene que asegurarse de quiénes son los dueños *(owners)* de los siguientes artículos con la ayuda de un jovencito. Él contesta sus preguntas de forma enfática, usando una forma larga de los adjetivos posesivos.

▶ ¿Son de Rosita estos zapatos? *Sí, son los zapatos suyos.*

1. ¿Son míos aquellos libros?
2. ¿Es de Sofía la maleta que está sobre la mesa?
3. ¿Es de José Manuel ese cassette?
4. ¿Es de Sandra aquella cámara?
5. ¿Son de ustedes aquellas camas?
6. ¿Es tuya aquella carta?
7. ¿Son nuestros esos botes?
8. ¿Son de Ramón y de Carlos los trajes de baño *(bathing suits)* que están ahí?

K. Exprese en español los siguientes diálogos.

1. —Who is Javier?
   —He's a friend of ours.
2. —Do you know that woman?
   —Yes, she's an aunt of mine.
3. —Is that *your* dog?
   —No, it belongs to a neighbor of mine.
4. —Whose cups are those?
   —They belong to a cousin of mine.

IV. Possessive pronouns

The possessive pronouns are identical in form to the long forms of the possessive adjectives. They agree in gender and number with the thing possessed. The possessive pronouns are most commonly preceded by a definite article. After the verb **ser,** however, the article may be omitted.

—¿Tienes los discos de Pepe?	*Do you have Pepe's records?*
—No, sólo tengo **los tuyos.**	*No, I only have yours.*
—¿Hablabas con mi profesor de inglés?	*Were you talking with my English professor?*
—No, hablaba con **el mío.**	*No, I was talking with mine.*

—¿Entonces, aquella casa es **tuya?** | *Then, that house is yours?*
—Sí, es **mía** ¡y **tuya!** | *Yes, it's mine . . . and yours!*

L. Cambie las oraciones siguientes, usando los pronombres posesivos apropiados.

▶ Tenemos sus reservaciones. *Tenemos las suyas.*
▶ Pedro tiene los cuadernos de Jorge. *Tiene los suyos.*

1. Tengo mi bicicleta.
2. Tiene las sandalias de Anita.
3. Tenemos nuestras entradas.
4. Tiene el carro de mis padres.
5. Tiene su calculadora.
6. Tiene tu máquina de escribir.
7. Tienes los lápices de Eduardo.
8. Tiene sus papeles.

M. Suponga que come en un restaurante con varias personas y su hermano, Roberto, no sabe de quién es cada cosa. Ayúdele a encontrar al dueño *(owner).*

▶ ¿Estos frijoles son para Tomás o para mí? *Creo que no son suyos. Son tuyos.*

1. ¿Ese pollo es para mí o para ti?
2. ¿Esas enchiladas son para Luis o para nosotros?
3. ¿Esos tacos son para ti o para Beto?
4. ¿Y estas verduras son para tus amigas o para ustedes?
5. ¿Esa cerveza es para mí o para Francisca?
6. ¿Este arroz con pollo es para Mariela o para ti?

¡Exprésese usted!

Descripción de un viaje

Cuando una persona viaja, siempre tiene experiencias nuevas y aprende cosas de interés para otros. Con frecuencia las personas escriben cartas o diarios de sus viajes, contando el tipo de cosas que sus amigos y familiares pueden encontrar entretenidas *(entertaining).*

Lea el siguiente extracto del diario de viaje de María Ester Correa, una joven costarricense que viaja por Colombia para visitar amigos y conocer el país. Al regresar a Costa Rica, piensa usar el diario para hablarles a sus amigos de sus experiencias.

Bogotá, sábado 15 de febrero

Estoy encantada con Bogotá. Mi amiga Inés Arias me acompaña a todas partes y me muestra los sitios más interesantes de la ciudad. Ayer subimos a Monserrate, una montaña muy alta que ofrece una vista panorámica estupenda del altiplano, que aquí llaman la «Sabana de Bogotá». Hizo un día de sol maravilloso, y vimos toda la ciudad, muchísimo más grande que San José. Como San José tiene sólo un millón de habitantes, el tamaño de Bogotá verdaderamente me impresionó. La única cosa que no me gustó del viaje a Monserrate fue el teleférico, aunque otros lo encuentran emocionante. Tengo horror de las alturas y sólo iba pensando en qué hacer si se rompía el cable . . . .

Medellín, lunes 17 de febrero

El sitio que más me gusta de Medellín hasta ahora es «El Ranchito». Como en Costa Rica, aquí tienen muchísimas orquídeas. «El Ranchito», que es la antigua casa de un presidente de Colombia, tiene una colección fabulosa. Chela Llano, mi querida amiga, y yo fuimos con su primo Ignacio que sabe mucho de orquídeas y me explicó que ¡tienen cinco mil especies diferentes! En el museo de la casa vimos una carta del emperador del Japón que da las gracias por unas orquídeas muy raras que recibió de aquí.

Popayán, domingo 23 de febrero

Mañana vuelvo a Bogotá para tomar el avión para San José. Esta ciudad es ideal para pasar el último día de mi visita en Colombia porque es muy tranquila. Es una reliquia colonial muy bien conservada. El terremoto de 1982 destruyó muchas casas e iglesias, pero poco a poco reconstruyen lo más importante. Mi amigo Juan Mosquera es de una de las familias originales de Popayán, y la antigua casa de su familia es un museo oficial con documentos históricos de la época de la independencia. El mes entrante va a venir mucha gente de todo el país para celebrar la Semana Santa y la Pascua de Resurrección que son fiestas tradicionales muy famosas en esta ciudad.

A. Escoja entre las posibilidades de la segunda columna la mejor explicación para las palabras de la primera columna, según el contexto de la lectura.

1. encantado	a. que va de un lugar más bajo a uno más alto
2. maravilloso	b. transporte aéreo por cable
3. altiplano	c. terreno alto y llano
4. teleférico	d. fascinado
5. raro	e. movimiento fuerte de tierra
6. terremoto	f. extraordinario
7. Semana Santa	g. celebración de la pasión y muerte de Jesús
8. subir	h. que no es común

B. Escriba un párrafo sobre un viaje corto que usted hizo dentro o fuera de los Estados Unidos, o sobre un viaje imaginario. Use información de los *Documentos y gráfica* de una de las cinco unidades precedentes. Considere lo siguiente:

1. Al escribir, piense en la persona o personas que van a leer su descripción.
2. Concéntrese en una o dos experiencias o ideas (positivas o negativas).
3. Mencione dos o tres sitios relacionados a sus experiencias. ¿Cómo se sintió usted en ese sitio? ¿por qué?

Estudiantes se reúnen durante su tiempo libre en una universidad. (Bogotá, Colombia)

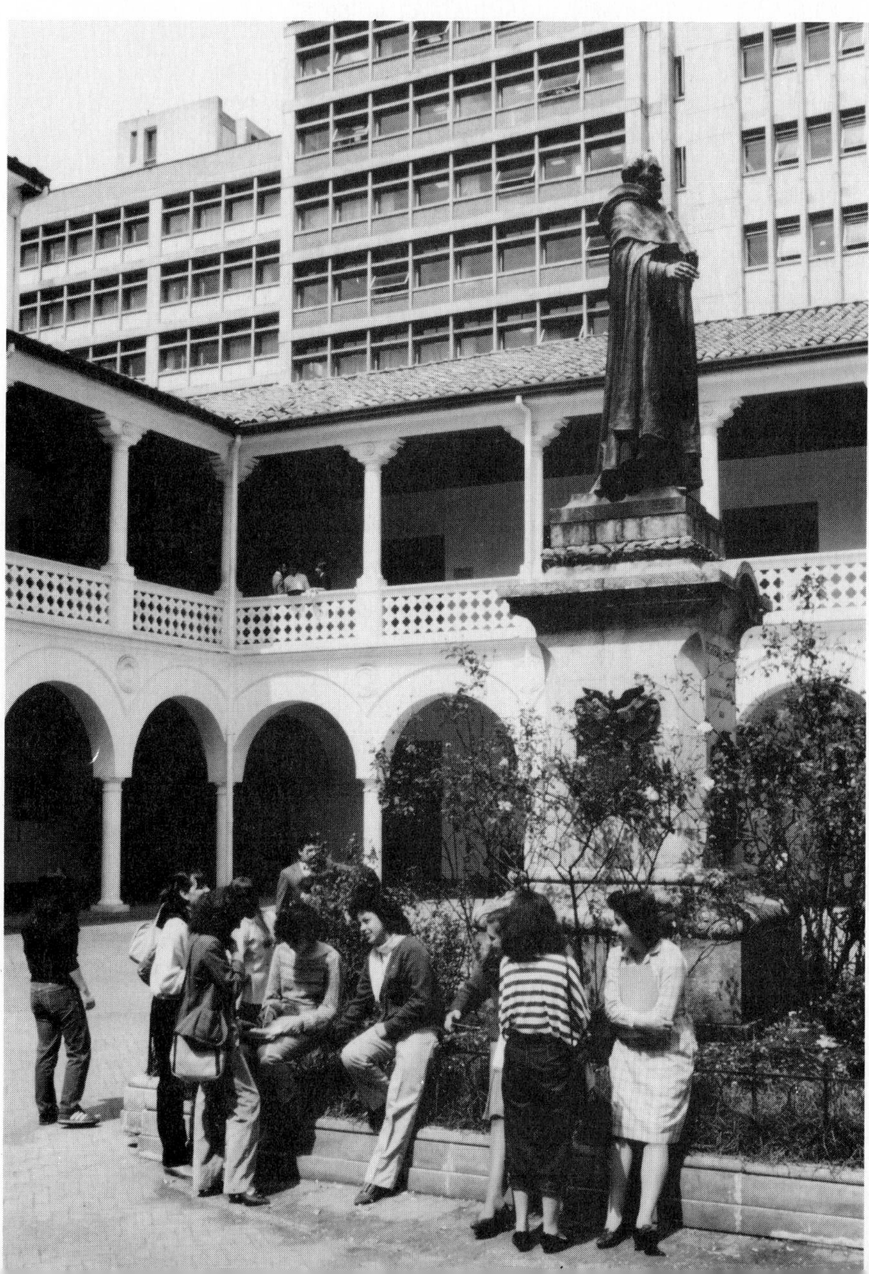

Lección 17
En la República Dominicana

La Voz° de los Jóvenes

Voice

La Voz de los Jóvenes es un radioprograma de La Estación Musical 56 de Santo Domingo que se dirige principalmente a la juventud. Entre los anuncios y la música, la estación se dedica a enseñar y a aconsejar a sus radioyentes° sobre cualquier problema que tengan. A menudo la estación ofrece premios a través de concursos publicitarios. Este mes el concurso «¡Entendámonos!» ofrece un radiorreloj al joven o a la joven que envíe la mejor carta explicando por qué quiere ganar el premio. Aquí tiene usted la carta que escribió un joven radioyente.

radio listeners

Trabajadores preparan la caña de azúcar para ser molida en una refinería de la República Dominicana.

10 de octubre

Muy estimada Voz:

Me llamo Rafael de los Santos y tengo dieciocho años. Trabajo en una central azucarera al noreste de Santo Domingo. Mi horario es muy estricto y requiere que me levante a las seis para empezar a trabajar a las ocho, porque vivo a unos 30 kilómetros de la refinería. A veces me despierto tarde y no tengo tiempo para desayunarme. Tengo que levantarme, lavarme, vestirme de prisa y salir corriendo para coger la guagua.° Mi mamá me dice que no es bueno trabajar sin tomar el desayuno, que voy a morirme de hambre. Pero . . . ¿qué hacer?

guagua: bus

Esta mañana, por ejemplo, me desperté a las siete y media y tuve que salir corriendo para coger la guagua de las ocho. Llegué a la refinería a las ocho y media y me puse a trabajar inmediatamente. Cuando llego tarde, el jefe siempre me dice: «No sea perezoso; llegue temprano mañana; haga esto y haga lo otro.» ¡Es terrible! ¡No me atrevo a decirle nada! Hoy por la mañana, mientras trabajaba, empezaron a dolerme la cabeza y el estómago. A pesar de eso, no podía descansar ni comer nada porque el jefe me miraba mucho.

Espero ser dueño del radiorreloj porque estoy seguro de que con él voy a dejar de tener dificultad en despertarme. Y con tiempo para desayunarme, voy a sentirme mejor y a trabajar más.

Su seguro servidor,°

Su seguro servidor: Sincerely yours

Rafael de los Santos

Comprensión

1. ¿A quiénes se dirige el radioprograma?
2. ¿Qué tipo de programas ofrece la estación?
3. ¿Cuál es el premio que ofrece este mes *La Voz de los Jóvenes?*
4. ¿Qué deben hacer los radioyentes para ganar el premio?
5. ¿Cómo se gana la vida Rafael de los Santos?
6. ¿Por qué no se desayuna a veces Rafael?
7. ¿Qué le pasó a Rafael esta mañana?
8. ¿Qué le dice el jefe cuando llega tarde?
9. Según Rafael, ¿cómo le va a ayudar el radiorreloj?

Conversación

1. ¿Escucha usted radioprogramas para los jóvenes? ¿cuáles?
2. ¿Ofrecen premios los radioprogramas que usted escucha?
3. En su opinión, ¿cuál es la estación musical de radio más popular?

4. ¿Es usted mayor o menor que Rafael de los Santos?
5. ¿Cuántas horas al día o a la semana trabaja usted?
6. ¿Se despierta usted solo/a o con la ayuda de un despertador? ¿A qué hora se levanta usted?
7. ¿Le duele a usted la cabeza o el estómago si no toma el desayuno?

Vocabulario

Palabras análogas

estricto, -a
el kilómetro
musical
publicitario, -a
el radioprograma
la refinería

Sustantivos

la central plant
el despertador alarm clock
el/la dueño/a owner
la juventud youth
el radiorreloj clock radio

Adjetivos

azucarero, -a sugar
estimado, -a esteemed
seguro, -a certain

Verbos

atreverse (a) to dare (to)
coger to catch, get
dedicarse (a) to devote oneself (to)
dejar de to stop
desayunarse to have breakfast
descansar to rest
dirigirse (a) to direct oneself; to be aimed (at)
enseñar to teach
ponerse *(irreg.)* (a + *inf.*) to begin (to), start (to)
requerir (ie) to require, need

Otras palabras y expresiones

a menudo often
a pesar de in spite of
a través de through
a veces sometimes
corriendo running
de prisa quickly, hurriedly
explicando explaining
ganarse la vida to earn one's living
haga esto y haga lo otro do this and do that
morirse de hambre to starve (literally, to die from hunger)
principalmente mainly

Práctica

A. Llame por teléfono a *La Voz de los Jóvenes* para explicar por qué quiere ganar el radiorreloj. Dé algunos detalles de su rutina *(routine)* por la mañana.

B. Imagínese que Ud. trabaja para La Estación Musical 56 y tiene que preparar un intermedio *(break)* de tres minutos en un programa musical. Prepare lo que va a decir, incluyendo algún anuncio publicitario, el nombre de un cantante y la canción que van a escuchar los radioyentes de la estación.

Nota cultural La República Dominicana

La República Dominicana, con una población de más de 6 millones de habitantes, se encuentra en La Española. Esta isla, segunda en tamaño[1] en el Mar Caribe, está situada entre Cuba y Puerto Rico. La República Dominicana ocupa dos terceras partes de la isla, y la República de Haití ocupa el resto. La Española es una isla muy hermosa, con montañas altas cubiertas de[2] bosques, valles verdes y playas de arena[3] blanca. Cristóbal Colón descubrió la isla en 1492, y su hermano Bartolomé fundó la ciudad de Santo Domingo, la capital actual del país.

La economía de la República Dominicana está basada principalmente en la agricultura. La cosecha[4] más importante y el producto principal de exportación es la caña de azúcar. Se exportan también el café, el cacao, el arroz y el tabaco. Para que el país tenga una economía más variada, el gobierno fomenta[5] las industrias ligeras,[6] como la del cemento, los textiles, los productos farmacéuticos y los productos de madera. Fomenta también el turismo, que cada año da más empleos a los dominicanos.

1. size 2. **cubiertas . . .** covered with 3. sand 4. crop 5. is promoting (encouraging) 6. light

(Izquierda) Las bananas son uno de los productos que exporta la República Dominicana. (Derecha) Frente a la Plaza Colón se encuentra la primera iglesia construida por los españoles en el Nuevo Mundo, donde se dice que están los restos de Cristóbal Colón. (Catedral Basílica Menor de Santa María, Primada de América, Santo Domingo.)

Pronunciación y ortografía

Signos de puntuación

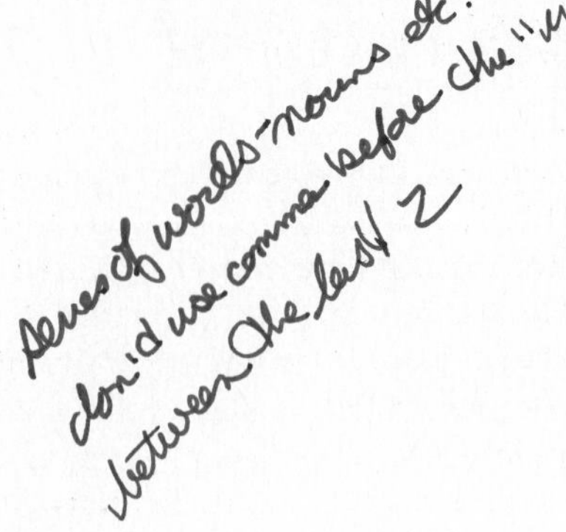

1. Here is a list of the most common punctuation marks in Spanish.

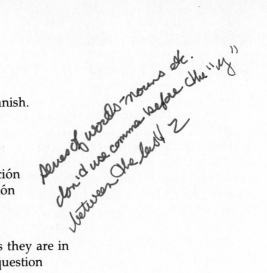

.	punto	( )	paréntesis
,	coma	-	guión
;	punto y coma	. . .	puntos suspensivos
:	dos puntos	¿ ?	signos de interrogación
´	acento (tilde)	¡ !	signos de exclamación (admiración)
¨	diéresis		
« » o “ ”	comillas	—	raya

2. For the most part, punctuation marks are used in Spanish as they are in English. Exceptions, in addition to use of the upside down question mark and exclamation point, include the following:

   a. The dash (—) is used to introduce the lines said by each speaker in a dialogue.

   b. The “ ” quotation marks are used mostly for direct quotations from written texts. The « » quotation marks are used mostly to give quotations from conversations, and sometimes also to set off the title of a publication, such as a book or a magazine.

A. Dicte la siguiente conversación entre Ramón y Teresa a otra persona de la clase. Luego corrija las oraciones. Use las indicaciones **raya, punto,** etcétera al dictar las oraciones.

1. —¿Qué le dijiste a ése?
2. —Le dije: «¡Estás loco!»
3. —Y luego, ¿hablaste de . . . lo que sabemos?
4. —No, ya no hubo tiempo para más.

B. Escriba el siguiente párrafo al dictarlo su profesor/a. Luego corríjalo, comparándolo con el párrafo del libro.

Doña Matilde Pedregón (la señora de don Jacinto Pedregón y Toneles) dijo: «¿Quién me cogió la cartera?» Pero su protesta sólo encontró un silencio absoluto. «¡Ah, sí, miserables!» protestó nuevamente. «¿Quieren que lo averigüe yo, o que lo averigüe el policía que . . . ? No me digan que no saben o que no quieren saber; o que mi cartera no les interesa.»

C. Identifique todos los signos de puntuación que aparecen en el Ejercicio B de esta sección.

Estudio de palabras

I. Materiales

el acero steel
el adobe adobe
el algodón cotton
el cemento cement
el cobre copper
el cristal glass, crystal
el cuero leather
el dril denim
el hierro iron
el ladrillo brick
la lana wool
el lino (hilo) linen
la madera wood
el nilón nylon
el oro gold
el plástico plastic
la plata silver
el poliéster polyester
la seda silk

A. Describa la ropa que usted lleva en este momento. Mencione el color, el material, y (si quiere) cuánto le costó.

B. Imagínese que usted trabaja para un gran almacén y está encargado de *(in charge of)* la sección de publicidad. Prepare un anuncio para el periódico local. Haga una lista de los artículos rebajados *(at a discount).* Dé algunos detalles descriptivos de cada artículo.

C. ¿De qué material(es) están hechos *(are made)* los siguientes objetos?

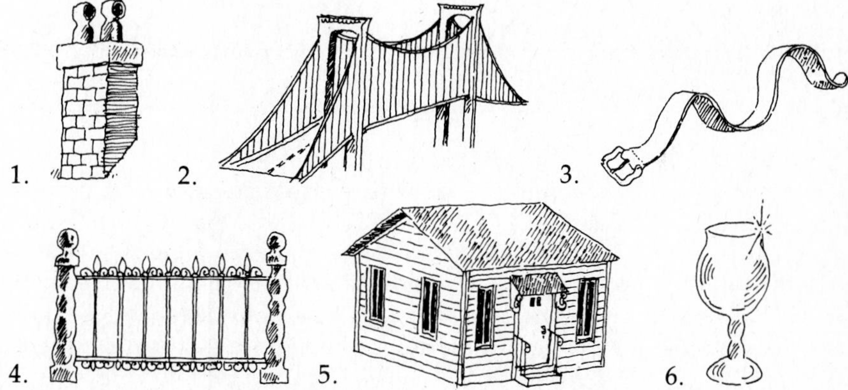

II. Sustantivos compuestos

Many compound nouns in Spanish are made up of a *verb form* + *noun.* They are always masculine in gender.

el abrelatas **abre** (from **abrir**) + **latas** *(cans)* = can opener
el parabrisas **para** (from **parar**) + **brisas** *(breezes)* = windshield

D. Lea las oraciones, tratando de comprender el significado de los sustantivos compuestos.

1. el lavamanos — Si quieres lavarte las manos, allí está el lavamanos.
2. el lavaplatos — Dejemos los platos por ahora; después los lavamos en el lavaplatos.
3. el paracaídas — ¡Mira! Dos personas cayeron de aquel avión con paracaídas.
4. el paraguas — Llueve mucho. ¡Qué lástima! No tengo conmigo ni impermeable ni paraguas.
5. el sacacorchos — No puedo servir el vino porque no encuentro el sacacorchos para abrir la botella.
6. el salvavidas — En todos los barcos hay que llevar por lo menos un salvavidas para cada pasajero.
7. el sacapuntas — Espera. Tengo que sacarle punta a mi lápiz. ¿Dónde está el sacapuntas?

Estructuras útiles

I. Usted-, ustedes-, and nosotros-commands

—*¡**Declaremos** una huelga de hambre!*
—*Ay, **no digan** tonterías . . .*

1. When using a command, a speaker is attempting to influence someone's behavior. The command forms for **Ud., Uds.,** and **nosotros/as** (*let's* + verb) are identical to the corresponding present subjunctive forms. The pronouns **usted** and **ustedes** *follow* the verb form in commands when they are expressed; the pronouns **nosotros/as** are rarely stated.

¡Trate (usted) de llegar temprano!	*Try to arrive early!*
Compren (ustedes) una casa más cerca de la refinería.	*Buy a house nearer the refinery.*
¡Ofrezcamos un premio!	*Let's offer a prize!*

No compre (usted) ese radiorreloj.
Don't buy that clock radio.

No digan (ustedes) tonterías.
Don't say such foolish things!

¡No vendamos el coche!
Let's not sell the car!

2. In affirmative commands, single object pronouns (including reflexive pronouns) are attached to the end of the verb form, and a written accent is required on the stressed syllable.

—¿Investigo la situación?
—Sí, **investíguela** en seguida.
Shall I investigate the situation?
Yes, investigate it at once.

—¿Me olvido del asunto?
—Sí, **olvídese** de eso.
Shall I forget about that business?
Yes, forget about it.

—¿Compramos la casa?
—Sí, **comprémosla.**
Shall we buy the house?
Yes, let's buy it.

3. In negative commands, single object pronouns (including reflexive pronouns) precede the verb form.

—¿Firmo esta carta?
—No, **no la firme** todavía.
Shall I sign this letter?
No, don't sign it yet.

—¿Me pongo la corbata azul?
—No, **no te pongas** la corbata azul.
Shall I wear the blue tie?
No, don't wear the blue tie.

—¿Discutimos el asunto?
—No, **no lo discutamos.**
Shall we discuss the matter?
No, let's not discuss it.

4. The affirmative **nosotros-**command of **ir** is **vamos.** The negative form is **vayamos.**

¡Vamos! *Let's go!*
¡No vayamos! *Let's not go!*

5. The affirmative **nosotros-**command followed by **se** or by the reflexive **-nos** loses the final **-s** of the verb form.

Démoselo a ellos ahora. No se lo demos mañana.
Let's give it to them now. Let's not give it to them tomorrow.

Sentémonos aquí. No nos sentemos allí.
Let's sit here. Let's not sit there.

6. In the affirmative, *let's* + verb can also be expressed in Spanish by the construction **vamos a** + *infinitive.*

¡Vamos a comer! *Let's eat!*
¡Vamos a bailar! *Let's dance!*

A. Usted da consejos a un matrimonio que visita su pueblo o ciudad por primera vez. Use mandatos con **usted** o **ustedes** en el afirmativo o en el negativo. Si puede, dé razones lógicas para explicar su consejo.

▶ Mi esposa y yo queremos comer en ese restaurante. — *No coman ustedes en ese restaurante. [No sirven buena comida.] Sí, coman ahí. [La comida es excelente.]*

1. Yo pienso visitar el Museo de Bellas Artes esta tarde.
2. Mi esposa y yo pensamos comprar algunas cosas en el Almacén San Carlos.
3. Deseo sacar fotos de la Iglesia Santa María.
4. Mi esposa y yo deseamos salir por la noche.
5. Mañana vamos a consultar con un agente de viajes.
6. Pensamos volver a casa el sábado a mediodía.

B. Usted trabaja en la oficina de una central azucarera en Puerto Rico. Conteste las preguntas de la secretaria según las indicaciones. Use pronombres para expresar los objetos directos o indirectos en sus respuestas.

▶ ¿Quiere usted que yo lleve estos documentos al jefe? (sí) — *Sí, llévelos al jefe, por favor.*

1. ¿Quiere que yo escriba estos papeles a máquina ahora? (no)
2. ¿Desea que yo cierre la puerta de la oficina? (no)
3. ¿Desea que yo revise este artículo? (sí)
4. ¿Quiere usted que mi asistente y yo terminemos este trabajo antes de salir? (sí)
5. ¿Quiere usted que yo le dé la cita al señor Ruiz? (sí)
6. ¿Desea usted que yo llame a la coordinadora esta tarde? (no)

C. Haga mandatos con **usted** o **ustedes** y algunos de los verbos indicados.

▶ escuchar — *¡Escuchen la música!*

asistir	negar	pagar
comenzar	entrar	apagar
investigar	saborear	tomar
demostrar	encender	aprender

D. Miguel y Carlos están de vacaciones en Lima, Perú. Miguel propone varias actividades interesantes, pero Carlos quiere hacer algo diferente. Haga el papel de Miguel o de Carlos y use la forma apropiada del verbo con **nosotros**.

callarse – shut up – be quiet

► ¿visitar el museo o la biblioteca?

Miguel: *Visitemos el museo, ¿quieres?*
Carlos: *No, no lo visitemos; visitemos la biblioteca.*

1. ¿ir al mercado o al almacén?
2. ¿comer en un café o en un restaurante?
3. ¿escuchar la radio o mirar televisión?
4. ¿comprar libros o revistas?
5. ¿beber un refresco o agua?
6. ¿tomar el metro o el autobús?

E. Usted no está de acuerdo con las sugerencias de un amigo o una amiga. Conteste en forma negativa y use un objeto directo o indirecto en sus respuestas.

► ¿Vamos a leer el periódico? *No, no lo leamos ahora.*

1. ¿Vamos a escribir a Grisel?
2. ¿Vamos a comer unos helados?
3. ¿Vamos a darle los discos a Pepe?
4. ¿Vamos a mostrarle el radiorreloj a Ricardo?
5. ¿Vamos a seguir a esos hombres?
6. ¿Vamos a llamar a la policía?

II. More on reflexive constructions

Manuel ayuda a Gabriel.

Manuel y Gabriel ***se ayudan.***

1. The plural reflexive forms **nos, os,** and **se** *(plural)* are used to express reciprocal meaning *(each other, one another).*

Tú y yo **nos comprendemos** bien.	*You and I understand each other well.*
Marta y Pepe **se escriben** a menudo.	*Marta and Pepe write one another often.*
¿Por qué no **os saludáis?**	*Why don't you greet each other?*

2. The following verbs are often used with a reciprocal meaning.

ayudarse to help each other
comprenderse to understand one another
conocerse to know (one another); to be or become acquainted
encontrarse to meet, come across (one another)
escribirse to write to each other
saludarse to greet one another
verse to see each other

3. Some verbs, mostly ones that do not take a direct object, have a special meaning when used reflexively. Note that the verb **morir** is used in idioms such as **morirse de hambre** *(to starve to death)* and **morirse de sed** *(to die of thirst).*

caer to fall	**caerse** to fall down
dormir to sleep	**dormirse** to fall asleep
ir to go	**irse** to leave
morir to die	**morirse** to die
salir to go out	**salirse** to leave, escape
subir to go up	**subirse** to climb (with effort)

F. Usted conoce a Beatriz hace bastante tiempo. Tomás quiere saber más acerca de su amistad con Beatriz.

▶ ¿Ustedes se sientan juntos/as en clase? *Sí, nos sentamos juntos/as en clase.*

1. ¿Ustedes dos se hablan en español?
2. ¿Ustedes se encuentran en la biblioteca?
3. ¿Ustedes dos se ven los sábados?
4. ¿Ustedes dos se comprenden bien?
5. ¿Ustedes se ayudan al hacer las tareas *(homework; chores)*?
6. ¿Ustedes se escriben cuando están de vacaciones?

G. Complete las oraciones siguientes con el presente o el pretérito de uno de los verbos de la lista. Use la forma recíproca del verbo.

ayudar	encontrar	saludar
comprender	escribir	ver
conocer		

▶ Pepe y yo ____ por casualidad en el Museo Antropológico. *nos encontramos*

1. Mi madre y yo no ____ . Ella no confía en mí.
2. Mi novia y yo ____ por lo menos dos veces a la semana.
3. Mi abuelo paterno y mi padre ____ una vez al mes. Les gusta escribir cartas largas.

4. El profesor de inglés y la profesora de español _____ en el comedor de la universidad.
5. Esa chica y Carlos _____ la semana pasada en el Club Marino, ¿verdad?
6. ¿Tu compañero de clase y tú _____ con las tareas?

H. Complete las oraciones con la forma correcta del verbo apropiado.

caer / caerse
dormir / dormirse
morir / morirse
salir / salirse
subir / subirse

1. Mi abuelita _____ el mismo año que _____ el presidente Suárez.
2. No encontré la clase interesante y por eso yo _____ por la puerta de atrás. Todos los otros estudiantes _____ al terminar la clase.
3. Ayer _____ mucha nieve toda la tarde y mi hermana _____ en la acera.
4. Como no había escaleras para _____ al techo de la casa, el obrero _____ por un poste de la luz que había cerca.
5. Anoche yo _____ muy poco porque mi hermanito estaba enfermo y _____ muy tarde.

III. More on the imperfect versus the preterit

1. The basic uses of the imperfect and the preterit are contrasted in the following chart.

Imperfect	**Preterit**
1. Describes an event in progress, or a situation or condition that existed over an indefinite period of time in the past. 2. Describes habitual or repeated past events. 3. Describes the background or tells what was happening when an event took place. 4. Expresses clock time and age in the past.	1. Talks about a completed past event or a completed series of past events. 2. Focuses on the beginning or end of a past event.

2. Use of the imperfect and the preterit of **conocer, saber, querer,** and **poder** depends upon the special meaning that the speaker wishes to convey. Note how the English equivalents change with use of the imperfect and the preterit of these verbs.

Conocí a Jaime en tu casa.	*I met (was introduced to) Jaime at your house.*
Ya lo **conocía.**	*I knew him already.*
Supe que estabas enferma.	*I learned (found out for the first time) that you were sick.*
Sabía que estabas enferma.	*I knew (was aware at the time) that you were sick.*
Quise ir, pero no **pude.**	*I wanted (tried) to go, but I didn't succeed.*
Quería ir, pero no **podía.**	*I wanted to go (felt like going), but I couldn't (was unable to due to circumstances).*
Inés **no quiso** ir al baile.	*Inés refused to go to the dance.*

I. Complete con el pretérito o el imperfecto de los verbos **conocer, saber, querer** y **poder.**

1. —¿Cuándo _____ usted a Carlos? —Lo _____ en casa de Roberto.
2. —Roberto está en el hospital. —Ah, ¿sí? Pues yo no _____ que estaba enfermo.
3. De joven, yo _____ hacer cosas increíbles.
4. Traté de abrir la puerta, pero no _____.
5. El profesor hizo una de aquellas preguntas horribles, y nadie _____ la respuesta.
6. Yo ya _____ a todos los que estaban allí.

J. Exprese en español los siguientes diálogos.

1. —Do you know Patricia Santamaría?
   —Yes, I met her at Juan's house.
   —Did you know that her sister is in the hospital?
   —Yes, I found it out yesterday.
2. —Did you invite Rosita to go with you to the party?
   —Yes, I invited her, but she refused to go.
   —Did you go to the party anyway?
   —I wanted to go, but I couldn't.

IV. Verbs followed by **a** or **de** + *infinitive*

1. Verbs that refer to the beginning of an action or state, or to something that is (or was) about to happen, often require the preposition **a** before an infinitive. The following verbs use **a** and are often associated with actions about to begin.

atreverse a	¡**Atrévete a** decirlo!
ayudar a	¿Me **ayudas a** llevar esto?
comenzar a	**Comienzo a** comprender.
decidirse a	Me **decidí a** aceptar la invitación.
dedicarse a	Nos **dedicamos a** trabajar.
empezar a	**Empezamos a** trabajar.
enseñar a	Le **enseño a** hablar español.
ir a	**Van a** visitar a Juan.
negarse a	Nos **negamos a** hacerlo.
ponerse a	Se **puso a** cantar en el baño.

2. Verbs that refer to something that has already happened or is coming to an end often require the preposition **de** before an infinitive. The following verbs use **de** and are often associated with actions that have already occurred.

acabar de	¡**Acabemos de** reparar este aparato!
alegrarse de	Me **alegro de** saber que has encontrado empleo.
arrepentirse de	Se **arrepintió de** comprar la cámara.
dejar de	**Dejó de** tocar el piano.
terminar de	**Terminamos de** estudiar tardísimo.

K. Una persona de la clase empieza a hacer lo siguiente. Diga que usted ya acabó de hacerlo.

▶ estudiar para los exámenes
S1: *Empiezo a estudiar para mis exámenes.*
S2: *Pues yo ya acabé de estudiar para los míos.*

1. organizar un experimento
2. prepararme para salir
3. leer una novela
4. ayudar con la comida
5. escribir una tesis
6. explicar el asunto

L. Muchas personas no se atreven a hacer ciertas cosas. Diga si Ud. se atreve a hacer lo siguiente. O, suponiendo *(assuming)* que Ud. ya las hizo, diga si Ud. se arrepintió de hacerlas.

▶ dar un concierto
No me atrevo a dar un concierto.
Una vez me atreví a dar un concierto, y no me arrepentí de hacerlo.

1. correr diez kilómetros sin parar
2. sobrepasar *(to exceed)* el límite de la velocidad al conducir
3. presentarse a un examen sin estudiar
4. hacerse artista
5. bañarse con el grupo «Los Osos Polares»
6. viajar a Alemania solo/a sin saber alemán

M. Diga si es necesario usar **a** o **de** antes de los infinitivos en las siguientes oraciones.

1. Ya empezábamos _____ comprender este lío.
2. Siempre me arrepiento _____ decir estupideces.
3. No creo que Memo se atreva _____ actuar en el drama.
4. Me dijo que quiere ir _____ ver a su amiga esta tarde.
5. Mi hermana me va _____ contar la historia.
6. ¡Nos alegramos _____ recibir buenas noticias tuyas!
7. Un amigo me enseñó _____ esquiar en el agua.
8. ¿A qué te dedicas ahora? ¿_____ vender radiorrelojes?

N. Imagínese que usted es un famoso actor o actriz. Hable de su vida y de sus planes futuros, usando verbos que requieren las preposiciones **a** o **de** antes del infinitivo.

▶ *Me llamo [John Wayne]. Quiero empezar a trabajar en películas más realistas, pero no me niego a trabajar en películas de aventuras.*

¡Exprésese usted!

La oración clave

En las *Lecciones 13* y *14* usted aprendió a resumir en sus propias palabras los puntos más importantes de una lectura. Es de mucha utilidad ahora aprender a reconocer la oración clave *(topic sentence)* de una selección. La oración clave representa un resumen del párrafo y es posible usarla como título de éste. Puede ocurrir en forma explícita, cuando una oración en particular del párrafo lo resume, o en forma implícita, cuando no aparece directamente en el párrafo, pero se puede deducir de la lectura.

Lea la siguiente selección histórica sobre la República Dominicana. Busque y tome nota de la oración clave explícita de cada párrafo, o escriba una original si la oración clave es implícita.

La República Dominicana: Una vista histórica

Cuando Cristóbal Colón descubrió la Isla de Haití (nombre nativo), la llamó «La Española». Esta isla forma parte de las Antillas y hoy en día está dividida entre la República de Haití y la República Dominicana.

Desde su descubrimiento por Colón hasta el presente, la historia de la República Dominicana muestra innumerables problemas políticos. España perdió interés en la isla por los descubrimientos en el continente, y la cedió a Francia en 1795. En 1801 empezó a formar parte de Haití, luego de la invasión dirigida por el líder haitiano, Toussaint L'Ouverture.

Después de su independencia de Haití en 1844, la República Dominicana sufrió tres dictaduras (1844–1916). Estuvo bajo el control de España (1861–1863) y el de los Estados Unidos (1916–1924). Finalmente, después de un breve período de un gobierno constitucional pero impotente (1924–1930), tuvo la terrible dictadura del general Rafael Trujillo (1930–1961).

Trujillo todavía es recordado con admiración por algunos y con terror por otros. Su poder se extendía por la República Dominicana, y también por otros países de América y Europa (incluso en los Estados Unidos), donde algunos refugiados políticos morían asesinados a manos de agentes secretos de su gobierno. Bajo Trujillo hubo progreso material y social; sin embargo, el gobierno bajo su mano fuerte le quitó al pueblo grandes cantidades de dinero y actuó con extrema crueldad con los prisioneros políticos.

Hoy en día los dominicanos tienen un gobierno constitucional, y tratan de establecer una democracia moderna y progresista. Se celebran elecciones presidenciales cada cuatro años, y la constitución garantiza los derechos personales y políticos de los dominicanos.

A. Compare sus oraciones claves con las siguientes. Sus oraciones claves para cada párrafo deben aproximarse a éstas.

Primer párrafo:	La República Dominicana es uno de dos países que forman la isla de La Española. (implícita)
Segundo párrafo:	"La historia de la República Dominicana muestra innumerables problemas políticos." (explícita)
Tercer párrafo:	Entre 1844 y 1961 la República Dominicana tuvo sólo seis años de gobierno constitucional pero impotente. (implícita)
Cuarto párrafo:	Trujillo tuvo un gobierno dictatorial con progreso material y social. (implícita)
Quinto párrafo:	"Hoy en día los dominicanos tienen un gobierno constitucional, y tratan de establecer una democracia moderna y progresista." (explícita)

B. Usando sus oraciones claves, escriba un resumen corto de la historia de la República Dominicana. Si quiere, añada dos o tres cosas más de la lectura. Recuerde que debe usar comillas para las citas copiadas directamente de la selección original.

Lección 18
En Cuba

Una entrevista

El periodista mexicano Andrés Ramos está en el gimnasio de la Universidad de La Habana, donde se entrenan los atletas para los próximos Juegos Panamericanos. Ahora entrevista a Ángela Molina, una joven atleta cubana.

Periodista: Señorita, mañana usted va a participar en la competencia de esgrima. ¿Cómo se siente usted? ¿Un poco nerviosa?

Ángela: No, me siento muy en forma. Estoy acostumbrada al espíritu competitivo de los campeonatos.

Periodista: Todo el mundo tiene ganas de verla a usted, la campeona de Cuba que tuvo tanto éxito en los últimos Juegos Panamericanos. Y todos anticipan que usted tenga éxito mañana.

Ángela: Muchas gracias. Espero no desilusionarlo a usted ni a los demás aficionados.

Periodista: Veo que aquí en Cuba hay mucho interés por las competencias deportivas. ¿Por qué las toman tan en serio? ¿Puede decírmelo?

Ángela: Sí. Se lo explico. Nuestros atletas pertenecen a un sinnúmero de equipos regionales y practican los deportes con mucha

Esgrimistas practican su deporte observados por su entrenador.

seriedad. Hay un creciente interés por parte del público porque ven los éxitos de los deportistas y jugadores cubanos casi como un triunfo personal.

Periodista: Hay muchos campeones famosos entre los cubanos. ¿Cómo puede explicar Ud. una tradición de tanto éxito en el atletismo?

Ángela: Lo que pasa es que no hay muchos gobiernos que fomenten el atletismo tanto como el nuestro, o que construyan instalaciones deportivas buenas como este gimnasio, por ejemplo. Además, el clima maravilloso nos permite entrenarnos al aire libre. Y claro, los espectadores siempre nos animan mucho.

Periodista: ¿Piensa dejar el atletismo algún día?

Ángela: En absoluto. El atletismo es todo para mí, y cuando no pueda practicarlo más, pienso dedicarme a entrenar a otros atletas.

Comprensión

1. ¿Por qué está Andrés Ramos en Cuba?
2. ¿Quién es Ángela Molina? ¿Qué deporte practica Ángela?
3. ¿Por qué no está nerviosa Ángela ese día?
4. ¿Qué es un aficionado? ¿Qué esperan los aficionados de Ángela?
5. Según Ángela, ¿cuáles son las razones para el éxito del atletismo cubano?
6. ¿Qué piensa hacer Ángela cuando no pueda practicar más el atletismo?

Conversación

1. ¿Es usted deportista? ¿Qué deportes practica?
2. ¿Cuántas horas a la semana se entrena?
3. ¿Le gusta la esgrima? ¿Es éste un deporte popular en los Estados Unidos?
4. ¿Piensa Ud. participar alguna vez en un campeonato deportivo? ¿En qué clase de campeonato deportivo?
5. ¿Le interesan los Juegos Panamericanos?
6. Nombre tres campeones deportivos hispanoamericanos o norteamericanos.
7. ¿Cree usted que la universidad debe dar una preparación deportiva además de una preparación académica?
8. En su opinión, ¿se le da demasiada importancia a los deportes en el sistema educativo de Estados Unidos?

Vocabulario

Palabras análogas

académico, -a
la administración
la competencia
competitivo, -a
fantástico, -a
maravilloso, -a
panamericano, -a
regional

Sustantivos
el/la atleta athlete
el atletismo athletics
el campeonato championship
el clima weather, climate
la derrota defeat
la esgrima fencing
el/la espectador/a spectator
el espíritu spirit
la instalación deportiva sports facility
el juego game
el/la jugador/a player
el/la periodista journalist
la razón reason
la seriedad seriousness
el sinnúmero endless number
el triunfo triumph

Adjetivos
acostumbrado, -a accustomed
creciente growing
demasiado, -a too much, too many

Verbos
animar to encourage, cheer
anticipar to foresee
construir to build, construct
dejar to leave behind; to let, allow
desilusionar to disappoint, disillusion
entrenarse to train
fomentar to promote, encourage
nombrar to name
pertenecer (zc) to belong to

Otras palabras y expresiones
casi almost
los demás the other, the rest of
en absoluto not at all
en forma in good shape
por parte de on the part of
tan en serio so seriously

BÉISBOL

el Club Habana contra el Club Pinar del Río

Fecha: Domingo, 3 de abril
Hora: 2,00 p.m.
Lugar: Estadio Latinoamericano

Práctica

A. Entreviste a un/a compañero/a de clase sobre los deportes en su universidad. Pídale que nombre los deportes que practican los atletas, los deportes que más le interesan y en cuáles espera poder participar este año. Refiérase a la lista de deportes de la página 332.

B. Mire el anuncio de un partido de béisbol. Discuta con su profesor/a qué equipos van a jugar, cuándo y dónde va a tener lugar el partido. Diga qué equipo va a ganar, en su opinión, y por qué.

Nota cultural Los deportes en Cuba

La educación física en Cuba es obligatoria en todas las escuelas y universidades y se le da gran importancia a la competencia deportiva. Sin embargo, las escuelas no descuidan[1] otros aspectos de la educación. Los estudiantes que demuestran talento deportivo reciben su preparación académica al

1. **no . . .** do not neglect

Los equipos cubano y estado-unidense participan en una competencia de baloncesto.

mismo tiempo que reciben entrenamiento[2] deportivo. Si uno de estos jóvenes (hombre o mujer) sobresale[3] en algún deporte, llega a ser un atleta nacional, un héroe de la juventud.

No existe el deporte profesional en Cuba, aunque se practican muchos deportes, como el béisbol, el boxeo, el polo y otros. Según la ideología política de Cuba, la oportunidad de participar en eventos deportivos como atleta o como espectador pertenece a todo el pueblo. Así todos pueden ver un partido de béisbol, el deporte nacional cubano, sin pagar la entrada, porque lo subvenciona[4] el gobierno. ¡Lo difícil es encontrar sitio en el estadio!

2. training 3. excels 4. subsidizes

Pronunciación y ortografía

Dictado

Escuche la siguiente selección leída por su profesor/a mientras la sigue usted en el libro. Luego escríbala cuando la dicte su profesor/a en frases cortas. No olvide los acentos y los otros signos de puntuación.

¡No es fácil tener paciencia, creo yo! ¿O puede ser posible que yo sea excesivamente impaciente? No me gusta esperar un autobús por más de cinco minutos. Detesto esperar en la sala de espera de un médico. Me desespera esperar semanas y meses por una fiesta, un viaje, una operación—cualquier cosa. Hay quienes prefieren esperar. Dicen algunos que mientras esperan, los problemas se resuelven solos o desaparecen. Yo creo que se multiplican, y después me devoran vivo. Dicen otros que «el mejor maestro es el tiempo y la mejor maestra la experiencia». ¡Hermoso refrán! Pero más real y verdadero para mí es este otro: «Él que espera desespera».

Estudio de palabras

I. Más actividades deportivas

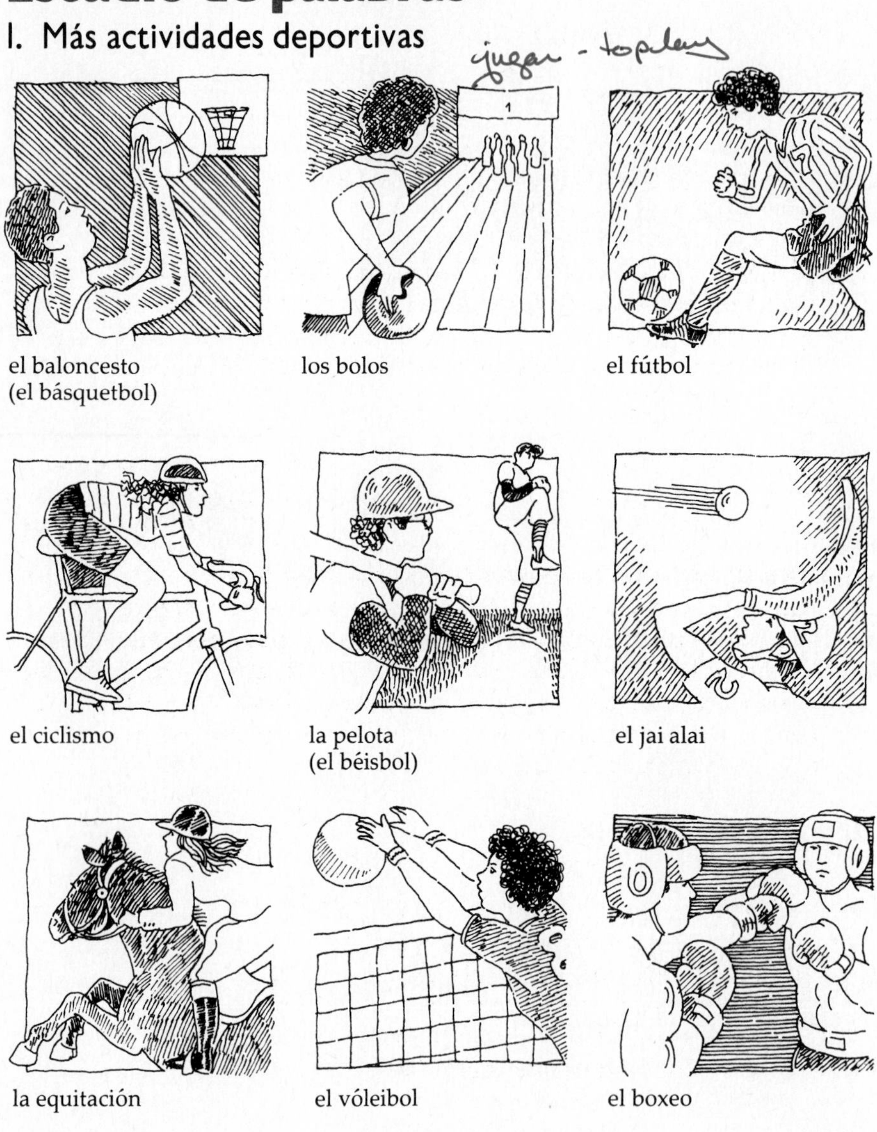

el baloncesto (el básquetbol)

los bolos

el fútbol

el ciclismo

la pelota (el béisbol)

el jai alai

la equitación

el vóleibol

el boxeo

Expresiones relacionadas con los deportes

jugar al baloncesto to play basketball
jugar a los bolos to bowl, go bowling
jugar al fútbol to play soccer
jugar a la pelota to play baseball
jugar al vóleibol to play volleyball
marcar un gol to score a goal
montar a caballo to ride horseback
practicar el boxeo to box
practicar el ciclismo to go cycling
practicar el jai alai to play jai alai

In current usage, **jugar** can be used without **a** + *the definite article.*

¿Quieres **jugar al tenis?**
¿Quieres **jugar tenis?** } *Do you want to play tennis?*

A. Diga en qué estación del año se practica cada deporte en la región donde usted vive o en otras regiones de los Estados Unidos.

B. Pregúntele a un grupo pequeño de compañeros de clase acerca de los deportes. ¿Cuáles son sus tres deportes preferidos y en qué orden de preferencia? ¿Cuántos practican un deporte? ¿Cuántos son espectadores o aficionados del deporte? ¿Prefieren asistir al deporte o mirarlo en la televisión?

C. Lea el párrafo siguiente y luego prepare cinco preguntas basadas en el texto, usando palabras interrogativas. Después hágales sus preguntas a algunos compañeros de clase.

Ayer los aficionados del Club Atlético de Madrid fueron al estadio para ver el último partido de fútbol de este año. Cerca de diez mil personas se reunieron en el estadio Vicente Calderón para presenciar el juego entre el equipo madrileño y el Betis de Sevilla. Los jugadores del Betis se defendieron muy bien, pero no pudieron marcar ni un gol frente a la agresión de los rojiblancos, que resultaron ser una vez más el orgullo de los espectadores de la capital.

II. Familias de palabras

Sometimes it is possible to form several types of words from the same word stem. The word stem **interés,** for example, can appear as the noun **el interés,** in the verb **interesar,** in the adjective **interesante** and in the adverb **interesantemente.** These sets of related words belong to *word families.* Not all word stems can be formed into so many variations. Some, such as **escuela,** can only be used as a noun **(escolaridad, escolasticismo)** or as an adjective **(escolar, escolástico).**

D. Dé Ud. todas las variaciones que pueda de las siguientes palabras.

1. asistir
2. el trabajo
3. comercial
4. civil
5. la pesca
6. público
7. industrializar
8. la visita
9. mineral

E. Usted ya conoce algunos de los verbos y sustantivos siguientes. Diga lo que quiere decir en inglés cada par *(pair)* de palabras.

1. servir / el servicio
2. secar / la secadora
3. viajar / el viaje
4. practicar / la práctica
5. nevar / la nevera
6. mejorar / el mejoramiento
7. mandar / el mando
8. importar / la importancia
9. firmar / la firma
10. emplear / el empleo

Estructuras útiles

I. Review of the present subjunctive in noun clauses

The following is a review of the principal uses of the present subjunctive that you have previously studied on pages 244–246.

1. The present subjunctive is used in a dependent noun clause after a main clause in which the speaker expresses a *desire to influence,* or indicates *emotion, hope, doubt,* or *denial.* Remember that if there is no change in subject the infinitive construction is used.

Desire to influence: No me gusta que **tomes** gaseosas, ni me gusta tomarlas a mí tampoco.
Hope: Espero que no me **olvides.**
Ojalá (que) **puedas** ir a la fiesta conmigo.
Doubt: Con esta lluvia dudo que el avión **llegue** a tiempo.

2. The present subjunctive is used in a dependent noun clause after an *impersonal expression* that reflects a *subjective judgment, a desire to influence, an emotion, doubt,* or *denial.*

Es absurdo
Es necesario
Es horrible
Puede ser
Es incomprensible
Es preferible
Es una lástima
} que tú no **vuelvas** a tu casa.

A. Dígale a su hermano que Ud. espera que mañana haga las actividades mencionadas una hora más temprano.

▶ Te despiertas generalmente a las ocho. — *Espero que mañana te despiertes a las siete.*

1. Te levantas generalmente a las ocho y media.
2. Generalmente te bañas a las nueve menos cuarto.
3. Te desayunas generalmente a las nueve.
4. Te pones a trabajar generalmente a las nueve y diez.
5. Generalmente te sientas a ver la televisión a las seis.
6. Te acuestas generalmente a las once de la noche.

B. Exprese una emoción **(siento, me alegro, no me gusta, me molesta, me temo)** hacia las siguientes situaciones, y añada *(add)* otros detalles o comentarios.

▶ La profesora está enferma. — *Siento mucho que esté enferma, pero me alegro de que no haya clase porque tengo una cita.*

1. Este año no hay vacaciones.
2. Tenemos una conferencia importante hoy.
3. Nunca recibo dinero de mis padres.
4. Mañana tu amigo/a no puede visitarte.
5. El español es una lengua muy fácil.
6. Mucha gente muere de hambre en el mundo.
7. Tenemos un equipo de fútbol excelente, pero no construyen un estadio.
8. Practicas muy pocos deportes y comes demasiado.

C. Exprese cinco deseos para el año entrante, usando la expresión **¡Ojalá (que)!**

▶ *¡Ojalá que yo pueda ir a México el año entrante!*

D. Termine las oraciones siguientes en forma original e imaginativa. Use el presente del subjuntivo o del indicativo, según el sentido de la oración.

▶ Es imposible que . . . . — *un loco como yo piense lógicamente.*

1. Todos saben que . . . .
2. Es extraordinario que . . . .
3. Es maravilloso que . . . .
4. Es obvio que . . . .
5. Dicen que . . . .
6. Es verdad que . . . .
7. Es estupendo que . . . .
8. Es algo increíble que . . . .
9. Creo que . . . .
10. Es necesario que . . . .

II. Indicative versus subjunctive in adjective clauses

Deseo conocer un/a muchacho/a que ***pueda*** *comprenderme, que* ***se interese*** *en los deportes y que no* ***fume****.*

1. An adjective clause (**que**-clause) is a dependent clause that modifies a noun or pronoun. When the noun or pronoun modified by the **que**-clause refers to someone or something that is not a part of the speaker's knowledge or experienced reality or is non-existent, the verb in the dependent **que**-clause is in the subjunctive. This is often the case after a main clause that includes verbs and expressions such as **no hay . . .**, **necesito . . .**, **no puedo imaginar . . .**, and **¿dónde encuentro . . . ?** When the noun or pronoun is definite and exists, the indicative is used in the dependent **que**-clause. Compare the following pairs of sentences:

El nuestro es un gobierno que **fomenta** el atletismo.	*Ours is a government that promotes athletics.*
No hay muchos gobiernos que **fomenten** el atletismo tanto como el nuestro.	*There aren't many governments that promote athletics as much as ours.*
Allí está la secretaria que **escribe** bien a máquina.	*There is the secretary who types well.*
Necesito una secretaria que **escriba** bien a máquina.	*I need a secretary who types well.*
Mario compró una casa maravillosa, que **tiene** siete habitaciones.	*Mario bought a marvelous house, which has seven bedrooms.*
No puedo imaginar una casa que **tenga** tantas habitaciones.	*I can't imagine a house that has so many bedrooms.*
Aquí hay una profesora que **enseña** bien.	*There's a teacher here who teaches well.*
¿Dónde encuentro un profesor que **enseñe** mejor?	*Where can I find a teacher who teaches better?*

2. Note that when the direct-object noun in a sentence refers to a person unknown to the speaker, the personal **a** is usually omitted.

Conozco a un director que **comprende** todos los problemas. — *I know a director who understands all the problems.*

No conozco un director que **comprenda** todos los problemas. — *I don't know a director who understands all the problems.*

E. Responda negativamente a estos comentarios de un/a amigo/a.

► Tú tienes una amiga que es campeona olímpica, ¿verdad? — *No, no tengo una amiga que sea campeona olímpica.*

1. Aquí hay un estudiante que sabe todas las respuestas, ¿no?
2. En Cuba hay muchos atletas que prefieren otra vocación, ¿verdad?
3. Tenemos amigos que nos dan regalos *(gifts)* todos los días, ¿no?
4. En los Estados Unidos hay pobres que tienen tres autos, ¿verdad?
5. En esta clase hay una chica que habla español perfectamente, ¿no?
6. Conoces un país que produce tantos productos agrícolas como los Estados Unidos, ¿no es cierto?
7. En esta universidad hay atletas que participan en los Juegos Panamericanos, ¿no?
8. Tú y yo conocemos a un periodista que dice siempre la verdad, ¿no es cierto?

F. Diga a quién conoce (o no conoce) usted que sabe hacer las siguientes cosas. Complete con frases lógicas.

bailar cantar reparar coches reparar televisores

► una mujer — *Conozco a una mujer que sabe cantar; no conozco ninguna mujer que sepa bailar.*

1. un joven
2. dos chicos
3. tres muchachas
4. una señora
5. una atleta
6. un periodista

G. Complete las oraciones lógicamente, según su experiencia.

1. Tengo un magnífico amigo que . . ., pero no tengo uno que . . ..
2. Necesito un/a compañero/a de cuarto que . . ., pero no necesito uno/a que . . ..
3. En esta clase tenemos un/a profesor/a que . . ., pero no tenemos uno/a que . . ..

4. La película que vi el otro día es una película que . . .. No hay una película que . . ..
5. ¿Dónde hay un buen restaurante que . . .?
6. Quiero viajar a un país que . . ..

H. Diga qué tipo de persona le gusta que usted no conoce ahora.

▶ *Me gustan las personas que participan en todos los deportes, pero no conozco personalmente un hombre o una mujer que practique el alpinismo.*

III. Indicative versus subjunctive in adverbial clauses

Pongo los paquetes donde Ud. ***diga.***

Sí, señora. Los pongo donde Ud. ***dice.***

1. Adverbial clauses are dependent clauses introduced by a conjunction, such as **como, cuando, para que.** The verb in the dependent adverbial clause is in the *indicative* when the action, situation, or event expressed in the clause is factual or has already occurred at the time when the action expressed in the main clause takes place. Adverbial clauses introduced by the following conjunctions are *always* in the indicative.

ahora que now that, since
desde que since
porque because
puesto que because, since
ya que now that, since

Podemos empezar **ahora que todos estamos** aquí.	*We can begin now that we are all here.*
Ha mejorado su salud **desde que empezó** a vivir en el campo.	*His health has improved since he has been living in the country.*
Te quiero **porque eres** extraordinario.	*I love you because you are extraordinary.*

2. The verb in the dependent adverbial clause is in the *subjunctive* when the action, situation, or event expressed in the clause is uncertain or has not yet taken place. Adverbial clauses introduced by the following conjunctions are *always* in the subjunctive.

a menos que unless
antes (de) que before
con tal que provided, as long as
para que so that, in order that *(purpose, goal)*
sin que without

Vamos a comprar esa casa **a menos que cueste** demasiado.	*We're going to buy that house unless it costs too much.*
Termina tu trabajo **antes que tu padre vuelva** a casa.	*Finish your work before your father returns home.*
Es necesario llevarlos **para que vean** el apartamento.	*It is necessary to take them to see the apartment.*

3. The conjunctions listed below may be followed by either the indicative or the subjunctive depending on whether the action, situation or event expressed in the clause is factual and has taken place or is uncertain and has not yet taken place.

aunque although, even though
cuando when, whenever
de manera que so that, in such a way that
de modo que so that, in such a way that
después de que after
donde where, wherever
en cuanto as soon as
hasta que until
luego que as soon as
tan pronto como as soon as

Trabajo aquí **aunque me pagan** poco. *(Action has taken place.)*	*I work here, although they pay me little.*
Voy a trabajar aquí **aunque me paguen** poco. *(Action is uncertain.)*	*I'm going to work here even though they may pay me little.*
Se lo expliqué **cuando la vi.** *(Action has taken place.)*	*I explained it to her when I saw her.*
Voy a explicárselo a Rosita **cuando la vea.** *(Action has not taken place.)*	*I'll explain it to Rosita when I see her.*
Ayer salí **después de que llegaste.** *(Action has taken place.)*	*I went out yesterday after you arrived.*
Pienso salir **después de que llegues.** *(Action has not taken place.)*	*I'm thinking about going out after you arrive.*

I. Complete las siguientes oraciones con **te dan permiso** *(permission)* o **te den permiso,** según el sentido de la cláusula principal.

1. Te pido que mañana vengas tan pronto como . . . .
2. Puedes salir conmigo esta noche ya que . . . .
3. Debes viajar a Puerto Rico cuando . . . .

4. Entonces, ¿tú siempre pasas las vacaciones donde . . . ?
5. Entonces, vas a casarte con Guillermo sin que . . . .
6. Es buena idea explicarles tus motivos para que . . . .

J. Oscar y su hermana, Inés, se ayudan mucho. Oscar piensa hacer estas cosas mañana, a menos que su hermana las haga primero. Haga el papel de Oscar.

▶ lavar el carro   Oscar: *Lavo el carro mañana a menos que tú lo laves primero.*

1. limpiar el garaje
2. llevarle un regalo a Raquel
3. hacer la compra *(do the shopping)*
4. anunciarle la noticia a papá
5. arreglarle el radiorreloj a mamá
6. escribir una carta a la estación de radio

K. Termine las siguientes frases de una manera original. Use las conjunciones **ahora que, porque, puesto que, desde que** y **ya que.**

▶ ir a la fiesta   *Teresa va a la fiesta ahora que sabe que tú vas también.*

1. El profesor va a explicarle el problema de química . . . .
2. Yo les ayudo este fin de semana . . . .
3. Le vendemos el estéreo . . . .
4. Ana no puede comprar otra motocicleta . . . .
5. No olvido la fiesta de aniversario de mi tía . . . .
6. Es importante estar en casa a tiempo para la entrevista . . . .

L. Explique lo que piensa hacer después de cumplir *(fulfill)* distintas condiciones. Use las conjunciones **cuando, donde, sin que, con tal que, antes (de) que, ahora que, a menos que** y **porque.**

▶ *Pienso ser un/a artista famoso/a cuando termine la universidad, a menos que encuentre una profesión más interesante.*

M. Dígales a sus compañeros/as lo que piensa hacer un/a amigo/a en el futuro, según las circunstancias. Use las conjunciones **cuando, donde, sin que, con tal que, a menos que, desde que** y **puesto que.**

▶ *[Elena] quiere estudiar en esta universidad, a menos que gane el premio de lenguas para estudiar en Madrid.*

IV. Position of two object pronouns

1. The chart below shows the order of appearance of direct- and indirect-object pronouns when they are used together in the same clause.

1st position	2nd position
me te se nos os se	lo, la, los, las

—¿Me das ese cuaderno? *Will you give me that notebook?*
—Sí, **te lo** doy. *Yes, I'll give it to you.*

—¿Quién les envió la calculadora a Uds.? *Who sent you the calculator?*
—Enrique **nos la** envió. *Enrique sent it to us.*

—¿Alberto les compró los discos? *Did Alberto buy you the records?*
—No, **nos los** compró Mercedes. *No, Mercedes bought them for us.*

2. The indirect-object pronouns **le** and **les** become **se** before **lo, la, los,** and **las.** A prepositional phrase with **a** is often used to clarify the meaning of **se.**

   —¿Quién le preparó la torta? *Who prepared the cake for him?*
   —**Se la** preparé yo. *I prepared it for him.*

   —Estos vasos son para tu prima, ¿no? *These glasses are for your cousin, aren't they?*
   —Sí, voy a dár**selos a ella.** *Yes, I'll give them to her.*

3. Be sure not to confuse the indirect-object **se** with the reflexive or the reciprocal **se.** Context will help you determine the meaning.

   Se lo explican a Eloísa. *They explain it to Eloísa.*
   Se lo explican el uno al otro. *They explain it to each other.*

4. In double-verb constructions or in *verb + preposition + infinitive* constructions, the two pronouns may precede the conjugated verb or they may be attached to the infinitive. When the two pronouns are attached to the infinitive, a written accent is required on the final syllable of the infinitive.

   Me los puede mostrar.
   Puede **mostrármelos.** } *You can show them to me.*

   Te lo acabé de arreglar.
   Acabé de **arreglártelo.** } *I just finished fixing it for you.*

5. When two pronouns are used with commands, they are attached to direct affirmative commands, but precede negative ones.

   ¡Escríbamelo mañana. *Write it for (to) me tomorrow.*
   ¡No **me lo escriba!** *Don't write it for (to) me.*

N. Moncho tiene un amigo que quiere enseñarle muchas cosas nuevas en su apartamento. Haga el papel de Moncho o del amigo.

▶ la nevera   S1: *¿Te enseño la nevera?*
S2: *Sí, quiero que me la enseñes ahora.*

1. el lavaplatos
2. la secadora
3. las sillas
4. el reloj de pared
5. el televisor a colores
6. el tocadiscos

O. Usted necesita ayuda para terminar un proyecto de economía. Pídale a un/a compañero/a que le dé los siguientes artículos, pero que no se los dé en este momento.

▶ la calculadora   *Dámela, por favor, pero no me la des en este momento.*

1. los lápices de colores
2. el mapa de Centroamérica
3. las revistas mexicanas
4. los libros de economía
5. la pluma verde
6. su cuaderno

P. Dos estudiantes discuten los planes para la fiesta de Graciela. Conteste las preguntas, usando dos pronombres (objeto directo e indirecto).

▶ ¿Puedes prepararme una torta?   *Sí, te la puedo preparar con mucho gusto.*

1. ¿Le compras los flanes al pastelero?
2. ¿Puedes prepararme los sándwiches?
3. ¿Traes los discos de Anita?
4. ¿Quieres conseguirme las gaseosas?

Q. Alberto decide distribuir regalos *(gifts)* entre varios amigos. Haga el papel de Alberto. Para diferenciar entre los amigos, use una expresión con **a (a ti, a él, a ella,** etcétera**)**.

▶ Este regalo es para ti.   *Voy a dártelo a ti.*
▶ Estos regalos son para ustedes.   *Voy a dárselos a ustedes.*

1. Este regalo es para ella.
2. Estos regalos son para usted.
3. Este regalo es para él.
4. Este regalo es para ellos.
5. Estos regalos son para Clemencia.
6. Estos regalos son para ti.

¡Exprésese usted!

El punto de vista

El protagonista de la siguiente selección considera dos opciones para solucionar su dilema. Aunque su decisión no se da explícitamente, usted puede tener una preferencia por una de las posibles soluciones.

Lea la siguiente selección para comprensión general y haga el Ejercicio A. Luego lea de nuevo la selección para tener una idea más precisa de su contenido y entonces haga los Ejercicios B y C.

Otra revolución

«¡No me dejes, Clarencio, que tu hija y yo te necesitamos!» Las palabras de la mujer resonaban en su memoria mientras cabalgaba hacia Morón, donde debía reunirse con los otros. La guerra era repugnante, una porquería. ¿Para qué servía? ¿para mejorar su vida o la de su hija? ¿para acabar con las injusticias? Nada. El mundo iba a continuar igual, y quizás él y su hija y su mujer, y todos . . . ¡todos! iban a morir en el enorme cataclismo del fin del mundo.

Pero entonces, ¿por qué seguir hacia Morón? Recuerdos de los amigos de muchos años se precipitaron al mismo tiempo a su memoria: Juanito, ahora muerto; Oscar, aquel Oscar jovial, idealista, que quería cambiar el mundo, iba a estar en Morón, y lo iba a recibir con los brazos abiertos; Maruja, la mujer realista y dedicada, que creía en el destino de la revolución con un entusiasmo contagioso. Otros, caras sin nombre y nombres sin caras, pasaban por su memoria, héroes todos, mientras el caballo cambiaba del trote al galope hacia Morón. El caballo sabía de memoria el camino, como sabía también el camino de su casa . . . .

A. Escoja las palabras o expresiones de la segunda columna que mejor reflejan el significado de las palabras de la primera columna. Es posible que Ud. quiera verificar algunas opciones con el contexto del cuento.

1. dejar	a. desastre
2. resonar	b. llegar en tumulto
3. cabalgar	c. abandonar
4. porquería	d. cosa desagradable
5. cataclismo	e. ir a caballo
6. precipitarse	f. hacer eco

B. Haga una lista con los argumentos que tiene Clarencio a favor de permanecer en casa y otra con los argumentos a favor de participar en la revolución.

C. Entre las dos alternativas, seleccione la más atractiva para usted. Imagínese en la misma situación de Clarencio y escriba una breve explicación de su decisión, defendiendo su punto de vista. Use algunas de las siguientes expresiones de transición útiles.

por el momento	desde entonces	porque
después	primero	finalmente
pronto	luego	en otras palabras

▶ *Es natural que Clarencio quiera . . . , pero creo que debe . . . porque . . . .*

Vista de la bahía y ciudad de La Habana, Cuba.

Documentos y gráfica 6

Las Antillas

«Antillas» es el nombre en español del grupo de islas que se encuentra en el Mar Caribe. Aunque todas estas islas son muy conocidas por sus playas, también lo son por su interesante y variada flora y fauna. Además de su belleza y su interés natural, otra característica importante de estas islas es su internacionalismo.

En el Mar Caribe hay islas que todavía pertenecen a Francia, como Martinica y Guadalupe, y otras que pertenecen a Holanda, como Aruba y Curazao. Algunas que fueron colonizadas por España son hoy día independientes, como Cuba y la República Dominicana. Otras, como Jamaica y Trinidad que fueron colonias inglesas, son ahora independientes y miembros de la Mancomunidad Británica.[1]

El español es la lengua oficial de Puerto Rico, Estado Libre Asociado a los Estados Unidos, de Cuba y de la República Dominicana. Además de ser la lengua de las posesiones francesas, el francés es también la lengua oficial de la República de Haití, ex-colonia francesa que comparte[2] la isla de La Española con la República Dominicana. En las islas que pertenecían a Inglaterra, como Jamaica y Trinidad, se habla inglés. Pero un fenómeno particular de esta zona es una lengua nueva, una mezcla[3] de holandés, francés, inglés, español y portugués, que se llama «papiamento», y que se habla principalmente en las islas holandesas.

1. **Mancomunidad . . .** British Commonwealth 2. shares 3. mixture

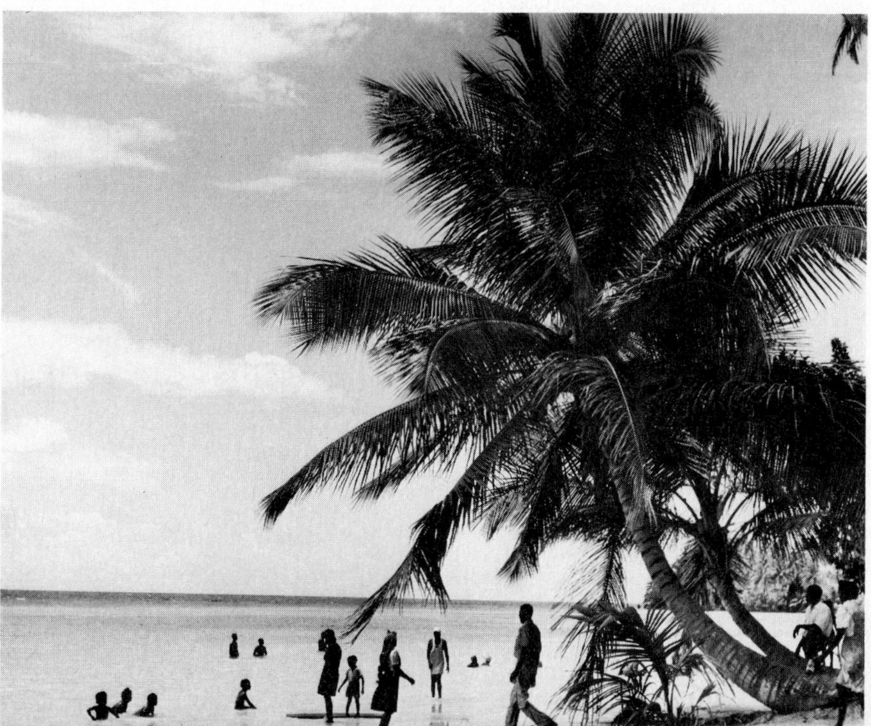

Familias jamaiquinas disfrutan de una de las bonitas playas de la isla.

Un poema de Nicolás Guillén

Como muchos de los habitantes de las Antillas son negros, la influencia negra existe por todas partes, especialmente en la música y en los bailes populares. También en la literatura se encuentra la presencia de la cultura negra, sobre todo en la poesía. Entre los poetas del movimiento literario conocido como poesía negra, el más famoso es el poeta afrocubano Nicolás Guillén.

En el siguiente poema, Nicolás Guillén contempla el mundo del negro dentro de una sociedad racista. El poema, en apariencia descriptivo, pacífico, casi romántico, es en realidad una protesta o grito de indignación en contra de la situación del negro.

Guadalupe, W.I.[1]

Pointe-à-Pitre

Los negros, trabajando
junto al vapor.[2] Los árabes, vendiendo,
los franceses, paseando y descansando,
y el sol, ardiendo.[3]
En el puerto se acuesta
el mar. El aire tuesta[4]
las palmeras[5] . . . Yo grito: ¡Guadalupe!
pero nadie contesta.

Parte el vapor, arando[6]
las aguas impasibles[7] con espumoso estruendo.[8]
Allá, quedan los negros trabajando,
los árabes vendiendo,
los franceses paseando y descansando,
y el sol ardiendo . . .

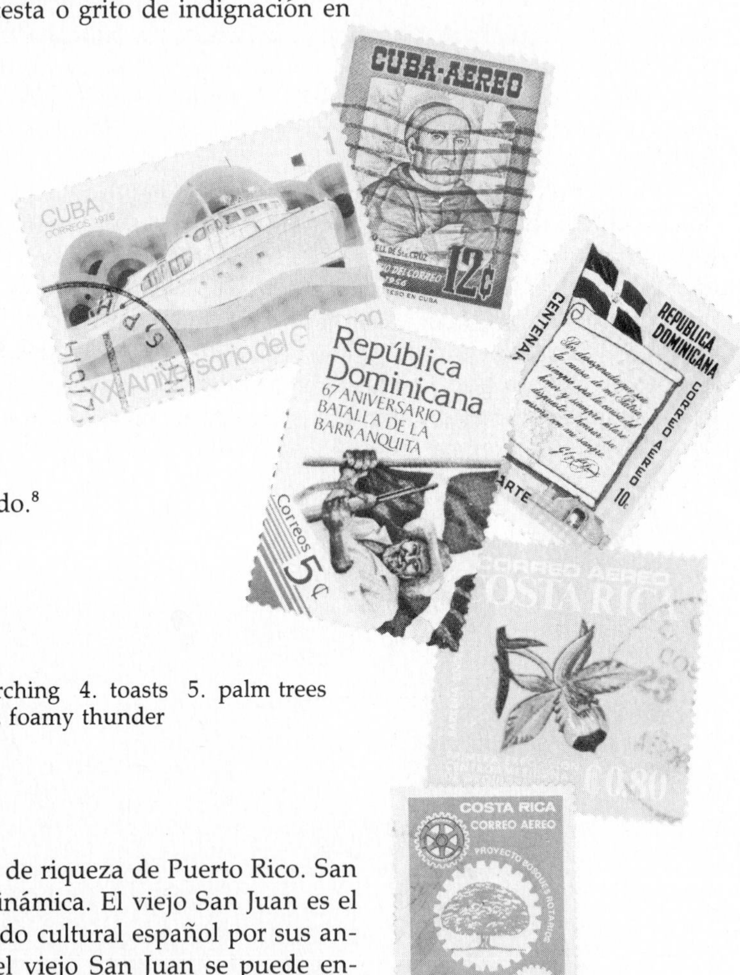

1. West Indies 2. **junto . . .** by the ship 3. scorching 4. toasts 5. palm trees 6. plowing 7. impassive, still 8. **espumoso . . .** foamy thunder

El turismo en Puerto Rico

El turismo es una de las principales fuentes[1] de riqueza de Puerto Rico. San Juan, la capital, es una ciudad moderna y dinámica. El viejo San Juan es el centro histórico de la isla y recuerda el pasado cultural español por sus antiguos edificios y sus calles estrechas.[2] En el viejo San Juan se puede encontrar cafés y restaurantes, galerías de arte y tiendas elegantes donde se venden artefactos típicos hechos por los artesanos puertorriqueños. Entre

1. sources 2. narrow

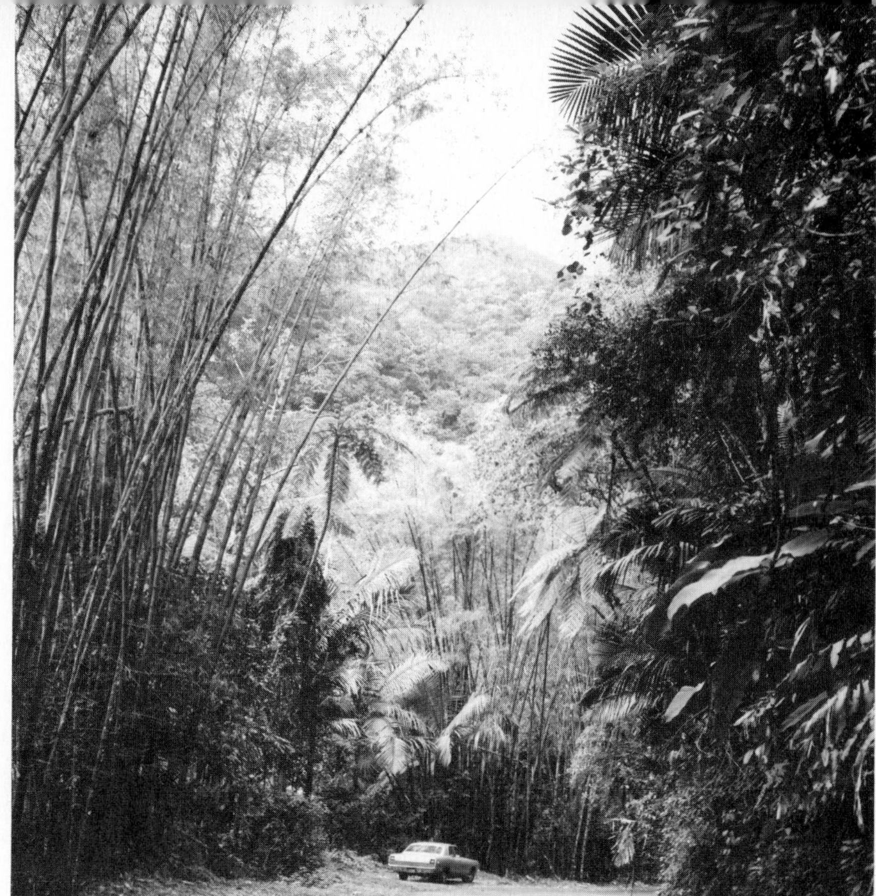

La exuberante vegetación del bosque tropical del Yunque nunca deja de impresionar al visitante que visita Puerto Rico.

los más interesantes están los santos tallados[3] en madera y los cuatros, que son la versión puertorriqueña de la guitarra española.

Para atraer a los turistas a otras partes de la isla, el gobierno estableció atractivos paradores,[4] inspirados en los paradores españoles y localizados en distintas regiones de la isla. Para estos paradores se han utilizado en algunos casos antiguos edificios de gran valor histórico, que necesitaban renovación. En todos los casos se trató de localizar los paradores en áreas de interés turístico, como lo son las playas de Luquillo y de Guajataca, y el bosque tropical de El Yunque, que recibe lluvia casi constante y tiene más de 240 especies de árboles nativos. Estos paradores atraen hoy día a los turistas puertorriqueños y extranjeros.

3. carved 4. hotels, inns

Costa Rica: País democrático de la América Central

En 1502, durante su cuarto y último viaje al Nuevo Mundo, Cristóbal Colón desembarcó en la costa de una zona de la América Central que le pareció muy rica en flora y fauna y, según la leyenda, le dio el nombre de

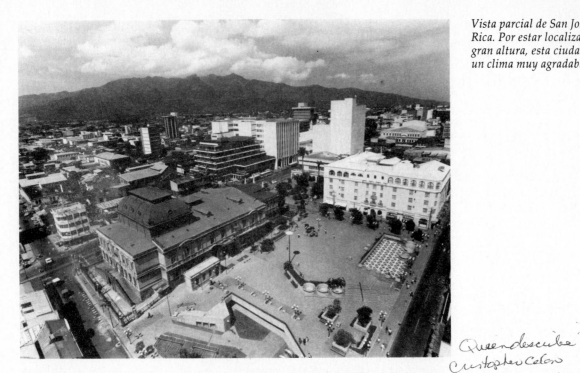

Vista parcial de San José, Costa Rica. Por estar localizada a una gran altura, esta ciudad tiene un clima muy agradable.

Costa Rica. Colón permaneció en esta región solamente algunos días; casi cuarenta años más tarde, en 1540, Costa Rica pasó a ser provincia española.

Después de casi tres siglos de colonización, Costa Rica ganó su independencia en 1821. Durante la mayor parte del siglo pasado, hubo confusión e inestabilidad política en el país hasta que, al comienzo del siglo XX, se estableció un gobierno democrático en Costa Rica. La democracia trajo beneficios, como la educación pública gratis, el seguro social y la protección nacional de la policía sin necesidad de un ejército.[1] Hoy día Costa Rica, con una población de más de dos millones de habitantes, tiene uno de los niveles de analfabetismo más bajos de Hispanoamérica.

Sin tener mucha industria, Costa Rica mantiene un nivel de vida bastante bueno con la producción de café, bananas y caña de azúcar, y con la cría de ganado.[2]

1. army 2. **cría** ... cattle raising

Canción: Guantanamera

«Guantanamera» es una de las canciones más populares de Hispanoamérica. Los versos están basados en un poema de José Martí, poeta cubano y líder de la lucha por la independencia de su país.

Assign students to research José Martí and report their findings to the class.

Guantanamera, guajira guantanamera[1]
Guantanamera, guajira guantanamera

Yo soy un hombre sincero
de donde crece[2] la palma *[repita]*;
Y antes de morirme quiero
echar[3] mis versos del alma.[4]

Guantanamera, guajira guantanamera
Guantanamera, guajira guantanamera

Mi verso es de un verde claro
y de un carmín encendido[5] *[repita]*;
Mi verso es un ciervo herido[6]
que busca en el monte[7] amparo.[8]

1. **guajira** ... girl from Guantanamo 2. grows 3. cast 4. soul
5. burning red 6. wounded 7. wilderness 8. refuge

¿Sabía usted que . . . ?

Copán es un centro arqueológico situado en Honduras, donde se encuentran muchas ruinas de templos, plazas y monumentos de los mayas. Los mayas eran un pueblo trabajador con una cultura muy adelantada.[1] En sus ruinas hay muchos jeroglíficos que contienen signos para resolver problemas de matemáticas y para hacer cálculos del tiempo.

Nicaragua es la república más grande de la América Central con Costa Rica al sur, y Honduras al norte. La mayoría de la gente vive en el oeste del país, entre la costa del Pacífico y los dos grandes lagos: el Lago de Managua y el Lago de Nicaragua.

San Pedro Sula es la ciudad más industrial y comercial de Honduras. En San Pedro Sula hay muchas fábricas de textiles, de cemento, de acero, de muebles[2] y de artículos de plástico. Es una de las ciudades centroamericanas de más rápido crecimiento.

José Martí es un héroe cubano que dio su vida por la independencia de su país. También fue hombre de letras, y sus obras todavía son admiradas en todo el mundo hispánico.

Santo Domingo, fundada por Bartolomé Colón en 1496, es la ciudad más antigua fundada por colonizadores europeos en el Nuevo Mundo.

Al morir, Cristóbal Colón no sabía que había descubierto un nuevo mundo. Murió pobre en 1506 en España.

1. advanced 2. furniture

¡Identifique usted!

Complete cada frase con una respuesta lógica, basada en la información en los *Documentos y gráfica 6.*

1. Las Antillas son islas . . .
   a. donde no vive nadie.
   b. donde el clima es insoportable debido al calor y a las lluvias.
   c. de carácter internacional.
2. El «papiamento» es . . .
   a. una lengua nueva, una mezcla de varias lenguas.
   b. una cultura típica de las Antillas.
   c. un movimiento político-cultural.
3. Nicolás Guillén es . . .
   a. un cantante antillano.
   b. un héroe de la independencia cubana.
   c. un célebre poeta afrocubano.
4. El nombre oficial del gobierno de ____ es «Estado Libre Asociado».
   a. Cuba
   b. Puerto Rico
   c. La República Dominicana
5. Una característica de Costa Rica es . . .
   a. que produce café y bananas, pero no los exporta.
   b. que hay siempre inestabilidad política.
   c. que no tiene un ejército nacional.
6. ____ es un centro arqueológico hondureño donde se encuentran ruinas mayas.
   a. Copán
   b. San Pedro Sula
   c. Tegucigalpa
7. ____ es un héroe y poeta cubano cuyos versos se cantan en la canción «Guantanamera».
   a. José Fernández
   b. José Martí
   c. Nicolás Guillén

Unidad 7
En México

Una pareja admira la vista que ofrece el templo de los Guerreros de las ruinas de Chichén Itzá. Chac Mool, divinidad de la Lluvia, en primer plano.

Lección 19
En México

¿El pueblo o la ciudad?

Se dice que la ciudad ofrece más oportunidades de trabajo y una vida más interesante que el pueblo. Diego Palmas, un joven mexicano de veintiún años, decidió comprobar este hecho.° Diego nació y recibió su educación primaria y secundaria en Tlapa, un pequeño pueblo que está a unos cien kilómetros de Ciudad de México. Después de terminar el bachillerato, trabajó dos años como empleado en la mueblería de su tío Juan. Pero Diego no estaba satisfecho ni con el trabajo ni con su sueldo. Su padre le sugirió que fuera a trabajar en los campos petrolíferos° de Chiapas; pero Diego prefirió ir a la capital, donde hay más oportunidades de trabajo. Su novia prefería que Diego se estableciera en Tlapa.

matter

campos . . . oilfields

¿Qué decisión tomar? Diego dejó su pueblo natal y se fue a la capital a buscar empleo. Durante los primeros cuatro meses, vivió con unos parientes

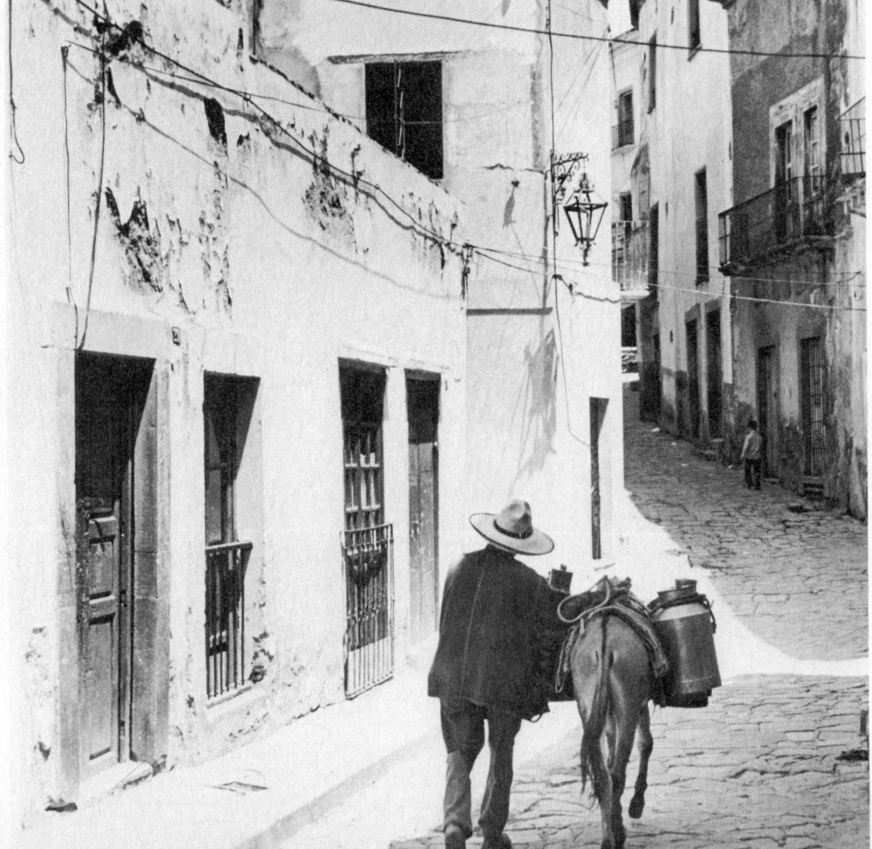

La leche se distribuye de casa en casa en las comunidades pequeñas, como ésta en el estado de Guanajuato, México.

suyos en un pequeño apartamento en el centro. Temía que le fuera imposible acostumbrarse al ruido, al tráfico y al gentío.° Echaba de menos también los árboles y las flores alrededor de la plaza de recreo de Tlapa. Al principio, no pudo conseguir empleo porque, como él, eran muchas las personas que llegaban a la capital cada día con la esperanza de mejorar su vida. Pero al fin consiguió trabajo en una mueblería del barrio donde vivía, y empezó a acostumbrarse a la vida agitada de la ciudad.

°gentío: crowd, mob

Hoy, después de un año en la capital, Diego tiene un puesto mejor en la mueblería, y vive en un cuarto pequeño cerca de sus parientes. Los domingos va con unos amigos al parque de Chapultepec, a un partido de fútbol o a una corrida de toros. Una vez al mes vuelve a Tlapa a ver a sus padres y a su novia, con quien espera casarse pronto. Le cuenta a su novia de la vida urbana y de las posibilidades de ganar suficiente dinero para mejorar la vivienda y para mantener una familia en el ambiente de la ciudad.

Comprensión

1. ¿Quién es Diego Palmas? ¿Dónde nació?
2. ¿Qué hizo después de terminar su bachillerato?
3. ¿De qué no estaba satisfecho el joven?
4. ¿Qué le sugirió su padre? ¿Qué decidió hacer Diego?
5. ¿Con quiénes vivió cuando llegó a la capital? ¿Dónde vivió?
6. ¿Dónde consiguió trabajo al fin?
7. ¿Mejoró el nivel de vida de Diego?
8. ¿Qué hace los domingos? Y, una vez al mes, ¿adónde va?
9. ¿Qué le cuenta Diego a su novia?

Conversación

1. ¿Vive usted en el campo, en un pueblo o en una ciudad?
2. ¿Dónde cree usted que existen más oportunidades de empleo?
3. ¿Le parece muy complicada la vida de la ciudad? ¿por qué?
4. ¿Qué ventajas tiene la vida del campo? ¿la vida de la ciudad?
5. ¿Dónde trabajó usted después de graduarse de la escuela secundaria? ¿por cuántas horas al día? ¿por cuántos días al mes?
6. Cuando usted siente nostalgia por algo, ¿qué hace? ¿Llama por teléfono a alguien? ¿Escribe cartas?

Vocabulario

Palabras análogas

agitado, -a
complicado, -a
la decisión
la educación
existir
graduar(se)
la posibilidad
primario, -a
secundario, -a
el tráfico

Sustantivos
el ambiente atmosphere
el árbol tree
el bachillerato secondary school education
la corrida de toros bullfight
la esperanza hope
la flor flower
la mueblería furniture store
el recreo recreation
el ruido noise
la vivienda housing

Adjetivos
cada each
suficiente enough, sufficient
urbano, -a city, urban

Verbos
comprobar (ue) to check, verify
establecerse (zc) to settle down; to set up (in business)
ganar to earn
nacer (zc) to be born

Otras palabras y expresiones
al día (mes) daily (monthly)
al fin finally
al principio (de) at the beginning (of)
alrededor (de) around
el pueblo natal home town
sentir nostalgia (por) to be homesick (for)
una vez al mes once a month

Práctica

A. Usted tiene que hacer una encuesta *(take a poll)* sobre las ventajas y las desventajas de la vida en la ciudad. Prepare usted diez preguntas para entrevistar a los estudiantes de la clase. Después, haga un resumen de los resultados.

B. Haga una lista de los atractivos de su ciudad o pueblo, mencionando el ambiente, los recursos económicos y las actividades culturales, entre otras cosas. Después, evalúe *(evaluate)* los atractivos, usando una escala *(scale)* de uno a diez.

Nota cultural La economía mexicana

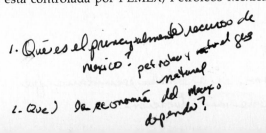

Los recursos naturales de México son variados y algunos, especialmente el petróleo y el gas natural, tienen tal potencial de desarrollo que pueden permitir al país un asombroso[1] crecimiento[2] económico, pero también pueden hacer que la economía del país dependa excesivamente de los precios internacionales del petróleo.

El gobierno mexicano nacionalizó su producción petrolera en 1938. Actualmente esta industria está controlada por PEMEX, Petróleos Mexicanos,

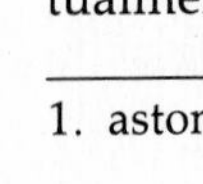

1. astonishing 2. growth

La extracción del petróleo es siempre una labor dura para los trabajadores.

un organismo gubernamental. Los grandes campos petrolíferos están situados en el norte en Tampico y en el sur en los estados de Tabasco y Chiapas, donde se ha descubierto una gran abundancia de gas natural. La presencia de estos recursos, junto con los yacimientos[3] de carbón en el norte del país, favorecen el desarrollo de la industria petroquímica y siderúrgica.[4]

Además del petróleo y del gas natural, también existen en México yacimientos de cobre, hierro, plata y oro, así como de plomo,[5] estaño y azufre.[6]

---

3. **junto** . . . together with the deposits 4. **industria** . . . petrochemical and iron and steel industry 5. lead 6. sulphur

Estudio de palabras

I. Muebles y decoración

The following is a list of common household furniture terms in Spanish.

la alfombra rug
el armario wardrobe
la cama bed
la cómoda chest of drawers
la cortina curtain
el cuadro painting
el espejo mirror
el estante (la estantería) bookcase
la lámpara lamp
la mesa table
la mesita de noche night table
la (silla) mecedora rocking chair
el sillón armchair
el sofá sofa

A. Una compañía de bienes raíces *(real estate)* de Ciudad de México acaba de comprar un nuevo edificio de apartamentos. Usted trabaja para esta compañía y tiene que amueblar *(furnish)* dos apartamentos para que sirvan de apartamentos modelos. Escoja algunos de los muebles necesarios, y complete una forma de pedido.

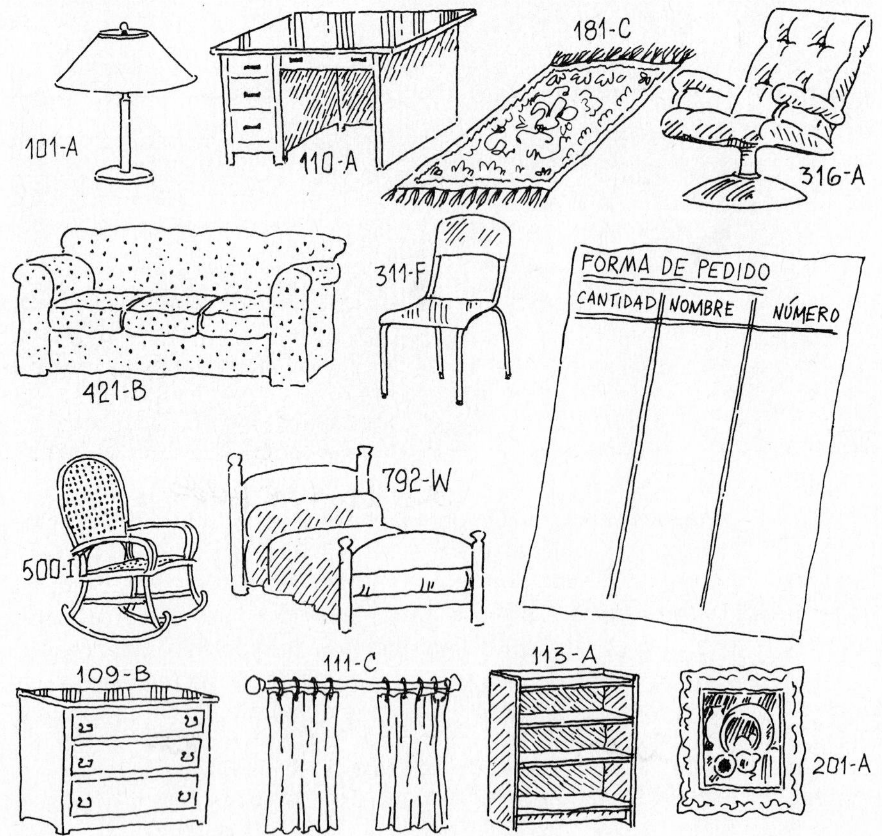

B. Usted quiere darle más ambiente a su alcoba. Discuta con otro/a estudiante qué muebles necesita comprar, dónde va a comprarlos, si va a comprarlos nuevos o de segunda mano y qué artículos decorativos va a poner.

II. Los prefijos **co-** y **re-**

Many Spanish words are formed with prefixes derived generally from Greek or Latin words. The following prefixes are encountered frequently in Spanish words.

1. The prefix **co-** means *together, joint(ly), with.*

   el coautor: una persona que es autor con otro u otros
   cooperar: trabajar en unión con otros
   copiloto: una persona que asiste al piloto

2. The prefix **re-** means *again, back (to an earlier state).*

   redistribuir: distribuir otra vez
   reelegir: elegir otra vez
   releer: leer otra vez

C. Complete las siguientes frases con una palabra apropiada de la lista.

coeducación reestructuración releer
coexistir reexaminar

1. Muchos empleados protestaron la ______ de la oficina.
2. Espero que nuestros países puedan ______ porque la alternativa es horrible.
3. En Hispanoamérica muchos jóvenes asisten a escuelas que no son mixtas. La ______ es relativamente moderna.
4. Me gustó mucho esa novela, y pienso ______la este verano.
5. Si quiere prosperar en el mundo del negocio, debe ______ su método de producción.

Estructuras útiles

I. The imperfect subjunctive

1. The imperfect subjunctive of all regular as well as irregular verbs is formed by dropping the **-ron** from the third person plural of the preterit and adding the imperfect subjunctive endings to this stem. A written accent is required in the stem of the **nosotros-**form.

	entrar	poder	venir
Third person plural of preterit:	*[entra ron]*	*[pudie ron]*	*[vinie ron]*
	entra **ra**	pudie **ra**	vinie **ra**
	entra **ras**	pudie **ras**	vinie **ras**
	entra **ra**	pudie **ra**	vinie **ra**
	entrá **ramos**	pudié **ramos**	vinié **ramos**
	entra **rais**	pudie **rais**	vinie **rais**
	entra **ran**	pudie **ran**	vinie **ran**

Esperaba que **llegaran** a tiempo. — *I hoped they would arrive on time.*
Temían que Ud. no **escribiera.** — *They were afraid you wouldn't write.*

2. The imperfect subjunctive is used in dependent clauses under the same circumstances that call for the present subjunctive, provided that:
   a. the verb in the main clause is in the past, or;
   b. the main verb is in the present, but the dependent clause refers to an action in the past.

El padre esperaba que Diego **ganara** más dinero en la ciudad. — *The father hoped that Diego would earn more money in the city.*
Necesitábamos a alguien que nos **ayudara** a terminar el proyecto. — *We needed someone who could help us finish the project.*
Es una lástima que no **vinieran** anoche. — *It's a shame that they didn't come last night.*

A. Las personas indicadas fueron a vivir en la ciudad. Diga lo que la familia esperaba para cada uno.

▶ Ramiro / vivir mejor — *Su familia esperaba que Ramiro viviera mejor.*

1. tú / encontrar trabajo
2. nosotros / acostumbrarnos pronto a la ciudad
3. yo / conocer mucha gente importante
4. Celia / ser feliz
5. Esperanza y su marido / ponerse más contentos
6. tú y José / tener un apartamento cómodo

B. Diga qué le parecen a usted los siguientes acontecimientos *(events).* Use expresiones como **es magnífico, es terrible, es desastroso, es extraordinario.**

▶ El mes pasado ese país eligió un nuevo gobierno. — *Es magnífico que ese país eligiera un nuevo gobierno el mes pasado.*

1. Anoche nadie fue a la conferencia sobre ecología.
2. Ayer cayó el gobierno de esa república.
3. La semana pasada hubo un accidente horrible en la autopista.
4. Hace poco se descubrió un remedio *(cure)* contra el cáncer.
5. El año pasado la Academia de Arte le dio un premio a esa actriz.
6. En mayo llegaron dos mil inmigrantes hispanoamericanos.

C. Diga cómo se sentía usted frente a varias situaciones o eventos de la semana pasada. Haga oraciones completas, usando los verbos **esperaba, quería, dudaba, no creía, me alegré de, me enojé de** u otros similares.

▶ ustedes / venir tan pronto — *Me alegré de que ustedes vinieran tan pronto.*

1. Sara / conseguir un empleo en la mueblería
2. tú / leerme el poema que escribiste
3. nosotros / poder terminar el informe a tiempo
4. Clara / decirme lo que pasó en la reunión
5. Julio / saber tanto de computadoras
6. Eduardo y tú / reírse de mí
7. tú / echar de menos a la familia
8. Elena y Pilar / no jugar al tenis con nosotros

II. The impersonal reflexive construction

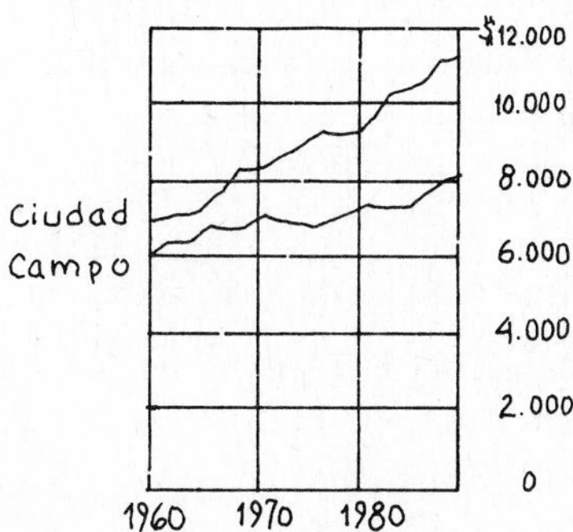

Según las estadísticas, ***se vive*** *mejor en la ciudad que en el campo.*

1. The reflexive pronoun **se** + *a third-person singular form* of the verb is often used in Spanish to form impersonal constructions that express a situation in which no one in particular performs the action. The English equivalent may be expressed with the subject *one, they, people, you,* or a passive-voice construction such as *English is spoken here.* Note that the

same impersonal situation is sometimes expressed in Spanish by using **uno** or a third-person plural form of the verb.

¿**Se compra** la harina en el almacén o en la pastelería?	*Does one buy flour in the grocery store or in the pastry shop?*
En Latinoamérica **se juega** al fútbol.	*Soccer is played throughout Latin America.*
¿A qué hora **comen** en España?	*At what time do they eat in Spain?*

2. **Se** + *a third-person plural form* of the verb is preferred with a following noun in the plural.

Aquí **se venden carros** usados.	*Used cars are sold here.*
Se abren las tiendas a las cuatro.	*They open the stores at four.*

D. En México Tom Mead habla con Elvira, una joven mexicana que tiene ideas basadas en estereotipos de los Estados Unidos. Haga el papel de Tom y use la construcción impersonal reflexiva en sus respuestas.

▶ Elvira: Creemos que todos los norteamericanos son ricos. Tom: *Se cree que todos son ricos, pero no es verdad.*

1. Decimos que todos los norteamericanos tienen dos autos.
2. Pensamos que todos los norteamericanos viven bien.
3. Creemos que todos los norteamericanos estudian en la universidad.
4. Creemos que todas las ciudades norteamericanas son grandes.
5. Pensamos que en los Estados Unidos nadie habla español.
6. Decimos que en los Estados Unidos nadie ayuda a su vecino.

E. Al final del año usted decide vender todo lo que no necesita, y anuncia lo siguiente en la cartelera *(bulletin board)* de la Unión Estudiantil. Use una construcción impersonal reflexiva en sus anuncios.

▶ una bicicleta *¡Se vende una bicicleta por cincuenta dólares!*

1. diez discos
2. una máquina de escribir
3. un televisor a colores
4. dos textos de filosofía
5. un estéreo
6. tres abrigos de lana

F. Compare algunas actividades y experiencias de su generación con las de la generación de sus padres. Use la construcción impersonal reflexiva con verbos como:

preferir	querer	aprender	hacer
exigir	enseñar	ver	escuchar

▶ *Antes se prefería la música clásica, pero ahora se prefiere la música popular.*

III. Relative pronouns

El señor Martínez es el hombre ***que*** *lleva el perro en los brazos.*

1. Relative pronouns connect (or relate) a dependent clause to a main clause and refer to a specific noun (the antecedent) in the main clause. The most common relative pronoun in Spanish is **que** *(who, whom, that,* or *which).* **Que** may designate persons, things, or abstract ideas.

Elvira es la amiga **que** me regaló este bolso.	*Elvira is the friend who gave me this handbag.*
La libertad **que** tiene este país no existe en muchos otros.	*The freedom which this country has doesn't exist in many others.*

2. When the dependent clause is introduced by a preposition, **quien/es** is preferred if the antecedent is a person. If the antecedent is a noun referring to a thing, **el que (la que, los que, las que)** is preferred.

El abogado **con quien** hablé no aceptó mis ideas.	*The lawyer with whom I spoke didn't accept my ideas.*
Hay pocas personas **a quienes** escribo.	*There are few people to whom I write.*
Éstos son los libros **con los que** aprendí español.	*These are the books with which I learned Spanish.*
Ésa es la noticia **de la que** te hablaba.	*That's the news item about which I was talking to you.*

G. Diga qué hacían las personas siguientes que usted vio ayer en su pueblo o ciudad. Use el pronombre relativo **que.**

▶ Vi a una mujer muy elegante . . . . *[que manejaba un Cadillac].*

1. Vi a un hombre muy pobre . . . .
2. Vi a un niño pequeño . . . .

3. Vi a dos señoritas altas . . . .
4. Vi a un señor mayor . . . .
5. Vi a unos muchachos grandes . . . .
6. Vi a mi amiga Josefina . . . .

H. Explíquele a un amigo que el verano pasado usted trabajó para las siguientes personas o negocios. Use el pronombre relativo **que** o **quien.**

▶ aquella pastelería — *Aquélla es la pastelería para la que trabajé el verano pasado.*
▶ ese médico — *Ése es el médico para quien trabajé el verano pasado.*

1. ese hospital
2. aquella zapatería
3. esas señoras
4. este mercado
5. aquella frutería
6. esos hombres
7. ese abogado
8. esa fábrica de cemento

I. Complete las oraciones siguientes con frases lógicas. Use el pronombre relativo **quien/es** y las preposiciones **para, de, con, a, sin** o **por.**

▶ El médico . . . . *[a quien consulté me dijo que descansara más].*

1. El zapatero . . . .
2. La mujer . . . .
3. Los empleados . . . .
4. Las señoras . . . .
5. El mecánico . . . .
6. La locutora . . . .

IV. **¿Qué?** versus **¿cuál/es?**

—*¿**Qué** vestido vas a ponerte para la fiesta?*
—*No sé, ¿**cuál** te gusta más?*

1. The interrogatives **¿qué?** and **¿cuál/es?** may both be used before nouns. However, strictly speaking, there is a difference in meaning between these two interrogatives. **¿Qué?** + *noun* calls for an unlimited number of possible answers, and **¿cuál/es?** + *noun* calls for a choice among a few possibilities.

¿Qué fruta prefieres?	*What fruit do you prefer?*
¿Cuál fruta prefieres, la manzana o la pera?	*Which fruit do you prefer, the apple or the pear?*

2. **¿Qué?** with the verb **ser** (often followed by the indefinite article) usually asks for a definition. **¿Cuál/es?** with the verb **ser** (often followed by the definite article) asks for other types of information.

—**¿Qué es** una «panadería»?	*What is a "panadería"?*
—Es una tienda donde se vende el pan.	*It's a store where they sell bread.*
—**¿Cuál es** tu número de teléfono?	*What's your phone number?*
—Es el 28-34-56.	*It's 28-34-56.*

J. Conteste las siguientes preguntas con una definición o con la información que se pide.

▶ ¿Qué es un sofá? *Un sofá es un mueble que se usa en la sala de la casa.*

1. ¿Qué es un armario?
2. ¿Qué es un sillón?
3. ¿Cuál es el país hispánico más grande? Argentina
4. ¿Qué es un escritorio?
5. ¿Cuál es la fecha de su cumpleaños?
6. ¿Qué es un tigre?

K. Trate de obtener la información deseada de sus compañeros de clase, usando los interrogativos **¿qué?, ¿cuál?** o **¿cuáles?**

▶ el título de tu libro de química — S1: *¿Cuál es el título de tu libro de química?*
S2: *Es «Química orgánica».*

1. tu dirección
2. tus pasatiempos favoritos
3. una amiga
4. el número de tu teléfono
5. el nombre de esa canción
6. tu apellido
7. un disco
8. una zapatería

L. Pregúntele a otra persona **qué** o **cuál/es** le gustan más. Si usa **cuál/es,** dé dos opciones en su pregunta.

▶ bebida — *¿Cuál bebida te gusta más: el té o el café?*
▶ coche — *¿Qué coche te gusta?*

1. comida
2. películas
3. deportes
4. deporte
5. música
6. conciertos

M. Complete los siguientes diálogos, usando **¿qué?** o **¿cuál/es?** según el contexto.

1. —¿_____es mío? —El grande.
2. —¿_____ quieres tomar? —Un té, nada más.

3. —¿_____ discos vas a traer? —Los últimos que compré.
4. —¡Mira aquellos carros! —¿_____ , los rojos? ¡Qué elegantes!
5. —¿_____ es una mueblería? —Es un negocio donde se venden muebles.
6. —¿_____ es tu canción favorita? —«Contigo o sin ti».

¡Exprésese usted!

La descripción de un lugar

No se puede describir algo o alguien en su totalidad. Es necesario seleccionar los datos físicos e históricos y la información que mejor ilustre un aspecto en particular de esa cosa, lugar o persona.

Lea la siguiente selección fijándose en cómo el narrador mezcla sus impresiones subjetivas con datos históricos y físicos del parque. También observe cómo él contrasta el ambiente del parque durante los días de semana con el del fin de semana.

El parque de Chapultepec

Hay varios parques en Ciudad de México, pero yo recordaré siempre el parque de Chapultepec como uno de los parques más hermosos no sólo de la ciudad, sino del hemisferio. El parque de Chapultepec es el pulmón que da respiración a la ciudad, el refugio de sus habitantes, el centro de recreo de ricos y pobres.

Los aztecas tuvieron una fortaleza en este lugar, y luego se construyó un palacio que fue residencia del gobierno español. El palacio pasó a ser un colegio militar y finalmente residencia de presidentes mexicanos y museo.

Miles de personas encuentran en el parque de Chapultepec el ambiente apropiado para pasar unas horas de descanso los domingos.

Es, pues, un parque histórico, que refleja momentos importantes de la historia de México. Pero es también un parque de flores y árboles, de caminos que siguen líneas curvas de subidas y bajadas alrededor del promontorio que le dio su nombre. Es un pequeño paraíso en medio del conglomerado anónimo y amorfo de la capital.

El silencio del parque desaparece los domingos, cuando la ciudad entera parece abandonar la casa para ir allí. Los silenciosos caminos de un lunes o de un jueves se llenan de niños. Y los globos de colores que se venden por todas partes flotan en el aire y parecen buscar a los niños, encontrarlos y llevarlos de la mano a un país encantado de juegos y flores, donde no hay tristezas, ni injusticias, ni tragedias, ni hambre.

A. Dé la siguiente información, según la lectura.

1. Mencione dos datos históricos y dos datos físicos del parque de Chapultepec.
2. Diga qué cambios ocurren en el parque entre los días de la semana y los domingos.
3. Dé su opinión de por qué se habla de tristezas, injusticias, tragedias y hambre en la última línea.

B. Escoja un edificio o lugar de su universidad, ciudad o pueblo, y descríbalo, incluyendo la siguiente información.

1. Mencione una o dos razones por qué lo escogió.
2. Explique uno o dos datos históricos del sitio.
3. Describa su aspecto exterior.
4. Describa cómo se siente usted cuando está allí.
5. Diga cómo cambia este sitio en alguna época del año (durante las vacaciones, por ejemplo, cuando no hay estudiantes; o al contrario, el primer día de clases, cuando todo el mundo regresa).

Lección 20
En México

¿Por qué somos lo que somos?

El canal de la Teleducación Mexicana presenta una serie de programas sobre el mexicano y su identidad. Hoy el señor Emiliano Gómez, Director del Museo Nacional de Antropología, explica la importancia del museo para el mexicano moderno. El señor Obregón es el locutor.

Sr. Obregón: Señor Gómez, como director del museo, ¿podría usted explicarles a nuestros televidentes por qué el Museo de Antropología es tan importante para el pueblo mexicano de hoy?

Sr. Gómez: El pueblo mexicano desea conocerse mejor. Quiere encontrar y definir su identidad nacional. Fue esta preocupación existencial° la que contribuyó a la creación y desarrollo del Museo de Antropología.

Sr. Obregón: ¿Por qué cree Ud. que existe tal preocupación?

Sr. Gómez: Será por la experiencia histórica que ha vivido° el país desde la revolución hasta hoy. Será también por la influencia de las obras de artistas como Diego Rivera y José Clemente Orozco y de escritores como Octavio Paz y Carlos Fuentes, que despertaron la conciencia del mexicano y lo hicieron detenerse a pensar en sus raíces.

preocupación . . . concern with the (Mexican nation's) existence itself

ha . . . has lived

Un joven observa atentamente unas figuras precolombinas en el Museo de Antropología, Ciudad de México.

Sr. Obregón: ¿Podría usted precisar más este punto?

Sr. Gómez: ¡Cómo no! Primero existieron ricas culturas indias que la conquista española casi destruyó. Luego recibimos la influencia europea, y finalmente hoy tratamos de aceptar el impacto tecnológico norteamericano sin que nos destruya. Los artistas y pensadores° mexicanos de nuestro siglo tratan de hacernos comprender esta compleja herencia para que nos comprendamos más profundamente a nosotros mismos.

° thinkers

Sr. Obregón: ¿Diría usted que el museo ayuda al joven mexicano a conocerse a sí mismo?

Sr. Gómez: Sí. Ya tenemos en el museo una colección impresionante de la historia del pueblo mexicano. Además, los continuos descubrimientos arqueológicos permitirán nuevas exhibiciones en un futuro próximo que nos enseñarán más sobre nuestro pasado.

Sr. Obregón: ¿Podría decirnos con mayor detalle qué se propone hacer?

Sr. Gómez: Sí, tendremos algunas muestras de los descubrimientos más recientes de las varias culturas indígenas que nos componen, como la azteca, la maya y la tolteca. Habrá salones especiales para exhibiciones, conferencias y películas educativas sobre estas culturas.

Sr. Obregón: ¿Deberían visitar el museo con mayor frecuencia los estudiantes de las universidades y los colegios?

Sr. Gómez: Nuestras relaciones con las instituciones educativas son excelentes. Pero la radio y la televisión podrían ayudarnos a informar al público en general sobre el interés y el valor de nuestros programas y colecciones.

Sr. Obregón: Ya termina nuestro programa. Le estamos muy agradecidos, Sr. Gómez, por su visita. Usted muy elocuentemente nos recuerda quiénes somos. Todos los mexicanos estamos muy orgullosos del papel que desempeña el Museo Nacional de Antropología en la búsqueda de nuestra identidad nacional. Su obra vale cualquier apoyo que podamos darle.

Comprensión

1. ¿Qué presenta el canal de la Teleducación Mexicana?
2. ¿Quién es el Sr. Emiliano Gómez? ¿De qué habla?
3. ¿Por qué se preocupa el pueblo mexicano por su identidad?
4. ¿Quiénes son Octavio Paz y Carlos Fuentes?
5. ¿Cuáles son algunas de las culturas indígenas de México? ¿Qué otras culturas forman parte de la herencia mexicana?
6. ¿Qué exhibe el Museo de Antropología? Aparte de sus exhibiciones, ¿qué más ofrece el museo al público?

Conversación

1. ¿Mira usted programas educativos en los Estados Unidos? ¿cuáles? ¿por qué?
2. ¿Recuerda usted algún documental interesante que vio en la televisión? ¿De qué se trataba?
3. ¿A qué tipo de museos le gusta ir? ¿a museos de arte? ¿a museos de ciencias? ¿por qué?
4. ¿Qué influencia tuvieron los indios norteamericanos en la herencia cultural de los Estados Unidos?
5. ¿De qué país/es vino su familia? ¿Conserva su familia tradiciones especiales de sus antepasados? ¿Qué tipo de tradiciones son éstas?

Vocabulario

Palabras análogas

azteca
la colección
la conciencia
la conquista
conservar
continuo, -a
la creación
la cultura
definir
el/la director/a
elocuentemente
especial
europeo, -a
la exhibición
exhibir
la experiencia
el futuro
histórico, -a
la identidad
la influencia
informar
la institución
maya
el programa
la relación
la revolución
la serie
tecnológico, -a
tolteca
la visita

Sustantivos

el antepasado ancestor
la búsqueda search
el canal channel
el descubrimiento discovery
el documental documentary
el/la escritor/a writer
la muestra display, sample
la obra work
el pueblo people, nation
el punto point
la raíz root
el salón hall, salon
la teleducación educational TV
el/la televidente TV viewer

Adjetivos

educativo, -a educational
impresionante impressive
indígena native, indigenous

Verbos

componer *(irreg.)* to make up; to compose
contribuir to contribute
destruir to destroy
detener(se) *(irreg.)* to stop
precisar to specify, state exactly
recordar (ue) to remind

Otras palabras y expresiones

nosotros/as mismos/as ourselves
aparte de besides, in addition
sí mismo/a himself, herself
estar agradecido, -a to be grateful
finalmente finally
formar parte to make up
profundamente deeply, profoundly
el público en general general public
tal such (a)

Práctica

A. Entreviste a un/a compañero/a de clase sobre un museo que él o ella conozca. Pídale información sobre qué tipo de museo es, qué cuadros, esculturas, artefactos u objetos exhibe y qué exhibiciones o programas especiales ofrece. Pídale también su opinión del museo.

B. Refiérase a las láminas en colores en el texto que tratan el tema del arte en el mundo hispánico. Describa brevemente uno de los cuadros que aparecen allí, usando palabras o expresiones de esta lección y otras que usted ya domina.

Nota cultural El arte popular de México

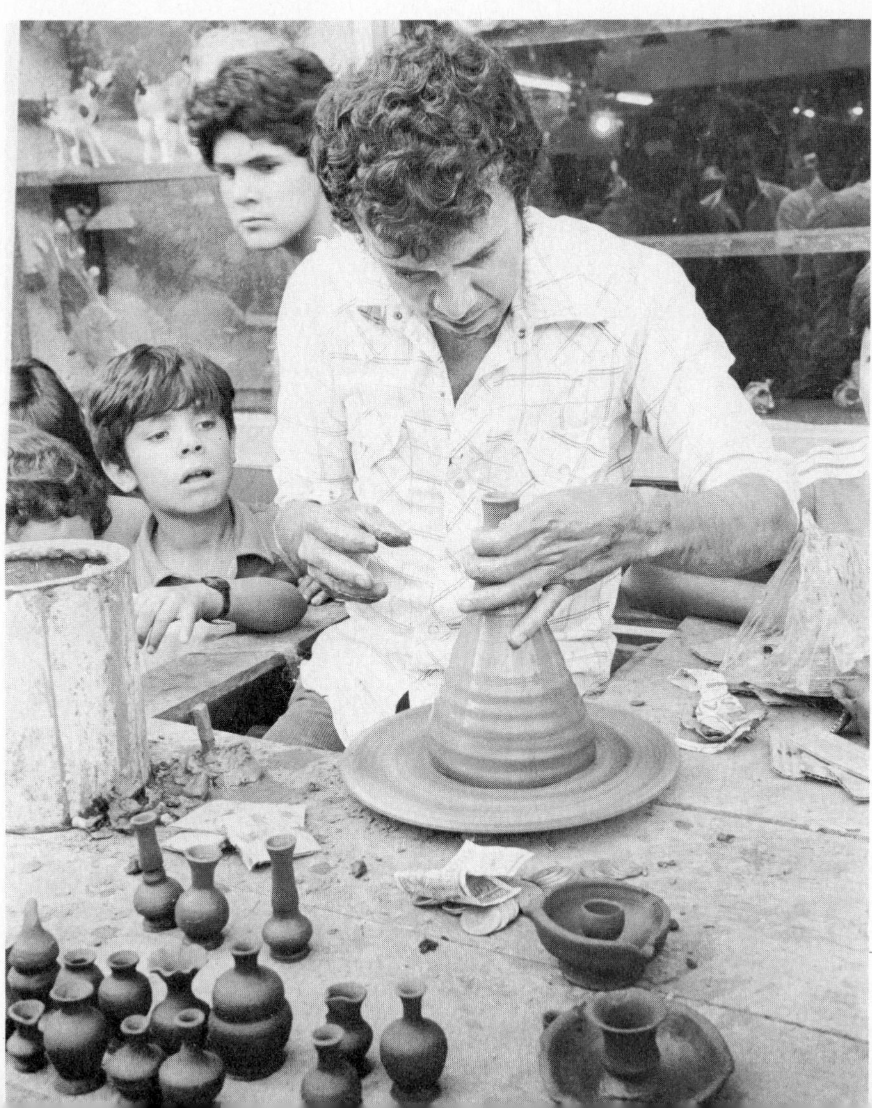

Entre las artes manuales más populares en México se encuentra la alfarería. Estos artesanos moldean el barro en bonitas figuras.

La tradición del arte popular en México se remonta a[1] más de tres mil años, como lo muestran los artefactos expuestos[2] en los museos antropológicos y culturales del país. Los artesanos de hoy, como los de ayer, se sirven del barro,[3] de la madera, del cristal y de los metales para sus creaciones artísticas. Una de las artes manuales más apreciadas en todo el mundo son los tejidos.[4] Los tejedores[5] mexicanos producen telas de variados colores y diseños que sirven para ropa, petates[6] y bolsas. Para fomentar el arte popular mexicano, el gobierno ha establecido la agencia Fonart, que sirve como estímulo para los artesanos y centro de distribución para su trabajo.

1. **se . . .** goes back to 2. exhibited 3. clay 4. woven fabrics 5. weavers 6. sleeping mats

Estudio de palabras

I. El correo

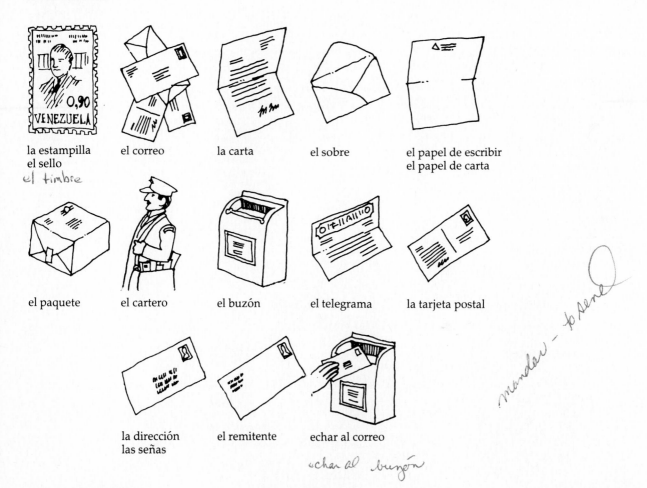

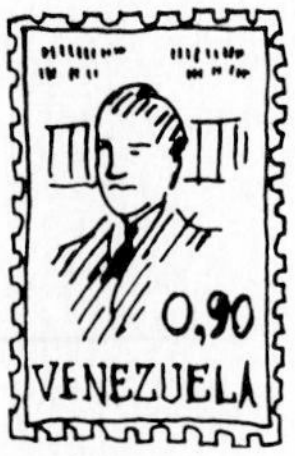

la estampilla
el sello

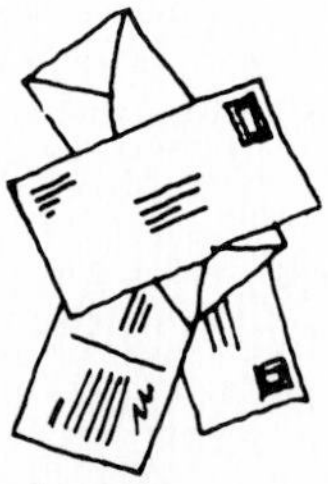

el correo

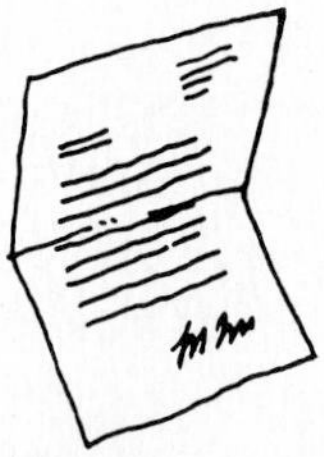

la carta

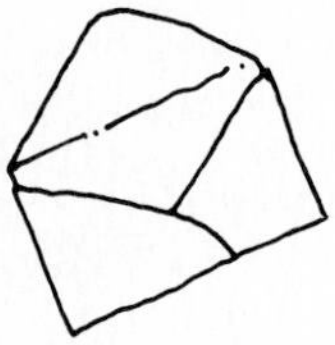

el sobre

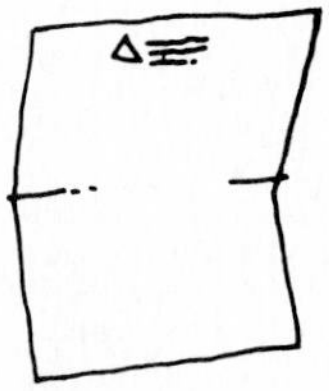

el papel de escribir
el papel de carta

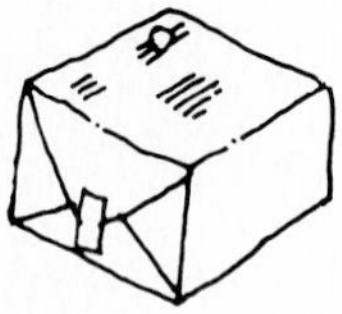

el paquete

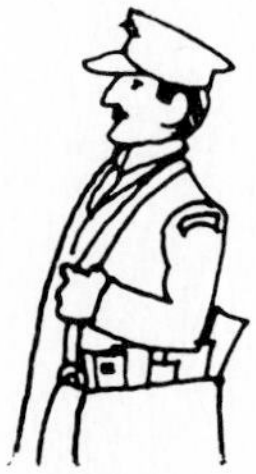

el cartero

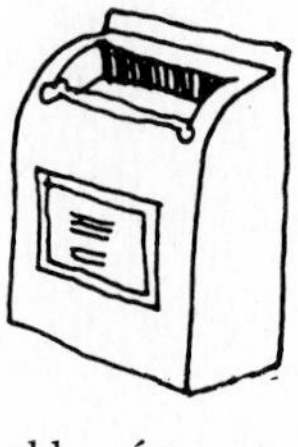

el buzón

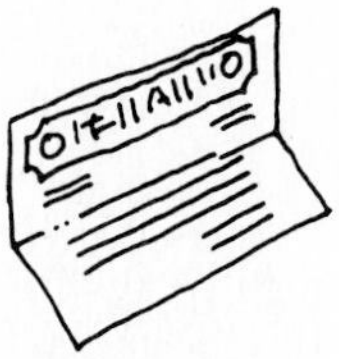

el telegrama

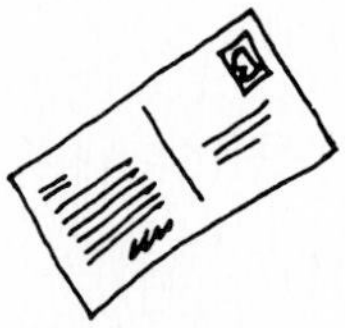

la tarjeta postal

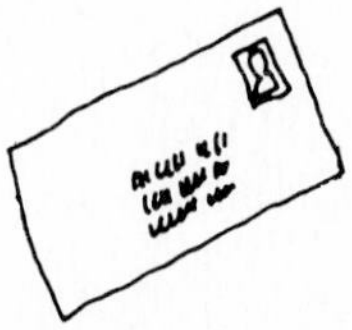

la dirección
las señas

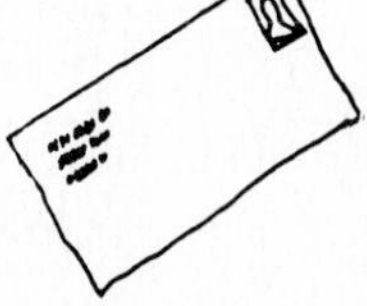

el remitente

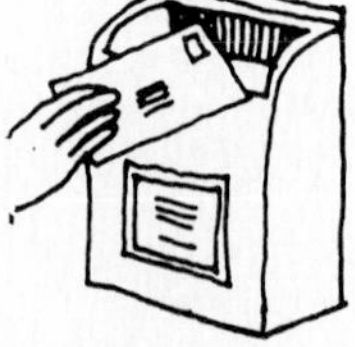

echar al correo

A. Conteste las preguntas siguientes.

1. ¿Cuántas cartas escribe usted al mes?
2. ¿Cuántas cartas recibe al mes? ¿Cuántas le gustaría recibir?
3. ¿Cuándo viene el cartero a su casa? ¿por la mañana? ¿por la tarde? ¿una o dos veces al día? ¿Pasa todos los días?
4. ¿Cuánto cuesta un sello ordinario para enviar una carta dentro de los Estados Unidos?
5. ¿A quién le envía usted tarjetas postales? ¿cuándo?
6. ¿Recibió un telegrama alguna vez? ¿de quién?

II. La correspondencia

In Spanish as in English there are certain set phrases that are suitable for writing informal or personal letters, and other set phrases that are more appropriate in formal or business correspondence. The first phrases in the following groups of expressions are used in informal or personal letters and the remaining phrases are used in formal or business correspondence.

Expresiones de saludo

(Mi) querido/a (Pedro, amigo/a, etcétera):	*(My) dear (Pedro, friend, et cetera):*
Estimado/a señor (señora, señorita) González:	*Dear Mr. (Mrs., Miss) González:*
Apreciados señores (Apreciada señora, etcétera):	*Dear Sirs (Madam, et cetera):*

Expresiones de despedida

Un abrazo,	*An embrace,*
Recibe un abrazo fuerte de tu (amigo/a),	*Receive a strong embrace from your friend,*
Con mucho cariño,	*With much affection,*
Muchos besos,	*Many kisses,*
Su servidor/a,	*At your service, (Your servant),*
(Muy) atentamente (cordialmente),	*(Very) courteously (cordially),*
Quedo de usted (ustedes), atentamente,	*Cordially yours,*

B. Dé un saludo y una despedida apropiados para cada una de las siguientes cartas.

1. a su novio/a que lleva dos meses en España
2. al jefe de departamento en una compañía donde Ud. busca empleo

3. a un almacén grande para devolver una secadora de ropa que no funciona
4. a sus abuelos, a quienes no escribe desde hace varios meses
5. a unos amigos de sus padres que usted no conoce, pero a quienes va a visitar
6. a la universidad para pedir una beca *(scholarship)*

Estructuras útiles

I. The future tense

Habrá *muchos vehículos extraños en el año 2000.*

1. In Spanish, future meaning can be expressed in three ways: with the present indicative of the verb, with the present indicative of **ir a** + *infinitive,* or with the future tense.

¿Trabajas en mi casa esta tarde?	*Are you working (Will you work) at my house this afternoon?*
Voy a trabajar mañana por la tarde en tu casa.	*I'm going to work (I will work) tomorrow afternoon at your house.*
Trabajaremos en casa de Pepe esta tarde.	*We'll work at Pepe's house this afternoon.*

2. The future of most Spanish verbs is formed by adding the future endings to the infinitive of the verb.

almorzar	creer	sentir
almorzar **é**	creer **é**	sentir **é**
almorzar **ás**	creer **ás**	sentir **ás**
almorzar **á**	creer **á**	sentir **á**
almorzar **emos**	creer **emos**	sentir **emos**
almorzar **éis**	creer **éis**	sentir **éis**
almorzar **án**	creer **án**	sentir **án**

—¿**Almorzaremos** pronto? *Will we have lunch soon?*

—Sí, creo que así nos **sentiremos** mejor. *Yes, I think we'll feel better that way.*

3. The future endings are added to the modified stem of the following verbs. These verbs may be divided into three groups.

Infinitive	Change	Modified Stem
caber	*Drops the **e** of the infinitive ending*	**cabr-**
haber		**habr-**
poder		**podr-**
querer		**querr-**
saber		**sabr-**
poner	*Drops the **e** of the infinitive ending, and inserts a **d***	**pondr-**
salir		**saldr-**
valer		**valdr-**
venir		**vendr-**
decir	*Uses a special stem*	**dir-**
hacer		**har-**

—¿**Habrá** otra reunión mañana? *Will there be another meeting tomorrow?*

—Sí, **saldremos** para la reunión a las 3:00 en el carro de José. *Yes, we'll leave to go to the meeting at 3:00 in José's car.*

—¿**Cabrán** dos personas más en el carro? *Will two more people fit in the car?*

A. En el verano usted y sus amigos irán a diferentes sitios. Usted cuenta los planes de todos. Use el tiempo futuro de **ir** y de los otros verbos en cada oración. Complete las oraciones de una forma original.

► tú / Florida / visitar . . . *Tú irás a Florida, y visitarás Cabo Cañaveral y las playas de Miami.*

1. yo / Costa Rica / subir . . . .
2. Carmencita / la playa / nadar . . . .
3. Miguel y tú / un pueblo en Yucatán / ver . . . .
4. Manuel y Rosa / las montañas / estar . . . .
5. tú / tu casa / trabajar . . . .
6. usted y yo / el sur de California / divertirse . . . .

B. Usted va a vivir en un apartamento nuevo, y sus amigos vienen a ayudarle. Conteste las preguntas que le hacen. Use el tiempo futuro y una expresión apropiada, como **mañana, esta tarde, esta noche, pasado mañana, la semana entrante,** etcétera.

▶ ¿Roberto va a poner esos muebles en la sala? — *Sí, los pondrá en la sala esta tarde.*

1. ¿César va a tener tiempo para ayudarnos?
2. ¿José y Conchita van a limpiar la cocina?
3. ¿Vas a traer toda la ropa hoy?
4. ¿Ramón y tú van a salir para comprar una nueva nevera?
5. ¿Van a venir María Dolores y Ricardo con tu colección de libros?
6. ¿Susana va a arreglar la cortina en el cuarto de baño?

C. ¿Piensa usted que las siguientes cosas que ocurrían en el pasado seguramente ocurrirán en el futuro?

▶ Antes era difícil vivir en paz *(peace).* — *Creo que será difícil vivir en paz en el futuro.* / *No creo que será difícil vivir en paz en el futuro.*

1. Antes había muchos pobres.
2. Antes se podía viajar fácilmente.
3. Antes se ofrecían buenos cursos en universidades en otros países.
4. Antes la gente quería tener mucho dinero.
5. Antes se pensaba en los problemas humanos.
6. Antes se decía que la vida era mejor en el pasado.

D. Diga usted por lo menos tres actividades que usted piensa hacer el próximo sábado o domingo. Use el tiempo futuro.

▶ *El sábado me levantaré temprano, jugaré al tenis con Manuel y comeré con Alicia en la cafetería.*

II. The conditional tense (mood)

1. In Spanish, the conditional (expressed in English by *would/should + verb)* of most verbs is formed by adding the conditional endings to the infinitive (the same stem as the future). Note that the conditional endings are identical to the imperfect endings of **-er** and **-ir** verbs.

estudiar	**comer**	**ir**
estudiar **ía**	comer **ía**	ir **ía**
estudiar **ías**	comer **ías**	ir **ías**
estudiar **ía**	comer **ía**	ir **ía**
estudiar **íamos**	comer **íamos**	ir **íamos**
estudiar **íais**	comer **íais**	ir **íais**
estudiar **ían**	comer **ían**	ir **ían**

—¿Te **atreverías** a decirle que está loco?	*Would you dare tell him he's crazy?*
—¡Jamás! ¡Se **sentiría** ofendido!	*Never! He'd feel offended!*

2. The verbs that have modified stems in the future have the same modified stems in the conditional.

—¿Qué **harías** en mi lugar?	*What would you do in my place?*
—Probablemente **tendría** las mismas dudas que tú.	*I'd probably have the same doubts as you.*

3. The conditional is used in Spanish to express:
   a. what would occur under certain conditions or circumstances.

Visitaríamos el museo, pero está cerrado.	*We would visit the museum, but it's closed.* (The action would occur if the museum were open.)
Compraría un carro, pero no encuentro uno que me guste.	*I would buy a car, but I don't find one I like.* (The action would occur if the right car were found.)

   b. a future action, event, or situation with reference to a past action, event, or situation.

Yo creía que Francisco **iría** con nosotros.	*I thought (that) Francisco would go with us.*
Pepe dijo que **viajaría.**	*Pepe said (that) he would travel.*

   c. a possible future action in a softened (mild) tone. In such cases, the conditional is considered more polite, whereas use of the present tense would be considered more informal.

—¿Te **gustaría** ir al cine?	*Would you like to go to the movies?*
—¿**Podría** servirle?	*Could I help you?*

E. Diga qué harían las personas y por qué no pueden hacerlo.

▶ Pepe / comer tamales / no encontrar un restaurante mexicano — *Pepe comería tamales, pero no encuentra un restaurante mexicano.*

1. Aldo / vivir en Chile / no conocer a nadie allí
2. Rosa y María / viajar a Francia / no saber francés
3. nosotros / ir a la playa en enero / no tener vacaciones entonces
4. yo / comprar un avión / no tener suficiente dinero
5. tú / hacer una torta / no tener los ingredientes
6. tú y Carlos / salir de aquí ahora / no saber adónde ir
7. ustedes / dormir todo el día / tener clase
8. Melba / montar en motocicleta con Luisa / tener que irse ahora

F. Soledad habla de sus planes para el futuro, pero Carlos no oye bien lo que ella dice. Pablo se lo repite a Carlos. Haga el papel de Soledad, de Carlos o de Pablo.

▶ vivir en un apartamento pequeño — Soledad: *Viviré en un apartamento pequeño.*
Carlos: *¿Qué dijo Soledad?*
Pablo: *Dijo que viviría en un apartamento pequeño.*

1. trabajar en un hospital para ganar experiencia
2. salir para Europa en julio
3. regresar a los Estados Unidos en agosto
4. asistir a otra universidad en septiembre
5. casarse con Adalberto Sánchez
6. comprar una casa muy grande
7. tener dos hijos
8. hacer un viaje todos los veranos

G. Ud. recibe toda clase de invitaciones maravillosas, pero no puede aceptarlas. Responda con mucha cortesía y diga por qué no las puede aceptar.

▶ ir al cine el jueves — S1: *¿Quieres ir conmigo al cine el jueves?*
S2: *¡Muchas gracias! Iría contigo, [pero no puedo ese día porque tengo que trabajar].*

1. comer en el café San Carlos el lunes
2. jugar al tenis el miércoles
3. montar a caballo el sábado
4. ir a la playa el domingo
5. bailar en el club el viernes
6. nadar en la piscina el martes

H. Haga frases lógicas, usando el condicional en la primera cláusula y una razón en la segunda cláusula.

▶ comprar un estéreo — *Compraría un estéreo, [pero no tengo dinero].*

1. visitar a mis abuelos
2. aprender a esquiar
3. pintar un cuadro
4. ir a la fiesta esta tarde
5. escribir una novela
6. salir todos los días

I. Suponga *(Assume)* que ganó medio millón de dólares. Diga lo que haría y lo que no haría bajo tales circunstancias.

▶ *Posiblemente, le daría mucho dinero al hospital de mi pueblo y compraría un automóvil nuevo. No gastaría* (waste) *mi dinero en ir al cine, comer tacos, etcétera.*

III. Future and conditional of probability

1. The future tense is frequently used in Spanish to express a conjecture or a probability of something occurring in the present. Some common expressions of conjecture or probability used in English are *I wonder, must be, can be, I suppose,* and *probably.*

   —¿Quién **cantará** ahora? — *I wonder who's singing now?*
   —**Será** Jorge. — *It must be Jorge.*

   —¿Dónde **estará** Gloria? — *Where can Gloria be?*
   —A estas horas **estará** en el gimnasio. — *At this hour she's probably in the gym.*

2. The conditional tense (mood) is frequently used in Spanish to express a conjecture or a probability of something occurring in the past.

   —¿Quién **traería** esta torta? — *I wonder who brought this cake?*
   —La **traería** Rosita, como siempre. — *I suppose Rosita brought it, as usual.*

   —¿Dónde **estaría** David a medianoche? — *Where could David have been at midnight?*
   —**Estaría** en la discoteca. Siempre va los sábados. — *He probably was at the discotheque. He always goes on Saturdays.*

J. Usted está solo/a en el dormitorio y contesta el teléfono. Dígales a las personas que llaman dónde Ud. supone que estén todos sus compañeros/as de dormitorio.

▶ Mónica — S1: *¿Está Mónica?*
S2: *Lo siento, estará [en la biblioteca].*

1. Luis y Enrique
2. el señor Guzmán
3. la señorita Ramírez
4. Gustavo
5. Raúl y Beto
6. la señora de la Villa

K. Explique dónde estaban ayer, posiblemente, las siguientes personas y por qué. Use las expresiones indicadas y su imaginación.

▶ el señor Sánchez / trabajar en la oficina — *Ayer el señor Sánchez trabajaría en la oficina [porque tenía que escribir muchas cartas].*

1. mi mamá / ir de compras . . . .
2. mi hermana Julia / estudiar en la biblioteca . . . .
3. mi amigo Guillermo / viajar al aeropuerto . . . .
4. mi hermano Víctor / salir en tren . . . .
5. mis abuelos / venir a la universidad . . . .
6. los señores Álvarez / descansar en su casa . . . .

L. Son las diez de la mañana. Diga lo que posiblemente hacen en este momento algunos de sus amigos o algunos de los miembros de su familia.

▶ *Mi hermano Luis dormirá porque es muy perezoso. Mi amigo Ricardo arreglará su carro porque tuvo un accidente.*

M. Ayer usted vio a las siguientes personas. Diga por qué, posiblemente, se sentían de la forma indicada.

▶ Ernesto / de mal humor — *Ayer vi a Ernesto y parecía de mal humor. [El pobre pensaría en los exámenes].*

1. Alicia / triste
2. su profesora / agitada
3. su papá / cansado
4. su hermano / furioso
5. Miguel / alegre
6. tú y Marta / contentos/as

IV. Review of **ser** and **estar** with adjectives

Pepito no debe hacerlo; ***es*** *muy joven.*

¡Mira qué joven ***está*** *Don Lucho!*

1. **Ser** is used with adjectives to describe the normal attributes or characteristics of someone or something, when these attributes can be verified objectively by anyone.

Esa señora **es** vieja. Tiene noventa años.	*That woman is old. She's ninety years old.*
La nieve **es** blanca.	*Snow is white.*

2. **Estar** is used with adjectives when giving a subjective appraisal of the appearance, looks, or behavior of someone or something.

José **está** muy viejo.	*José looks very old (to me).*
¡Qué bonita **está** Rosa con su vestido nuevo!	*How pretty Rosa looks in her new dress!*

3. **Estar** is also used with adjectives to express a condition or state of being.

El autobús **está** lleno. — *The bus is full.*
¡Qué cansado **estoy!** — *How tired I am!*
Esta casa no **está** limpia. — *This house is not clean.*

4. Some adjectives have different meanings, depending on whether they are used with **ser** or **estar.**

Adjective	*With ser*	*With estar*
aburrido, -a	boring	bored
bueno, -a	good (character)	well (in good health)
listo, -a	smart, clever	ready
malo, -a	bad (character)	ill
oscuro, -a	dark (complexion)	dark (lack of light)

Ese programa de televisión **es** muy aburrido. — *That television program is very boring.*
Tienes la cara muy triste. **¿Estás** aburrido? — *You have a very sad face (look). Are you bored?*

N. Diga por qué algún pariente suyo actuaba de forma diferente a la normal la última vez que lo vio. Use adjetivos como **triste, alegre, amable, antipático, activo, perezoso,** etcétera.

▶ *Mi prima Inés es muy alegre; pero cuando la vi ayer, estaba triste porque estaba enferma.*

O. Complete los diálogos con la forma correcta de **ser** o **estar,** según el contexto.

1. —¿ _____ listo, Jaime? —Todavía no.
2. —¿ _____ ocupada la sala? —Sí, hasta las tres.
3. —¡Qué guapo _____ Fernando! —Es por el traje nuevo.
4. —¿Por qué estás aquí sola? —Porque _____ aburrida.
5. —¡Qué lista _____ la niña! —Es cierto, igual que su mamá.
6. —¿Qué le pasa a Pilar? —_____ triste porque no pudo salir con sus amigos.
7. —¿ _____ agradable el clima de España? —Sí, y _____ bastante seco.
8. —Las ensaladas siempre _____ enormes aquí. —Pues, no comeré nada más entonces.
9. —¿Puede salir Ramón hoy? —Lo siento. _____ malo todavía con un dolor de cabeza horrible.
10. —¿Por qué no come más el perro? —Porque _____ pequeño.

¡Exprésese usted!

La carta formal

Cuando se escribe una carta formal en español, se debe escribir con un estilo muy correcto *(formal)* y con un tono de mucha cortesía.

Lea la siguiente carta para obtener información sobre un curso de verano escrita por un alumno mexicano a una universidad española. Fíjese en las expresiones de saludo y de despedida para que pueda después escribir una carta.

México, D.F., 18 de abril de 1985

Sr. Prof. D. Manuel Abad
Departamento de Literatura
Facultad de Filosofía y Letras
Universidad de Córdoba
Córdoba, España

Muy apreciado profesor Abad:

Con gran interés leo los anuncios de los cursos de arte sobre el Barroco Andaluz dirigidos por Ud. en la Universidad de Córdoba durante el verano. Mi especialización dentro del arte es precisamente el barroco, y me interesaría mucho recibir información detallada sobre los requisitos del curso, el costo del programa, vivienda y la posibilidad de obtener ayuda económica.

PRIEGO DE CORDOBA
II CURSO DE VERANO SOBRE
"EL BARROCO
EN
ANDALUCIA"
(80 Conferencias, Conciertos de música barroca,
Exposiciones, Excursiones y Actividades deportivas)

Estudio arte en la Universidad Autónoma de México y también con profesores particulares. Por eso me interesaría saber si sus cursos de verano

son de nivel elemental, intermedio o superior, porque me parece que estoy preparado para seguir un curso intermedio.

Espero que Ud. pueda enviarme la información necesaria lo más pronto posible, ya que falta poco tiempo para empezar el curso. Le agradezco su atención.

Queda de Ud., muy atentamente,

Justino Ramírez de las Casas L.
Calle Constitución, No. 347 P-A
México 31, D.F.

A. Conteste las preguntas según el contenido de la carta.

1. ¿De qué se trata el curso?
2. ¿Cuándo y dónde tendrá lugar el curso?
3. ¿Por qué es de interés especial el curso para Justino Ramírez?
4. ¿Sobre cuáles detalles específicos pide información Justino Ramírez?
5. ¿Qué información personal ofrece Justino sobre sí mismo?

B. Suponga que Ud. desea asistir a un curso de verano en el Instituto de Estudios Mexicanos en León, México. Escriba una carta a la directora del instituto, Prof. Rosario Delgado G., pidiéndole información. Use las fórmulas de saludo y despedida de la carta de Justino Ramírez o las del *Estudio de palabras* de esta lección. Incluya la siguiente información en su carta.

1. ¿Dónde se informó Ud. del curso?
2. ¿Por qué le interesa tomar el curso?
3. ¿Cuál es su preparación en el área de estudios del curso?
4. ¿Qué información necesita (el costo, la comida y vivienda, la duración del curso, etcétera)?

Lección 21
En México

Una imagen basada en estereotipos

Mercedes Hernández entra en una cafetería de la UNAM° para reunirse con sus amigos Victoria, Miguel y Luis. Los ve sentados en una mesa, y al acercarse se da cuenta de que discuten acaloradamente.

UNAM° Universidad Nacional Autónoma de México

Victoria: Mira . . . no puede ser. ¡Es un horror, una vergüenza!

Mercedes: Oye, Viki, dime qué pasa. Gritan como si estuvieran locos. Oí sus voces desde la puerta.

Miguel: Hola, Meche. ¡Qué suerte! Llegaste a tiempo. Quisiéramos saber tu opinión sobre este asunto.

Mercedes: Si me lo explicaran, tal vez podría darles mi opinión. ¿No les parece?

Luis: Tienes razón. Pues, hablamos de las telenovelas; de cómo representan la vida mexicana y particularmente de cómo proyectan la imagen de la mujer mexicana.

Victoria: Mercedes, ¿qué te parece la mujer presentada en las telenovelas? ¿Crees que la mujer que llora por los actos de su

En la mayoría de los países hispánicos existen movimientos que tratan de mejorar la posición de la mujer en la sociedad.

enamorado, que sufre y acepta pasivamente todas las discriminaciones de nuestra sociedad sea la imagen de la mujer mexicana moderna?

Mercedes: Claro que no. Si fuera así, tendríamos que decir que también el hombre de las telenovelas es el típico hombre mexicano moderno: el hombre macho, el hombre que hace lo que le da la gana,° el déspota frío a quien no le importan los sentimientos de la gente a su alrededor.

le da . . . feels like

Miguel: ¡Ea! La verdad es que yo me siento muy incómodo con ese concepto del hombre. Hay que encontrar una solución para cambiar esa imagen.

Luis: Estoy de acuerdo. La imagen del hombre insensible, egoísta, cruel y superficial no es muy lisonjera tampoco. No me gusta pensar que yo sea parte de esa imagen.

Victoria: Pues, no es suficiente despertar sólo la conciencia de ustedes. Para encontrar una solución justa al problema, es necesario despertar también la de los hombres y mujeres mexicanos de todos los niveles sociales.

Miguel: Sería interesante organizar un debate aquí en la universidad misma e invitar a hombres y mujeres que tienen puestos de responsabilidad en todos los medios publicitarios.

Luis: Excelente idea. También podríamos hacer un sondeo° entre los estudiantes para averiguar cuál es su opinión sobre este asunto tan polémico.° ¿No les parece?

poll, survey

controversial

Comprensión

1. ¿Dónde están los amigos de Mercedes?
2. ¿De qué hablan los amigos?
3. ¿Cómo se representa la mujer mexicana moderna en las telenovelas?
4. ¿Cómo se representan los hombres mexicanos?
5. ¿Qué tal les parece a Luis y a Miguel la representación de los hombres mexicanos en las telenovelas?
6. ¿Qué solución ofrece Miguel para resolver el problema de la imagen de la mujer y del hombre mexicano en las telenovelas?
7. ¿Qué solución ofrece Luis?

Conversación

1. ¿Qué tal le parece a usted el movimiento feminista?
2. ¿Conoce usted las ideas o los escritos de alguna feminista famosa?
3. ¿Piensa usted que los programas y los anuncios comerciales en la televisión se dedican con seriedad a mejorar la imagen estereotipada de la mujer? ¿y del hombre?

4. ¿Lee usted revistas femeninas? ¿cuáles? ¿Qué opina usted de ellas? ¿Qué piensa usted de los concursos de belleza?
5. ¿Mira Ud. telenovelas en los EEUU? ¿Qué opina de ellas? ¿Cómo es la imagen que proyectan del hombre y de la mujer?

Vocabulario

Palabras análogas

el concepto
cruel
el debate
el déspota
la discriminación
estereotipado, -a
el/la feminista
el horror
la idea
la imagen
el movimiento
particularmente
pasivamente
presentado, -a
la publicidad
la responsabilidad
superficial
típico, -a

Sustantivos

el acto action
la belleza beauty
el/la enamorado/a sweetheart; person in love
el escrito writing
el sentimiento feeling
la telenovela soap opera
la vergüenza disgrace, shame
la voz voice

Adjetivos

egoísta selfish
incómodo, -a uncomfortable, uneasy
insensible insensitive
lisonjero, -a flattering
loco, -a crazy
macho, -a male; manly, virile
mismo, -a same, very; self *(with a pronoun)*

Verbos

acercarse to come near; to approach
gritar to shout
importar to matter
llorar to cry
opinar to think; to have an opinion
proyectar to project
representar to portray

Otras palabras y expresiones

acaloradamente heatedly
los anuncios comerciales advertisements
como si as if
darse cuenta (de) to realize
dime qué pasa tell me what is the matter
estar de acuerdo to agree
los medios publicitarios mass media
el nivel social social level
tal vez perhaps

Práctica

A. Con un/a compañero/a de clase, prepare una lista de temas y problemas sobre la condición de la mujer en la sociedad contemporánea. Después compare su lista con la de otro grupo, y diga lo que se podría hacer para mejorar la condición de la mujer.

B. Piense usted en el uso de estereotipos femeninos y masculinos en los anuncios comerciales presentados por la televisión y la prensa y coméntelos con un/a compañero/a, dando *(giving)* algunos ejemplos.

Nota cultural La mujer mexicana

Según el estereotipo tradicional, la mujer mexicana se autorrealiza[1] en la familia en el papel de buena madre y buena mujer. Sus virtudes más apreciadas son la abnegación,[2] la sumisión y el sacrificio. Se cree que la mujer debe ser dependiente del hombre, ya sea[3] su padre o su marido. Pero el desarrollo económico del país trae cambios para toda la sociedad mexicana, y

1. **se ...** fulfills herself 2. self-denial 3. **ya ...** whether

(Arriba) Una señora le enseña a coser a un grupo de niñas. La costura ha sido siempre una de las labores tradicionales de la mujer en la sociedad occidental. (Abajo) Esta química, al dedicarse a su profesión, está cambiando el papel de la mujer en la sociedad hispánica.

estos cambios tienen un impacto también sobre las tradiciones familiares. Hoy en día, según las leyes mexicanas, la mujer tiene los mismos derechos civiles que el hombre, y el estado legal de la mujer mexicana está más adelantado[4] que en otros países hispanoamericanos.

Todavía la mayoría de las mujeres hacen trabajos que son considerados femeninos y por los cuales reciben un sueldo inferior al de los hombres. Sin embargo, hay un buen número de mujeres en profesiones tales como la medicina, el derecho,[5] la arquitectura, la ingeniería, la literatura y las artes. Hay también mujeres excepcionales que participan en la vida pública del país, como ministras, senadoras y embajadoras.[5]

---

4. advanced 5. law 6. ambassadors

Estudio de palabras

Ocupaciones y profesiones

el/la abogado/a lawyer
el/la auxiliar de vuelo steward, stewardess
el/la banquero/a banker
el/la bibliotecario/a librarian
el/la carnicero/a butcher
el/la carpintero/a carpenter
el/la cocinero/a cook
el/la conductor/a driver
la criada maid, female servant
el criado male servant
el/la ejecutivo/a executive
el/la escritor/a writer
el/la farmacéutico/a druggist
el hombre de negocios businessman
el/la médico/a medical doctor
el/la modisto/a women's tailor
la mujer de negocios businesswoman
el/la peluquero/a hairdresser
el/la periodista newspaper reporter, journalist
el/la piloto pilot
el/la sastre/a men's tailor
el/la vendedor/a vendor, salesman, saleswoman
el/la zapatero/a shoemaker; cobbler

Expresiones útiles

la agencia de colocaciones employment agency
las aptitudes qualifications (for a job)
el cargo post, charge
la carrera career
el deber duty, responsibility
el empleo employment, job
el empleo a tiempo completo full-time job
el empleo a tiempo parcial part-time job
la empresa firm
la especialización specialization
el salario wage(s)
solicitar empleo to apply for work
la solicitud de empleo job application
el sueldo salary
la tarea task, assignment

A. Complete cada oración con la palabra o expresión relacionada con la profesión u ocupación apropiada.

1. ¿Te gustan los artículos escritos por ese _____ en el periódico de hoy?
2. Fui a ver a mi _____ porque necesito un traje nuevo.
3. Anoche _____ de ese restaurante preparó unas comidas fabulosas.
4. Si te gusta tanto viajar en avión, ¿por qué no consideras la carrera de _____ ?
5. Uno de los _____ españoles más famosos es Miguel de Cervantes.
6. Tengo el pelo muy largo y mi _____ está enfermo. ¡Qué problema!
7. Su hermana es _____ , y trabaja en un hospital de la capital.
8. A mi amiga le interesa mucho el mundo de los negocios, así que va a ser _____ .
9. Su papá es _____ y trabaja en un banco en el centro comercial de la ciudad.
10. Mañana voy a ver al _____ para que me diga qué carne es mejor para este plato.
11. Voy a estudiar química porque me interesa la _____ de medicina.
12. Quiero conseguir un _____ para los fines de semana; así puedo ayudar a pagar mis estudios.

B. Usted busca trabajo. Escriba un anuncio para un periódico, indicando el tipo de trabajo que desea, sus aptitudes, su especialización y el sueldo que desea.

C. Usted trabaja en una agencia de colocaciones. Prepare una lista de cinco empleos disponibles *(available)*, indicando las aptitudes necesarias y el sueldo.

D. Complete la siguiente solicitud de empleo. Luego haga el papel de alguien que busca empleo en alguna oficina. Otro estudiante hará el papel del/de la director/a de la oficina.

I. Información personal

Fecha ____________

Nombre ____________

Dirección ____________

Teléfono ____________ Edad ____________

Lugar de nacimiento[1] ____________ Fecha ____________

Carnet de conducir ____________ Estado general de salud ____________

Carnet de identidad ____________ Nacionalidad ____________

Personas que tiene a su cargo[2] ____________

Parientes que trabajan en esta empresa ____________

Estudios terminados ____________

Idiomas extranjeros ____________

Referencias (no familiares)

1. Nombre ____________
   Dirección ____________
   ____
   Teléfono ____________
   Ocupación ____________

2. Nombre ____________
   Dirección ____________
   ____
   Teléfono ____________
   Ocupación ____________

II. Empleo solicitado

Solicita el cargo de ____________

Fecha en que puede empezar a trabajar ____________

Sueldo a que aspira[3] ____________

III. Empleo anterior

Nombre de la empresa ____________

Dirección ____________ Teléfono ____________

Nombre y cargo de su jefe inmediato ____________

Cargo desempeñado[4] ____________

Fecha de ingreso[5] ____________ Fecha de retiro[6] ____________

Motivo del retiro ____________

Sueldo inicial ____________ Sueldo final ____________

---

1. birth 2. **Personas . . .** persons dependent on you 3. **Sueldo . . .** desired wage 4. held 5. beginning 6. termination

Estructuras útiles

I. Commands with **tú** and **vosotros**

¡Hola, Migdalia! ***Entra, pon*** *tu abrigo allí y* ***siéntate*** *conmigo.*

1. The affirmative **tú**-command of regular verbs is formed by dropping the **-s** ending from the **tú**-form of the present indicative. The use of the pronoun **tú** is optional. If expressed, it occurs after the verb form.

¡**Mira** (tú) ese edificio!	*Look at that building!*
Lee (tú) este artículo, por favor.	*Read this article, please.*
Escribe (tú) una carta a Gabriel.	*Write a letter to Gabriel.*

2. The following irregular verbs have irregular affirmative **tú**-commands.

Infinitive	Tú-command	Examples
decir	**di**	**Di** la verdad.
hacer	**haz**	**Haz** la tarea.
ir	**ve**	**Ve** al correo.
poner	**pon**	**Pon** la mesa.
salir	**sal**	¡**Sal** de allí!
ser	**sé**	**Sé** más prudente.
tener	**ten**	¡**Ten** más paciencia!
venir	**ven**	¡**Ven** pronto!

3. The negative **tú**-command of all verbs is the same as the **tú**-form of the present subjunctive.

No **comas** tanto chocolate.	*Don't eat so much chocolate.*
No **pidas** nada.	*Don't ask for anything.*
No **hagas** ruido.	*Don't make noise.*

4. A summary chart of affirmative and negative **tú**-commands of regular verbs is given at the top of page 390.

Infinitive	Affirmative	Negative
-ar verb	**entra** (tú)	no **entres** (tú)
-er verb	**come**	no **comas**
-ir verb	**escribe**	no **escribas**

5. Object pronouns used with **tú**-commands follow the same pattern as object pronouns used with other commands. In affirmative commands, object pronouns are attached to the end of the verb form, and a written accent is required on the stressed syllable. In negative commands, object pronouns precede the verb form.

Termina el trabajo.	Termína**lo.**
Pídele el periódico.	Píde**selo.**
No termines el trabajo.	No **lo** termines.
No le pidas el periódico.	No **se lo** pidas.

6. The affirmative **vosotros-**command of verbs is formed by replacing the final **-r** of the infinitive with **-d.** The **-d** is dropped in the reflexive construction. The negative **vosotros-**command of verbs is the same as the **vosotros-**form of the present subjunctive.

Affirmative	Negative
¡Entrad!	¡No entréis!
¡Preparádmelo!	¡No me lo preparéis!
¡Vendedlo!	¡No lo vendáis!
¡Sentaos!	¡No os sentéis!

A. Dé una orden a un/a compañero/a de clase, según las siguientes indicaciones.

▶ darme el diccionario — *[María], dame el diccionario, por favor.*

1. abrir la ventana
2. recordar nuestra tarea
3. volver conmigo a la cafetería
4. contarme lo que pasó
5. sentarte en esta silla
6. venir a la reunión
7. acercarte un momento
8. ser más paciente

B. Usted organiza una fiesta para uno/a de sus amigos/as. Conteste las preguntas de varios amigos/as que le están ayudando, dando una orden afirmativa o negativa.

▶ ¿Quieres que arregle la sala? — *Sí, arréglala, por favor.* / *No, no la arregles hasta mañana.*

1. ¿Quieres que yo traiga los platos y vasos?
2. ¿Quieres que ponga las mesas en la sala?
3. ¿Quieres que yo saque las fotos?
4. ¿Quieres que salga a comprar las bebidas?
5. ¿Quieres que te muestre lo que le compramos?
6. ¿Quieres que pida más sándwiches?

C. Roberto tiene 13 años. Él le pregunta a su padre si le permite hacer varias cosas. Su padre le responde con una orden afirmativa o negativa. Haga el papel del padre. Si usted da una orden negativa, dé una explicación apropiada.

▶ ¿Puedo ver la película de medianoche? — *Sí, ve la película.* / *No, no la veas; [tienes clase mañana].*

1. ¿Puedo invitar a mis amigos a cenar?
2. ¿Puedo pasar el fin de semana en casa de José?
3. ¿Puedo comprar unos esquís y botas nuevos?
4. ¿Puedo hacer mis tareas mañana en vez de hoy?
5. ¿Puedo ir al partido del domingo?
6. ¿Puedo aprender a conducir este verano?

II. Softening requests and criticisms

¡Señor, Ud. ***debería*** *conducir mejor!*

The verbs **poder, querer,** and **deber** are commonly used in making requests and criticisms. Use of the present indicative, the conditional, or the imperfect subjunctive of these verbs reflects the desire of the speaker to soften or make more polite a request or a criticism. The present indicative is the least soft or polite way of doing so, and the imperfect subjunctive is the most soft or polite manner.

—**¿Puedes** prestarme veinte pesos? — *Can you lend me 20 pesos?*
—¡No **debes** pedir eso! — *You mustn't ask that!*
—**¿Quiere** venir conmigo? — *Do you want to come with me?*

—¿**Podrías** prestarme veinte pesos? — *Could you lend me 20 pesos?*
—¡No **deberías** pedir eso! — *You shouldn't ask that!*
—¿**Querría** venir conmigo? — *Would you like to come with me?*

—¿**Pudieras** prestarme veinte pesos? — *Would you be able to lend me 20 pesos?*
—No **debieras** pedir eso. — *You really ought not to ask that.*
—¿**Quisiera** venir conmigo? — *Would you like to come with me?*

D. Pídales algunos favores a sus compañeros o amigos, usando **querer** o **poder** en el presente de indicativo y las expresiones indicadas.

▶ traerme un refresco — *[Jaime], ¿quieres traerme un refresco?*

1. comer conmigo hoy
2. llevarme al centro
3. enseñarme el artículo
4. decirme cómo hacer un pastel
5. esperarme después del concierto
6. dejarme tu carro mañana

E. Usted está en el Banco Nacional, y necesita usar los servicios de varias personas. Use el condicional o el imperfecto del subjuntivo de **poder** para pedir los servicios.

▶ señor / cambiarme este cheque — *Señor, ¿podría usted cambiarme este cheque?*

1. señor Martínez / comprobar el estado de mi cuenta
2. Sr. Director / informarme sobre su sistema de contabilidad
3. señoritas / explicarme cómo preparar este documento
4. señores / venderme unos cheques de viajero
5. señora Ruiz / cambiarme estos dólares por pesetas
6. señorita Jiménez / decirme el nuevo horario de servicio

F. Dígale a las siguientes personas lo que usted cree que deben o no deben hacer. Use el presente del indicativo, el condicional o el imperfecto del subjuntivo de **deber,** según el grado de cortesía que quiera mostrar.

▶ (a su profesor): darnos más tiempo para el informe — *Usted debiera darnos más tiempo para el informe.*

1. (a su hermana): leer mis cartas
2. (a un compañero): contar lo que ocurrió
3. (a su jefe): informarnos de los cambios
4. (a su senador): hacer más para mejorar la economía
5. (a una persona en la calle): tirar *(throw)* papeles al suelo
6. (a una joven que compra boletos): esperar su turno

III. **Si**-clauses

—*¿Me prestas cien pesos?*
—***Si los tengo,*** *te los presto.*

—*¡Caramba! No tengo, pero **si los tuviera** te los prestaría.*

1. In a sentence containing a **si**-clause, the indicative is used in both the **si**-clause and in the main clause when the main clause describes a fact or a condition that is likely to exist or to happen, or that is habitual.

Si tú **vas** a la reunión, nosotros **vamos** también. — *If you go to the meeting, we're going too.*

Si **vienen,** seguramente **llegarán** tarde. — *If they come, they will surely arrive late.*

Si Carmen **estaba** en la fiesta, ¿por qué no **bailó?** — *If Carmen was at the party, why didn't she dance?*

2. To express a contrary-to-fact situation in the present or the future, the imperfect subjunctive is used in the **si**-clause. The conditional is generally used in the main clause to indicate the conclusion to the situation expressed in the **si**-clause.

Si nos **llamaran** por teléfono, **sabríamos** dónde están. — *If they would telephone us (but they won't), we would know where they are.*

Si **se sustituyeran** esos programas, **mejoraría** la imagen de la mujer. — *If those programs were replaced (but they won't be), the image of women would improve.*

3. **Si** + *imperfect subjunctive* is used in exclamations to express wishes that are impossible to fulfill.

¡Si **tuviera** un millón de dólares! — *If only I had a million dollars!*

¡Si yo **pudiera** viajar ahora! — *If only I could travel right now (but I can't)!*

4. Exclamations with **ojalá** *(I wish, I hope, may God grant, would that)* also express wishes. **Ojalá** followed by the present subjunctive indicates that

there is some hope that the wish will be realized. **Ojalá** followed by the imperfect subjunctive implies that there is very little hope of realization.

¡Ojalá nos **llegue** la carta mañana!	*I hope the letter arrives tomorrow (it may)!*
¡Ojalá nos **llegara** la carta mañana!	*I wish the letter would arrive tomorrow (but it won't)!*

G. Expresee cada oración con una cláusula con **si** y el indicativo para indicar que las situaciones son posibles o habituales.

▶ Siempre que salía, llovía. *Si salía, llovía.*

1. Cuando comemos mucho, nos sentimos mal.
2. Cuando hago ejercicios, me canso mucho.
3. Cada vez que le preguntabas algo, te contestaba que no.
4. Siempre que Marta lo llama, dice que está ocupado.
5. Cuando vienen, me traen un regalo.
6. Cada vez que podía, le ayudaba.

H. Hoy es un día en que todo sale mal *(turns out bad),* y usted desea lo imposible. Exprese sus deseos.

▶ Tengo examen. *¡Si no tuviera examen!*
▶ No sé la lección. *¡Si supiera la lección!*

1. Hace frío.
2. No gano mucho dinero.
3. No funciona mi carro.
4. La tarea está difícil.
5. Tengo dolor de cabeza.
6. Todos nos sentimos mal.

I. Exprese cada oración con una cláusula con **si** contraria a la realidad.

▶ Si puedo, lo hago. *Si pudiera, lo haría.*

1. Si cantas, te escucho.
2. Si comemos comida saludable, nos sentimos bien.
3. Si no comemos, nos morimos de hambre.
4. Si lo analizamos, lo entendemos.
5. Si Ud. llama al programa de radio, recibe un premio.
6. Si tengo tiempo y energía, termino pronto.

J. Conteste las preguntas y demuestre esperanza *(hope)* de que se cumplan *(fulfill)* sus deseos, o declare que son deseables pero imposibles, según su opinión. Use **ojalá** con el presente o el imperfecto del subjuntivo.

▶ ¿Hace buen día? *No sé, pero ojalá haga buen día para el partido.*
¡No! Ojalá hiciera buen día, pero llueve y hace frío.

1. ¿Comes en un restaurante esta noche?
2. ¿Sacas las mejores notas de la universidad?
3. ¿Recibes correo todos los días?
4. ¿Te llaman por teléfono tus amigos hoy?
5. ¿Vamos todos a México en el verano?
6. ¿Te eligen capitán del equipo?
7. ¿Viene alguien a visitarte en estos días?

K. Mencione dos o tres «sueños imposibles» que usted tiene. Empiece cada oración con una exclamación con **si** o con **ojalá.**

▶ *¡Si yo pudiera viajar por todo el mundo!*
▶ *¡Ojalá yo pudiera viajar por todo el mundo!*

IV. **Como si-**clauses

*¡Hablas **como si fueras** Einstein!*

Como si *(As if)*-clauses always introduce contrary-to-fact statements. The verb in the **como si-**clause is in the imperfect subjunctive or another past subjunctive form.

Esos jóvenes cantan **como si fueran** profesionales.	*Those young people sing as if they were professionals (but they aren't).*
Elisa habla **como si** lo **supiera** todo.	*Elisa talks as if she knew everything (but she doesn't).*

L. Las personas indicadas dan una impresión equivocada *(false)* de sus circunstancias o capacidades personales. Usted quiere corregir esa impresión. Exprese su opinión con una cláusula con **como si** y el imperfecto del subjuntivo.

▶ Ramiro no estudia mucho, pero saca buenas notas. — *Saca buenas notas como si estudiara mucho.*

1. Los estudiantes no viven mal, pero se quejan.
2. Tú no tienes mucho dinero, pero compras muchísima ropa.

3. No le gusta, pero siempre habla de ese programa de televisión.
4. No te interesa el arte, pero siempre hablas de los artistas famosos.
5. No la leen, pero siempre comentan esa revista.

M. Algunos de sus parientes y amigos actúan de una forma contradictoria. Haga oraciones apropiadas, usando las palabras y expresiones indicadas.

▶ vivir / ser millonario *[Mis tíos] viven como si fueran millonarios.*

1. hablar de esos países / viajar mucho
2. comer / estar muerto de hambre
3. mirarme / tener miedo de mí
4. llorar / acabar el mundo
5. vestirse / ser más joven

¡Exprésese usted!

La autobiografía

Cuando se escribe una autobiografía, hay que considerar ciertas cosas:

a. el propósito de la autobiografía
b. quién la leerá
c. qué detalles enfatizar
d. qué detalles no mencionar

Josefina Salcedo J. escribió su autobiografía para enviarla con una solicitud para una beca *(scholarship)* en el extranjero ofrecida por el gobierno mexicano. Léala para comprensión general y prepárese a contestar preguntas sobre la vida de Josefina.

Autobiografía de Josefina Salcedo J.

Dicen que los hijos llegan con un pan debajo del brazo. Ésta es otra manera de decir que cada hijo que nace trae algo bueno para la familia. Los recuerdos que tengo de mi infancia son de una vida difícil para mi familia, pero feliz. Mi papá trabajaba a todas horas, me parece, hasta los domingos, pero en mi casa siempre se sentía la alegría de mi mamá y de mis dos hermanos mayores, que siempre estaban en todo. Yo soy la menor, y como soy la única hija, siempre le ayudaba a mi mamá. Cuando no estaba en el colegio, estaba con mi mamá haciendo algo en la casa.

Mis papás querían que yo fuera a un buen colegio y por eso mi papá trabajaba mucho, y luego también mis hermanos ayudaron al hacerse mayores. Algunas amigas mías no terminaron el colegio porque sus padres creían que eso era para los hombres nada más. Mi mamá decía que los tiempos cambiaban y que las mujeres ya trabajaban en todo, especialmente en la ciudad. Vivimos aquí en Guadalajara desde hace mucho, y en mi opinión, es una ciudad que ofrece bastantes oportunidades para una mujer como yo.

Después de terminar el bachillerato, entré a la Universidad de Guadalajara. Aquí estudio economía e inglés, y por las tardes trabajo en una academia de gimnasia y baile pues me gusta mucho la gimnasia y la practico activamente. En la academia no me pagan mucho, pero al menos ya ayudo a pagar mis estudios.

El mes entrante termino mis estudios de economía, y tengo la posibilidad de trabajar para la Compañía de Maquinaria Harrington de Inglaterra aquí en Guadalajara. Me interesa mucho el puesto, pero creo que sería importante viajar a Inglaterra o a los Estados Unidos por un año para perfeccionarme en economía y en inglés antes de comenzar a trabajar. Tengo una buena base en inglés, pero un año de perfeccionamiento en los dos campos me permitiría regresar a mi país realmente bien preparada.

A. Conteste en forma breve las siguientes preguntas sobre la autobiografía de Josefina Salcedo.

1. ¿Qué quiere decir que los hijos llegan «con un pan debajo del brazo»?
2. ¿Cómo fue la infancia de Josefina?
3. ¿Cuántos hijos hay en total en la familia?
4. ¿Qué ideas sobre la educación de las mujeres tenía la familia de Josefina? ¿Cómo se comparaban estas ideas con las del resto de su clase social?
5. ¿Cómo es la vida de Josefina en la universidad y en el trabajo?
6. ¿Qué posibilidades tiene Josefina para el futuro, y cuál le interesa más?
7. ¿Qué le parece la autobiografía de Josefina? ¿Qué puntos son más apropiados para la solicitud que hace?

B. Suponga que Ud. envió una solicitud para un programa de estudios en México y que le piden su autobiografía. Escríbala en uno o dos párrafos, considerando estos puntos:

1. ¿Cómo fue su infancia?
2. ¿Cómo era su ciudad y su educación? ¿Cambió su actitud hacia los estudios en la universidad?
3. ¿Qué intereses y planes tiene para el futuro y cómo se relacionan al programa?

Documentos y gráfica 7

La Revolución Mexicana y México hoy

La Revolución Mexicana de 1910 contribuyó enormemente a la formación del México moderno. Emiliano Zapata y Pancho Villa, héroes populares de la revolución, llevaron a los campesinos[1] a levantarse contra el gobierno. Con el grito de «¡Tierra y libertad!» los campesinos reclamaban la tierra de los latifundios[2] que pertenecían a los ricos. Después de la revolución, bajo la reforma agraria, muchos campesinos recibieron una parcela[3] de tierra para cultivar. Sin embargo, todavía se encuentran latifundios en México; y queda mucho por hacer para mejorar la situación del campesino.

Aun así,[4] la revolución benefició otros sectores de la población. Entre los resultados obvios están el establecimiento de sindicatos[5] y el mejoramiento del sistema de educación pública y de obras públicas.

1. **llevaron . . .** led the peasants 2. large landed estates 3. plot 4. **Aun . . .** Even so 5. labor unions

Los líderes revolucionarios Pancho Villa (segundo sentado de izquierda a derecha) y Emiliano Zapata (tercero sentado) buscaban darle más tierras y poder al campesino mexicano. Ambos murieron asesinados por enemigos.

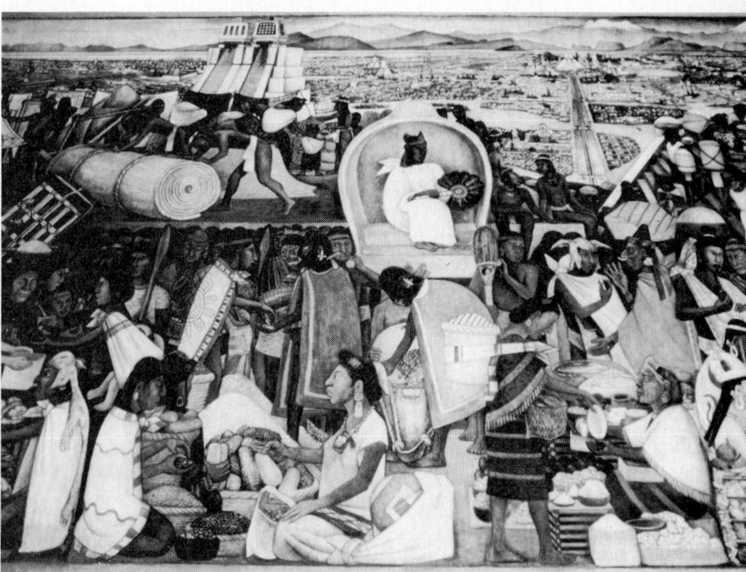

(Izquierda) Miguel Hidalgo, padre de la independencia de México, aparece en el centro de este mural de Orozco. (Derecha) Mural de Diego Rivera que muestra una escena de la vida indígena antes de la llegada de los conquistadores.

Dos famosos muralistas mexicanos: Orozco y Rivera

Después de la Revolución Mexicana (1910–1916), el gobierno financió una serie de murales para celebrar la cultura indígena del país. Los murales que fueron pintados en las paredes de las escuelas, bibliotecas y edificios gubernamentales representan sobre todo panoramas del México prehispánico y de la historia del país. Tuvieron una función didáctica y propagandística, y llevaron a la creación de uno de los movimientos más dinámicos del arte moderno.

José Clemente Orozco y Diego Rivera son dos de los muralistas más famosos de este movimiento. Orozco (1883–1949) sintió profundamente los sufrimientos de los indios, y sus obras reflejan la lucha[1] del pueblo por obtener justicia social y un futuro mejor. Orozco visitó los Estados Unidos varias veces y, entre otras cosas, pintó los murales de la biblioteca de Dartmouth College en Hanover, New Hampshire.

Su contemporáneo, Diego Rivera (1886–1957), contribuyó a propagar el mensaje[2] revolucionario mexicano: había que condenar la explotación de los indios y revalorizar la cultura indígena. Sus murales muestran muchos detalles de la vida de los indios, sus trajes, sus costumbres, su arquitectura y su religión.

---

1. struggle 2. message

La cocina mexicana

El aguacate[1] es una fruta tropical que se usa con frecuencia en salsas,[2] ensaladas y sopas.[3] Aquí tiene Ud. una receta para el guacamole, una salsa popular que se toma como aperitivo.[4]

Ingredientes

1 aguacate	1/4 pimiento verde
1/2 cebolla picada[5]	3 cucharadas de jugo de limón
1 tomate picado	3 cucharadas de aceite de oliva
1 diente de ajo[6]	sal y pimienta a gusto

1. Pele[7] el aguacate y quítele el hueso.[8]
2. Ponga todos los ingredientes en la licuadora[9] por algunos segundos.
3. Vacíe todo en un tazón[10] y sirva con nachos o galletas.[11]

1. avocado 2. sauces 3. soups 4. appetizer 5. chopped 6. garlic clove 7. Peel 8. pit 9. blender 10. bowl 11. crackers

¿Sabía usted que . . . ?

Cuauhtémoc, el último emperador azteca, fue asesinado[1] por los conquistadores españoles. Hoy día en México se encuentran muchos monumentos dedicados a este héroe, símbolo del valor[2] de la raza azteca.

Hernán Cortés conquistó México en 1519. Doña Marina (llamada «La Malinche» por los mexicanos), una joven indígena que hablaba náhuatl y español, fue intérprete para Cortés.

1. **fue . . .** was killed 2. courage

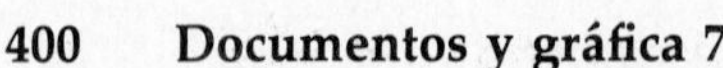

Tenochtitlán era la antigua capital del imperio azteca. Allí vivía el emperador azteca Moctezuma cuando Cortés conquistó la capital. Ciudad de México, la nueva capital, está construida sobre las ruinas de Tenochtitlán.

México tiene una larga y rica tradición literaria. Algunos de sus escritores contemporáneos de fama internacional son Octavio Paz, Carlos Fuentes y Juan Rulfo.

La península de Yucatán en el sureste de México conserva varios centros arqueológicos de la civilización maya, como Chichén Itzá, Mayapán y Uxmal.

¡Identifique usted!

Dé una explicación breve de qué o quiénes son los siguientes lugares, personas y cosas.

1. Emiliano Zapata y Pancho Villa
2. Diego Rivera
3. Tenochtitlán
4. Doña Marina
5. Chichén Itzá, Mayapán y Uxmal
6. el guacamole

Unidad 8
En España

Monumento a Miguel de Cervantes Saavedra en la Plaza de España, Madrid. Don Quijote y Sancho en primer plano.

Lección 22
En España

Democracia bajo la monarquía

Después de casi cuarenta años de dictadura militar, desde el final de la Guerra Civil en 1939 hasta la muerte del General Francisco Franco en 1975, se instituyó en España una monarquía constitucional de carácter democrático bajo el rey Juan Carlos I de Borbón. El cambio no ha resultado tan traumático como se había temido antes de la muerte de Franco. De hecho, el rey ha apoyado el proceso democratizador° del país y ha ayudado a acelerar muchas de las reformas que el gobierno ha efectuado durante los últimos años. Su firme actuación, especialmente en los momentos de crisis, le ha ganado la confianza y la admiración del pueblo.

democratizador°: democratizing

Durante los años transcurridos desde la institución de la democracia en España, el país ha atravesado etapas dificilísimas. El proceso de establecer las instituciones democráticas, de reconciliar las fuerzas de la izquierda y de la derecha, de formular y aprobar la nueva constitución y de afirmar las autonomías regionales se ha visto complicado por serios problemas económicos, un alto nivel de desempleo y repetidos actos terroristas. A pesar de las dificultades, se han llevado a cabo importantes cambios, como la am-

El rey Juan Carlos va a dar un discurso ante la Asamblea General de la UNESCO durante una visita a París. El señor M'Bow, director general de la UNESCO, recibe a su llegada al rey de España.

pliación de las libertades de prensa, de palabra y de reunión, el reconocimiento de todos los partidos políticos y la celebración de elecciones libres. Con la democracia ha aumentado dramáticamente la actividad de la prensa, ya que se han podido tratar abiertamente los problemas sociales, políticos y económicos del país sin temor a la censura.

Uno de los cambios más significativos ha sido la descentralización del poder; y, actualmente, varias de las regiones del país disfrutan de cierta autonomía del gobierno de Madrid. La autonomía les permite elegir sus presidentes y parlamentos, administrar sus recursos y usar las lenguas regionales oficialmente. El uso de las lenguas regionales, que se había prohibido durante el régimen franquista,° ha resurgido en los medios de comunicación y en las escuelas, donde ahora se enseña tanto la lengua regional como el castellano.

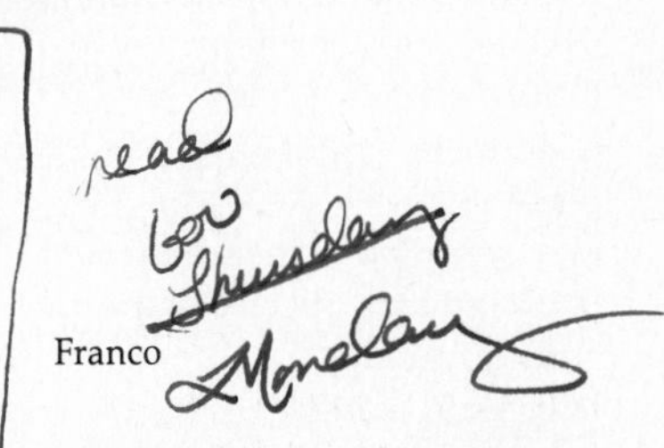

° Franco

Comprensión

1. ¿Cuántos años duró la dictadura de Francisco Franco?
2. ¿Qué hizo Don Juan Carlos de Borbón al tomar el control del gobierno?
3. ¿Qué problemas ha tenido que enfrentar el gobierno?
4. ¿Cuáles son algunos de los cambios efectuados bajo la democracia?
5. ¿Qué cambios ha habido en la prensa de España?
6. ¿En qué consisten las autonomías regionales?

Conversación

1. ¿Sabe usted qué países de habla española viven bajo dictadura militar?
2. ¿Sabe usted cuáles son los países europeos que viven bajo la monarquía?
3. ¿Hay clases privilegiadas en los Estados Unidos? Si las hay, ¿cuáles son?
4. ¿Cuáles son algunos de los problemas sociales, políticos y económicos de los Estados Unidos?
5. ¿Qué libertades existen en los Estados Unidos?

Vocabulario

Palabras análogas

acelerar
el acto
administrar
la admiración
la autonomía
la celebración
civil
consistir
la constitución
constitucional
el control
la crisis
la democracia
democrático, -a
la descentralización
dramáticamente
efectuar
las elecciones
especialmente
firme
formular
el general
militar
la monarquía
oficialmente
el parlamento
el/la presidente/a
privilegiado, -a
el proceso
reconciliar
el régimen
repetido, -a
significativo, -a
terrorista
traumático, -a
el uso

Sustantivos

la actuación action, behavior
la ampliación expansion
el carácter character, nature
el castellano Spanish language
la censura censorship
la confianza confidence
la derecha right *(in the political spectrum);* right-hand side
el desempleo unemployment
la dictadura dictatorship
el final end
la fuerza force
la guerra war
la izquierda left *(in the political spectrum);* left-hand side
la libertad freedom, liberty
la muerte death
el partido party *(political)*
el poder power
la prensa press
el reconocimiento recognition
el rey king
el temor fear

Adjetivos

alto, -a high
cierto, -a some, certain
dificilísimo, -a very difficult
efectuado, -a brought about
libre free
transcurrido, -a passed, elapsed

Verbos

apoyar to support
atravesar (ie) to go through
aumentar to increase
disfrutar to enjoy
durar to last
enfrentar to face
establecer (zc) to establish
instituir to establish
resurgir to rise up again
tratar to deal with

Otras palabras y expresiones

abiertamente openly
actualmente at the present time
de habla española Spanish-speaking
de hecho in fact
la libertad de palabra freedom of speech
llevar a cabo to carry out

Práctica

A. Haga una encuesta *(poll)* sobre la opinión política de sus compañeros de clase, usando las siguientes preguntas. Trate también de averiguar por qué las personas opinan de una manera u otra.

1. Según usted, ¿cuál es el mayor problema económico de nuestro país hoy en día?

    _____ la inflación
    _____ los altos impuestos *(taxes)*
    _____ los salarios bajos
    _____ sin opinión

2. ¿Cuál debería ser la tarea más urgente del gobierno?

    _____ desarrollar las armas nucleares
    _____ proveer *(provide)* al pueblo más servicios sociales
    _____ mejorar la economía
    _____ sin opinión

3. Según usted, ¿qué cualidad es la más importante en un líder político?

   _____ inteligencia   _____ experiencia
   _____ honestidad   _____ liderazgo *(leadership)*

4. ¿Qué considera usted que es más importante?

   _____ la atención a los derechos individuales
   _____ la atención a los derechos colectivos
   _____ igual atención a los derechos individuales y colectivos
   _____ sin opinión

5. Según usted, ¿se interesa la gente en la actividad política del país?

   _____ sí, mucho   _____ a veces
   _____ muy poco   _____ sin opinión

B. Prepare un resumen *(summary)* de los resultados de su cuestionario, indicando las opiniones de la mayoría. Explique también las razones dadas *(given).*

Nota cultural Los partidos políticos de España

En contraste con el período de dictadura militar bajo Francisco Franco, cuando el único e indisputable partido político era la Falange,[1] hoy en día existen varios partidos políticos en España. Entre los más importantes figuran el partido de la izquierda, el Partido Socialista Obrero Español (PSOE), y el de la extrema derecha, la Alianza Popular. Como España tiene una larga historia de polarización política entre la derecha y la izquierda, una tarea delicada de los líderes políticos contemporáneos es mantener el equilibrio entre estos grupos políticos para que prospere la democracia.

1. Fascist Party

Estudio de palabras

La política

la campaña electoral electoral campaign
el/la candidato/a candidate
el consejo council
dimitir to resign
la elección election
el/la embajador/a ambassador
el gabinete cabinet
la junta council, board
la manifestación demonstration
el/la ministro/a minister
la papeleta voting paper, ballot paper
el/la partidario/a follower
el partido político political party
el/la presidente/a president
la publicidad publicity
la reina queen
el/la representante representative
la república republic
el rey king
el/la senador/a senator
la urna ballot box
votar to vote
el voto vote

A. Lea el siguiente volante (*flyer*) de propaganda política que anuncia la candidatura de Victoria Álvarez para senadora. Explique brevemente las razones por las que usted cree que se debe o no se debe elegir senadora a Victoria Álvarez.

Victoria Álvarez
¡La Mejor Para Senadora!

Es una mujer joven y enérgica, con demostrada experiencia en el servicio a la nación.

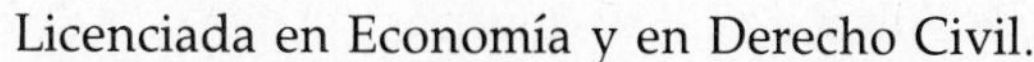

dónde y cómo

VOTAR

Licenciada en Economía y en Derecho Civil.
Directora por tres años del Banco de Comercio.
Conferenciante habitual en las universidades del país, conocida por sus ideas progresistas.
Miembro activo del Consejo de Planificación Económica del país, promovedora de medidas[1] para contrarrestar la inflación y el desempleo.
Presidenta actual del Colegio de Abogados de Sevilla, sustancial contribuyente al desarrollo de las leyes del país.
¡La mejor candidata por su dinamismo, su honestidad y su interés en el bienestar[2] de cada ciudadano!

¡Vote por Victoria Álvarez!

1. measures
2. well-being

B. Prepare un informe breve sobre un país de su preferencia. Hable de su tipo de gobierno (república, monarquía constitucional, etcétera), sus partidos políticos, el nombre del jefe de gobierno y otros aspectos políticos que usted considere importantes.

Estructuras útiles

I. Present perfect tense

In Spanish, the past participle **(el participio pasado)** is used with the auxiliary verb **haber** to form the perfect tenses.

A. The past participle

1. The past participle of most verbs is formed by adding **-ado** to the infinitive stem of **-ar** verbs, and **-ido** to the infinitive stem of **-er** and **-ir** verbs.

-ar	-er	-ir
habl**ado**	com**ido**	decid**ido**
compr**ado**	ten**ido**	viv**ido**
busc**ado**	establec**ido**	asist**ido**

2. The following verbs have irregular past participles.

   a. Forms ending in **-to**

abrir	**abierto**	opened
cubrir	**cubierto**	covered
escribir	**escrito**	written
morir	**muerto**	died
poner	**puesto**	put
romper	**roto**	broken
ver	**visto**	seen
volver	**vuelto**	returned

   b. Forms ending in **-cho**

decir	**dicho**	said
hacer	**hecho**	made, done

   c. Other irregular forms

ir	**ido**	gone
ser	**sido**	been

3. Compounds formed with the verbs listed above normally follow the same pattern.

describir	**descrito**	described
devolver	**devuelto**	returned
inscribir	**inscrito**	inscribed
prescribir	**prescrito**	prescribed
suponer	**supuesto**	supposed
suscribir	**suscrito**	subscribed

4. When the infinitive stem of an **-er** or an **-ir** verb ends in a vowel, an accent mark is required over the **i** of the **-ido** past participle ending.

caer	**caído**	fallen
leer	**leído**	read
oír	**oído**	heard
reír	**reído**	laughed
traer	**traído**	brought

B. *Formation of the present perfect tense*

*¡No entres! No **he arreglado** mi cuarto todavía.*

1. The present perfect **(el pretérito perfecto)** in Spanish is formed with the present tense of the auxiliary verb **haber** + *a past participle.*

Present of *haber* + past participle	
he has ha hemos habéis han	hablado comido decidido

2. In general, the perfect tenses are used in a similar way in Spanish and in English. The present perfect is used to express a past action that the speaker sees as related to the present in some way.

Mi hermano **ha perdido** su cartera.	*My brother has lost his wallet.*
Los músicos **han tocado** dos horas sin parar.	*The musicians have played two hours without stopping.*
Hemos vivido en España diez años.	*We have lived in Spain ten years.*
He leído varias novelas de ese escritor.	*I have read a few novels by that writer.*
¿Han oído Uds. la noticia?	*Have you heard the news?*

3. Object and reflexive pronouns used with the present perfect precede the conjugated forms of **haber.**

—¿Has visto a mi hermano?	*Have you seen my brother?*
—No, no **lo he visto** por ninguna parte.	*No, I haven't seen him anywhere.*
—Dale la carta a tu hermana, por favor.	*Give the letter to your sister, please.*
—Ya **se la he dado.**	*I have already given it to her.*
—¿Te gustó la fiesta?	*Did you enjoy the party?*
—Sí, **me he divertido** mucho, gracias.	*Yes, I (have) enjoyed myself a lot, thank you.*

A. Diga si estas personas han hecho o no las siguientes acciones. Siga las indicaciones entre paréntesis y use el pretérito perfecto del verbo.

▶ Pilar / terminar / el trabajo de laboratorio (sí) — *Pilar ha terminado el trabajo de laboratorio.*
▶ tú / leer el artículo (no) — *Tú no has leído el artículo.*

1. ustedes / escribir / el informe (no)
2. Ramón / ir / a la manifestación (no)
3. Ángela y Luis / pedir / los billetes (sí)
4. José / sacar / el coche del garaje (sí)
5. usted / asistir a la conferencia (no)
6. Marta y tú / cancelar / las reservaciones (sí)
7. nosotros / comprender / la situación política de España (no)
8. yo / ver esa película / varias veces (sí)

B. Explíquele a un/a compañero/a que las siguientes personas ya han hecho lo que se pregunta. Use el pretérito perfecto en sus respuestas.

▶ ¿Visitará Ud. Madrid en abril? — *No, ya he visitado Madrid.*

1. ¿Tus primos aprenderán a escribir cartas formales?
2. ¿Silvia y Felipe van a traer la tienda de campaña?
3. ¿Vas a oír las noticias de las elecciones?
4. ¿Carlos y su novia volverán a finales de mes?
5. ¿Irá tu prima Alicia de vacaciones esta semana?
6. ¿Ustedes van a preparar los cuestionarios hoy?

C. Diga tres cosas que usted y alguna/s persona/s que conoce han hecho en su vida, y tres cosas que no han hecho nunca.

▶ *Yo he viajado a Perú, he vivido en Colombia y he visitado Venezuela.*
▶ *Mi hermano nunca ha ido a un museo, ni ha asistido a un concierto ni ha votado en unas elecciones.*

D. Conteste las preguntas en el pretérito perfecto, usando pronombres para el objeto directo e indirecto.

▶ ¿Ya hicieron los trabajos de física? *Sí, ya los hemos hecho.*
No, no los hemos hecho todavía.

1. ¿Tus padres te regalaron un coche nuevo? ¿y a tu hermano?
2. ¿Le dijiste la verdad a tu novio/a?
3. ¿Yo les di a ustedes un examen difícil alguna vez?
4. ¿Y todos ustedes sacaron buenas notas?
5. ¿Le prestaste alguna cosa de mucho valor a un amigo recientemente?
6. ¿Me mostraron ustedes fotografías interesantes en esta clase?
7. Y yo, ¿les mostré a ustedes unas fotografías de mis viajes?
8. ¿Comprendieron ustedes la situación política perfectamente?

II. Pluperfect and conditional perfect

There are various perfect tenses in Spanish in both the indicative and subjunctive. Two indicative perfect tenses that are used most frequently are the pluperfect **(el pluscuamperfecto)** and the conditional perfect **(el condicional perfecto).**

A. *Pluperfect tense*

1. The pluperfect tense is formed with the imperfect of **haber** + *a past participle.*

Imperfect of *haber* + past participle	
había habías había habíamos habíais habían	hablado comido decidido

2. In general, the uses of the pluperfect are similar in Spanish and in English. The pluperfect is used to express an action that had taken place before another action in the past or before a specific moment in the past.

Mi hermano me dijo que **había perdido** su cartera. — *My brother told me that he had lost his wallet.*

Te aseguro que no le **habíamos dicho** eso ayer. — *I assure you that we hadn't told him that yesterday.*

B. Conditional perfect tense

1. The conditional perfect tense **(el condicional perfecto)** is formed with the conditional of **haber** + *a past participle.*

Conditional of *haber* + past participle	
habría habrías habría habríamos habríais habrían	hablado comido decidido

2. The conditional perfect is used to express an action that would have taken place under certain circumstances, or that would have taken place but for some reason didn't.

—¿Te **habrías suscrito** a esa revista si fueras yo?	*Would you have subscribed to that magazine if you were I?*
—En tu lugar, lo **habría hecho.**	*In your place I would have done it.*
Habríamos ido a Colombia, pero no tuvimos tiempo.	*We would have gone to Colombia, but we didn't have time.*

E. Responda que las siguientes acciones o situaciones ya habían ocurrido cuando usted llegó a la reunión. Use el pluscuamperfecto del verbo.

▶ ¿Beatriz preparaba los refrescos? *No, ya los había preparado cuando llegué.*

1. ¿Carolina mostraba las fotos de Costa Rica?
2. ¿Vicente y Julio hablaban con Tina?
3. ¿Los estudiantes organizaban la próxima reunión?
4. ¿Todos bebían o comían?
5. ¿Ricardo y Ernesto discutían los problemas económicos?
6. ¿Luis tocaba la guitarra?
7. ¿Los otros bailaban?
8. ¿Algunos jóvenes escuchaban discos?

F. Complete con frases lógicas, usando el pluscuamperfecto del verbo.

▶ Antes de ayer Pepe vino a visitarme, pero . . . . *[yo ya había salido].*

1. Creo que Pedro no quiso venir a la fiesta porque . . . .
2. Cuando me encontré contigo, ...

3. Cuando me levanté, ...
4. El lunes, cuando llegaste a mi habitación, ...
5. No compré la motocicleta porque . . . .
6. Les dije a mis amigos que no quería ir con ellos porque . . . .
7. Cuando salimos del teatro, ...
8. No queríamos ver esa película porque . . . .

G. Diga lo que posiblemente habría ocurrido antes de 1975 en España con un gobierno democrático. Use el condicional perfecto.

▶ los partidos políticos / existir — *Los partidos políticos habrían existido antes.*

1. el país / celebrar elecciones libres
2. los ciudadanos / aprender las lenguas regionales
3. los periodistas / escribir sin temor a la censura
4. el pueblo / tener más libertad
5. las regiones del país / establecer las autonomías
6. el gobierno / hacer una nueva constitución

H. Usted y sus amigos lamentan no haber hecho todo lo que querían el fin de semana pasado. Explique lo que habrían hecho con más tiempo.

▶ yo / comprar zapatos nuevos — *Yo habría comprado zapatos nuevos.*

1. Marta / correr tres kilómetros más
2. Víctor y yo / reunirse para planear un viaje de esquí
3. tú / ver a tus padres
4. ustedes / ir a la manifestación
5. Pedro / leer otra novela de ciencia-ficción
6. yo / lavar el coche
7. Ana y tú / conseguir un nuevo apartamento
8. nosotros / pasar más tiempo en el campo

III. Superlatives with **sumamente** and **-ísimo**

*—El abuelo de Julia es **sumamente viejo**, ¿no?*
*—¡Sí, es **viejísimo**! Tiene más de 100 años.*

1. The suffix **-ísimo/a, -ísimos/as** is often used to give a superlative meaning to adjectives.

   El hermano de Roberto es **altísimo.** — *Roberto's brother is extremely tall.*

   Rosaura está **cansadísima.** — *Rosaura is extremely tired.*

2. Superlative meaning may also be expressed in Spanish with the adverb **sumamente** + *adjective.*

   La comida está **sumamente buena.** — *The food is exceedingly good.*

   Esta novela es **sumamente interesante.** — *This novel is extremely interesting.*

3. The chart below summarizes the formation of superlatives with **-ísimo.** In general, when a word ends in a vowel, the final vowel is dropped before adding the ending **-ísimo.** When a word ends in a consonant, the ending **-ísimo** is attached to the final consonant.

Base form	Type of change	Adjective in *-ísimo*
alto	final vowel **o** dropped	**altísimo**
alegre	final vowel **e** dropped	**alegrísimo**
amable	**ble > bil**	**amabilísimo**
loco	**c > qu**	**loquísimo**
largo	**g > gu**	**larguísimo**
fácil	**-ísimo** attached to final consonant	**facilísimo**

I. Ramón y Claudia acaban de conocerse en una fiesta y encuentran que tienen gustos parecidos *(similar).* Haga el papel de uno de los dos.

► La comida está buena. Ramón: *La comida está muy buena, ¿no?*
Claudia: *Sí, está buenísima.*

1. Esos cantantes son muy malos.
2. El decorado es sumamente interesante.
3. El ambiente es sumamente agradable.
4. Esta fiesta está muy alegre.
5. La música es muy variada.
6. La noche está sumamente fresca.
7. Estos bailes son muy difíciles.
8. Esa chica es muy amable.

J. Piense en libros, películas, personas, etcétera, que le gustan mucho o que no le gustan nada. Descríbalos con un superlativo formado con **sumamente** o con un adjetivo que termina en **-ísimo.**

▶ *Me gusta mucho la novela «Crimen de invierno». En mi opinión es un libro interesantísimo y sumamente bien escrito.*

¡Exprésese usted!

Las invitaciones

Es de suma utilidad aprender a aceptar o a rechazar *(decline)* una invitación. Lea las siguientes respuestas a una misma invitación a pasar un fin de semana en casa de amigos, y observe las varias expresiones de cortesía usadas, tanto para aceptar como para excusarse por no aceptar la invitación.

Fuente Dorada, 14 de junio

Mi querido Manolo:

¡Cómo agradecerte tu amabilísima invitación a pasar el fin de semana en Soria! Nada me gustaría más que pasar unos días contigo y con los viejos amigos.

Desafortunadamente, para el fin de semana del 25 me será imposible. ¿Te imaginas la mala suerte? Ese fin de semana le prometí a mi madre que iría a verla a Madrid para ayudarle con la venta del apartamento. Ha decidido venirse a vivir conmigo en Fuente Dorada. Mi hermano no puede ir a ayudarle porque estará con la familia en Málaga. Fíjate, todo se ha combinado para impedir que yo vaya.

Espero que me invites otra vez cuando invites a los otros amigos. Y mientras tanto, ¿vendrás a verme en Fuente Dorada algun día pronto? Escríbeme cuando puedas venir, que me encantará verte por aquí. Recibe un abrazo muy grande y muy fuerte de tu amigo,

Carlos

Pinar del Río, 15 de junio

Mi queridísimo Manolo:

Me diste un gusto muy grande con tu carta. La invitación a Soria para el 24 y 25 me cae de maravilla. Precisamente esa semana voy a estar en Zaragoza y puedo ir a Soria antes de regresar a Pinar del Río.

Además, me alegro mucho de que vayan a estar allí Pepita y Julián, Paco y Carmen y posiblemente Carlos. También me parece estupenda la idea de pasar la tarde del sábado en el campo. ¿Vamos otra vez a la Taberna del Rey? No se me olvidará nunca la carne y el vino que nos sirvieron allí. Por mi parte pienso llevarte un jamón de Pinar, del que te gusta.

Te agradezco la invitación, y te la acepto con el deseo de verte nuevamente el 24 por la mañana. Te abraza tu prima,

María Dolores

A. Busque una palabra o expresión apropiada en las cartas anteriores para completar cada una de las siguientes oraciones.

1. _____ no puedo aceptar tu invitación.
2. Nada _____ que estar contigo el 3 de junio.
3. Tu invitación me cae _____ .
4. ¿Te imaginas _____? Estoy ocupado este fin de semana.
5. Todo se ha combinado para _____.
6. Te agradezco y te _____ la invitación con mucho gusto.
7. Esa idea me _____.

B. Suponga que Ud. estudia en España y recibe una carta de Piedad, una amiga de su primo Pedro. Ahora Piedad quiere extenderle una invitación a Ud. para que pase una semana de vacaciones con ella y su familia en Sevilla. Usted puede pasar solamente tres días con ellos, de manera que acepta pero se excusa también porque no puede pasar toda la semana allá. Escriba una carta corta pero con mucha cortesía y entusiasmo. Use la forma de **tú** con Piedad.

Lección 23
En España

Las tunas

Las tunas son grupos de jóvenes universitarios que han mantenido vivas las canciones estudiantiles y tradicionales del país. Los grupos de tunos se organizan dentro de la universidad por facultades, de modo que las Facultades de Derecho, de Medicina o de Filosofía y Letras° tienen su propia tuna. Se visten al estilo medieval, de negro, con pantalones hasta la rodilla, calcetines largos y capa adornada con cintas de distintos colores. Tradicionalmente, las amigas les regalan esas cintas de colores después de una serenata.

Filosofía . . . Liberal Arts

Manuel Pineda y otros tres estudiantes de medicina de la Universidad de Santiago de Compostela están organizando un viaje a los Estados Unidos. Ellos forman parte de una excelente tuna, que visitará varias universidades norteamericanas que los han invitado a cantar su repertorio de canciones tradicionales.

Hace un mes que Manuel y sus compañeros se preparan para su estreno° estadounidense. Anoche se reunieron en casa de Manuel, donde estuvieron ensayando por dos horas. Entre las canciones que piensan presentar al público norteamericano se encuentra la «Tuna compostelana»,° cuyos versos se dan a continuación.° La canción habla del amor inconstante de un tuno de Santiago de Compostela, quien lleva en su capa una cinta por cada una de sus muchas conquistas amorosas.

debut

from Santiago de Compostela / **a . . .** next

Una tuna en un restaurante en Barcelona.

Tuna compostelana

Pasa la tuna en Santiago
cantando y tocando romances[1] de amor
luego la noche en sus ecos
los cuela de ronda[2] por todo balcón.
Y allá en el templo del Apóstol Santo[3]
una niña llora, ante su patrón,[4]
porque la capa del tuno que adora
no lleva la cinta que ella le bordó,[5]
porque la capa del tuno que adora
no lleva la cinta que ella le bordó.

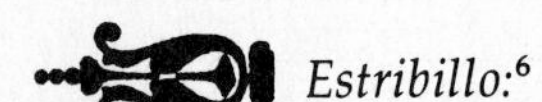
Estribillo:[6]

Cuando la tuna te dé serenata
no te enamores, compostelana
que cada cinta que adorna su capa
es un trocito de corazón.[7]
Ay tralalara, etcétera . . .
no te enamores, compostelana,
y deja a la tuna pasar, con su tralaralalá.

Hoy va la tuna de gala[8]
cantando y tocando la marcha nupcial
suenan campanas[9] de gloria
que dejan desierta la universidad.
Y allá en el templo del Apóstol Santo
con el estudiante, hoy se va a casar
la galleguita melosa y celosa[10]
que oyendo esta copla,[11] ya no llorará
la galleguita melosa y celosa
que oyendo esta copla, ya no llorará.

1. ballads 2. **los . . .** filters a serenade 3. **Apóstol . . .** Holy Apostle 4. patron saint 5. embroidered 6. Chorus 7. **trocito . . .** a bit of someone's heart 8. **de . . .** festively attired 9. **suenan . . .** bells ring 10. **galleguita . . .** sweet and jealous girl from Galicia 11. ballad, couplet

Comprensión

1. ¿Qué están organizando Manuel y otros tres estudiantes? ¿Por qué se reunieron?
2. ¿Qué es una «tuna»?
3. ¿Qué tipo de canciones cantan los tunos?
4. ¿Cómo se organizan las tunas?
5. ¿Cómo se visten los jóvenes?
6. ¿Por qué los tunos llevan cintas en sus capas?
7. ¿Qué hicieron anoche Manuel y sus compañeros? ¿Por cuánto tiempo estuvieron allí?
8. ¿De qué trata la canción «Tuna compostelana»?

Conversación

1. ¿Cree usted que la organización de un grupo como la tuna tendría éxito en las universidades de los Estados Unidos? ¿Qué obstáculos encontraría la formación de una tuna?
2. ¿Qué canciones tradicionales o estudiantiles existen en los Estados Unidos? ¿Sabe alguna?
3. ¿Sabe usted tocar la guitarra? Si no, ¿le gustaría saber tocarla? ¿Preferiría tocar canciones tradicionales o populares?
4. ¿Qué otro instrumento sabe o le gustaría saber tocar? ¿el piano? ¿la trompeta? ¿el acordeón? ¿el clarinete? ¿la flauta? ¿el tambor?
5. ¿Qué costumbres tradicionales existen en su universidad? ¿en su pueblo o ciudad?
6. ¿Qué ciudades de los Estados Unidos son famosas por sus tradiciones? Mencione las tradiciones que más le interesan.
7. ¿Pertenece Ud. a algún coro? ¿en la universidad? ¿en la iglesia? ¿Qué tipo de canciones cantan?

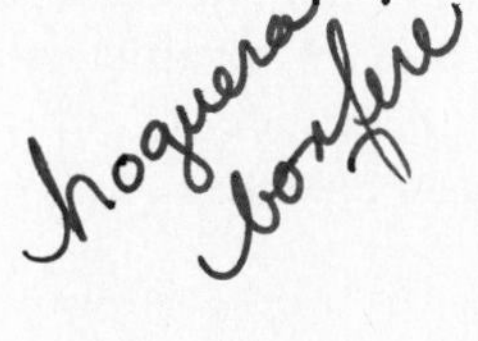

Vocabulario

Palabras análogas

el acordeón
adorar
adornado, -a
adornar
amoroso, -a
el balcón
la capa
el clarinete
desierto, -a
el eco
la formación
formar
la gloria
la guitarra
el instrumento
medieval
el obstáculo
pasar
el piano
el público
el repertorio
la serenata
tradicionalmente
la trompeta
universitario, -a
el verso

Sustantivos
la cinta ribbon
el derecho law
la facultad faculty, school in university
la flauta flute
el tambor drum
el templo temple, church, chapel
la tuna student musical group
el tuno member of a student **tuna**

Adjetivos
corto, -a short
inconstante fickle
largo, -a long
vivo, -a alive

Verbos
ensayar to rehearse
regalar to give (a gift)
tocar to play (a musical instrument)

Otras palabras y expresiones
ante in the presence of
cuyo, -a / cuyos, -as whose
la marcha nupcial wedding march

Práctica

A. Imagínese que Ud. tiene que entrevistar a la estrella *(star)* de un programa musical en su universidad. Dé ocho preguntas que le haría en la entrevista.

B. El club de español quiere invitar a la tuna de la Facultad de Derecho de la Universidad Complutense de Madrid a cantar en su universidad. Escriba una carta al director del grupo. Usted quiere saber el programa que presentarían en su universidad si vienen a los Estados Unidos.

Nota cultural El arte y la música en España

El museo del Prado de Madrid alberga[1] una de las mejores colecciones de obras maestras[2] del mundo, entre las que figuran obras de pintores[3] españoles como el Greco, Velázquez, Goya y Murillo. Las catedrales e iglesias y los museos de menor escala también son ricos repositorios del arte del país. Un gran número de galerías de arte exhiben cuadros de pintores jóvenes, nacionales y extranjeros. Estatuas de estilo renacentista[4] y clásico y esculturas contemporáneas adornan las plazas, parques y sitios públicos de las ciudades y de los pueblos.

Como en el arte, hay mucha variedad en la música española. Los conciertos de música clásica incluyen obras de compositores nacionales como

1. houses 2. **obras** . . . masterpieces 3. painters, artists 4. Renaissance

Panorama artístico

(page M, left - Goya) (page M, right - El Greco)

(Izquierda) Francisco de Goya y Lucientes (1746–1828), España, "Las majas al balcón," ca. 1810. Goya pintó en estilos muy diferentes durante su vida, desde lo costumbrista hasta lo macabro. Su vigoroso estilo produjo una revolución en el arte del siglo XVIII y lo convirtió en uno de los precursores de la pintura moderna.

(Derecha) El Greco (Domenikos Theotokopoulos) (ca. 1541–1614), España, "San Jerónimo como cardenal", ca. 1604. Rechazado por muchos de sus contemporáneos por su original uso del color y su peculiar estilizamiento de las figuras, el Greco se considera hoy día un genio de la pintura.

(Izquierda) Carlos Mérida (1893–), Guatemala, "Figuras", 1943. Después de haber estudiado el folklore de su país y de participar activamente en el movimiento muralista mexicano, Mérida evolucionó hacia un estilo más abstracto.

(Abajo) Pablo Ruiz Picasso (1881–1973), España, "Interior con una muchacha dibujando", 1935. Creador de la escuela cubista, Picasso es quizás el pintor más conocido y admirado de este siglo. Su estilo ha tenido una multitud de imitadores y su obra está representada en todos los museos importantes del mundo.

(Derecha) Julio Sequeira (1947–), El Salvador, "La finca", ca. 1970. Este hombre de diversos talentos artísticos es uno de los mejores representantes del Arte Naïve en Hispanoamérica. Sus cuadros, a la vez sencillos y expresivos, tienen a menudo como tema su país.

(Abajo izquierda) Wilfredo Lam (1902–1982), Cuba, "Yosoy", 1949. Con su gran talento e imaginación, Lam ha podido reconciliar con éxito el vigor artístico de Hispanoamérica con la tradición artística europea.

(Abajo derecha) Rufino Tamayo (1899–), México, "Olga", 1947. Tamayo es uno de los grandes pintores mexicanos de este siglo. El estilo original de sus figuras y sus inigualados colores distinguen sus murales y cuadros.

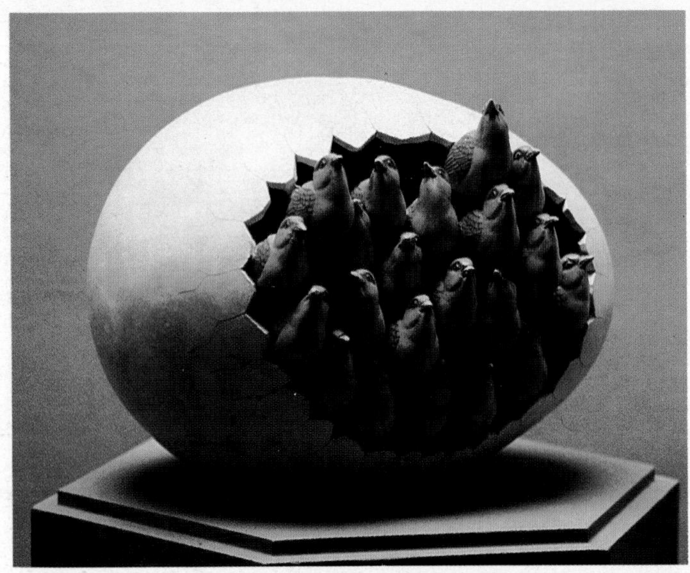

Sergio Bustamante (1943–), México, "Huevo de cerámica". Bustamante expresa su fértil imaginación a través de las formas y colores de su país de origen. Este artista ha desarrollado su propia técnica para diseñar esculturas mayormente de animales, en metal, cerámica y cartón piedra (papier mâché).

Héctor Poleo (1918–), Venezuela, "Los tres comisarios", 1944. Un excelente dibujante, Poleo ha practicado y sigue experimentando con distintos estilos de pintura. Este cuadro es una de las mejores obras de su período bajo la influencia muralista mexicana.

(Izquierda) Pablo Casals, célebre violoncelista español, dirige la orquesta del Festival Casals en Puerto Rico. (Derecha) Museo del Prado, Madrid.

Manuel de Falla, Isaac Albéniz y Joaquín Turina. La guitarra clásica ha tenido un gran auge[5] en España gracias a intérpretes de fama mundial como Narciso Yepes y Andrés Segovia. Por otro lado, tienen mucho éxito las canciones de tradición folklórica, el flamenco, las canciones de carácter político que reflejan[6] los cambios políticos y sociales del país, y las canciones románticas de última moda.[7]

5. popularity 6. reflect 7. **de . . .** of the latest fashion

Estudio de palabras

El amor, el matrimonio y el divorcio

el anillo de compromiso engagement ring
el anillo nupcial wedding ring
el aniversario anniversary
el bautismo christening; baptism
la boda wedding
el compromiso engagement
el divorcio divorce
la edad age
la luna de miel (el viaje de novios) honeymoon
el matrimonio married couple; marriage
el nacimiento birth
el noviazgo courtship
la pareja couple
la separación separation
el traje de bodas wedding dress
la vida matrimonial married life

Expresiones relacionadas
casarse to get married
dar a luz to give birth
divorciarse to get divorced
enamorarse to fall in love
estar comprometido, -a to be engaged
estar enamorado, -a de to be in love with
pedir la mano en matrimonio to propose

Martha Luz

Nació en Tampico Tamps. el día 15 de Octubre de 1962 y fué bautizada el día 17 de Noviembre del mismo año en la Parroquia de la Asunción

Sus Padres:
Jorge Centeno C.
y
Asunción M. de Centeno
Sus Padrinos:
Juan Centeno H.
y
Rosario Centeno C.

A. Conteste las siguientes preguntas.

1. ¿Está usted comprometido/a? ¿Cómo se llama su novio/a?
2. ¿Piensa usted casarse? ¿a qué edad?
3. En su opinión, ¿es bueno tener un noviazgo largo o corto? ¿por qué?
4. ¿Piensa usted que es importante que las mujeres casadas tengan una carrera? ¿por qué?
5. En su opinión, ¿cuáles son los lugares ideales para pasar la luna de miel? ¿por qué?
6. ¿Qué piensa usted del divorcio?
7. ¿Desea usted tener hijos? ¿cuántos? ¿Preferiría tener hijos o hijas? ¿por qué?

B. Complete estas oraciones con la forma correcta de una de las siguientes expresiones.

casarse	divorciarse	estar comprometido/a
dar a luz	enamorarse	estar enamorado/a

1. Mi amigo Pedro _____ de mi prima Luisa, pero todavía no ha pedido su mano.
2. Ayer la esposa del director del banco _____ a su primer hijo.
3. Dos de mis amigas ya _____; recibieron sus anillos de compromiso el catorce de febrero.
4. Mi hermano _____ el veinte de junio y pienso ir a la boda.
5. Nuestros padres no viven juntos ahora porque _____ hace seis meses.
6. Yo _____ muy fácilmente, pero nunca me he casado.

C. Termine usted las frases siguientes de una manera original.

1. La boda de Miguel y Carmen . . . .
2. El traje de bodas de mi abuela . . . .
3. Los suegros de mi hermana . . . .
4. Para el bautismo de su hijo . . . .
5. Según su hijo político . . . .
6. Para nuestro viaje de novios . . . .

D. Escriba una invitación para su boda, para el bautismo de su hijo/a o para la celebración del aniversario de sus padres.

Estructuras útiles

I. Present progressive tense

In Spanish, the present participle is used with the auxiliary verb **estar** to form the progressive tenses.

A. Present participle

1. The present participle of most Spanish verbs is formed by adding **-ando** to the infinitive stem of **-ar** verbs and **-iendo** to the infinitive stem of **-er** and **-ir** verbs. The English equivalent ends in *-ing.*

-ar	-er	-ir
habl**ando**	com**iendo**	decid**iendo**
compr**ando**	ten**iendo**	viv**iendo**
busc**ando**	recog**iendo**	asist**iendo**

2. When the infinitive stem of an **-er** or an **-ir** verb ends in a vowel, the **i** of **-iendo** changes to **y** and the ending becomes **-yendo.**

caer	**cayendo**	leer	**leyendo**
construir	**construyendo**	oír	**oyendo**
creer	**creyendo**	traer	**trayendo**

3. The **-ir** verbs that have a stem-vowel change **o > u** and **e > i** in the third-person singular and plural forms of the preterit also have the same stem-vowel change in the present participle.

Infinitive	Third person preterit (singular and plural)	Present participle
reír (e > i)	rió, rieron	**riendo**
dormir (o > u)	durmió, durmieron	**durmiendo**

4. The verbs **ir** and **poder** have the following irregular present participles.

ir	**yendo**
poder	**pudiendo**

B. *Formation of the present progressive tense*

—¿Qué hace Carlos?
—Está escribiéndole *poemas a su novia . . .*

1. In Spanish, the present progressive tense **(la forma progresiva del tiempo presente)** is formed with the present tense of the verb **estar** + *a present participle.*

Present of *estar* + present participle	
estoy estás está estamos estáis están	hablando comiendo escribiendo

2. The present progressive in Spanish is used to express an action that is taking place at the moment of speaking. It cannot refer to something that is to take place later, as the present progressive can in English.

—¿Qué **estás haciendo?**	*What are you doing?*
—**Estoy leyendo** una novela.	*I'm reading a novel.*
But:	
—¿Y qué **haces** mañana?	*And what are you doing tomorrow?*
—Creo que **voy** al cine.	*I think I'm going to the movies.*

3. Object pronouns used with the progressive may either precede **estar,** or be attached to the present participle. When they are attached to the present participle, a written accent mark is required to retain the original stress.

—¿Están ustedes haciendo las tareas?	*Are you doing the homework assignments?*
—No, no **las estamos haciendo.** —No, no **estamos haciéndolas.**	*No, we aren't doing them.*

—¿Le estás explicando el asunto a Luis? — *Are you explaining the matter to Luis?*

—Sí, se **lo estoy explicando.**
—Sí, **estoy explicándoselo.** } *Yes, I'm explaining it to him.*

A. Cambie las oraciones a la forma progresiva del tiempo presente.

▶ Me lavo el pelo. *Me estoy lavando el pelo.*

1. Toman el almuerzo.
2. ¿Escuchas la radio?
3. Leo una novela histórica.
4. Roberto corre en el parque.
5. Claudio echa una carta al correo.
6. Mi mamá prepara un gazpacho.
7. Marisa ve la exhibición de barcos.
8. Me visto para el teatro.

B. Alguien llama por teléfono a su residencia, y su hermano Fernando contesta el teléfono. Fernando le explica por qué nadie puede salir en ese momento.

▶ Isabel / dormir *Isabel no puede salir porque está durmiendo.*

1. María Dolores / trabajar
2. Esteban y Luis / comer
3. nosotras / oír las noticias
4. yo / preparar la cena
5. Manolo y Teresa / analizar la encuesta política
6. Margarita y Cristina / jugar al tenis
7. Carmen y yo / escribir un informe
8. Leonor / bañarse

C. La tuna de la Facultad de Derecho organiza los últimos detalles para un viaje a los Estados Unidos. En este momento usted está ayudando al director de la tuna con los preparativos. Conteste sus preguntas, usando la forma progresiva del tiempo presente. Use un pronombre de objeto directo o indirecto en su respuesta, si es posible.

▶ ¿Arregló Julio su capa? *La está arreglando ahora.*
Está arreglándola ahora.

1. ¿Trajo Raúl los billetes?
2. ¿Se despidió Paco de su novia?
3. ¿Ensayaron Ángel y tú la canción «Granada» de nuevo?
4. ¿Puso Miguel las maletas en el coche?

5. ¿Hizo Ignacio las reservaciones para el hotel?
6. ¿Buscó Ángel la nueva guitarra?
7. ¿Prepararon Julián y tú el itinerario?
8. ¿Cambiaron Ignacio y Raúl el dinero por dólares?

II. Preterit and imperfect progressive tenses

A. *Preterit progressive tense*

1. The preterit progressive tense **(la forma progresiva del pretérito)** is formed with the preterit of **estar** + *a present participle.*

Preterit of *estar* + present participle	
estuve estuviste estuvo estuvimos estuvisteis estuvieron	charlando leyendo describiendo

2. The preterit progressive tense is used to express an action in progress in the past that the speaker views in its beginning stage, in its final stage, or in its totality.

Estuve escribiendo cartas desde las cinco.	*I was writing letters from five o'clock on.*
Estuvimos charlando hasta las dos de la mañana.	*We were chatting until two o'clock in the morning.*
¿Estuviste cantando en el coro una hora?	*Were you singing in the choir for an hour?*

B. *Imperfect progressive tense*

1. The imperfect progressive tense **(la forma progresiva del imperfecto)** is formed with the imperfect of **estar** + *a present participle.*

Imperfect of *estar* + present participle	
estaba estabas estaba estábamos estabais estaban	charlando leyendo describiendo

2. The imperfect progressive tense is used to express an action in progress in the past that the speaker views in the midst of being performed. The imperfect tense may also be used to express the same action.

Estaban bailando (Bailaban) cuando entré. — *They were dancing when I came in.*
Estábamos charlando (Charlábamos) en ese momento. — *We were chatting at that moment.*

3. A habitual or repeated action in the past is usually expressed with the imperfect tense only.

Yo visitaba (*not* Estaba visitando) a Luis frecuentemente. — *I used to visit Luis frequently.*

4. Some verbs are rarely used in the progressive tenses in Spanish. The most common are **ser, estar, llevar** *(to wear),* **ir, venir,** and **salir.**

D. Diga que ayer estas personas estuvieron haciendo lo siguiente hasta la hora indicada.

▶ yo / bailar / la una — *Ayer estuve bailando hasta la una.*

1. Gregorio / estudiar / las diez
2. David y yo / trabajar en la cafetería / las tres
3. la nueva estudiante / charlar con Paco / las cinco
4. las candidatas / escuchar las noticias / las siete
5. su compañera de cuarto / escribir cartas / las ocho
6. el profesor / preparar los exámenes de español / las nueve

E. Describa lo que estaban haciendo hace una semana las personas mencionadas. Use la forma progresiva del imperfecto de los verbos en las respuestas.

▶ Andrés / estudiar en Puerto Rico — *Hace una semana Andrés estaba estudiando en Puerto Rico.*

1. Luisa / aprender a patinar
2. Roberto y tú / descansar en la playa
3. mi tía / buscar una nueva casa
4. su cuñada / traducir unos poemas de Martí
5. mi hermana / subir el Aconcagua
6. tú / viajar por Argentina
7. ustedes / participar en una conferencia
8. ese arquitecto / terminar los planos de un edificio

F. Describa lo que estaban haciendo hace unos ocho años algunas personas que usted conoce, comparado con lo que hacen ahora. Use la imaginación.

► *Hace unos ocho años Raquel estaba viviendo en una casa antigua, pero ahora vive en un apartamento moderno.*

G. Conteste las preguntas afirmativa o negativamente, usando los pronombres apropiados.

► ¿Uds. estuvieron viendo ese programa en la televisión? — *No, no lo estuvimos viendo. No, no estuvimos viéndolo.*

1. ¿Tus padres estuvieron hablándote mucho tiempo por teléfono?
2. ¿Estabas haciendo la comida cuando te llamé?
3. ¿Ustedes estuvieron discutiendo sus planes hasta tarde anoche?
4. ¿Pepe estaba dirigiendo la investigación?
5. ¿Estaban cantando la «Tuna compostelana» en la clase cuando llegaste?
6. ¿Estuviste pintando ese cuadro hasta tarde?

H. Diga cuándo estaban haciendo las cosas indicadas las siguientes personas. Use dos pronombres en sus respuestas.

► Ricardo le estaba escribiendo cartas a Julia. — *Se las estaba escribiendo [anoche]. Estaba escribiéndoselas [anoche].*

1. María me estaba enseñando el trabajo.
2. Nosotros te estábamos preparando una sorpresa.
3. Yo te estaba arreglando la motocicleta.
4. Sara nos estaba describiendo unas costumbres españolas.
5. Tú les estabas cuidando el apartamento.
6. Mis amigos me estaban dando consejos *(advice).*

III. Use of reflexive verbs for unintentional actions

*¡Ay! ¡**Se me rompió** el vaso!*

1. Unintentional actions are sometimes expressed in Spanish with third-person reflexive constructions in which an indirect-object pronoun represents the person who unintentionally performs the action. The following verbs are often used in this construction.

caer to drop	**quedar** to remain
olvidar to forget	**rasgar** to tear
perder to lose	**romper** to break

2. Compare the difference in use of the non-reflexive and the reflexive structures in the following sentences.

Rompí el plato porque ya no servía.	*I broke the dish because it was no longer useful.*
Se me rompió el plato cuando lo lavaba.	*The dish broke (I broke it unintentionally) when I was washing it.*
Julio **rasgó** la camisa vieja porque ya no servía.	*Julio tore the old shirt because it was no longer any good.*
Se le rasgó la camisa en la fiesta.	*He tore his shirt (unintentionally) at the party.*
Dejamos los libros en casa porque no los necesitamos hoy.	*We left the books at home because we don't need them today.*
Se nos quedaron los libros en casa y tuvimos que regresar por ellos.	*We left the books (unintentionally) at home and had to go back for them.*
Dejé caer el plato porque estaba muy caliente.	*I dropped (let go of) the dish because it was very hot.*
Se me cayó el reloj y se rompió en mil pedazos.	*I dropped the watch (unintentionally), and it broke into a thousand pieces.*

I. Generalmente estas personas son cuidadosas, pero hoy tuvieron mucha prisa y por eso les fue mal en todo. Explique la situación, usando una construcción reflexiva.

▶ Antonio dejó los documentos en casa. — *Se le quedaron los documentos en casa.*

1. Yo rompí el espejo.
2. Tú perdiste los papeles.
3. Marta dejó caer la taza de café.
4. Pilar rasgó la falda.
5. Tú y Álvaro dejaron la carta en casa.
6. Nosotros perdimos los billetes.

J. Explique que a las siguientes personas les ocurrieron varios accidentes anteayer sin que ellos tuvieran la culpa *(blame).*

▶ (nosotros): romper la cámara — *Se nos rompió la cámara anteayer. ¡No fue culpa nuestra!*

1. (tú y Jaime): perder el dinero
2. (los alumnos): quedar los libros en casa
3. (Luis): rasgar la chaqueta
4. (tú): olvidar la cita con el dentista
5. (yo): quedar la flauta en mi habitación
6. (mis hermanos): romper algunos discos
7. (tú): perder el bolígrafo
8. (Marta): caer el vaso de agua en la alfombra

¡Exprésese usted!

La descripción

La descripción del ambiente donde vive el protagonista de un escrito puede darnos tanta información sobre su personalidad como lo que se dice de él. Lea la siguiente descripción de una habitación y trate de encontrar toda la información posible sobre la persona que vive en ella. Luego haga el Ejercicio A y lea nuevamente la selección antes de hacer el Ejercicio B.

Su cuarto

El cuarto es grande, aun estando lleno de objetos en desorden: libros de filosofía, de matemáticas, de música, novelas clásicas y poesías contemporáneas. Una mesa muy grande está cubierta de planos de edificios y papeles llenos de números y jeroglíficos incomprensibles. La ventana, enorme pero cerrada, deja entrar el sol de la mañana, pero no quita el mal olor de los cigarrillos a medio fumar, muertos sobre una mesa que lleva ya las marcas de infinitos cigarrillos. La papelera está llena de papeles y cartas sin terminar para mujeres que nunca las recibieron. En una pared, las fotografías de esas mujeres sonríen como si comprendieran que nunca van a recibir las cartas. Otras fotografías de amigos distantes y de algún grupo universitario llenan otra pared. Dos o tres diplomas certifican habilidades matemáticas en varias especialidades. Y el teléfono suena, sin que nadie lo conteste.

A. Conteste las siguientes preguntas sobre la persona que vive en el cuarto.

1. ¿Es el dueño del cuarto un hombre o una mujer?
2. ¿Qué ocupación o profesión puede tener el dueño?

3. ¿Qué características tiene esta persona, en su opinión?
4. ¿Qué pasatiempos tiene?

B. Describa su habitación o la habitación de una persona que usted conoce bien, pero concéntrese en dos o tres detalles que reflejen la personalidad del individuo.

   1. Primeras impresiones: Indique si el cuarto da la impresión de ser amplio o pequeño, oscuro o claro, ordenado o desordenado.
   2. Detalles generales: Hable un poco del aspecto físico del cuarto. ¿Demuestra el estado del cuarto que la persona es alegre o triste, cuidadosa, desordenada?
   3. Detalles específicos: Diga qué tipo de libros hay en los estantes, si los hay; qué cosas hay sobre los muebles y en las paredes. ¿Es posible deducir las cualidades o los defectos de la persona, su edad, sus pasatiempos, su pasado o su futuro a través de estos detalles?

Una pareja pasa un rato agradable al aire libre en el Parque del Retiro, Madrid.

Lección 24
En España

Un folleto sobre Barcelona

¡Gastronomía variada!

La gastronomía de Barcelona es sumamente variada, y el visitante encontrará platos para satisfacer cualquier gusto. Lleve a sus amigos a un restaurante y escójales algunos platos entre las especialidades de la región; por ejemplo, habas a la catalana,° un pollo al ast° o la riquísima zarzuela de pescado y mariscos.° Si usted y sus amigos quieren conocer la comida catalana, vayan a uno de los restaurantes tradicionales del barrio gótico.°

habas . . . broad beans with sausage, Catalonian style
pollo . . . chicken roasted on a spit
zarzuela . . . assorted fish and seafood with sauce
barrio . . . old quarter

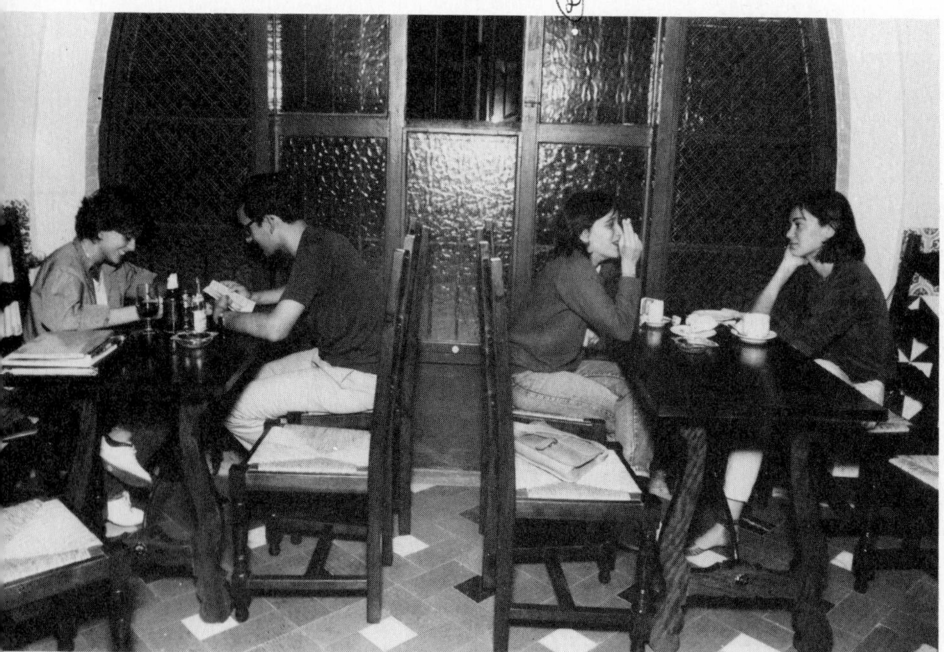

Estudiantes en un restaurante en Barcelona.

Una iglesia de gran imaginación

Es posible que usted haya visto en fotografías la iglesia de la Sagrada Familia, obra maestra de Antonio Gaudí. Todavía en construcción, le ofrecerá desde sus torres una vista espléndida de la ciudad. En 1891 Gaudí se encargó de las obras ya iniciadas de esta iglesia monumental, pero murió en 1916 sin haber terminado los planes. Esta iglesia es una muestra de la gran

Entrada de la iglesia de La Sagrada Familia, Barcelona.

imaginación de su genial arquitecto. Es además prueba de la admiración de los que la ven, pues su construcción se debe a las contribuciones de los fieles° y visitantes.

faithful

Un museo fabuloso

Si usted es un aficionado de Picasso, encontrará cerca del Paseo de las Ramblas,° casi perdido entre los callejones° del barrio gótico, el Museo Picasso. Este museo alberga una colección representativa de las distintas fases en la obra del artista. Entre las obras merece especial atención su visión personal de *Las Meninas*° de Velázquez.

Paseo ... famous boulevard in Barcelona / side streets

Ladies-in-waiting

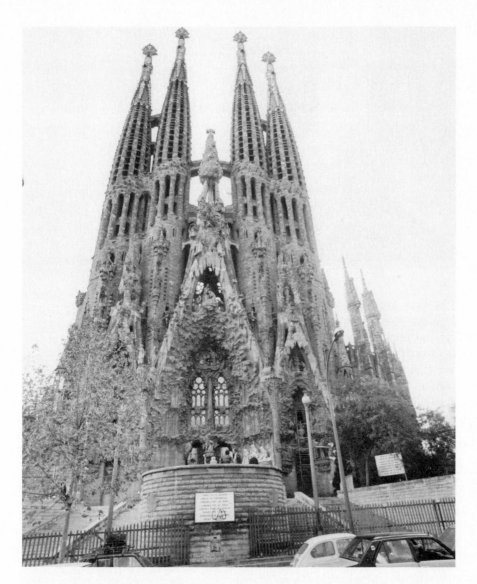

Sección del Museo Picasso donde se encuentra la serie de cuadros basados en «Las Meninas».

Vida nocturna animada

La vida nocturna de Barcelona es muy animada. Quien haya visitado la ciudad de noche no la olvidará jamás. Asista a un concierto o a la última función de un cine o teatro. Si quiere conocer el ambiente de la ciudad antigua, puede dar un paseo por las estrechísimas calles del barrio gótico o por las Ramblas. Deténgase en un café al aire libre y tome una copa mientras ve pasar la gente. Y para el trasnochador,° hay una multitud de clubs y discotecas que permanecen abiertos hasta la madrugada.

°"night owl"

El área de Las Ramblas de Barcelona es un centro de actividad continua, tanto de día como de noche.

Comprensión

1. ¿Cómo es la comida de Barcelona? Nombre algunas de las especialidades de la región catalana.
2. ¿Dónde se encuentran restaurantes de comida tradicional en Barcelona?
3. ¿Quién fue el arquitecto de la iglesia de la Sagrada Familia en Barcelona? ¿Cómo se paga la construcción de esta obra?
4. ¿Qué cuadros alberga el Museo Picasso? ¿Dónde está este museo?
5. ¿Qué se puede hacer en Barcelona de noche?

Conversación

1. ¿Qué edificios o lugares de interés especial tiene la ciudad o el pueblo donde usted vive?
2. ¿Qué platos especiales recuerda de la ciudad o región donde Ud. vive?
3. ¿Se prepara en su casa algún plato especial? ¿Cómo es?
4. ¿Conoce usted algunas obras de Picasso, Velázquez o algún otro pintor famoso? ¿Qué opina de sus cuadros?
5. ¿Hay un museo en su ciudad o pueblo? ¿Qué obras alberga?
6. Nombre un pintor famoso de los Estados Unidos. ¿Cómo son sus obras?
7. ¿Qué diversiones nocturnas le gustan a usted?

Vocabulario

Palabras análogas

la atención
el catalán
la contribución
la discoteca
la diversión
espléndido, -a
la fotografía
la gastronomía
monumental
la multitud
representativo, -a
la visión
la zona

Sustantivos

la especialidad specialty
la fase phase
el folleto pamphlet, brochure
la función performance; function
el gusto taste
la madrugada dawn, early morning
la obra maestra masterpiece
el/la pintor/a painter
el plato dish (food)
la prueba proof
el rascacielos skyscraper
la torre tower

Adjetivos

animado, -a lively, animated
estrecho, -a narrow
genial brilliant
iniciado, -a begun
nocturno, -a night, nocturnal
perdido, -a lost
sagrado, -a sacred, holy
variado, -a diversified, varied

Verbos

albergar to house, contain
encargarse (de) to take charge (of)
escoger to choose
merecer (zc) to merit, deserve
satisfacer (zc) to satisfy

Otras palabras y expresiones

dar un paseo to go for a walk
en construcción under construction
tomar una copa to have a drink *(liquor)*

Práctica

A. Ud. va a hacer un viaje a Barcelona. Pida a su agente de viajes que le recomiende qué cosas debe ver y hacer en la ciudad. O entreviste a un/a amigo/a que haya estado allí y que pueda darle toda clase de información interesante.

B. Describa dos o tres aspectos interesantes de su propia ciudad o de otra que conozca. Compárela con la ciudad de Barcelona, si es posible.

Nota cultural La región de Cataluña

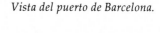

Vista del puerto de Barcelona.

Cataluña, una región de España de gran importancia comercial e industrial, está situada al noreste del país en la costa mediterránea. Barcelona, su puerto principal, es el centro de la actividad cultural, comercial e industrial de la región. Cuenta con[1] industria química, eléctrica, metalúrgica, textil, de maquinaria y de automóviles. El turismo que inunda su costa y sus monumentos es también una importante fuente de ingresos[2] para la región.

En la política, Cataluña tiene una larga tradición de autonomía gubernamental, la cual perdió durante el régimen de Francisco Franco, y que se ha recobrado[3] con los cambios políticos actuales. El catalán, el idioma tradicional de los catalanes, florece[4] de nuevo en las escuelas, en la música y en los medios de comunicación.

Su cultura, abierta a las tendencias europeas que pasan por Francia a través de los Pirineos, refleja las influencias e innovaciones extranjeras. Muchos artistas de fama mundial son catalanes, entre ellos el arquitecto Antonio Gaudí, el músico Pablo Casals y los pintores Joan Miró y Salvador Dalí.

---

1. **Cuenta** . . . It has 2. **fuente** . . . source of income 3. recovered 4. flourishes

Estudio de palabras

Palabras análogas falsas

You have learned to recognize many Spanish cognates in this text. Nevertheless, some words that may seem to be cognates at first glance have different meanings in Spanish and in English when used in certain situations.

abrupto, -a rough *(terrain)*
actual present, current
asistir to attend
el disco record (*also,* disk)
la estación season (*also,* station)
la fábrica factory
el fútbol soccer
la historia story (*also,* history)
gracioso, -a funny
la lectura reading
la librería bookstore
molestar to bother, to annoy
particular private (*also,* particular)
pasar to happen (*also,* to pass)
el pastel pastry, pie (*also,* pastel)
recordar (ue) to remember
severo, -a strict (*also,* severe)

A. Complete las oraciones siguientes con una palabra apropiada de la lista.

fábrica	librería	pasó
discos	lectura	fútbol
particular	estación	asisten

1. Me gusta leer, pero esta ____ es demasiado difícil.
2. Sus hermanitos ____ a una escuela ____ .
3. ¿Qué te ____ anoche que no fuiste a la fiesta en casa de Flor?

4. En nuestra ciudad hay una ______ de automóviles alemanes.
5. Mis amigos fueron al estadio de la universidad para ver un partido de ______ .
6. ¿Te gusta escuchar ______ de canciones tradicionales españolas?
7. ¿Compraste estos libros en una ______ del centro?
8. ¿Qué ______ del año es la más agradable en España?

B. Complete las frases de la primera columna con un final apropiado de la segunda columna.

1. La señora de la Peña es muy buena profesora, pero . . .
2. A su papá le gustan mucho los pasteles . . .
3. ¿Quién es el jefe actual . . .
4. ¿Qué opinas de la historia . . .
5. Me molestan las personas que toman demasiado . . .
6. Nos gustaría practicar el alpinismo este verano . . .
7. Los padres de Rafaelito son muy graciosos porque siempre . . .
8. ¿Recordaste toda la letra *(words)* . . .

a. cuando van a las fiestas.
b. que nos contó mi amigo Raúl?
c. de esa canción de memoria?
d. es muy severa.
e. que viajan compran alcachofas.
f. que venden en esa pastelería.
g. pero las montañas que están cerca de aquí son muy abruptas.
h. de esa gran compañía internacional?

Estructuras útiles

1. Present perfect subjunctive

¡Es posible que el tren **haya salido!**

1. The present perfect subjunctive is formed with the present subjunctive of **haber** + a *past participle.*

Present subjunctive of *haber* + past participle	
haya hayas haya hayamos hayáis hayan	hablado comido venido

2. The present perfect subjunctive is generally used in subordinate clauses that require the subjunctive to express an action that has taken place or is likely to have taken place before the action of the main verb. The main verb in the clause may be in the present indicative, future, or imperative. Note that the present subjunctive is also used in subordinate clauses after the same tenses to refer to present or future time.

Me alegro de que Ana **haya decidido** estudiar medicina.	*I'm glad that Ana has decided to study medicine.*
Tus nietos sentirán que no los **hayas visto.**	*Your grandchildren will be sorry that you haven't seen them.*
Apaga las luces cuando **hayas terminado.**	*Turn off the lights when you have finished.*

A. Diga que usted se alegra de que las siguientes situaciones o acciones hayan ocurrido.

▶ La situación política ha mejorado. *Me alegro de que la situación política haya mejorado.*

1. La función ha empezado.
2. Has visitado el barrio gótico.
3. Mis padres han visto el Museo Picasso.
4. Tu amigo ha asistido a un concierto al aire libre.
5. Hemos encontrado una solución al problema de la vivienda.
6. Tú has escogido un candidato sumamente interesante.

B. El director de un gran almacén habla con el administrador y desea saber si las siguientes personas ya han cumplido *(fulfilled)* sus obligaciones. Haga el papel del director o del administrador. Use la expresión **es posible que** o **no creo que** en sus respuestas.

▶ S1: *¿Santiago llegó a la oficina?* S2: *Es posible que haya llegado.*
No creo que haya llegado.

1. ¿Ustedes pidieron los armarios nuevos?
2. ¿Carmelo volvió del banco?

3. ¿La secretaria puso los anuncios en el periódico?
4. ¿Los vendedores abrieron las cajas *(cash registers)?*
5. ¿Vieron todos el nuevo horario?
6. ¿Llegaron los nuevos empleados puntualmente?

C. Usted acaba de recibir una carta de Patricia, una amiga que pasa el semestre en España. Explíqueles a sus amigos y compañeros lo que Patricia espera para todos.

▶ yo / no tener más accidentes — *Patricia espera que yo no haya tenido más accidentes.*

1. tú / aprobar química este semestre
2. ustedes / alquilar un apartamento para el semestre próximo
3. Ramón / ganar la competencia de natación
4. yo / comprar un nuevo coche
5. nosotras / divertirnos durante las vacaciones
6. tú / poder esquiar en Colorado
7. nosotras / no olvidarla

II. Past perfect subjunctive

1. The past perfect subjunctive is formed with the imperfect subjunctive of **haber** + *a past participle.*

Imperfect subjunctive of *haber* + past participle	
hubiera hubieras hubiera hubiéramos hubierais hubieran	hablado comido venido

2. The past perfect subjunctive is generally used in a subordinate clause requiring the subjunctive to express an action that had taken place before the action of the main verb. The main clause may be in the imperfect, past, or conditional. Note that the imperfect subjunctive is also used in subordinate clauses after the same tenses.

Sentía que no **hubieras venido** a vernos.	*I was sorry that you hadn't come to see us.*
No creyó que yo **hubiera dicho** tal cosa.	*He didn't believe that I had said such a thing.*
Dudarían también que Clara **hubiera tenido** la culpa.	*They would doubt too that Clara had been to blame.*

3. The past perfect subjunctive is frequently used in exclamations after **si** or **ojalá** to express a contrary-to-fact wish or desire about an action in the past.

¡Si **hubieras venido** a la fiesta!	*If only you had come to the party (but you didn't)!*
¡Ojalá que **hubieras venido!**	*I wish you had come (but you didn't)!*
¡Si no **hubiéramos visto** esa película!	*If only we hadn't seen that movie (but we did)!*
Ojalá que no **hubiéramos visto** esa película!	*I wish we hadn't seen that movie (but we did)!*

4. The past perfect subjunctive is also used in **si-**clauses that express a contrary-to-fact action or situation in the past. The conditional perfect or the conditional is used in the main clause to express the conclusion to the **si-** clause. Use of the conditional perfect means that the result of the situation has already occurred. Use of the conditional means that the result of the situation is still occurring or may still occur.

Si **hubieran llegado** antes, habrían visto el espectáculo.	*If they had arrived sooner (but they didn't), they would have seen the show.*
Si **hubiera vivido** en España, conocería Barcelona.	*If he had lived in Spain, he would know Barcelona.*

D. Exprese su deseo de que las situaciones descritas en las siguientes oraciones no hubieran ocurrido.

▶ Rompió el espejo. *¡Si no lo hubiera roto!*

1. Se fue para Francia.
2. Tuvo una mala idea.
3. Dijo una mentira *(lie).*
4. Se bebió los vinos.
5. Estuvo enferma.
6. Salió de la casa.

E. A todos nos gustaría que ciertas cosas hubieran ocurrido de una forma diferente. Responda a las preguntas, usando una exclamación con **si** o con **ojalá (que).**

▶ ¿Tuviste vacaciones muy largas? *¡Si las hubiera tenido!*
¡Ojalá que las hubiera tenido!

1. ¿Viajaste por Argentina?
2. ¿Recibió Luis un cheque de su casa?
3. ¿Ganaste la lotería?
4. ¿Terminaron las clases?
5. ¿Llenaste una solicitud de empleo?
6. ¿Conseguiste empleo?

F. Graciela y su esposo César acaban de salir de viaje, y ahora César quiere saber si se hizo todo lo que se tenía que haber hecho en la casa antes de salir. Haga el papel de Graciela y conteste las preguntas de César.

▶ ¿Pusiste la alarma? *¡No! ¡Ojalá la hubiera puesto!*

1. ¿Cancelaste el periódico?
2. ¿Emilio apagó todas las luces?
3. ¿Cerramos todas las ventanas?
4. ¿Recogieron las niñas las sillas?
5. ¿Habló Sara con el cartero?
6. ¿Te despediste de los vecinos?

G. Explique lo que habría ocurrido si la situación hubiera sido diferente. Use la información entre paréntesis, o conteste en forma original.

▶ Si hubiera llovido / (no ir al campo) *Si hubiera llovido, no habría ido al campo.*

1. Si hubiéramos vivido en Argentina / (visitar Buenos Aires)
2. Si hubieras estudiado más / (comprender todo)
3. Si hubieran pensado en las consecuencias / (no hacerlo)
4. Si hubiera ido a la reunión / (conocer al presidente)
5. Si hubiéramos hablado / (no tener problemas)

H. Diga cómo habría sido o cómo sería diferente su vida si estas cosas no hubieran ocurrido.

▶ nacer en California *Si no hubiera nacido en California, no habría conocido a Juanita, mi mejor amiga.*

1. tomar este curso de español
2. venir a esta universidad
3. tener un talento musical
4. viajar a algún país extranjero
5. gastar el dinero en comida
6. enamorarse de alguien

III. **Pero** and **sino**

—¿Quieres jugar al tenis?
—Ojalá pudiera, ***pero*** *el examen de biología es mañana.*
—Chico, ¡el examen no es mañana ***sino*** *el viernes!*

Both **pero** and **sino** mean *but;* however, they are not interchangeable. **Sino** *(but, on the contrary)* is used to contradict and correct a preceding negative statement. **Pero** is used when no contradiction is implied, whether the preceding statement is affirmative or negative.

Sofía no piensa estudiar arte **sino** arquitectura.	*Sofía doesn't intend to study art but rather architecture.*
No viajamos en tren **sino** en autobús.	*We don't travel by train but by bus.*
Hoy no puedo verte, **pero** tal vez mañana sí.	*I can't see you today, but maybe tomorrow I can.*
Eduardo vive en los Estados Unidos, **pero** habla poco inglés.	*Eduardo lives in the United States, but he speaks little English.*

I. Conteste las preguntas de acuerdo con la realidad o según su opinión personal. Use **sino** en sus respuestas.

▶ ¿Hoy hace frío o calor? *Hoy no hace frío sino calor.*
Hoy no hace calor sino frío.

1. ¿Tu prima es alegre o triste?
2. ¿Para ti el español es fácil o difícil?
3. ¿Crees que la profesora habla muchas o pocas lenguas?
4. ¿Tu trabajo es muy interesante o es aburrido?
5. ¿Te gustan las personas extrovertidas o las personas introvertidas?
6. ¿Conoces a muchos o a pocos extranjeros?

J. Escoja la opción correcta para terminar cada oración.

▶ No voy a la fiesta, pero ____ . (voy a bailar, al cine) *No voy a la fiesta, pero voy a bailar.*

1. Ojalá que Francisco no traiga los discos sino ____ . (la guitarra, que venga)
2. En este restaurante no sirven comida japonesa sino ____ . (es muy buena, china)
3. No conozco a tu amigo Miguel, pero ____ . (a Pablo, sé dónde vive)
4. Estudian francés, pero ____ . (alemán, no lo pronuncian bien)
5. No tengo cuatro hermanas sino ____ . (me gustaría tenerlas, dos)
6. No vamos a Inglaterra sino ____ . (a España, algún día pensamos ir)
7. Ellos salieron para el concierto, pero ____ . (se perdieron, al partido de baloncesto)

IV. Review of object and reflexive pronouns

A. *Forms*

Direct-object pronouns	Indirect-object pronouns	Reflexive pronouns
me	me	me
te	te	te
lo, la	**le (se)**	**se**
nos	nos	nos
os	os	os
los, las	**les (se)**	**se**

1. In Spanish, the forms of the direct-object, indirect-object, and reflexive pronouns are identical except for the third-person singular and plural.

2. Remember that when **se** is used with another pronoun, it may be a reflexive pronoun or the indirect-object pronoun **le(s)** that changes to **se** before **lo(s)** or **la(s).**

Pepe **se escondió** en su cuarto. (**se** = reflexive pronoun) — *Pepe hid himself in his room.*
Todos **se divirtieron.** (**se** = reflexive pronoun) — *They all had a good time.*

—¿Le diste la información a Marta? — *Did you give Marta the information?*
—Sí, **se la di.** (**se** = indirect-object pronoun) — *Yes, I gave it to her.*

—¿Les diste el dinero? — *Did you give them the money?*
—No, no **se lo di.** (**se** = indirect-object pronoun) — *No, I didn't give it to them.*

B. *Position*

1. Direct- and indirect-object pronouns normally precede conjugated verbs in affirmative and negative statements.

Yo **se lo digo** a usted. — *I'm telling it to you.*
No **me han llamado.** — *They haven't called me.*

2. With double-verb constructions and with the progressive tenses, object pronouns may precede the conjugated verb form or be attached to the end of the infinitive or present participle. An accent mark is required on the infinitive or the present participle to reflect the original stress when pronouns are attached.

—¿Puede **arreglarle** el coche a mi marido?	*Can you fix the car for my husband?*
—Sí, pero no **se lo puedo arreglar** (no **puedo arreglárselo)** ahora.	*Yes, but I can't fix it now.*
—¿Qué **le está contando** José?	*What is José telling you?*
—**Está contándome (Me está contando)** lo del accidente.	*He's telling me about the accident.*

3. In *affirmative commands,* object and reflexive pronouns are attached to the end of the command form of the verb. An accent mark may be required to reflect the original stress.

Aquí están las flores. **Véanlas,** ¡qué hermosas son!	*Here are the flowers. See (them) how pretty they are!*
Tráigame otro café, por favor.	*Bring me another (cup of) coffee, please.*
Ponte el abrigo y vamos.	*Put on your coat and let's go.*

4. In *negative commands,* object and reflexive pronouns precede the conjugated form of the verb.

No **los coman.**	*Don't eat them.*
No **me lo expliques.**	*Don't explain it to me.*
No **se sienten** allí.	*Don't sit there.*

5. Object pronouns are always used in the following sequence, whether or not they precede or follow the verb form.

(se)	me	lo(s)
	te	la(s)
	nos	le(s)
	os	

K. Diga lo que las primeras personas darán a sus amigos. Use el objeto indirecto en sus respuestas.

▶ Manuel / cinco pesetas / a Tomás — *Manuel le dará cinco pesetas.*

1. tú / una torta / a nosotros
2. yo / un disco / a Manuela
3. Margarita / una sorpresa / a Juan y a Elena
4. Eugenia y María / unas flores / a Tita
5. nosotros / una guitarra / a ti
6. ustedes / una radio / a nosotros

L. Diga si puede o no puede hacer lo siguiente y por qué.

▶ darme cien dólares — *No, no te los puedo dar porque [no tengo tanto dinero].*
Sí, puedo dártelos, [pero los voy a necesitar el mes que viene].

1. leerle las noticias a Juanita
2. ofrecernos una limonada
3. comprarles un estéreo a sus padres
4. conseguirme este libro
5. traerle un café a esta señorita
6. hacernos una comida española

M. Rechace *(Refuse)* cortésmente estas invitaciones o solicitudes, diciendo que prefiere hacerlas en otra ocasión.

▶ ¿Quieres visitarme mañana? — *Claro que quiero visitarte (te quiero visitar), [pero prefiero visitarte otro día].*

1. ¿Quieres invitar a Mario a tu casa el domingo?
2. ¿Quieres escuchar música clásica conmigo esta tarde?
3. ¿Quieres visitar a mis primas el martes?
4. ¿Quieres ver la exhibición de fotos con nosotros el lunes?
5. ¿Quieres llamar a Jorge por teléfono esta tarde?
6. ¿Quieres contarme hoy de tu viaje?

N. Explique que usted no está haciendo estas cosas porque tiene prisa *(you're in a hurry)* en este momento.

▶ ¿Lees el periódico? — *No lo estoy leyendo (No estoy leyéndolo) porque tengo prisa ahora.*

1. ¿Le hablas a tu novio/a?
2. ¿Escuchas el concierto?
3. ¿Le contestas la carta a tu madre?
4. ¿Les compras unos regalos a tus amigos?
5. ¿Me preparas un café?
6. ¿Comes la paella que te hice?

O. Usted está en una tienda exclusiva de Barcelona, y la vendedora ofrece enseñarle varios objetos. Acéptelos o rechácelos *(refuse)*, según su interés personal.

▶ ¿Le muestro estas corbatas? — *Sí, muéstremelas.*
No, gracias, no me las muestre.

1. ¿Le muestro un sombrero?
2. ¿Le enseño los calcetines rojos?

3. ¿Le enseño otra camisa?
4. ¿Le enseño otros zapatos de un número más grande?
5. ¿Le muestro unos pantalones de color diferente?
6. ¿Le muestro una chaqueta de cuero?

P. El primer día en Barcelona usted y su amigo hablan con un guía *(guide).* El guía les ofrece varios servicios, y ustedes los aceptan o los rechazan, según sus intereses.

▶ ¿Los llevo a la catedral? *Sí, llévenos a la catedral.*
No, no nos lleve a la catedral.

1. ¿Les muestro el Museo Picasso?
2. ¿Les explico la historia de Cataluña?
3. ¿Los llevo a un restaurante catalán?
4. ¿Les enseño el barrio gótico?
5. ¿Les hablo de la industria catalana?
6. ¿Los llevo al hotel ahora?

¡Exprésese usted!

El punto de vista

Para poder escribir claramente y convencer al lector hay que entender una situación desde varios puntos de vista.

Lea la siguiente anécdota contada por un español que vino a los Estados Unidos con ideas estereotipadas de los americanos. Trate de comprender a los protagonistas, especialmente al mendigo *(beggar),* desde varios puntos de vista, usando su imaginación. ¿Necesitará realmente el dinero? ¿En qué pensará? ¿Será un borracho *(drunk)?*

El billete de diez dólares

No sé qué esperaba cuando llegué a los Estados Unidos. Mi imagen de Norteamérica era muy confusa por todos los libros que había leído y las películas norteamericanas que había visto en España. Pensaba que era un país rico y que era la tierra de las oportunidades. Por eso cuando me encontré con aquel hombre que tenía un fuerte olor a whisky, que me extendía la mano y me pedía dinero para *«something to eat»,* me sentí absolutamente desilusionado.

En España había encontrado mendigos, pero eso era comprensible en un país de menos oportunidades. Además yo sabía que unas cuantas pesetas les compraría en un restaurante algo que comer. En Estados Unidos, sin embargo, cualquier comida en un restaurante, según mi poca experiencia, costaba cantidades astronómicas. ¿Qué decirle, qué darle a este mendigo norteamericano, a esta persona que para mí era tan irreal, tan fantástica como uno de los fantasmas de mi juventud? Saqué mi billetera y con absoluta consternación vi que solamente tenía un billete de diez dólares. Se lo di.

Póngase Ud. en el lugar del mendigo y escriba una composición en forma más corta, desde ese punto de vista. Piense en una de las siguientes posibilidades.

1. Si el mendigo en realidad necesita el dinero para comer, ¿qué piensa cuando recibe el dinero? ¿Qué hace con él? ¿Qué le dice al español? Explique también por qué se comporta *(behaves)* así.
2. Si el mendigo es un borracho, ¿qué actitud tiene hacia el español? ¿Qué piensa cuando ve el billete? ¿Qué dice? Explique por qué se comporta de esa manera.

Documentos y gráfica 8

Los toros y las fiestas populares

Las celebraciones de las fiestas de San Fermín, en España, son conocidas mundialmente. A partir del 7 de julio durante una semana, se sueltan[1] toros por las calles de Pamplona antes de las corridas[2] diarias. De camino hacia el ruedo,[3] jóvenes y mayores corren delante de los toros por las estrechas calles entre los gritos y aplausos del público. Aunque muchos de los que corren son profesionales, el peligro y la emoción vistos en la carrera son reales.

En muchos otros pueblos también se sueltan toros o vaquillas por las calles del pueblo para celebrar la fiesta de su patrón.[4] En estos encierros[5] los toros o las vaquillas van por un camino establecido, mientras sale gente a correr o a torear[6] hasta llegar al ruedo donde los toros quedan encerrados. Luego en la corrida torean algunos jóvenes, quizás futuros toreros, y también cualquier persona que quiera probar su suerte.

---

1. **se . . .** are let loose 2. bullfights 3. bull ring 4. patron saint 5. enclosures 6. to fight (a bull)

Pamplona es muy conocida por la emocionante fiesta de San Fermín. Esta fiesta está descrita magníficamente en el libro The Sun Also Rises *de Ernest Hemingway.*

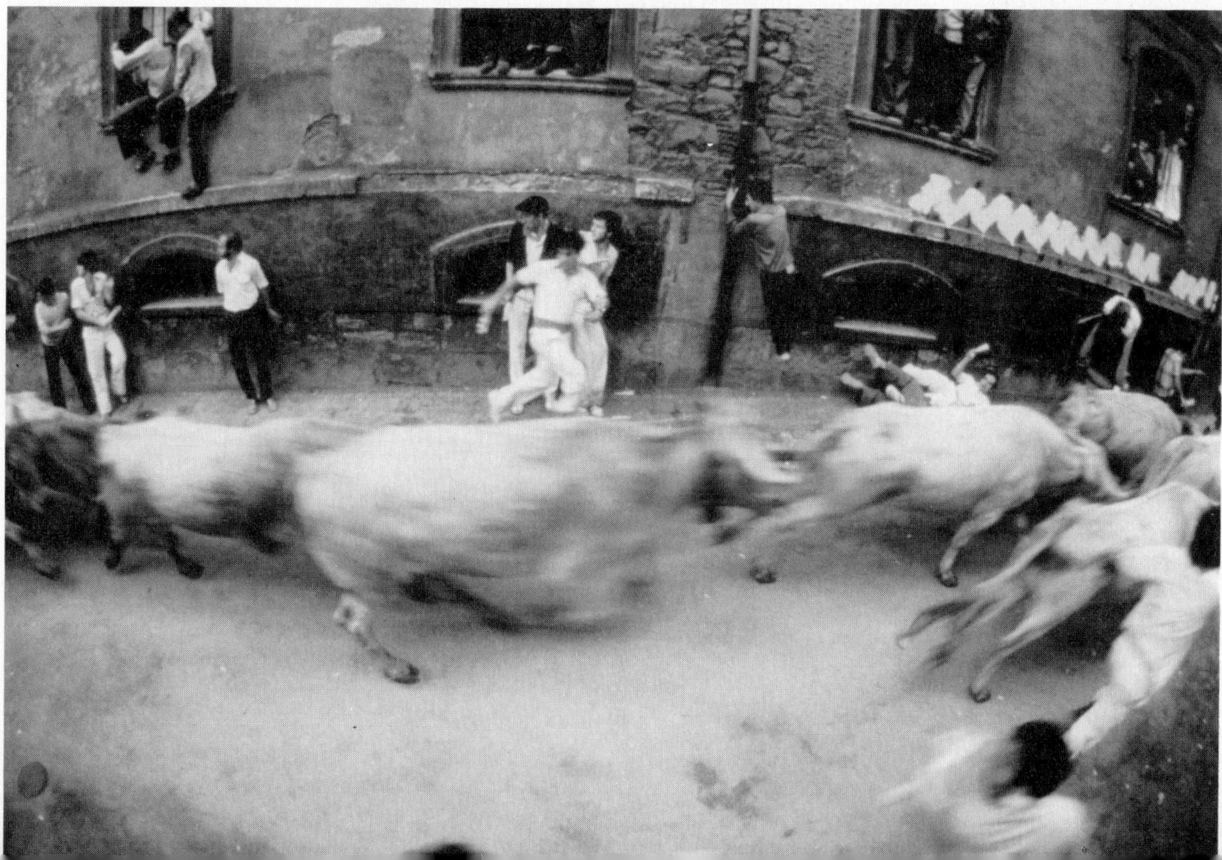

El cine español

A los españoles les gusta mucho el cine y acuden[1] a ver las películas americanas y europeas que se proyectan por todo el país. Las películas extranjeras suelen ser dobladas,[2] pero a veces aparecen en versión original con subtítulos en español.

Luis Buñuel se considera uno de los más importantes creadores del cine moderno. Su espíritu es siempre profundamente español. Aunque la mayoría de sus películas fueron producidas fuera de España, sus temas, de tono antiburgués[3] y anticonformista, que a menudo atacan las instituciones tradicionales de la familia, la patria y la religión, reflejan su visión de la realidad española. Sus obras en español incluyen *Viridiana, Los olvidados, Tristana* y *Ese oscuro objeto del deseo.* En los últimos años, el público español ha podido ver películas de Buñuel anteriormente prohibidas en el país.

Entre los directores contemporáneos del cine español figuran Juan Antonio Bardem, Luis Berlanga y Carlos Saura. Dada[4] la mayor libertad de

1. go 2. **suelen** ... are usually dubbed 3. anti-bourgeois 4. Given

La actriz francesa Catherine Deneuve aparece en compañía del director Luis Buñuel durante el rodaje de la película «Tristana».

expresión artística permitida bajo la democracia, los directores del cine actual pueden analizar y comentar abiertamente la religión, la política y la sociedad españolas. El cine español recibe cada día más atención internacional como lo atestiguan[5] los premios otorgados[6] en los festivales internacionales, por ejemplo, el Oscar a *Volver a empezar* de José Luis Garcí como mejor película en 1982, y la mayor exportación de películas como *Furtivos* de José Luis Borau y *Mi prima Angélica* y *Cría cuervos*[7] de Carlos Saura.

5. **como** . . . as evidenced by 6. awarded 7. ravens (beginning of the Spanish proverb «Cría cuervos y te sacarán los ojos»)

¿Sabía usted que . . . ?

El flamenco es una mezcla de cantos y bailes a veces muy tristes que a menudo hablan de amor, pasión y muerte. El mejor flamenco se encuentra en la región de Andalucía.

Diego Velázquez, el Greco, Murillo y Francisco de Goya y Lucientes son cuatro de los pintores españoles más famosos de los siglos XVII y XVIII.

Otro pintor famoso de España, que vivió la mayor parte de su vida en Francia, es Pablo Picasso. Una de sus obras más famosas es «Guernica», una pintura en blanco, negro y gris que representa la destrucción del pueblo vasco[1] de Guernica durante la Guerra Civil Española. Este cuadro, que se exhibió por cuarenta y un años en el Museo de Arte Moderno de Nueva York, ahora se puede ver en el museo del Prado en Madrid.

La primera parte de la novela *Don Quijote de la Mancha* fue publicada en 1605, y la segunda en 1615. Aunque hoy en día es reconocida como una de las obras literarias más importantes del mundo, su autor, Miguel de Cervantes Saavedra, murió en la pobreza.

La zarzuela es una forma de teatro muy semejante a la comedia musical norteamericana. La zarzuela, que se desarrolló en el siglo XVII, todavía se pone en escena en muchos teatros en España y en otros países hispánicos.

En el año 711 después de Cristo, los árabes invadieron España y permanecieron allí por ocho siglos hasta 1492. La presencia de los árabes tuvo una gran influencia sobre la vida, la cultura, las costumbres, la lengua y el arte españoles, especialmente en el sur del país. Hoy día se conservan en algunas ciudades de Andalucía importantes monumentos árabes como la mezquita[2] de Córdoba, la Alhambra en Granada y la Giralda en Sevilla.

El vasco o éuscara es la lengua hablada en las regiones vascas y es una de las lenguas más antiguas de Europa. Es un idioma muy complejo, y su origen es desconocido.

1. Basque 2. mosque

Dos recetas españolas

1. **El gazpacho andaluz**

   El gazpacho andaluz es una sopa fría de vegetales muy refrescante en el verano y popular también fuera de España.

   Ingredientes (sirve 4 personas)

   1-1/2 tazas de miga[1] de pan (puede hacerse en la licuadora[2])
   2 cucharas soperas[3] de vinagre de vino
   2-1/2 cucharas soperas de aceite de oliva
   1 pepino[4] pequeño pelado,[5] cortado en trozos[6]
   1 diente de ajo[7]
   1 libra de tomates pelados y sin semillas (pueden pelarse fácilmente, pasándolos por agua hirviendo por dos minutos)
   1 cucharadita de sal (aproximadamente, o al gusto)
   Suficiente agua para hacer una sopa de la consistencia de jugo de tomate espeso[8] (aproximadamente un cuarto de taza)

   Preparación

   Se ponen los primeros siete ingredientes en la licuadora y luego se mezclan. El agua no debe ponerse toda de una vez porque el gazpacho debe quedar de una consistencia suave y cremosa. Sírvase muy frío acompañado de los platillos siguientes de guarnición.[9]

---

1. crumbs 2. blender 3. **cucharas ...** tablespoons 4. cucumber 5. peeled 6. chunks 7. **diente ...** clove of garlic 8. thick 9. garnish

Guarnición
Para comer con el gazpacho, según la preferencia individual se pueden servir bien picados en platillos separados: pepino, tomate, cebolla, pimiento verde, cubitos de pan frito, huevo duro y atún.

2. **La paella**
La paella es un plato de arroz, verduras y carnes o pescados. De origen valenciano, tiene variaciones por toda España. Algunos prefieren prepararla a la manera tradicional, con fuego de leña,[1] en el campo.

Ingredientes (sirve 5 personas)
1 pollo pequeño cortado en ocho pedazos
200 gramos de carne de cerdo cortada en pedazos pequeños
200 gramos de carne de ternera cortada en pedazos pequeños
3 cucharadas de aceite de oliva
1 diente de ajo finamente picado
2 tomates maduros pelados y picados
400 gramos de guisantes cocidos
1-1/2 tazas de arroz
2 tazas de caldo[2] de carne o de pollo
1/2 cucharadita de azafrán[3]
200 gramos de camarones crudos pelados
400 gramos de almejas finamente picadas

Preparación
Sofría[4] el pollo, el cerdo y la ternera en el aceite de oliva en una sartén[5] grande. Cuando estén dorados, añada[6] el ajo y el tomate y cocine por un minuto. Agregue[7] los guisantes, el arroz, el caldo y el azafrán y deje hervir[8] por cuatro minutos sin cubrir.[9] En otra sartén, sofría los camarones con un poco de aceite de oliva. Agregue los camarones y las almejas al arroz. Ponga la sartén en el horno[10] por veinte minutos a 375 grados Farenheit.

---

1. firewood 2. broth 3. saffron 4. Fry lightly 5. frying pan 6. add 7. Add 8. **deje** . . . let boil 9. **sin** . . . without covering 10. oven

¡Identifique usted!

Describa o explique brevemente qué o quiénes son los siguientes lugares, personas y cosas.

1. la fiesta de San Fermín
2. Luis Buñuel
3. el gazpacho
4. la Alhambra
5. «Guernica»
6. el flamenco
7. el éuscara
8. Cervantes

Lecturas suplementarias

Los hispanos en los Estados Unidos

Ya se ha hablado en este libro de la presencia hispánica en los Estados Unidos. Usted sabrá que los españoles llegaron a algunas regiones del país desde los tiempos de la conquista del Nuevo Mundo, mientras que otras migraciones de hispanos llegaron más recientemente y continúan llegando.

Unos estudiantes hispánicos celebran su graduación de escuela secundaria en los Estados Unidos.

Dondequiera que vive un grupo grande de hispanos hay muchas tiendas que venden productos típicos de esos países. (San Francisco, California)

Los hispanos en este país todavía tienen un impacto en la vida de las comunidades donde viven y siguen contribuyendo mucho a la cultura norteamericana. No solamente se nota su impacto en la vida cotidiana[1] sino también en el arte, la música, la literatura y la política.

1. daily

Un museo hispánico

El Museo de Arte de San Antonio, Texas, es un museo dedicado al arte de las Américas y con énfasis en la cultura hispánica de la ciudad donde está situado. El museo está localizado en una cervecería abandonada que luego fue restaurada. Hoy en día tiene excelentes colecciones permanentes, entre las cuales se pueden nombrar varias colecciones hispánicas.

Los muralistas mexicanos están representados por obras de Diego Rivera, Rufino Tamayo y David Alfaro Siqueiros. Otra colección está dedicada al arte precolombino e incluye esculturas y objetos de cerámica de los mayas y de los olmecas.[1] También está representado el arte colonial español con ejemplares[2] de crucifijos, altares de plata, cuadros al óleo y trajes de la época. Finalmente, hay una colección del arte popular mexicano que incluye árboles de la vida,[3] máscaras ceremoniales y otros objetos típicos de la artesanía mexicana.

1. *an ancient civilization of Mexico* 2. examples 3. **árboles . . .** *ceramic, tree-shaped sculptures representing Adam and Eve and the Creation*

Exterior del Museo de Arte en San Antonio, Texas.

En Nueva York se llevan a cabo muchos tipos de celebraciones hispánicas, entre ellas el desfile del Día de la Raza en octubre y el Desfile Puertorriqueño en junio. Un grupo de espectadores con banderas de Puerto Rico observa este último desfile.

La Raza

Este nombre se basa en la orden que recibieron de los reyes de España todos los conquistadores que vinieron a colonizar el Nuevo Mundo. Su misión fue ir y formar «la Santa Raza», lo que quería decir la conversión al catolicismo de las poblaciones conquistadas. Hoy en día se ha adoptado el nombre «la Raza» con el propósito de incluir a todos los grupos hispanohablantes, para evitar confusión y discriminación entre ellos. También está asociado este nombre con la celebración de El Día de la Raza, que es el doce de octubre en los países de Hispanoamérica.

Dos figuras políticas hispánicas

Dos figuras hispánicas conocidas no solamente entre los hispanohablantes sino también en todo el país son César Estrada Chávez y Rodolfo «Corky» Gonzales. El primero es conocido por haber apoyado a los trabajadores chicanos en California. Su propósito era mejorar las condiciones de trabajo de los campesinos. Tuvo bastante éxito en conseguir mejoras para los trabajadores, pero se hizo más popular como guía[1] con quien podían identificarse los campesinos chicanos.

1. guide

César Estrada Chávez en una reunión del Farmworkers Union of America, *sindicato que él ayudó a organizar.*

Mientras Estrada Chávez se dedicó a los problemas del campesino, otra figura hispánica, Rodolfo «Corky» Gonzales, se preocupó por mejorar las condiciones de vida de los hispanohablantes urbanos de la ciudad de Denver. Además de ser un líder político, Gonzales se ha dedicado también a escribir. Su obra más conocida en la literatura chicana es el poema épico *Yo soy Joaquín.*

Estos dos hombres, además de ayudar a la gente a mejorar su nivel de vida, han hecho que se conozcan mejor los problemas de los hispanohablantes que viven en los Estados Unidos.

El teatro hispánico

En las últimas décadas se han formado varios grupos teatrales de habla española en los Estados Unidos. Uno de los más importantes es el Repertorio Español de Nueva York, fundado en 1968 por dos artistas cubanos que emigraron de Cuba a principios de los años 60. Entre las representaciones de esta compañía teatral se encuentran obras clásicas españolas como «La vida es sueño» de Calderón de la Barca, las tragedias de Federico García Lorca, las piezas de Jacinto Benavente y zarzuelas españolas. Generalmente, las representaciones tienen lugar en un teatro fuera de la zona de Broadway en Nueva York; pero el grupo también viaja para presentar

Presentación de la obra «A secreto agravio, secreta venganza», de Pedro Calderón de la Barca, por el Repertorio Español.

obras de teatro en escuelas y universidades en todo el país y en comunidades hispanohablantes en el medio oeste y especialmente en el suroeste del país.

Otro grupo teatral hispánico es el Teatro Campesino que fue creado por Luis Valdéz en 1965 para los trabajadores organizados bajo César Estrada Chávez. Al principio el propósito de este grupo teatral era presentar, durante manifestaciones y huelgas, escenas de fondo[1] satírico mostrando los problemas de los campesinos. Más tarde, Valdéz escribió una obra musical, «Zoot Suit», sobre la figura del pachuco, que tuvo mucho éxito en Broadway. El pachuco es el nombre dado al mexicano-estadounidense que en los años 40 empieza a valorar sus raíces mexicanas y rechaza la cultura estadounidense.

El Teatro Campesino de Luis Valdéz tiene su sede en San Juan Bautista cerca de Salinas, California; y es el sueño del fundador crear allí un teatro nacional con un mensaje no solamente para los chicanos sino para todos los americanos.

1. background

Reference Section

Appendix A: English Equivalents of Basic Texts (Units 2 and 3)

Lección 4: In Spain

How amazing!

Ricardo Solana and Marisol del Valle are students at Madrid's Complutense University. At this moment, Ricardo sees his friend Marisol in a bookstore in the downtown section of the capital.

Ricardo: Hi, Marisol. What are you doing around here?
Marisol: I'm looking for an art book. What about you? What are you doing?
Ricardo: Well, I'm looking for some books for my English course.
Marisol: Are there textbooks here?
Ricardo: Yes, but on the second floor.
Marisol: Oh, good (I see). And who is your English teacher this year?
Ricardo: Professor Duarte . . . Anita's father.
Marisol: Oh, yes. He's great, isn't he?
Ricardo: Yes, but very demanding.
Marisol: Is it true that he speaks French and German?
Ricardo: Yes, and also a little Italian and Russian.
Marisol: Five foreign languages! How amazing!

Lección 5: In Mexico

Is there a bank around here?

Carlos Guzmán, a young man from Venezuela, is in Mexico City, where he is going to spend his vacation. He's tired, but needs to go to the bank now to change bolivares for pesos before returning to the hotel. He speaks with a policeman on the sidewalk near the hotel.

Carlos: Excuse me, officer. Is there a bank around here? I need to change money.
Policeman: Yes, sir, there's one on Madero Street. It's called Nuevo Banco de Comercio.
Carlos: Is it nearby?
Policeman: No, it's quite far. About eight blocks from here.
Carlos: So far! Is it possible to go there by bus?
Policeman: Yes, of course. The bus goes by here, but there's a lot of traffic. It's easier to go by subway. The subway entrance is there at the corner.
Carlos: Then I'll go by subway. Thank you very much!
Policeman: You're welcome, sir.

Lección 6: In the United States

What's your cousin like?

Daniel Briceño and his fiancée Carolina Ortiz are in a coffee shop at Miami airport. They drink coffee and tea and eat sandwiches while waiting for the arrival by plane of one of Daniel's cousins who lives in Los Angeles.

Carolina: Do you like the sandwiches? They're delicious, don't you think?
Daniel: Yes, but, what terrible coffee! It's very strong . . . Waiter, a beer, please.
Waiter: Yes, sir, right away.
Carolina: Tell me, Daniel. What's your cousin's name?
Daniel: Enrique Briceño Cárdenas. He's a computer technician.
Carolina: How interesting! And what's he like? Tall and dark like you?
Daniel: No, on the contrary, Quique is short and blond, . . . but very nice, just like me.
Carolina: And also very humble like you, huh?
Daniel: Yes, of course. Like all the Briceños . . . Listen, Carolina, they're already announcing the arrival of the Los Angeles flight.
Carolina: And it's on time. What luck!
Daniel: Waiter, the bill, please.
Waiter: Right away, sir.

Lección 7: In Argentina

With or without you!

Sergio Ramírez has a date with his friend Carmen at the box office of Luna Park, a large stadium where they hold rock and popular music concerts in Buenos Aires. Now the two young people go to buy their tickets.

Scene 1

Sergio: Two tickets, please. Do you have inexpensive numbered seats?
Employee: No, there aren't any left. I only have some for the unnumbered seat area from row thirty.
Sergio: Then two of those, please.
Carmen: What a pity! I don't like that section.
Sergio: Well, Mencha, at least we have tickets . . . And, what about Luis and your cousin? Are they coming to the concert?
Carmen: No, they aren't coming. My cousin isn't well, and my brother has to study for his next philosophy exam.
Sergio: Hey, listen, we have to go in the stadium. (He pays for the tickets and they go in.)

Scene 2

Speaker: We now present the Spanish group Alas in "With or without you".

Alas group: I must talk with you, with you, with you.
I can't live without you, without you, without you.
If you don't want to spend your life with me, with me, with me,
The world is going to be awful for me, for me, for me!

(great applause)

Carmen: Terrific! What a great song!

Sergio: Fantastic! Another fabulous hit of the Alas group.

Lección 8: In Uruguay

Do you like that sailboat?

Eduardo García and Raúl Díaz are two young friends who live in Montevideo, capital of Uruguay. They are now in Punta del Este, an international tourist center near the capital. This weekend there is a colorful regatta with seventy sailboats, and the young people are watching them from the seashore.

Scene 1

Eduardo: Look. How incredible! Do you like that red sailboat, Raúl?

Raúl: Number forty-two? Yes, I like it, but I prefer that other one with blue sails.

Eduardo: I'm going to see if I can take some photos. Above all I want one of that red one.

Raúl: You can't take a good one (shot) from here.

Eduardo: We can go to the Club Marino where the official photographers and reporters are . . . but the tickets are very expensive.

Scene 2

Raúl: Look, there goes my neighbor Pilar. Do you remember her?

Eduardo: No, I don't remember her. Who is she?

Raúl: She is Pilar Guzmán, the reporter for *La Nación.* Shall we go to say hello to her? I think she could take us to the Club. That way, you can take your pictures from there with good light . . . And we don't have to pay for our tickets.

Eduardo: Great! What are we waiting for?

Lección 9: In Chile

A sociological survey

Patricia Torres is a sociology student at the National University of Santiago. This semester she has an interesting research project with other students. With them, she is trying to find out the standard of living of the middle class in one of the neighborhoods of Chile's capital. The students prepare a questionnaire and then go out to interview the neighborhood's inhabitants.

The answers to the questionnaire reveal interesting information about the living conditions of the people of that neighborhood. For example, among the residents interviewed, some families don't have either a telephone, a washing machine or a stereo. All have a television set, a radio and a refrigerator, but no family has more than two cars. The majority of mothers are housewives. Some mothers work as clerks or blue-collar workers; only two per cent of them have professions. All those interviewed need more economic help (aid) from the government.

Questionnaire

1. How many people in total live at home? (one, two, three, more than three)
2. Who works in the family? (father, mother, sons, daughters)
3. In which category does the father work? (clerk, blue-collar worker, at home, professional)
4. In which category does the mother work? (clerk, blue-collar worker, at home, professional)
5. Are there students at home? (yes, no, how many?)
6. Where do the children study? (in a public school, at the university, in a private school, in a technical institute)
7. Do you have a telephone? (radio, TV set, refrigerator, stereo, washing machine, dishwasher, air conditioner, clothes dryer)
8. Do you have a car in the family? (no, one, two, more than two)
9. Do you use public transportation? (always, never, rarely)
10. In order to live well, do you need more economic help (aid) from the government? (no; yes, a little; yes, a lot of help)

Appendix B: Sound-Spelling Correspondences

	Sound	Spelling	Examples
Vowels	[a]	**a**	c**a**s**a**
	[e]	**e**	p**e**so
	[ɛ]	**e**	t**e**ngo
	[i]	**i**	v**i**no
	[o]	**o**	c**o**sa
	[ɔ]	**o**	**o**rden
	[u]	**u**	l**u**na
Diphthongs	[ay]	**ai, ay**	b**ai**le, h**ay**
	[au]	**au**	P**au**la
	[ey]	**ei, ey**	r**ei**na, r**ey**
	[eu]	**eu**	**Eu**ropa
	[ia]	**ia**	p**ia**no
	[ie]	**ie**	rec**ie**nte
	[io]	**io**	ind**io**
	[iu]	**iu**	c**iu**dad
	[oy]	**oi,oy**	**oi**go, v**oy**
	[ua]	**ua**	g**ua**po
	[ue]	**ue**	n**ue**vo
	[uy]	**ui, uy**	r**ui**na, m**uy**
	[uo]	**uo**	antig**uo**
Consonants	[k]	**c** (before **a, o, u**) **k** (in a few foreign words) **qu** (before **e, i**)	**c**asa, **c**opa, **c**ubano **k**ilómetro **qu**e, **qu**ien
	[ch]	**ch**	**ch**ileno
	[d]	**d** (in initial position, and after **l, n**)	**d**on, cal**d**o, on**d**a
	[đ]	**d** (between vowels, and final)	to**d**o, uste**d**
	[f]	**f**	**f**ácil
	[g]	**g** (in initial position and after **n**)	**g**rande, tan**g**o
	[ǥ]	**g** (between vowels)	lue**g**o
	[H]	**g** (before **e, i**) **j** (before all vowels) **x** (in a few words)	**g**ente, re**g**ión ca**j**a, **j**ota, **j**urar Mé**x**ico, Te**x**as
	[l]	**l**	ca**l**ma
	[ll]	**ll**	**ll**ama
	[y]	**y, ll** (in parts of S.A.)	**y**o, **ll**ama

Sound	Spelling	Examples
[m]	**m**	**m**úsica
[n]	**n**	**n**úmero
[ñ]	**ñ**	ma**ñ**ana
[p]	**p**	**p**ara
[r]	**r**	ca**r**ta
[rr]	**rr, r** (in initial position)	pe**rr**o, **r**ío
[s]	**s**	**s**alir
	c (before **e, i**)	**c**ero, **c**inco
	x (before a consonant)	e**x**traño
	z	ca**z**a
[z]	**s** (before voiced consonants)	de**s**de, mi**s**mo
[t]	**t**	**t**iempo
[b]	**b** or **v**	am**b**os, **v**ino
[b̸]	**b** or **v**	ha**b**a, ca**v**a
[ks]	**x** (between vowels)	e**x**amen

Appendix C: Grammatical terms

Note: Examples in parentheses are not meant to be exhaustive.

adjective a word used to modify a noun by qualifying, limiting, or specifying it. Qualifying or descriptive adjectives normally indicate the qualities of a noun (**bueno, malo**). Limiting or specifying adjectives can be demonstrative (**este, aquella**), numeral (**primero, uno**), possessive (**mi, tu**), and indefinite (**algún, ningún**) adjectives.

adverb a word that modifies a verb (habla **bien**), an adjective (**muy** bueno), or another adverb (**muy** bien).

agreement correspondence in gender, number, or person between words (ell**a** **es** alt**a**, ell**os** **son** baj**os**).

article a word used to signal and specify nouns. It may be indefinite (**un, una**) or definite (**el, la**).

auxiliary verb a verb that accompanies special forms of the main verb to form a unit expressing tense and mood (**ha** llegado, **pueden** venir, **debes** hacer, **estoy** leyendo).

clause a group of words containing a subject and a predicate that forms part of a compound or complex sentence. A compound sentence normally consists of two independent clauses joined by a conjunction (**Habla español y escribe otras lenguas**). A complex sentence consists of a main clause and a subordinate clause. A *main clause* is the clause in a complex sentence that can stand grammatically by itself (**Es imposible** que yo no lo mire). A *subordinate clause* cannot stand grammatically by itself. It is introduced by a relative pronoun or a conjunction, and most commonly serves (a) as an *adjectival clause* (El hombre **que está ahí** es mi papá); (b) as an *adverbial clause* (Canta **como canto yo**); or (c) as a *noun clause* (Me dice **que no puede**).

conjugation (a) forms of a particular verb for person, tense, number, and mood. (b) in Spanish, any of three major groups in which verbs are divided according to ending: 1st conjugation, verbs in **-ar**; 2nd conjugation, verbs in **-er**; 3rd conjugation, verbs in **-ir**.

conjunction invariable word that joins words or sentences (**y, pero**).

digraph a pair of letters representing a single speech sound (like **qu** in **qu**iero and **gu** in al**gu**ien).

diphthong a complex speech sound beginning with one vowel sound and continuing to another vowel (or semivowel) sound within the same syllable (p**ue**de, s**ie**nte).

direct object the word or words that directly receive and complete the action of the verb (I read *two books*—Leí **dos libros**; I visited *my friends*—Visité **a mis amigos**).

gender a set of three categories (masculine, feminine, and neuter) into which words are divided and which determines agreement with modifiers. In Spanish, nouns are either masculine or feminine; in English, they are masculine, feminine, or neuter.

imperative a mood that expresses a command or request (Pepe, **come**, por favor).

imperfect the form of a verb that shows, usually in the past, an action or condition as incomplete, continuous, or habitual (Luisa **hablaba**). (See *preterit*).

impersonal construction a verbal construction that expresses the action of an unspecified agent. In English, an impersonal construction most often is expressed by the passive voice (*Bread is made* out of wheat), or by an unspecified subject pronoun (*you, one, they*) and the active voice (*One* never knows!; *You* can't grow by standing still; *They* invented a new machine). In Spanish, the most frequently used impersonal construction is formed with **se** (El pan **se** hace de trigo), but **uno** (¡**Uno** nunca sabe!) and the third-person plural without a subject pronoun (**Inventaron** una nueva máquina) are also possible. The passive voice is not used in impersonal constructions in Spanish.

indirect object the word or words that indirectly receive the action of the verb, often indicating *to whom* or *for whom* the action is performed (I give *them* a gift—**Les** doy un regalo; They offer *us* information—**Nos** ofrecen información).

infinitive the basic verb form that does not reflect tense, person, or number: in English, *to* + verb; in Spanish, the verb form ending in **-ar, -er,** or **-ir.**

intransitive a verb construction that does not require a direct object to complete its meaning (*I dream* often—**Sueño** a menudo). Note that a verb may be both transitive and intransitive. (See *transitive.*)

mood a set of verb forms used to indicate the speaker's attitude toward the factuality or likelihood of the action or condition expressed. The *indicative mood* is generally used to relate facts or supply information (Juan **vive** en San Diego; Marta **dice** que no **puede** ir con nosotros). The *subjunctive mood* is generally used (a) in dependent clauses after verbs that express emotion, doubt, denial, uncertainty, a subjective judgment, or attempt to influence someone's behavior or actions (Raquel quiere que yo **compre** las bebidas; Ojalá que **venga**); (b) in dependent adjective and adverbial clauses when the event, action, or situation is non-existent, hypothetical, or uncertain (No hay nadie que lo **sepa**; Terminamos pronto el trabajo a menos que no **vengan** todos los empleados).

nominalization the process by which a word such as an adjective (**bueno**), a phrase (**de madera**), or a clause (**que está ahí**) functions as a noun in a sentence: (Me gusta el pan bueno—Me gusta **el bueno**; Me gusta la mesa de madera—Me gusta **la de madera**; Me gusta la mesa que está ahí—Me gusta **la que está ahí**).

noun a word that designates any kind of being, idea, or object that can serve as subject or object of a verb or object of a preposition.

object (See *direct object* and *indirect object.*)

participle a form of the verb that is used with an auxiliary verb (such as a form of *to be* or *to have*) to indicate certain tenses. (See *past participle, present participle.*)

past participle the form of a verb used with the auxiliary *have* in English and **haber** in Spanish to form the perfect tenses. (¿Has **comprendido**? ¡No has **dicho** una palabra!) The past participle can also be used as an adjective in Spanish, in which case it agrees in gender and number with the noun it modifies (Son casas **construidas** en 1800).

perfect tense a verb form that generally expresses an action completed prior to a fixed point of reference in time (**he trabajado, había trabajado, habré trabajado**).

possessives (See *adjective* and *pronoun.*)

predicate that part of a sentence that expresses something about the subject and that normally includes a verb with its objects and modifiers.

preposition a word that comes before a noun or a pronoun to show its relation to another word in a sentence. The most common prepositions in Spanish are **a, con, contra, de, desde, en, entre, hacia, hasta, para, por, sin,** and **sobre,** plus a number of compound prepositions such as **antes de, detrás de.**

present participle (*gerundio* in Spanish) the form of the verb that ends in **-ndo** in Spanish (*-ing* in English), and that combines with the verb **estar** in Spanish (*to be* in English) to form the progressive (**Estoy leyendo** en este momento—*I am reading* right now). The present participle is not used as an adjective in Spanish as it is in English (The lady *standing* by the fire is the main character).

preterit the form of a verb that is generally used to express a completed action in the past and that views the past action in its beginning stage (El candidato **habló** desde las ocho), in its ending stage (El candidato **habló**

hasta las diez), or in its entirety (El candidato **habló** por dos horas). (See *imperfect.*)

progressive tense a compound verb form that expresses an action in progress in the present, past, or future. (See *present participle.*)

pronoun a word that functions as a substitute for a noun or other word or phrase. Pronouns in Spanish can be the subject of a verb (**yo, ella**), the object of a verb (**me, te**), the object of a preposition (**mí, ti**), or they can be possessive pronouns (**mío, tuyo**), and relative pronouns (**que, quien**).

reflexive construction a construction in which a verb has a subject that is identical to (a) the direct object (I see myself—**Me veo**); or (b) the indirect object (I buy myself a suit—**Me compro** un traje).

relative pronouns (See *pronoun.*)

tense any of the forms in the conjugation of a verb that indicate the time (past, present, or future) in which the action or state occurs or is viewed.

transitive a verb construction that requires a direct object to complete the meaning of the sentence (She *watches* me—Ella me **mira**). Note that a verb may be used both transitively and intransitively. (See *intransitive.*)

Appendix D: Verb Charts

Note: In the sections on stem-changing and spelling-changing verbs, only tenses in which a change occurs are shown.

Regular verbs

Infinitive	hablar	comer	vivir
Present participle	hablando	comiendo	viviendo
Past participle	hablado	comido	vivido

Simple tenses

	hablar	**comer**	**vivir**
Present indicative	habl**o**	com**o**	viv**o**
	as	**es**	**es**
	a	**e**	**e**
	amos	**emos**	**imos**
	áis	**éis**	**ís**
	an	**en**	**en**
Imperfect indicative	habl**aba**	com**ía**	viv**ía**
	abas	**ías**	**ías**
	aba	**ía**	**ía**
	ábamos	**íamos**	**íamos**
	abais	**íais**	**íais**
	aban	**ían**	**ían**
Preterit	habl**é**	com**í**	viv**í**
	aste	**iste**	**iste**
	ó	**ió**	**ió**
	amos	**imos**	**imos**
	asteis	**isteis**	**isteis**
	aron	**ieron**	**ieron**
Future indicative	hablar**é**	comer**é**	vivir**é**
	ás	**ás**	**ás**
	á	**á**	**á**
	emos	**emos**	**emos**
	éis	**éis**	**éis**
	án	**án**	**án**

	hablar	comer	vivir
Conditional	habl**aría** **ías** **ía** **íamos** **íais** **ían**	com**ería** **ías** **ía** **íamos** **íais** **ían**	viv**iría** **ías** **ía** **íamos** **íais** **ían**
Affirmative and negative commands **tú:** **Ud.:** **Uds.:** **vosotros, -as:**	habl**a**, no habl**es** habl**e**, no habl**e** habl**en**, no habl**en** habl**ad**, no habl**éis**	com**e**, no com**as** com**a**, no com**a** com**an**, no com**an** com**ed**, no com**áis**	viv**e**, no viv**as** viv**a**, no viv**a** viv**an**, no viv**an** viv**id**, no viv**áis**
Present subjunctive	habl**e** **es** **e** **emos** **éis** **en**	com**a** **as** **a** **amos** **áis** **an**	viv**a** **as** **a** **amos** **áis** **an**
Imperfect subjunctive	habl**ara** **aras** **ara** **áramos** **arais** **aran**	com**iera** **ieras** **iera** **iéramos** **ierais** **ieran**	viv**iera** **ieras** **iera** **iéramos** **ierais** **ieran**

Compound tenses

	hablar	comer	vivir
Present perfect indicative	he hablado has hablado, *etc.*	he comido has comido, *etc.*	he vivido has vivido, *etc.*
Pluperfect indicative	había hablado habías hablado, *etc.*	había comido habías comido, *etc.*	había vivido habías vivido, *etc.*
Future perfect	habré hablado habrás hablado, *etc.*	habré comido habrás comido, *etc.*	habré vivido habrás vivido, *etc.*
Conditional perfect	habría hablado habrías hablado, *etc.*	habría comido habrías comido, *etc.*	habría vivido habrías vivido, *etc.*
Present perfect subjunctive	haya hablado hayas hablado, *etc.*	haya comido hayas comido, *etc.*	haya vivido hayas vivido, *etc.*
Pluperfect subjunctive	hubiera hablado hubieras hablado, *etc.*	hubiera comido hubieras comido, *etc.*	hubiera vivido hubieras vivido, *etc.*

Stem-changing verbs

	-ar verbs: **e > ie**		-er verbs: **e > ie**	
Infinitive	**pensar** to think		**entender** to understand	
Present indicative	**pienso** **piensas** **piensa**	pensamos pensáis **piensan**	**entiendo** **entiendes** **entiende**	entendemos entendéis **entienden**
Affirmative commands	**piensa** **piense**	pensad **piensen**	**entiende** **entienda**	entended **entiendan**
Present subjunctive	**piense** **pienses** **piense**	pensemos penséis **piensen**	**entienda** **entiendas** **entienda**	entendamos entendáis **entiendan**

	-ar verbs: **o > ue**		-er verbs: **o > ue**	
Infinitive	**contar** to count		**volver** to return	
Present indicative	**cuento** **cuentas** **cuenta**	contamos contáis **cuentan**	**vuelvo** **vuelves** **vuelve**	volvemos volvéis **vuelven**
Affirmative commands	**cuenta** **cuente**	contad **cuenten**	**vuelve** **vuelva**	volved **vuelvan**
Present subjunctive	**cuente** **cuentes** **cuente**	contemos contéis **cuenten**	**vuelva** **vuelvas** **vuelva**	volvamos volváis **vuelvan**

	-ir verbs: **e > i**	
Infinitive	**servir** to serve	
Present participle	**sirviendo**	
Present indicative	**sirvo** **sirves** **sirve**	servimos servís **sirven**
Affirmative commands	**sirve** **sirva**	servid **sirvan**
Present subjunctive	**sirva** **sirvas** **sirva**	**sirvamos** **sirváis** **sirvan**
Preterit	serví serviste **sirvió**	servimos servisteis **sirvieron**
Imperfect subjunctive	**sirviera** **sirvieras,** *etc.*	

	-ir verbs: **e** > **ie** or **i**		-ir verbs: **o** > **ue** or **u**	
Infinitive	**sentir** to regret, to feel		**dormir** to sleep	
Present participle	**sintiendo**		**durmiendo**	
Present indicative	**siento** **sientes** **siente**	sentimos sentís **sienten**	**duermo** **duermes** **duerme**	dormimos dormís **duermen**
Affirmative commands	**siente** **sienta**	sentid **sientan**	**duerme** **duerma**	dormid **duerman**
Present subjunctive	**sienta** **sientas** **sienta**	**sintamos** **sintáis** **sientan**	**duerma** **duermas** **duerma**	**durmamos** **durmáis** **duerman**
Preterit	sentí sentiste **sintió**	sentimos sentisteis **sintieron**	dormí dormiste **durmió**	dormimos dormisteis **durmieron**
Imperfect subjunctive	**sintiera** **sintieras**, *etc.*		**durmiera** **durmieras**, *etc.*	

Verbs with spelling changes

	Verbs in **-car:** **c** > **qu** before **e**		Verbs in **-gar:** **g** > **gu** before **e**	
Infinitive	**buscar** to look for		**llegar** to arrive	
Preterit	**busqué** buscaste buscó	buscamos buscasteis buscaron	**llegué** llegaste llegó	llegamos llegasteis llegaron
Affirmative commands	busca **busque**	buscad **busquen**	llega **llegue**	llegad **lleguen**
Present subjunctive	**busque** **busques** **busque**	**busquemos** **busquéis** **busquen**	**llegue** **llegues** **llegue**	**lleguemos** **lleguéis** **lleguen**

	Verbs in **-ger** and **-gir:** **g** > **j** before **a** and **o**		Verbs in **-guir:** **gu** > **g** before **a** and **o**	
Infinitive	**coger** to pick up		**seguir** to follow	
Present indicative	**cojo** coges coge	cogemos cogéis cogen	**sigo** sigues sigue	seguimos seguís siguen
Affirmative commands	coge **coja**	coged **cojan**	sigue **siga**	seguid **sigan**
Present subjunctive	**coja** **cojas** **coja**	**cojamos** **cojáis** **cojan**	**siga** **sigas** **siga**	**sigamos** **sigáis** **sigan**

	Verbs in consonant + **-cer:** **c** > **z** before **a** and **o**		Verbs in **-zar:** **z** > **c** before **e**	
Infinitive	**vencer** to conquer		**empezar** to begin	
Present indicative	**venzo** vences vence	vencemos vencéis vencen		
Preterit			**empecé** empezaste empezó	empezamos empezasteis empezaron
Affirmative commands	vence **venza**	venced **venzan**	empieza **empiece**	empezad **empiecen**
Present subjunctive	**venza** **venzas** **venza**	**venzamos** **venzáis** **venzan**	**empiece** **empieces** **empiece**	**empecemos** **empecéis** **empiecen**

	Verbs in **-eer:** unstressed **i** > **y**	
Infinitive	**creer** to believe	
Present participle	**creyendo**	
Preterit	creí creíste **creyó**	creímos creísteis **creyeron**
Imperfect subjunctive	**creyera** **creyeras** **creyera**	**creyéramos** **creyerais** **creyeran**

Irregular verbs

	caer to fall	**conducir** to drive
Present indicative	caigo, caes, cae, caemos, caéis, caen	conduzco, conduces, conduce, conducimos, conducís, conducen
Preterit	caí, caíste, cayó, caímos, caísteis, cayeron	conduje, condujiste, condujo, condujimos, condujisteis, condujeron
Imperfect	caía, caías, *etc.*	conducía, conducías, *etc.*
Future	caeré, caerás, *etc.*	conduciré, conducirás, *etc.*
Conditional	caería, caerías, *etc.*	conduciría, conducirías, *etc.*
Present subjunctive	caiga, caigas, caiga, caigamos, caigáis, caigan	conduzca, conduzcas, conduzca, conduzcamos, conduzcáis, conduzcan
Imperfect subjunctive	cayera, cayeras, cayera, cayéramos, cayerais, cayeran	condujera, condujeras, condujera, condujéramos, condujerais, condujeran
Participles	cayendo, caído	conduciendo, conducido
Affirmative commands	cae, caed caiga, caigan	conduce, conducid conduzca, conduzcan

	conocer to know, be acquainted with	**dar** to give
Present indicative	conozco, conoces, conoce, conocemos, conocéis, conocen	doy, das, da, damos, dais, dan
Preterit	conocí, conociste, conoció, conocimos, conocisteis, conocieron	di, diste, dio, dimos, disteis, dieron
Imperfect	conocía, conocías, *etc.*	daba, dabas, *etc.*
Future	conoceré, conocerás, *etc.*	daré, darás, *etc.*
Conditional	conocería, conocerías, *etc.*	daría, darías, *etc.*
Present subjunctive	conozca, conozcas, conozca, conozcamos, conozcáis, conozcan	dé, des, dé, demos, deis, den
Imperfect subjunctive	conociera, conocieras, conociera, conociéramos, conocierais, conocieran	diera, dieras, diera, diéramos, dierais, dieran
Participles	conociendo, conocido	dando, dado
Affirmative commands	conoce, conoced conozca, conozcan	da, dad dé, den

	decir to say	**estar** to be
Present indicative	digo, dices, dice, decimos, decís, dicen	estoy, estás, está, estamos, estáis, están
Preterit	dije, dijiste, dijo, dijimos, dijisteis, dijeron	estuve, estuviste, estuvo, estuvimos, estuvisteis, estuvieron
Imperfect	decía, decías, *etc.*	estaba, estabas, *etc.*
Future	diré, dirás, *etc.*	estaré, estarás, *etc.*
Conditional	diría, dirías, *etc.*	estaría, estarías, *etc.*
Present subjunctive	diga, digas, diga, digamos, digáis, digan	esté, estés, esté, estemos, estéis, estén
Imperfect subjunctive	dijera, dijeras, dijera, dijéramos, dijerais, dijeran	estuviera, estuvieras, estuviera, estuviéramos, estuvierais, estuvieran
Participles	diciendo, dicho	estando, estado
Affirmative commands	di, decid diga, digan	está, estad esté, estén

	haber to have	**hacer** to make, to do
Present indicative	he, has, ha, hemos, habéis, han	hago, haces, hace, hacemos, hacéis, hacen
Preterit	hube, hubiste, hubo, hubimos, hubisteis, hubieron	hice, hiciste, hizo, hicimos, hicisteis, hicieron
Imperfect	había, habías, *etc.*	hacía, hacías, *etc.*
Future	habré, habrás, *etc.*	haré, harás, *etc.*
Conditional	habría, habrías, *etc.*	haría, harías, *etc.*
Present subjunctive	haya, hayas, haya, hayamos, hayáis, hayan	haga, hagas, haga, hagamos, hagáis, hagan
Imperfect subjunctive	hubiera, hubieras, hubiera, hubiéramos, hubierais, hubieran	hiciera, hicieras, hiciera, hiciéramos, hicierais, hicieran
Participles	habiendo, habido	haciendo, hecho
Affirmative commands	— — —	haz, haced haga, hagan

	huir to flee	**ir** to go
Present indicative	huyo, huyes, huye, huimos, huís, huyen	voy, vas, va, vamos, vais, van
Preterit	huí, huiste, huyó, huimos, huisteis, huyeron	fui, fuiste, fue, fuimos, fuisteis, fueron
Imperfect	huía, huías, *etc.*	iba, ibas, *etc.*
Future	huiré, huirás, *etc.*	iré, irás, *etc.*
Conditional	huiría, huirías, *etc.*	iría, irías, *etc.*
Present subjunctive	huya, huyas, huya, huyamos, huyáis, huyan	vaya, vayas, vaya, vayamos, vayáis, vayan
Imperfect subjunctive	huyera, huyeras, huyera, huyéramos, huyerais, huyeran	fuera, fueras, fuera, fuéramos, fuerais, fueran
Participles	huyendo, huido	yendo, ido
Affirmative commands	huye, huid huya, huyan	ve, id vaya, vayan

	oír to hear	**poder** to be able, can
Present indicative	oigo, oyes, oye, oímos, oís, oyen	puedo, puedes, puede, podemos, podéis, pueden
Preterit	oí, oíste, oyó, oímos, oísteis, oyeron	pude, pudiste, pudo, pudimos, pudisteis, pudieron
Imperfect	oía, oías, *etc.*	podía, podías, *etc.*
Future	oiré, oirás, *etc.*	podré, podrás, *etc.*
Conditional	oiría, oirías, *etc.*	podría, podrías, *etc.*
Present subjunctive	oiga, oigas, oiga, oigamos, oigáis, oigan	pueda, puedas, pueda, podamos, podáis, puedan
Imperfect subjunctive	oyera, oyeras, oyera, oyéramos, oyerais, oyeran	pudiera, pudieras, pudiera, pudiéramos, pudierais, pudieran
Participles	oyendo, oído	pudiendo, podido
Affirmative commands	oye, oíd oiga, oigan	— — —

	poner to put	**querer** to wish, to love
Present indicative	pongo, pones, pone, ponemos, ponéis, ponen	quiero, quieres, quiere, queremos, queréis, quieren
Preterit	puse, pusiste, puso, pusimos, pusisteis, pusieron	quise, quisiste, quiso, quisimos, quisisteis, quisieron
Imperfect	ponía, ponías, *etc.*	quería, querías, *etc.*
Future	pondré, pondrás, *etc.*	querré, querrás, *etc.*
Conditional	pondría, pondrías, *etc.*	querría, querrías, *etc.*
Present subjunctive	ponga, pongas, ponga, pongamos, pongáis, pongan	quiera, quieras, quiera, queramos, queráis, quieran
Imperfect subjunctive	pusiera, pusieras, pusiera, pusiéramos, pusierais, pusieran	quisiera, quisieras, quisiera, quisiéramos, quisierais, quisieran
Participles	poniendo, puesto	queriendo, querido
Affirmative commands	pon, poned ponga, pongan	quiere, quered quiera, quieran

	saber to know (how)	**salir** to leave
Present indicative	sé, sabes, sabe, sabemos, sabéis, saben	salgo, sales, sale, salimos, salís, salen
Preterit	supe, supiste, supo, supimos, supisteis, supieron	salí, saliste, salió, salimos, salisteis, salieron
Imperfect	sabía, sabías, *etc.*	salía, salías, *etc.*
Future	sabré, sabrás, *etc.*	saldré, saldrás, *etc.*
Conditional	sabría, sabrías, *etc.*	saldría, saldrías, *etc.*
Present subjunctive	sepa, sepas, sepa, sepamos, sepáis, sepan	salga, salgas, salga, salgamos, salgáis, salgan
Imperfect subjunctive	supiera, supieras, supiera, supiéramos, supierais, supieran	saliera, salieras, saliera, saliéramos, salierais, salieran
Participles	sabiendo, sabido	saliendo, salido
Affirmative commands	sabe, sabed sepa, sepan	sal, salid salga, salgan

	ser to be	**tener** to have
Present indicative	soy, eres, es, somos, sois, son	tengo, tienes, tiene, tenemos, tenéis, tienen
Preterit	fui, fuiste, fue, fuimos, fuisteis, fueron	tuve, tuviste, tuvo, tuvimos, tuvisteis, tuvieron
Imperfect	era, eras, era, éramos, erais, eran	tenía, tenías, *etc.*
Future	seré, serás, *etc.*	tendré, tendrás, *etc.*
Conditional	sería, serías, *etc.*	tendría, tendrías, *etc.*
Present subjunctive	sea, seas, sea, seamos, seáis, sean	tenga, tengas, tenga, tengamos, tengáis, tengan
Imperfect subjunctive	fuera, fueras, fuera, fuéramos, fuerais, fueran	tuviera, tuvieras, tuviera, tuviéramos, tuvierais, tuvieran
Participles	siendo, sido	teniendo, tenido
Affirmative commands	sé, sed sea, sean	ten, tened tenga, tengan

	traer to bring	**valer** to be worth
Present indicative	traigo, traes, trae, traemos, traéis, traen	valgo, vales, vale, valemos, valéis, valen
Preterit	traje, trajiste, trajo, trajimos, trajisteis, trajeron	valí, valiste, valió, valimos, valisteis, valieron
Imperfect	traía, traías, *etc.*	valía, valías, *etc.*
Future	traeré, traerás, *etc.*	valdré, valdrás, *etc.*
Conditional	traería, traerías, *etc.*	valdría, valdrías, *etc.*
Present subjunctive	traiga, traigas, traiga, traigamos, traigáis, traigan	valga, valgas, valga, valgamos, valgáis, valgan
Imperfect subjunctive	trajera, trajeras, trajera, trajéramos, trajerais, trajeran	valiera, valieras, valiera, valiéramos, valierais, valieran
Participles	trayendo, traído	valiendo, valido
Affirmative commands	trae, traed traiga, traigan	val, valed valga, valgan

	venir to come	**ver** to see
Present indicative	vengo, vienes, viene, venimos, venís, vienen	veo, ves, ve, vemos, veis, ven
Preterit	vine, viniste, vino, vinimos, vinisteis, vinieron	vi, viste, vio, vimos, visteis, vieron
Imperfect	venía, venías, *etc.*	veía, veías, veía, veíamos, veíais, veían
Future	vendré, vendrás, *etc.*	veré, verás, *etc.*
Conditional	vendría, vendrías, *etc.*	vería, verías, *etc.*
Present subjunctive	venga, vengas, venga, vengamos, vengáis, vengan	vea, veas, vea, veamos, veáis, vean
Imperfect subjunctive	viniera, vinieras, viniera, viniéramos, vinierais, vinieran	viera, vieras, viera, viéramos, vierais, vieran
Participles	viniendo, venido	viendo, visto
Affirmative commands	ven, venid venga, vengan	ve, ved vea, vean

Reflexive verbs

		levantarse to get up
Present indicative		me levanto, te levantas, se levanta nos levantamos, os levantáis, se levantan
Participles		levantándose, levantado
Affirmative	**tú:**	levántate, no te levantes
and negative	**Ud.:**	levántese, no se levante
commands	**Uds.:**	levántense, no se levanten
	vosotros, -as:	levantaos, no os levantéis

Spanish-English Vocabulary

This vocabulary includes most of the words from the core materials, grammar and word-building sections, and non-guessable words from captions. The definitions are limited to the context in which the words are used in the book. A number after an entry refers to the lesson where the word first appears: the letter *P* refers to the *Lección Preliminar.*

The following abbreviations are used:

adj. adjective
adv. adverb
f. feminine
inf. infinitive
interj. interjection
irreg. irregular
m. masculine
n. noun
pl. plural
sing. singular
trans. transitive

a to, at P; **al (a + el), a la** to the 5
a causa de because of 11
a eso de (las dos) at about (two o'clock) 10
a la (a las) + *number* at *(clock time)* 10
a la derecha de to the right of 5
a la izquierda de to the left of 5
a la orden at your service; **a sus órdenes** *(pl.)* 2
a lo largo de along *(the length of)* 15
a menos que unless 18
a menudo often 17
a partir de from 7
a pesar de in spite of 17
a pie on foot 5
a propósito by the way 11
a través de through 17
a veces sometimes 17
la abeja bee 16
abiertamente openly 22
abierto, -a open 6
el/la abogado/a lawyer 21
abrazar to hug, embrace 14
el abrazo embrace 20
el abrelatas can opener 17
el abrigo coat 12
abril April 11
abrir to open 13
abrupto, -a rough *(terrain)* 12
absoluto: en ~ not at all 18
absurdo: es ~ it's absurd 18
la abuela grandmother 9
el abuelo grandfather 9; **los ~s** grandparents 9
abundar to be plentiful 9
aburrido, -a boring, bored 20
acabar de *(+ inf.)* to have just done something, to finish doing something 16
académico, -a, academic 18
acaloradamente heatedly 21
accesible accessible P
el accidente accident 10
la acción action 5
el aceite (de oliva) (olive) oil 13
acelerar to accelerate 22
el acento (tilde) accent 17
aceptar to accept 15
la acera sidewalk 5
acercarse to come near; approach 21
el acero steel 17
el acondicionador de aire air conditioner 9
aconsejar to advise 13
acordarse (ue) de to remember 12
el acordeón accordion 23
acostarse (ue) to go to bed 12
acostumbrado, -a accustomed 18
acostumbrarse a to get used to, be accustomed to 16
activo, -a active 6
el acto action 21
el actor actor 13
la actriz actress 13
la actuación action, behavior 22
actual present, current 24
actualmente at the present time 22
acuerdo: de ~ agreed; **estar de ~** to be in agreement 21
adelantado: estar ~ to be running fast 10
además de in addition to 15
adiós good-by 1
el adjetivo adjective 1
la administración administration 18
administrar to administrate 22
la admiración admiration 22
admirado, -a admired 13
el adobe adobe 17
¿adónde? (to) where? 5
la adopción adoption 10
adorar to adore 23
adornado, -a decorated 23
adornar to decorate 23
la aduana customs 12
el/la aduanero/a customs officer 12
la aerolínea (la línea aérea) airline 12
el aeroplano plane 8
el aeropuerto airport 6

afeitarse to shave 12
el/la aficionado/a fan 8
afirmar to affirm 10
la agencia agency 12; ~ **de colocaciones** employment agency 21; ~ **de viajes** travel agency 12
el/la agente: ~ **de policía** police officer 5; ~ **de viajes** travel agent 12
agitado, -a agitated 19
agosto August 11
agradable pleasant 18
agradecido, -a: estar ~ to be grateful 20
la agricultura agriculture P
el agua *(f.)* water 6; **agua mineral** mineral water 13
el aguacate avocado 13
ahora now 5; ~ **que** now that, since 18
el aire: al aire libre in the open air 16
aislado, -a isolated P
ajeno, -a foreign to 15
el ajetreo hustle and bustle 14
al *(+ inf.)* on *or* upon *(doing something)* 13
al contrario on the contrary 6
al fin finally 19
al final de at the end of 5
al lado de next to, beside 14
al mismo tiempo at the same time 12
al principio (de) at the beginning (of) 19
al tanto up to date 14
albergar to house, contain 24
la alcachofa artichoke 13
la alcoba (el cuarto de dormir, la habitación) bedroom 14
alegrarse (de) to be glad 13
alegre happy 3
alemán, -ana German 2
el alemán German *(language)* 3
la alfarería pottery 20
la alfombra rug 19
algo something 9
el algodón cotton 17
alguien someone, somebody 9
algún/alguno, -a some 8
alguna vez sometimes, on occasion 9
el almacén grocery store 5
las almejas clams 13
almorzar (ue) to have lunch 8
el almuerzo lunch, late mid-morning meal 13
alojarse to lodge 12
el alpinismo mountain climbing 8
alrededor de around 19
los alrededores outskirts 14
alto, -a tall 6; high 22
el altoparlante loudspeaker 7
la altura height, altitude 12
allí there 5
el ama de casa *(f.)* housewife 9
amarillo, -a yellow 6
el ambiente atmosphere 19
ambos, ambas both 21
americano, -a American 2
el/la amigo/a friend 4
amistoso, -a friendly 14
el amor love 3
amoroso, -a loving 23
la ampliación expansion 22
amplio, -a wide, full 16
analizar to analyze 10
análogo, -a similar 2
anaranjado, -a orange 6
andar to walk 11; ~ **en bicicleta (autobús, metro)** to ride a (go by) bicycle, bus 8
el anillo: ~ **de compromiso** engagement ring 23; ~ **nupcial** wedding ring 23
animado, -a lively, animated 24
el animal animal 16
animar to encourage, cheer 18
el aniversario anniversary 23
anoche last night 10
ante in the presence of 23
anteayer the day before yesterday 10
el antepasado ancestor 20
antes before 11; ~ **(de) que** before 18; ~ **de** *(+ inf.)* before . . .-ing 5
anticipar to foresee 18
antiguo, -a ancient, old 14
antipático, -a unpleasant, disagreeable 6
la antropología anthropology 3
anunciar to announce 6
el anuncio announcement 13; **los anuncios comerciales** advertisements 21
el año year 4; ~ **pasado** last year 10; **en los últimos años** recently 15; **tener . . . años** to be . . . years old 17
apagar to turn off 13
el aparato equipment, apparatus 7
aparecer (zc) to appear 10
el apartamento apartment 5
aparte de besides, in addition to 20
el apellido last name 2
el aplauso applause 7
el apodo nickname 6
apoyar to support 22
apreciados señores (apreciada señora) Dear Sirs (Madam) 20
aprender to learn 3
aprobar (ue) to approve 8
apropiado, -a appropriate 19
las aptitudes qualifications *(for a job)* 21
aquel, aquella that (over there); **aquellos, aquellas** *(pl.)* those (over there) 8
aquí here 4; ~ **estoy a sus órdenes** I'm at your service 2
el árbitro referee 8
el árbol tree 19
el área *(f.)* area P
el armario wardrobe 19
la armonía harmony P
argentino, -a Argentinian 2
la arqueología archaeology 12

arqueológico, -a archaeological 12
el arquitecto architect 14
la arquitectura architecture 14
arreglar to fix 16
arrepentirse (ie) to repent, to be sorry 12; ~ **de** to be sorry to 17
arrogante arrogant 6
el arroz rice 13
el arte *(m. or f.)* art 3; ~ **dramático** dramatic arts 3
la arteria artery 8
la artesanía artisanry 15
el/la artesano/a artisan 15
el artículo article 10
el/la artista artist 8
la asamblea assembly 22
asegurar to assure 12
asesinado, -a assassinated 21
así (in) that (this) way, thus, so 8; **así, así** so-so 1
la asignatura course subject 3
asistir (a) to attend 6
el aspecto aspect 14
el asunto matter, business 11
la atención attention 24
atentamente courteously 20
el aterrizaje landing 12
aterrizar to land *(in a plane)* 12
el ático attic 14
el/la atleta athlete 18
el atletismo athletics 18
atrasado, -a: estar ~ to be running late 10
atravesar (ie) to go through 22
atreverse a to dare to 17
el atún tuna 13
aumentar to increase 22
aunque although 14
el autobús bus 5; **en (autobús)** by (bus) 5
el automóvil car 5
la autonomía autonomy 22
la autopista high-speed highway 14
la autoridad authority 15
autosuficiente self-sufficient P
el/la auxiliar de vuelo steward, stewardess, flight attendant 21
la avenida avenue 5
averiguar to find out; to verify 9
las aves de corral poultry 13
el avión airplane 5
la avioneta small plane 8
ayer yesterday 10; ~ **por la mañana** yesterday morning 10; ~ **por la noche** yesterday evening 10; ~ **por la tarde** yesterday afternoon 10
la ayuda help 9
ayudar to help 10; ~**se** to help each other 17
azteca Aztec 20
el azúcar sugar 13
azucarero, -a sugar 17
azul blue 6; ~ **claro** light blue 6; ~ **marino** navy blue 6

el bachillerato secondary school education; baccaulaureate 19
la bahía bay P
bailar to dance 3
el baile dance 3
bajo, -a short *(in stature)* 6; under 15
el balcón balcony 23
el balneario bathing resort 14
el baloncesto (el básquetbol) basketball 8
el ballet ballet 7
la banana banana 13
bañarse to take a shower, bathe 12
el banco bank 5
la bandera flag 24
el/la banquero/a banker 21
barato, -a cheap, inexpensive 8
bárbaro great 7
la barca small boat 8; **montar en barca (bote)** to go boating 8
el barco ship 8
el barrio neighborhood 9
el barro clay 20
basado, -a based on 24
la base basis 15
bastante bien quite well 2
el bautismo christening; baptism 23
el/la bebé baby 4
beber to drink 6
las bebidas drinks 13
la belleza beauty 21
el béisbol baseball 8
el beso; muchos besos many kisses 20
la biblioteca library 4
el/la bibliotecario/a librarian 21
la bicicleta bicycle 8
bien well 1; ~ **parecido** good looking 6
el bilingüismo bilingualism 15
el billete (boleto) de ida one-way ticket 12; ~ **y vuelta** round-trip ticket 12
la billetera wallet 12
la biología biology 3
biológico, -a biological 16
el/la biólogo/a biologist 16
el bistec beefsteak 13
blanco, -a white 6
la blusa blouse 12
la boca mouth 15
la boda wedding 23
la bodega (el sótano) cellar 14
el boleto ticket 12
el bolígrafo ballpoint pen 2
boliviano, -a Bolivian 2
los bolos bowling 18
la bolsa, el bolso purse, handbag 12
bonito, -a pretty, attractive 6
el bosque woods 16
las botas boots 12
el bote boat 8; ~ **de motor** motor boat 8; **montar en bote** to go boating 8
el boxeo boxing 18
brasilero, -a Brazilian 2

el brazo arm 15
buenas tardes (noches) good afternoon (evening, night) 2
bueno, -a good 6; good *(character);* in good health 20; okay 3; **bueno, bueno** good, good; okay, okay 3
buenas días good morning, hello 2
la bufanda scarf 12
la burocracia bureaucracy 11
el burro donkey 16
buscar to look for 3
la búsqueda search 20
el buzón mailbox 20

el caballo horse 16; **montar a caballo** to ride horseback 14
caber *(irreg.)* to fit 20
la cabeza head 15
el cabo cape P
la cabra goat 16
el cacao cocoa *(bean)* 15
cada each 19
caer *(irreg.)* to fall 15; **~se** to fall down 17
el café coffee; café 6; **(de color) café** brown 6
la cafetería cafeteria 21
el caimán alligator 16
el calamar squid 8
los calcetines socks 12
la calculadora calculator 2
el calor: hace calor it's very hot 11; **tener calor** to be warm *(persons)* 7
la calle street 5
la cama bed 16
la cámara (fotográfica) camera 7
el/la camarero/a waiter 6
el camarón shrimp 13
cambiar to exchange, change 5
el cambio change 15
caminar to walk 3
el camino: de camino on the way 14
el camión city bus *(Mexico);* truck 5
la camisa shirt 12
la campaña electoral electoral campaign 22
el/la campeón/ona champion 8
el campeonato championship 18
el/la campesino/a peasant 21
el campo field 11
canadiense Canadian 2
el canal canal P; channel 20
la canasta basket 15
cancelar to cancel 11
la canción song 3
la cancha (tennis, basketball) court 8
el/la candidato/a candidate 22
el cangrejo crawfish, crab 13
cansado, -a tired 5
el/la cantante singer 7
cantar to sing 3
la caña de azúcar sugar cane 15
la capa cape 23
la capital capital city P
la cara face 15
el carácter character, nature 22
¡caramba! *(interj.)* hah! 16
los caramelos candy 13
el carbón coal 13
la cárcel jail 5
el cargo post, charge 21
la carne meat 13; **~ de cerdo** pork 13; **~ de res** beef 13
el carnet: ~ de conducir driver's license 21; **~ de identidad** ID card 21
la carnicería butcher shop 13
el/la carnicero/a butcher 13
caro, -a expensive 8
la carpeta file 11
el carpintero carpenter 21
la carrera race 13
la carretera highway 12
el carro car 8
la carta letter 14; playing card 6
el cartero mailman 20
la casa house 5
casado, -a married 2; **estar ~** to be married 9
casarse to get married 23
la cascada waterfall 15
casi almost 18
el cassette cassette 2
castaño, -a *(for hair)* brown 6
el castellano Spanish *(language)* 22
el castillo castle 3
el catalán Catalan *(language)* 24
la catarata waterfall 15
la catedral cathedral 3
la categoría category 9
catorce fourteen 2
la causa: a causa de because of 11
causar to cause 13
la cebolla onion 13
la cebra zebra 16
la celebración celebration 22
celebrado, -a celebrated 10
célebre famous 23
el cemento cement 17
la cena supper, evening meal 13
cenar to have dinner 13
la censura censorship 22
la central plant 17
central central 5
el centro downtown, center 4
centroamericano, -a Central American 18
cerca (de) near 5
el cerdo pig 16
los cereales cereals 13
cero zero 2
cerrado, -a closed 6
cerrar (ie) to close 8
la cerveza beer 6
el ciclismo cycling 18
las ciencias: ~ de computación computer science 3; **~ políticas** political science 1
el/la científico/a scientist 16
cierto, -a true 13; some, certain 22; **es cierto** it is true 13
el ciervo wild deer 16
cinco five 2
el cine movie theater 5
la cinta ribbon 23
la cita date; appointment 7

la ciudad city 2
el/la ciudadano/a citizen 13
civil civilian 22
la civilización civilization 15
civilizado, -a civilized 16
el clarinete clarinet 23
claro, -a light 6
claro of course 6
la clase class 2; kind 9
la clase media middle class 9
clásico, -a classical 7
clasificar to classify 16
el/la cliente/a client 15
el clima weather 18
el club club 3
el/la coautor/a coauthor 19
el cobre copper 16
la cocina kitchen 14
el/la cocinero/a cook 21
el coco coconut 15
el cocodrilo crocodile 16
el coche car 5
el codo elbow 15
coger to catch, get 17
el cognado cognate; ~ **falso** false cognate P
la colección collection 20
el/la coleccionista collector 15
el colegio elementary or high school P
colombiano, -a Colombian 2
el color color 6
el colorido: de gran colorido very colorful 8
la coma comma 17
el comedor dining room 14
comenzar (ie) to begin 10; ~ **a** to begin to 17
comer to eat 6
comercial commercial 11
comercializado, -a commercialized 12
comerciar to trade 15
el comercio commerce 5
la comida meal; food 6; main meal of the day 13
las comillas quotes 17
la comisión commission 13
como like 6; **¡cómo no!** of course! 5; ~ **si** as if 21; ~ **siempre** same as usual 1
¿cómo? how? what?; **¿~ es?** what's he like? 6; **¿~ está?** how are you? 1; **¿~ se dice . . . ?** how does one say . . . ? 5; **¿~ se llama?** what's your name? 1
la cómoda chest of drawers 19
la comodidad comfort, facility 16
cómodo, -a comfortable 10
el/la compañero/a companion, pal 4
la compañía company 6
comparar to compare 12
la competencia competition 18
competitivo, -a competitive 18
complejo, -a complex 10
completamente completely 12
complicado, -a complicated 19
componer *(irreg.)* to make up; to compose 20
comprar to buy 3
comprender to understand 3
la comprensión understanding, comprehension 1
comprobar (ue) to check, verify 19
comprometido, -a: estar ~ to be engaged 23
el compromiso engagement 23
la computadora computer 6; ~ **personal** personal computer 2
común common 16
comunicarse (con) to communicate (with) 15
la comunidad community 19
la comunión communion 9
con with 5; ~ **frecuencia** frequently 14; ~ **mucho cariño** with much affection 20; ~ **tal que** provided, as long as 18
el concepto concept 21
la conciencia conscience 20
el concierto concert 7
el concurso competition 7
la condición condition 9
conducir (zc) (*also,* **manejar)** to drive (a car) 12
el/la conductor/a driver 21
el conejo rabbit 16
la conferencia conference 11
la confianza confidence 22
confiar (en) to trust 12
conmigo with me 7
conocer (zc) to meet, to know 9; ~**se** to know, to meet (one another) 17
conocido, -a well-known 13
la conquista conquest 20
conseguir (i) to get, obtain 9
el consejo council 22
conservar to keep, conserve 20
considerable considerable 10
considerar to consider 16
consistir to consist 22
la constitución constitution 22
constitucional constitutional 22
la construcción construction 12; **en construcción** under construction 24
construir to build, construct 18
consultar (con) to consult (with) 12
la contabilidad accounting 3
contacto: en contacto in touch
contar (ue) to count; to tell 8
contemporáneo, -a contemporary 2
contento, -a satisfied 5; happy 6
contestar to answer 3
el continente continent P
continuar to continue 10
continuo, -a continuous 20
contrario: al contrario on the contrary 6
el contraste contrast P
la contribución contribution 24
contribuir to contribute 20
el control control 22
la conversación conversation 1
la cooperación cooperation 13
cooperar to cooperate 19
el/la coordinador/a coordinator 11
la copiadora copier 7
el/la copiloto copilot 19

el corazón heart 7
la corbata tie 12
el cordero lamb 13
cordialmente cordially 20
la cordillera mountain range P
el coro chorus 7
el correo mail 16
correr to run; to jog 8
la corrida de toros bullfight 19
corriendo running 17
la cortina curtain 19
corto, -a short 23
la cosa thing 2
coser to sew 21
la costa coast P
costar (ue) to cost 8
costarricense Costa Rican 2
la costumbre custom 15
la costura sewing 21
la creación creation 20
creativo, -a creative 9
creciente growing 18
creer to believe; to think 8
la crema cream 13
la criada maid, female servant 21
el criado male servant 21
criollo, -a Creole 13
el cristal glass, crystal 17
la crisis crisis 22
cristiano, -a Christian 15
cruel cruel 21
el cuaderno notebook 2
la cuadra (city) block 5
el cuadro painting 19
¿cuál? which, what? 2
cualquier, -a whichever, whatever, any 10
cuando when 7; whenever 18
¿cuándo? when? 5
cuanto: en ~ as soon as 18
¿cuánto, -a? how much?; **¿cuántos, -as?** *(pl.)* how many? 4
cuarto, -a fourth 16
el cuarto: ~ de baño bathroom 14; **~ de dormir** bedroom 14
cuatro four 2
cubrir to cover 22
la cucaracha cockroach 16
la cuchara spoon 13
la cucharada tablespoon 13
el cuchillo knife 13
el cuello neck 15
la cuenta check, bill 6
la cuerda: música de cuerda string-instrumental music 13
el cuero leather 17
el cuerpo body 15
el cuestionario questionnaire 9
la culebra snake 16
el/la culpable guilty person 13
cultivar to grow, to cultivate 15
la cultura culture 20
cultural cultural 1
la cuñada sister-in-law 9
el cuñado brother-in-law 9
el curso course *(of study)* 4
cuyo, -a/cuyos, -as whose 23

la chaqueta jacket 12
el/la chico/a boy; girl 4
chileno, -a Chilean 2
la chimenea chimney 14
chino, -a Chinese 2

dañarse to become damaged 16
dar *(irreg.)* to give 9; **~ a conocer** to show, make clear, reveal 9; **~ a luz** to give birth 23; **~ un paseo** to go for a walk 24; **~se cuenta (de)** to realize 21
de of, from 1; **~ hecho** in fact 22; **~ manera que** so that, in such a way that 18; **~ modo que** so that, in such a way that 18; **~ nada** you're welcome, not at all 2; **~ nuevo** again 10; **~ prisa** quickly, hurriedly 17; **¿~ qué?** from what? 5; what about? 7; **¿~ quién(es)?** whose? 4; **~ todos modos** at any rate, anyway 14
debajo de under, below 14
el debate debate 21
deber should, have to, must 11; **se debe (a)** is due to 15
el deber duty, responsibility 21
la década decade 11
decidir to decide 3; **~se (a)** to make up one's mind 12
décimo, -a tenth 16
decir *(irreg.)* to say, to tell 5
la decisión decision 19
declarar to declare 10
la decoración decor 19
dedicar to dedicate 18; **~se (a)** to devote oneself (to) 17
el dedo finger *or* toe 15
definir to define 20
dejar to leave; forget 18; **~ de** to stop 17
del (de + el), de la of the, from the P,4
delante de in front of 5
el delegado delegate 10
delgado, -a slim, slender 6
delicado, -a delicate 15
delicioso, -a delicious 6
la demanda demand 10
lo demás the other, the rest of 18
demasiado, -a too much;*(pl.)* too many 18
la democracia democracy 22
democrático, -a democratic 22
dentro de within 12
depender (de) to depend (on) 15
el deporte sport 8
el/la deportista sportsman, sportswoman 8
deportivo, -a sporting (referring to sports) 13
la derecha right *(in the political spectrum);* right hand, side 22; **a ~ de** to the right of 22
el derecho law 23
derivado, -a derived 15
la derrota defeat 18
desaparecer (zc) to disappear 16
el desarrollo development 13
desastroso, -a disastrous 10
desayunar to have breakfast 13
el desayuno breakfast 13
descansar to rest 17
el descanso rest 19
la descendencia ancestry, lineage 15

la descentralización decentralization 22
descontento, -a dissatisfied 5
describir to describe 3
descriptivo, -a descriptive 6
el descubrimiento discovery 20
descubrir to discover 12
desde from 8; ~ **hace** + *time expression* for + *time expression* 11; ~ **que** since 18
desear to want; to wish 3
desempeñar to play *(a role)* 15
el desempleo unemployment 22
el deseo desire, wish 15
el desfile parade 24
deshabitado, -a uninhabited P
desierto, -a deserted 23
desilusionar to disappoint 18
desolado, -a desolate P
despedir (i) to say good-by 9
despegar to take off *(in a plane)* 12
el despegue takeoff 12
el despertador alarm clock 17
despertarse (ie) to wake up 12
el déspota despot 21
después after 5; ~ **de** + *inf.* after *(doing something)* 13; ~ **de que** after 18
el destino destination 12
destruir to destroy 20
el desván attic 14
la desventaja disadvantage 12
el detalle detail 13
detenerse *(irreg.)* to stop 20
detrás de behind 5
devolver (ue) to return 22
el día day 1; **al día** daily 19; **hace un día estupendo** it's a great day 11
dibujar to draw, sketch 8
diciembre December 11
la dictadura dictatorship 22
diecinueve nineteen 2
dieciocho eighteen 2
dieciséis sixteen 2
diecisiete seventeen 2
los dientes teeth 15
la diéresis diaeresis 17
diez ten 2
difícil difficult 12; **es** ~ it is difficult 13
dificilísimo, -a very difficult 22
la dificultad difficulty 10
dime qué (te) pasa tell me what's the matter 21
dimitir to resign 22
el dinero money 5
el/la dios/a god, goddess 3
la dirección address 20
el/la director/a director 20
dirigir to direct 5; ~**se a** to direct oneself, to be aimed (at) 17
la disciplina subject; discipline 9
el disco record 2
la discoteca discotheque 24
la discriminación discrimination 21
el discurso speech 22
discutir to discuss 10
disfrutar to enjoy 22
distinto, -a distinct, different 12
distraer *(irreg.)* to distract 7
distribuir to distribute 19
la diversión entertainment 24
divertirse (ie) to have a good time, enjoy oneself 12
dividir to divide 6
la divinidad divinity, god 19
divorciado, -a: estar ~ to be divorced 9
divorciarse to get divorced 23
el divorcio divorce 23
doble double 13
doce twelve 2
el/la doctor/a doctor 1
el documental documentary 20
el documento document 9
doler (ue) to hurt 12
el dolor de cabeza headache 13
doméstico, -a domestic 16
domingo Sunday 1
dominicano, -a Dominican 2
donde where 5; wherever 18
¿dónde? where 2; **¿a dónde?** (to) where? 5
dormido, -a asleep 6
dormir (ue) to sleep 8; ~**se** to fall asleep 17
el dormitorio dormitory 5
dos two 2
dos puntos colon 17
dramáticamente dramatically 22
el dril denim 17
la ducha shower 16
dudar to doubt 13
dudoso: es ~ it is doubtful 13
el/la dueño/a owner 17
durante during 10
durar to last 22
el durazno peach 13
duro, -a difficult, hard 10

e and *(before words beginning with **i** or **hi**)* 16
el eco echo 23
la economía economics 3; economy 10
económico, -a economical 7
ecuatoriano, -a Ecuadorian 2
echar al correo to send in the mail 20
echar de menos to miss someone or something 16
la edad age 23; **de cierta edad** middle-aged 16
el edificio building 12
la educación education 19
educativo, -a educational 20
efectivo, -a effective 13
efectuar to bring about 22
egoísta selfish 21
el/la ejecutivo/a executive 21
ejercer to exercise 15
las elecciones elections 22
eléctrico, -a electric 9
el elefante elephant 16
elegir (i) to elect; to choose 9
la elocuencia eloquence 20
elocuentemente eloquently 20
el/la embajador/a ambassador 22
emocionante exciting 24
empezar (ie) to begin 7; ~ **a** to begin to 17
el/la empleado/a sales clerk, employee 7

el empleo work, job, employment 9; ~ **a tiempo completo** full-time job 21; ~ **a tiempo parcial** part-time job 21
la empresa firm 21
en in, at 1; by 5; ~ **absoluto** not at all 18; ~ **cuanto** as soon as 18; ~ **punto** sharp, exactly 10; ~ **seguida** right away 6
el/la enamorado/a sweetheart; person in love 21
enamorado, -a: estar ~ de to be in love with 23
enamorarse (de) to fall in love (with) 12
encantar to like something very much 12
encargarse (de) to take charge (of) 24
encender (ie) to turn on *(lights or equipment)* 8
encima de above, over 14
encontrar (ue) to find; to meet 8; ~**se** to meet (one another) 17; to be located 12
el/la enemigo/a enemy 21
enero January 11
enfermarse to get sick, fall ill 12
el/la enfermero/a nurse 2
enfrentar to face 22
enfrente de facing, opposite 14
enojarse to get mad, to get angry 12
la ensalada salad 6
ensayar to rehearse 23
enseñar to teach 17
entender (ie) to understand 8
entero, -a entire, whole 12
entonces then 3
la entrada entrance 5; ticket 7
entrar to enter 3; to come in 17; ~**se** to sneak in 17
entre between, among 7; ~ **sí** among themselves 15
entregar to deliver, hand over 10
el/la entrenador/a trainer, coach 18
entrenarse to train 18
la entrevista interview 13
el/la entrevistado/a person interviewed 9
entrevistar to interview 9
entusiasmarse (con) to get enthusiastic about 12
enviar to send 14
la época age, era 24
el equipaje baggage 12
el equipo team 8
la equitación horseback riding 18
equivocarse to make a mistake 12
el escarabajo beetle 16
las escaleras stairs 14
la escena scene 7
escoger to choose 24
escribir to write 6; ~**se** to write to each other 17
el escrito writing 21
el/la escritor/a writer 20
el escritorio desk 2
escuchar to listen (to) 3
la escuela school 9
la escultura sculpture 1
ese, -a that; **esos, -as** *(pl.)* those (over here) 8
esencial essential 9
la esgrima fencing 18
el/la esgrimista fencer 18
el español Spanish *(language)* 1
español, -a Spanish 2
especial special 20
la especialidad specialty 24
la especialización specialization 21
especialmente specially 22
la especie species 16
el espectáculo show 7
el/la espectador/a spectator 8
el espejo mirror 19
la esperanza hope 19
esperar to wait (for) 3; to hope (for) 13
las espinacas spinach 13
el espíritu spirit 18
espléndido, -a splendid 24
la esposa wife 9
el esposo husband 9
el esquí skiing 8
esquiar to ski 8
la esquina corner 5
establecer (zc) to establish 22; ~**se** to settle down 19
la estación season 11; station 24; ~ **biológica** biological research station 16; ~ **de ferrocarril** train station 12
el estadio stadium 5
el estado state 2
los Estados Unidos United States 1
la estampilla stamp 20
el estante (la estantería) bookcase 19
el estaño tin 10
estar *(irreg.)* to be 1
estatal state 11
la estatura: de estatura (mediana) of (medium) height 6
el este east P
este, -a this; **estos, -as** *(pl.)* these 4
el estéreo stereo 7
estereotipado, -a stereotyped 21
el estilo style 14
estimado, -a esteemed 17; ~ **señor/a** Dear Mr./Mrs. 20
estimar to esteem, admire 14
el estómago stomach 15
el estrecho strait P
estrecho, -a narrow 24
la estrella star 7
estricto, -a strict 17
la estructura structure 1
el/la estudiante student 1
estudiantil student 10
estudiar to study 3
el estudio study 1; study *(room)* 14; ~ **de palabras** word study 1
estupendo, -a great, wonderful 3; **hace un día estupendo** it's a great day 11
la etapa stage 4
europeo, -a European P
el evento event 13

evidente evident 14
evitar to avoid 10
el examen exam 3
excelente excellent 15
exclusivo, -a exclusive 13
la excursión excursion 12
la exhibición exhibition 20
exhibir to exhibit 20
exigir to demand 10
existir to exist 19
el éxito hit, success 7; **tener éxito** to be successful 7
la experiencia experience 20
el/la experto/a expert 16
explicar to explain 14
el/la explorador/a explorer 12
exportar to export 17
expresar to express 13
la expresión expression 1
expuesto, -a exposed to 15
exquisito, -a exquisite 6
exterior outside, exterior 15
extinto, -a extinct 15
la extracción extraction 19
extranjero, -a foreign 4
extraordinario, -a extraordinary 12
exuberante exuberant 18

la fábrica factory 2; **~ de automóviles** automobile factory 2
fabuloso, -a fabulous 7
fácil easy 5; **es ~** it is easy 13
la facultad faculty, school *(in a university)* 23
la falda skirt 12
falso, -a false P
la falta lack 10
faltar to need 12
la fama fame P
la familia family 4
famoso, -a famous 14
la fantasía fantasy 24
fantástico, -a fantastic 18
el/la farmacéutico/a druggist 21
fascinar to fascinate; to be fascinated by 12
la fase phase 24
fatal fatal; awful, terrible 7
la fauna wildlife 16
favorito, -a favorite 7
febrero February 11
la fecha date 11
federal federal 11
la felicidad happiness 16
el/la feminista feminist 21
¡fenomenal! phenomenal! 7
feo, -a ugly 6
el festival festival 13
la fiesta party 3
la figura figure 3
la fila row 7
la filmadora movie camera 7
la filosofía philosophy P
fin: al~ finally 19
el fin: ~ de mes end of the month 10; **~ de semana** weekend 14
el final end 22; **al final de** at the end of 5
finalmente finally 20
financiado, -a financed 16
la firma signature 10
firme firm 22
la física physics 3
flaco, -a thin 6
el flan baked custard 13
la flauta flute 23
la flor flower 19
la flora vegetation, plant life 16
folklórico, -a folkloric 7
el folleto pamphlet, brochure 24
fomentar to promote, encourage 18
la forma: en forma in good shape 18
la formación formation 23
formar to form 23; **~ parte** to make up 20
formular to formulate 22
la foto photo 8
la fotografía photography 24
fotografiar to photograph 16
el/la fotógrafo photographer 8
el francés French *(language)* 3
francés, -esa French 2
la frecuencia: con frecuencia frequently 14
frecuente frequent 10
frecuentemente frequently 9
frente a facing 5
la fresa strawberry 13
el fresco: hace fresco it's cool 11
los frijoles kidney beans 13
el frío: hace frío it's cold 11; **tener frío** to be cold *(person)* 7
la frontera frontier, border P
la fruta fruit 6
la frutería fruit shop 13
el/la frutero/a fruit vendor 13
fuera de outside of 14
fuerte strong 6
la fuerza force 22
la función function 24
el fútbol soccer 8; **~ americano** football 8
el futuro future 20

el gabinete cabinet 22
la gallina hen 16
el gallo rooster 16
el ganado cattle 14
ganar to win 13; to earn 19; **~se la vida** to earn one's living 17
las ganas: tener ganas (de) to want (to) 14
el garaje garage 14
las gaseosas soda pop 13
la gastronomía gastronomy 24
el gato cat 16
la gelatina gelatin 13
general general 10; **en ~** generally 15
el general general 22
generalmente generally 13
generoso, -a generous 6
genial brilliant 24
la gente people 9
gentilmente kindly 14
la geografía geography P
la geología geology 3
gigantesco, -a gigantic 12
el gimnasio gym 8
la gloria glory 23

el gobierno government 9
el golfo gulf P
gordo, -a fat 6
el gorro cap 12
la grabadora tape recorder 7
gracias thanks, thank you 1
la graduación graduation 24
graduar(se) to graduate 19
la gráfica illustration; graph, diagram 3
grande (gran) big, large; great 6
gris gray 6
gritar to shout 21
el grupo group 3
los guantes gloves 12
guapo, -a attractive 6
guatemalteco, -a Guatemalan 2
gubernamental governmental 10
la guerra war 22
el guión hyphen 17
los guisantes peas 13
la guitarra guitar 23
gustar to please 3; **me gusta(n)** I like 3
el gusto taste 24

haber *(irreg.)* to have 11
la habitación bedroom 14
el/la habitante inhabitant 9
el hábito habit 16
hablar to speak 3; **de habla (española)** (Spanish) speaking 22
hace + *a time expression* **(+ que)** + *a verb in the preterit* ago 11
hace + *weather expression* it's + *weather expression* 11
hacer *(irreg.)* to do; to make 4; ~ **escala** to make a stop *(on the way to a destination)* 12; ~ **las maletas** to pack the suitcases 12; ~ **reservaciones** to make reservations 11; ~ **un viaje** to take a trip 12
la hacienda ranch 14
hallan: se ~ are found 17
la hamaca hammock 15
el hambre *(f.)*: **tener hambre** to be hungry 7
hasta until 2; ~ **la vista** see you later (I'll be seeing you) 1; ~ **luego** see you later 1; ~ **pronto** see you soon; ~ **que** until 18
hay there is, there are 3
el hecho: de hecho in fact 22
el helado ice cream 6
el hemisferio hemisphere 13
la herencia inheritance 15
la hermana sister 4
el hermano brother; **los hermanos** *(pl.)* brothers, brother(s) and sister(s) 4
hermoso, -a lovely 6
el hierro iron 17
hidroeléctrico, -a hydroelectric 9
la hija daughter 2
el hijo son; child *(as related to parents)* 2
los hijos children 2; sons, son(s) and daughter(s) 4
hispánico, -a Hispanic P
la historia history 1; story 24
histórico, -a historic 20
hola hi, hello 1
el hombre man 4; ~ **de negocios** businessman 21
hondureño, -a Honduran 2
la hora hour; time 10; **¿a qué hora?** at what time? 10; **a última hora** at the last minute 11
el horario schedule, timetable 12
la hormiga ant 16
horrible: es ~ it is horrible 13
el horror horror 21; **¡qué horror!** how dreadful! 4
el hospital hospital 2
el hotel hotel 5
hoy today 1
la huelga strike 10
los huevos eggs 13
humano, -a human 15
humilde humble, modest 6

la idea idea 21
la identidad identity 20
identificar to identify 15
el idioma language 4
la iglesia church 5
igual que (yo) just like (me) 6
la imagen image 21
imaginar to imagine 11
imitado, -a imitated P
el impacto impact 15
el imperio empire 10
el impermeable raincoat 12
la importancia importance 10
importante important 10; **es ~** it is important 13
importar to matter 21
imposible impossible 5; **es ~** it is impossible 13
la impresión impression 14
impresionante impressive 20
impresionar to impress 12
la inacción inaction 5
incluso including 16
incómodo, -a uncomfortable, uneasy 21
incomprensible: es perfectamente ~ it is totally incomprehensible 18
inconstante fickle 23
increíble incredible 8; **es ~** it's incredible 13
la independencia independence 12
indígena native, indigenous 20
el/la indio/a Indian; Native American 12
indulgente lenient 4
industrial industrial 2
la industrialización industrialization 14
la información information 9
el informe report 14
la influencia influence 20
informar to inform 20
la ingeniería engineering 3
el/la ingeniero civil civil engineer 14
el inglés English *(language)* 1
inglés, -esa English 2
iniciado, -a begun 24
inmediatamente immediately, right away 6
inmediato, -a immediate 10
el/la inmigrante immigrant 6

inminente imminent 10
inscribir to inscribe 22
el insecto insect 16
insensible insensitive 21
insistir (en) to insist (on) 13
la instalación deportiva sports facility 18
la institución institution 20
instituir to establish 22
el instituto institute 9
el instrumento instrument 23
inteligente intelligent 6
interamericano, -a Interamerican 13
el interés interest 6; **tener interés (en)** to be interested (in) 6
interesado, -a interested 16
interesante interesting 6; **es ~** it's interesting 6
interesar to interest 12
internacional international 6
íntimo, -a intimate 14
la intranquilidad intranquility 10
la introducción introduction 15
la investigación survey, research, investigation 9
el invierno winter 11
invitar to invite 14
ir *(irreg.)* to go 5; **~ a** to be going to 17; **~ a pie** to go by foot 8; **~ de camping** to go camping 16; **~ de compras** to go shopping 12; **~se** to go (away) 12; to leave 17
la isla island P
el italiano Italian *(language)* 3
italiano, -a Italian 2
la izquierda left *(in the political spectrum);* left hand, side 22; **a ~ de** to the left of 5

el jaguar jaguar 16
el jai alai jai alai 18
jamás never, not . . . ever 9
el jamón ham 13
japonés, -esa Japanese 2
el jeep jeep 16
el/la jefe/a boss 11
la jirafa giraffe 16
joven young 5
el/la joven youth 4
las judías verdes stringbeans 13
el juego game 18
jueves Thursday 1
el/la jugador/a player 18
jugar (ue) (al + deporte) to play a sport 8
el jugo juice 13
julio July 10
junio June 11
la junta council, board 22
junto a next to 5
justo, -a just 13
la juventud youth 17

el kilómetro kilometer 17

laboral pertaining to work or labor 10
el laboratorio laboratory 16
el lado: al lado de next to, beside 14
el ladrillo brick 17
el lago lake P
lamentar to regret 13
la lámpara lamp 19
la lana wool 17
la langosta lobster 13
el langostino prawn 13
el lápiz pencil 2
largo: a lo ~ de along (the length of) 15
largo, -a long 23
lástima: es una lástima it's a shame 13
latino, -a Latin, Hispanic 3
la lavadora washing machine 9
el lavaplatos dishwasher 9
lavarse to wash oneself 12
la lección lesson 1
la lectura reading 24
la leche milk 6
la lechería dairy, creamery 13
el/la lechero/a milkman/woman 13
la lechuga lettuce 13
leer to read 3
las legumbres vegetables 13
lejos (de) far (from) 5
la lengua language P; **~ moderna** modern language 1
el lenguado sole 13
el león lion 16
levantarse to get up 12
la libertad freedom, liberty 22; **~ de palabra** freedom of speech 22
libre free 22; **al aire ~** in the open air 16
la librería bookstore 4
el libro book 2; **~ de texto** textbook 4
el/la líder leader 10
el limón lemon 13
la limonada lemonade 13
limpiar to clean 16
lindo, -a pretty, attractive 6
la línea line 14; **~ aérea** (*also,* **aerolínea)** airline 12
el lino (hilo) linen 17
lisonjero, -a flattering 21
la lista list 10
listo, -a ready 11; smart, clever 20
la literatura literature 3
el lobo wolf 16
localizado, -a located 18
loco, -a crazy 21
el/la locutor/a speaker, announcer 7
la lotería lottery 13
luego then 9; **~ que** as soon as 18
el lugar place 2
la luna de miel (el viaje de novios) honeymoon 23
lunes Monday 1
la luz light 8

la llama llama P
llamar to call, to phone 3; **~se** to be called 12; **me llamo** my name is (*literally,* I call myself) 1; **se llama** his/her name is 2
el llano plain 14
la llegada arrival 6
llegar to arrive 3; **~ a ser** to become 13

lleno, -a full 6; ~ **(de)** full (of) 12
llevar to take; to carry 8; to wear 12; ~ **a cabo** to carry out 22
llorar to cry 21
llover (ue) to rain 8
la lluvia rain 3

macho, -a male; manly; virile 21
la madera wood 15
la madre mother 4
la madrina godmother 9
la madrugada dawn, early morning 24
magnífico, -a magnificent 14
el maíz corn 15
mal badly 3
la maleta suitcase 12
malo, -a bad 6; bad *(character)*; ill 20
la mamá mother 2
mandar to send, to order 11
el mando command 15
manejar to drive (a car) 12
la manera: de manera que in such a way that 18
la manifestación demonstration 22
la mano hand 2
¡manos a la obra! to work! 12
mantener *(irreg.)* to maintain, keep 14
la mantequilla butter 13
la manzana apple 13
la mañana: de ~ in the morning 10
el mapa map P
la máquina de escribir typewriter 7
el mar sea 8
el maratón marathon 8
maravilloso, -a marvelous 18
la marca brand 9
marcar un gol to score a goal 18
la marcha nupcial wedding march 23
la margarina margarine 13
el marido husband 9
marino, -a pertaining to the sea, marine 8
la mariposa butterfly 16
los mariscos shellfish 13
marrón *(invariable)* brown 6
martes Tuesday 1
marzo March 11
más more 3; ~ **. . . que** more than 13; ~ **de** *(+ noun phrase)* more than + *noun phrase* 13
el/la más + *adjetivo* the most + *adjective*, the + *an adjective ending in -est* 14
lo más pronto posible as soon as possible 11
la máscara mask 15
las matemáticas mathematics 3
los materiales materials 17
materno, -a maternal 15
matriarcal matriarchal 15
el matrimonio married couple, matrimony, marriage 9
maya Mayan 20
mayo May 11
el/la mayor greater 14
mayor greatest 10; **el (hermano) mayor** older (brother) 4
la mayoría majority 9
el/la mecánico/a mechanic 2
medianoche midnight 10
las medias stockings 12
la medicina medicine P
el/la médico/a medical doctor 1
medieval medieval 23
el medio ambiente environment 16
mediodía noon 10
los medios de transporte means of transportation 8; ~ **publicitarios** mass media 21
mejor: es ~ it's better 13
el/la mejor best 14
el mejoramiento improvement 10
mejorar to better, improve 10
mencionar to mention 10
el/la menor smallest; smaller 14; **el (hermano) menor** younger (brother) 4
menos less, take away 2; except 7; ~ **. . . que** less than; ~ **de** + *noun phrase* less than, fewer than + *noun phrase* 13; **a menos que** unless 18
el/la menos + *adjective* the least + *adjective* 14
mentir (ie) to lie 8
el mercado market 5
merecer (zc) to merit, deserve 24
el mes month 10; ~ **pasado** last month 10; **al mes** monthly 19
la mesa table 2
la mesita de noche night table 19
el metro subway 5; meter 12
la metrópolis metropolis 5
mexicano, -a Mexican 2
el micrófono microphone 7
el miedo: tener miedo to be afraid 7
el miembro de la familia family member 9
mientras while 6; ~ **tanto** meanwhile 16
miércoles Wednesday 1
mil thousand 19
militar military 22
la mina mine 10
mineral mineral 10
el minero miner 10
un mínimo de a minimum of 11
el/la ministro/a minister 11
el minuto minute 10; **hace un minuto** a minute ago 11
mirar to look (at) 3
mismo, -a same, very, self *(with a pronoun)* 21; **a sí ~** himself, herself 20; **al mismo tiempo** at the same time 12
misterioso, -a mysterious 12
moderno, -a modern 14
el/la modista women's tailor 21

el modo: de modo que so that, in such a way that 18; **de todos modos** at any rate, anyway 14
moldear to mold 20
moler (ue) to grind 17
molestar to bother, to annoy 12
el momento moment 4; **en este momento** at this moment 4
la monarquía monarchy 22
monetario, -a monetary 13
el mono monkey 16
el monólogo monologue 1
monótono, -a monotonous 9
la montaña mountain P
montar (andar, ir) en bicicleta (en autobús, metro) to ride a (go by) bicycle (bus, subway) 8
monumental monumental 24
el monumento monument 12
morado, -a purple 6
moreno, -a dark-complexioned 6
morir (ue) to die 8; **~se de hambre** to starve (*literally,* to die from hunger) 17
la mosca fly 16
el mosquito mosquito 16
mostrar (ue) to show 8
la motocicleta motorcycle 8
el movimiento movement 21
la muchacha girl 4
el muchacho boy 4
muchas gracias thank you very much 2
mucho, -a much; **muchos, -as** many, a lot of 4
la mueblería furniture store 19
los muebles furniture 19
la muerte death 22
la muestra display, sample, example 20
la mujer woman 4; **~ de negocios** businesswoman 21
multicolor multicolor 15
la multitud multitude 24
mundial world 13
el mundo world P
el mural mural P
el museo museum 5
la música music 3; **~ rock** rock music 7
musical musical 17
muy very 2; **~ bien** very well 1

nacer (zc) to be born 19
el nacimiento birth 23
la nación nation 8
nacional national 12
la nacionalidad nationality 2
nada nothing (at all) 9; **de ~** you're welcome, not at all 2
nadar to swim 8
nadie nobody, no one 9
la naranja orange 13
la nariz nose 15
la natación swimming 8
natural natural 16
navegar to sail 8
la neblina: hay neblina it's foggy 11
necesario, -a necessary 11; **es ~** it is necessary 13
la necesidad need, necessity 15
necesitar to need 3
negar (ie) to deny 8; **~se a** to refuse to 12
la negociación negotiation 10
el negocio business 13; **el/la hombre/mujer de negocios** businessman/woman 21
negro, -a black 6
nervioso, -a nervous 5
la nevera refrigerator *(with freezer section)* 9
ni . . . ni neither . . . nor 9
nicaragüense Nicaraguan 2
la nieta granddaughter 9
el nieto grandson 9
los nietos grandchildren 9
nieva it's snowing 11
el nilón nylon 17
ningún/ninguno, -a no, not any; none 9
el/la niño/a small child 4
el nivel: ~ de vida standard of living 9; **~ social** social level 21
no no, not 1; **~ . . . más que** only 13
la noche: de ~ in the late evening or at night 10
nocturno, -a night, nocturnal 24
nombrar to name 18
el nombre name 8; **~ de pila** first name 6
el noreste northeast P
el noroeste northwest P
el norte north P
norteamericano, -a North American 2
nostálgico, -a nostalgic 3
la nota note 1
la noticia news 10
el noticiero newscast 13
noveno, -a ninth 16
la novia fiancée, sweetheart 6
el noviazgo courtship 23
noviembre November 11
el novio fiancé, sweetheart 6
la nube cloud 12
nublado: está ~ it's cloudy 11
la nuera daughter-in-law 9
nueve nine 2
nuevo, -a new 5; **de nuevo** again 10
el número number 2; size *(of shoes)* 12
numeroso, -a numerous 15
nunca never, not . . . ever 9

o or 1; **~ . . . o** either . . . or 9
el objeto object; purpose 2
la obra work 20; **~ maestra** masterpiece 24; **¡manos a ~!** to work! 12
el/la obrero/a *(blue collar)* worker 9
observar to observe 16
el obstáculo obstacle 23
obtener *(irreg.)* to obtain 10
la ocasión occasion 15

occidental western 13
el océano ocean P
octavo, -a eighth 16
octubre October 11
la ocupación occupation 21
ocupado, -a busy 6
ocho eight 2
el oeste west P
oficial official 8
oficialmente officially 22
la oficina office 10
ofrecer (zc) to offer 16
oír *(irreg.)* to hear 7
ojalá (I) hope 13
el ojo eye 15
olvidar to forget 3; **~se (de)** to forget (about) 14
once eleven 2
opinar to think, have an opinion 21
la opinión opinion 6
la oportunidad opportunity 14
optimista optimistic 6
la orden: a ~ at your service; *(pl.)* **a sus órdenes** 2
la oreja ear 15
la organización organization 16
organizar to organize 16
orgulloso, -a proud 15
oriental eastern 15
el oriente eastern region (of Ecuador) 11
el origen origin P
la orilla del mar seashore 8
el oro gold 17
la orquesta orchestra 23
la ortografía spelling 1
oscuro, -a dark 6; dark *(complexion)* 20
el oso bear 16
el otoño fall, autumn 11
otra vez again 12
otro, -a other, another 1
la oveja sheep 16
¡oye! hey, listen! 6

el padre father; **los ~** parents; fathers 4
el padrino godfather 9
pagar to pay 7
el país country P
el paisaje countryside 12
el pájaro bird P
la palabra word; **~ análoga** cognate P
la palanca leverage, "pull" 11
el pan bread 13
la panadería bakery 13
el/la panadero/a baker 13
panameño, -a Panamanian 2
panamericano, -a Panamerican 18
el panorama panorama P
los pantalones pants 12
la papa potato 13
el papá father 4
el papel paper 2; role 15; **~ de carta** letter paper 20; **~ de escribir** writing paper 20
el papeleo "red tape" 11
la papelera waste basket 2
la papeleta voting paper, ballot 22
el paquete package 20
para for 3; **~ fines de mes** by the end of the month 10; **~ mí** for me 7; **~ que** so that, in order that *(purpose, goal)* 18; **~ servirle** at your service 2
el parabrisas windshield 7
paraguayo, -a Paraguayan 2
paralizar to paralyze 10
parar to stop 14
pardo, -a brown 6
parecer (zc) to seem 11
la pared wall 14
la pareja couple 23
el paréntesis parenthesis 17
el/la pariente/a relative 9
el parque park 5
la parte part 10
participar participate 8
particular private 9
particularmente particularly 21
el/la partidario/a follower 22
el partido game 8; **~ político** political party 22
partir: a ~ de from 7
pasado, -a last 10
el/la pasajero/a passenger 12
el pasaporte passport 12
pasar to spend *(time)* 3; to happen 13; to pass 23; **~ las vacaciones** to spend one's vacation 5
el pasatiempo hobby 14
la pasión passion 13
pasivamente passively 21
el pastel pastry, pie 24
la pastelería pastry shop 13
el/la pastelero/a baker 13
el patinaje skating 8
patinar to skate 8
el patio patio 14
el pato duck 16
el/la patrón/a patron (saint) 4
el pavo turkey 13
pedir (i) to ask (for); to request 9; **~ la mano en matrimonio** to propose 23
peinarse to comb one's hair 12
la película film 7
el peligro danger 16
pelirrojo, -a red-haired 6
el pelo hair 15; **de pelo castaño** brown-haired 6; **de pelo negro** black-haired 6
la pelota (el béisbol) baseball 18
el/la peluquero/a hairdresser 21
la península peninsula P
pensar (ie) to think; to intend 8; **~ + de** to have an opinion of 8; **~ + en** to think about 8
peor worse 14
el/la peor the worst 14
pequeño, -a small 14
la pera pear 13
perder (ie) to lose 8
perdido, -a lost 24
perdón excuse me 5
perezoso, -a lazy 6
perfectamente perfectly 4; **es ~ incomprensible** it's totally incomprehensible 18
el periódico newspaper 2
el/la periodista newspaper reporter, journalist 18
permanecer (zc) to remain 11
permitir to permit 13

pero but 3
el perro dog 16
la persona person 2
personal personal 14
pertenecer (zc) to belong to 18
peruano, -a Peruvian 2
la pesca fishing 15
la pescadería fish market 13
el/la pescadero/a fish vendor 13
el pescado fish 13
pescar to fish 12
pesimista pessimistic 6
el petróleo petroleum *(n.)* 11
petrolero, -a petroleum *(adj.)* 11
el piano piano 23
el pie foot 15; **a ~** on foot 5
la piedra stone 11
la pierna leg 15
la pieza piece 15
el/la piloto pilot 21
la pimienta pepper 13
pintar to paint 8
la piña pineapple 13
la pirámide pyramid 3
la piscina swimming pool 8
el piso floor 4
la pista ski slope; race track 8
la pista y campo track and field 8
la pizarra chalkboard 2
el plan plan 11
el plano plan, diagram 11
la planta plant 15; **~ hidroeléctrica** hydroelectric plant 9
la plantación plantation 15
el plástico plastic 17
el plátano plantain 15
la plata silver 17
el plato plate 13; dish *(food)* 24
la playa beach 8
la plaza square 5
poblado, -a populated, inhabited P
pobre poor 6
poco: ~ a ~ little by little 15; **un ~ de** a little (of) P
poco, -a little, few 5
el poder power 22
poder *(irreg.)* to be able; can 7
poderoso, -a powerful 15
el/la policía policeman/policewoman 5; **el/la agente de policía** police officer 5
el poliéster polyester 17
político, -a political 15; **el partido político** political party 22
el pollo chicken 13
poner *(irreg.)* to put 7; **~se** to put on *(clothing)* 12; **~se (a)** *(+ inf.)* to begin (to), to start (to) 17
popular popular 7
un poquito a little bit 4
por for, in exchange for 5; **~ aquí** around here 4; **~ ciento** percent 10; **~ ejemplo** for example 7; **~ eso** for that reason 16; **~ favor** please 3; **~ fin** finally 14; **~ lo menos** at least 7; **~ parte de** on the part of 18; **~ todas partes** everywhere 14
¿por qué? why? 5
porque because 5
la posibilidad possibility 19
posible possible 5
la posición position 15
los postres desserts
el pozo well 15; **~ petrolífero** oil well 15
la práctica practice 2
practicar to practice 3
practicar los deportes to practice (go in for) sports 8
el precio price 10
el precipicio precipice, cliff 12
precisamente precisely 16
precisar to specify, state exactly 20
predecir *(irreg.)* to predict 11
preferible: es ~ it is preferable 13
preferir (ie) to prefer 8
la pregunta question 1
preguntar to ask 3
el prejuicio bias, prejudice 14
preliminar preliminary 2
el premio prize 13
la prensa press 22
la preocupación worry 10
preocupado, -a worried 16
preocuparse to worry 12
la preparación preparation 14
preparar to prepare 15
prescribir to prescribe 22
presentado, -a presented 21
presentar to present 7
la preservación del ambiente environmental conservation 16
preservar to preserve 16
el/la presidente/a president 22
prevenir *(irreg.)* to prevent 7
preventivo, -a preventive 10
la prima female cousin 6
primario, -a primary 19
la primavera spring 11
el primer plano foreground 22
primer/primero, -a first 10
primitivo, -a primitive 16
el primo male cousin 6
principal main 10
principalmente mainly 17
principio: al ~ de at the beginning of 19
prisa: de ~ quickly, hurriedly 17
privilegiado, -a privileged 22
probable probable 13
el problema problem 10; **¡qué problema!** what a problem! 4
la procesadora de palabras word processor 7
el proceso process 22
la producción production 10
el producto product 13
la profesión profession 6
profesional professional 8
el/la profesor/a professor 1
profundamente deeply, profoundly 20
el programa program 20
prohibir to prohibit, forbid 13
prometer to promise 3
pronto quickly, soon 16; **tan ~ como** as soon as 18
la pronunciación pronunciation 1
propio, -a one's own 15
proponer *(irreg.)* to propose 7
el propósito: a propósito by the way 11

proteger to protect 16
protestar to protest 10
la provincia province P
próximo, -a next 7
proyectar to project 21
el proyecto project 9; **los proyectos de vivienda** housing projects 14
la prueba proof 24
la psicología psychology 3
la publicidad publicity 21
publicitario, -a pertaining to publicity 17
público, -a public 9
el público en general general public 20
el pueblo town 2; people, nation 20; ~ **natal** home town 19
puede ser maybe; that can be 13
la puerta door 2
el puerto port 11
puertorriqueño, -a Puerto Rican 2
pues well 1
el puesto position, appointment 11
puesto que because, since 18
el punto period 17; point 20; ~ **y coma** semi-colon 17; **los puntos suspensivos** ellipses 17; **los puntos cardinales** points of the compass P; ~ **de vista** point of view 15; **en punto** sharp, exactly 10

que that 4; **tener** ~ to have to, must 7
¿qué? what? 1; **¿de ~?** from what? 5; what about? 7
¡qué . . . ! (+ *adjective* or *noun*) how . . . ! 6
¡qué barbaridad! how amazing! (how dreadful, etc., depending on context) 4
¡qué bien! how nice! 4
¡qué chévere! terrific! 7
¿qué esperamos? what are we waiting for? 8
¿qué hora es? what time is it? 10
¡que le (te) vaya bien! have a good time! 12
¿qué le pasó? what happened to him? 13
¿qué quiere decir . . . ? what does . . . mean? 5
¡que se (te) divierta(s) mucho! enjoy yourself! 12
¿qué tal? how are things? 1
quedar to remain; to be left 7
quedarle bien (grande, pequeño) to fit well (to be large, small) 12
quedo de usted (ustedes) atentamente cordially yours 20
quejarse to complain 12
querer *(irreg.)* to want; to wish; to love 8
querido, -a beloved, dear 3; ~ **(Pedro, amigo/a)** dear (Pedro, friend) 20
el queso cheese 13
¿quién? who?; **¿quiénes?** *(pl.)* 4; **¿a ~?** who, to whom? 4; **¿de ~?** whose? 4
la química chemistry 3
quince fifteen 2
quinto, -a fifth 16
quitarse to take off *(clothing)* 12
quizás perhaps 14

rabioso, -a furious, very angry 5
el/la radio radio 9
el radioprograma radio program 17
el radiorreloj clock radio 17
la raíz root 20
la rana frog 16
raras veces rarely 9
el rascacielos skyscraper 24
rasgar to tear 23
el rato while, short time 23
el ratón mouse 16
la raya dash 17
la razón reason 18; **tener razón** to be right 7
realmente really 12
recibir to receive 3; **recibe un abrazo fuerte de tu (amigo/a)** receive a strong embrace from your friend 20
reciente recent 14
el recogedor (crop) picker 15
recomendar (ie) to recommend 10
reconciliar to reconcile 22
el reconocimiento recognition 22
recordar (ue) to remember 8; to remind 20
el recreo recreation 19
el recurso resource 10
redistribuir to redistribute 19
la reducción reduction 10
reelegir (i) to reelect 19
referirse (ie) to refer to 15
la refinería refinery 17
la reforma reform 10
el refrán proverb, saying 5
regalar to give *(a gift)* 23
la regata boat race, regatta 8
regatear to bargain, to haggle 15
el régimen regimen 22
la región region 10
regional regional 18
la regla ruler 2
regresar to return 5
el regreso return 16
regular not bad 1
la reina queen 22
reír (i) to laugh 9; ~**se (de)** to laugh (about) 12
la relación relation 20
releer to reread 19
religioso, -a religious 15
el reloj watch, clock; ~ **corriente** regular watch (clock); ~ **digital** digital watch (clock); ~ **de pulsera** wrist watch; ~ **de pared** wall clock 10
el remitente sender 20
la repercusión repercussion 10
el repertorio repertoire 23
repetido, -a repeated 22

repetir (i) to repeat 9
el/la reportero/a reporter 8
la representación representation 12
el/la representante representative 9
representar to represent; to portray 21
representativo, -a representative 24
el reptil reptile 15
la república republic 22
el repuesto spare *(part)* 16
requerir (ie) to require, need 17
la reservación reservation 11
resistente resistant P
resolver (ue) to resolve, fix 10
responder to respond, answer 5
la responsabilidad responsibility 21
la respuesta answer 9
el restaurante restaurant 5
los restos remains 17
resultar to result 13
resurgir to rise up again 22
retener *(irreg.)* to retain 11
la reunión meeting 10
reunirse to get together 10
la revista magazine 2
la revolución revolution 20
el rey king 22
rico, -a delicious, rich 6
el río river P
riquísimo, -a very delicious; very rich 6
el ritmo rhythm 1
el rodaje shooting, filming 24
la rodilla knee 15
rogar (ue) to beg 13
rojo, -a red 6
romper to break 15
la ropa de (verano) (summer) clothing 12
rosado, -a pink 6
rubio, -a blond 6
el ruido noise 19
la ruina ruin 12
el ruso Russian *(language)* 4
sábado Saturday 1; **el ~ (domingo, etcétera) pasado** last Saturday (Sunday, etc.) 10; **los sábados** on Saturdays 3
saber *(irreg.)* to know (something) 9
sacar (fotos) to take (pictures) 8
sagrado, -a sacred, holy 24
la sal salt 13
la sala living room 14
el salario wage(s) 21
salir *(irreg.)* to leave, to go out 7; **~se** to leave, escape 17
el salón room, living room, hall 14
la salsa sauce 3
saludar to greet 1; **~se** to greet one another 17
el saludo greeting 14
salvadoreño, -a Salvadoran 2
salvaje wild 16
las sandalias sandals 12
el sándwich sandwich 6
el/la sastre tailor 21
satisfacer (zc) to satisfy 24
satisfecho, -a satisfied 10
la secadora de ropa clothes dryer 9
la sección section 11
el/la secretario/a 13
secundario, -a secondary 19
la sed: tener sed to be thirsty 7
la seda silk 17
seguida: en ~ right away 6
seguir (i) to follow 9
según according to 3
segundo, -a second 4
la seguridad security 10
seguro, -a certain 17; **estoy ~** I'm sure 13
seis six 2
la selva jungle 16
el sello stamp 20
la semana week 1; **~ entrante** the coming week 13; **~ pasada** last week 10; **este fin de semana** this weekend 8
el semestre semester 9
el senado senate 22
el/la senador/a senator 22
la sensación sensation 13
sentado, -a seated 6
sentarse (ie) to sit down 12
el sentimiento feeling 21
sentir (ie) to regret 13; **~ nostalgia (por)** to be homesick (for) 19; **~se** to feel 12
la señal signal 20
el señor gentleman; **señor** *(+ last name)* Mr. *(+ last name)* 1
la señora lady; **señora** *(+ last name)* Mrs. *(+ last name)* 1
la señorita young lady; **señorita** *(+ last name)* Miss *(+ last name)* 1
la separación separation 23
septiembre September 11
séptimo, -a seventh 16
ser *(irreg.)* to be 1
la serenata serenade 23
la serie series 20
la seriedad seriousness 18
serio, -a serious 13
serio: tan en ~ so seriously 18
la serpiente snake 16
el servicio service 12
el/la servidor/a servant 20; **su servidor/a** at your service 20
la servilleta napkin 12
servir (i) to serve 9
severo, -a strict, demanding 4
sexto, -a sixth 16
si if 5
sí yes; **ah, sí** oh, yes 1
siempre always 7
la sierra sierra *(mountain range)* P
siete seven 2
el siglo century 12
significativo, -a significant 22
los signos: ~ de exclamación (admiración) exclamation points 17; **~ de interrogación** question marks 17; **~ de puntuación** punctuation marks 17
siguiente following 12

la silla chair 2; ~ **mecedora** rocking chair 19
el sillón armchair 19
el símbolo symbol 15
similar similar 12
simpático, -a attractive, nice, friendly 6
sin without; ~ **ti** without you *(fam.)*; ~ **embargo** nevertheless 10; ~ **que** without 18
el sindicato syndicate, labor union 24
el sinnúmero endless number 18
sino but 24
el sistema system 15
el sitio place 2
la situación situation 10
situado, -a located 16
sobre about 1
sobre todo especially, most of all 3
el sobre envelope 20
el sobrenombre nickname 6
sobrevivir survive P
la sobrina niece 9
el sobrino nephew 9
social social 15
la sociedad society 15
la sociología sociology 3
sociológico, -a sociological 9
el sofá sofa 19
el sol: hace sol it's sunny 11
solamente only 9
solicitar trabajo (empleo) to apply for work 21
la solicitud de empleo job application 21
solo, -a alone 7
sólo only 7
la soltera single woman 9
el soltero bachelor 9
soltero, -a single, unmarried 2
la solución solution 13
el sombrero hat 12
sonreír (i) to smile 9
el sótano basement 14
subir to go up 17; ~**se** to climb with effort 17
la suegra mother-in-law 9
el suegro father-in-law 9
el sueldo salary 10
el suelo floor 14
el sueño: tener sueño to be sleepy 7
la suerte: tener suerte to be lucky; **¡qué suerte!** what luck! 6
el suéter sweater 12
suficiente enough, sufficient 19
sufrir to suffer 3
sugerir (ie) to suggest 8
sumamente very 14
superficial superficial 21
superfluo, -a superfluous 9
suponer *(irreg.)* to suppose 22
el sur south P
el sureste southeast P
el suroeste southwest P
suscribir to subscribe 22
el sustantivo noun 1

tacaño, -a stingy 6
el taco heel of shoe 6
tal such (a) 20; ~ **vez** perhaps 21
la talla size *(general term)* 12
el tamaño size *(of clothing)* 12
también also, too 1
el tambor drum 23
tampoco neither, not . . . either 9
tan so 12; ~ **. . . como** as (so) . . . as 15; ~ **en serio** so seriously 18; ~ **pronto como** as soon as 18
el tango tango *(dance)* 3
¡tanto! so much! so far! 5; **al** ~ up to date 14; **tanto/a, tantos/as** + *noun* + **como** as much (many) . . . as 15
tardar (en) to be late (in) 12
tarde late 10; **de la** ~ in the afternoon or early evening 10; **esta misma** ~ this very afternoon 11; **es** ~ it's late 1
la tarea task, assignment 21
la tarjeta postal postcard 20
el taxi taxi 5
la taza cup 13
el té tea 6
el teatro theater 5
el técnico en computadoras computer technician 6
técnico, -a technical 9
tecnológico, -a technological 20
el techo roof 14
la tela cloth 15
la teleducación educational TV 20
el teléfono telephone 9
el telegrama telegram 11
la telenovela soap opera 21
el/la televidente TV viewer 20
televisado, -a televised 7
el televisor (en blanco y negro, a colores) (black-and-white, color) TV 7
temer to fear 13
el temor fear 22
el templo temple, church, chapel 23
temprano early 10
la tendencia tendency 9
el/la tendero/a grocer 13
el tenedor fork 13
tener *(irreg.)* to have 2; ~ **que** + *inf.* to have to + *inf.*; must 7
tener . . . años to be . . . years old 7; ~ **calor** to be warm *(persons)* 7; ~ **ganas (de)** to want, to feel like 14; ~ **hambre** to be hungry 7; ~ **interés (en)** to be interested (in) 6
el tenis tennis 8
tercer/tercero, -a third 10
terminar to end, finish 7; ~ **(de)** to finish 17
la ternera veal 13
el terreno land P
terrible terrible 6
terrorista terrorist 22
el texto text 4
la tía aunt 9
el tiempo time 11; weather 11; **hace buen (mal) tiempo** the weather is good (bad) 11
la tienda store 5; ~ **de campaña** tent 16; ~ **de comestibles** grocery store 13
la tierra land, earth 3
el tigre tiger 16

el tío uncle 9
típico, -a typical 21
el tipo type 7
el título title 7
el tocadiscos record player 4
tocar to play *(a musical instrument)* 23
el tocino bacon 13
todavía still 14
todo, -a all, everything 6; **todos/as** *(pl.)* everybody 9; **todo el mundo** the whole world, everybody; **de todos modos** at any rate, anyway 14; **todo el país** the whole country 13
tolteca Toltec 20
tomar to take; to have *(food, drink),* to eat 3; ~ **el tren** to take the train 12; ~ **una copa** to have a drink *(liquor)* 24
el tomate tomato 13
tonto, -a stupid 6
el toro bull 16
la toronja grapefruit 13
la torre tower 24
la torta cake
el total: en total in total 19
trabajar to work 2
el trabajo work 10
el trabalenguas tongue twister 6
la tradición tradition 15
tradicional traditional 15
tradicionalmente traditionally 23
traducir *(irreg.)* to translate 9
traer *(irreg.)* to bring 7
el tráfico traffic 19
el traje dress, suit 12; ~ **de bodas** wedding dress 23
tranquilo, -a calm 2
transcurrido, -a passed, elapsed 22
el tránsito traffic 5
transmitir to transmit 10
el transporte público public transportation 9
tratar to deal with 22; ~ **(de)** to try to 9
traumático, -a traumatic 22
trece thirteen 2
treinta thirty 7
tremendo, -a tremendous 7
el tren train 7; **en tren** by train 7
tres three 2
la tribu tribe 15
triste sad 5; **es** ~ it's sad 13
triunfante triumphant 13
el triunfo triumph 18
la trompeta trumpet 23
tropical tropical 16
la tuna student musical group composed of guitarists and singers 23
el tuno member of a student tuna 23
el turismo tourism 8
el/la turista tourist 12

u (= o *before* **o** *or* **ho)** or 9
último, -a last 15; **a última hora** at the last minute 11
la universidad university P
universitario, -a pertaining to a university 23
uno, una one 2
urbanístico, -a referring to the city 14
urbano, -a city, urban 19
urgente: es ~ it's essential 10
la urna ballot box 22
uruguayo, -a Uruguayan 2
usar to use 3; to wear 12; ~ **gafas** to wear glasses 6
el uso use, usage 22
los utensilios utensils 13
útil useful 1
utilizar to use P
las uvas grapes 13

la vaca cow 16
las vacaciones vacation 5
vacío, -a empty 6
valer *(irreg.)* to be worth 20
el valor value 15
vamos a + *infinitive* let's + *verb* 5
el vapor steamship 8
la variación variation 1
variado, -a diversified, varied 24
la variedad variety 16
varios, -as several 10
el vaso glass 13
las veces: a veces sometimes 17
el/la vecino/a neighbor 8
la vegetación vegetation 18
los vegetales vegetables 13
veinte twenty 2
la vela sail 8
el velero sailboat 8
el/la vendedor/a vendor, salesman, saleslady 21
vender to sell 6
venezolano, -a Venezuelan 2
venir *(irreg.)* to come 7
la venta sale 15
la ventaja advantage 12
la ventana window 2
ver to see 4; **al** ~ on seeing 12
el verano summer 11
el verbo verb 1
la verdad: es ~ it is true 13; **¿verdad o falso?** true or false? 3
verde green 6; ~ **oscuro** dark green 6
la vergüenza disgrace, shame 21
verse to see each other 17
el verso verse 23
el vestido dress 12
vestirse (i) to get dressed 12
la vez: una vez al mes once a month 19; **tal vez** perhaps 21
viajar to travel 3; ~ **en avión (tren, barco)** to travel by plane (train, boat) 8
el viaje: ~ **de negocios** business trip 11; ~ **de novios (la luna de miel)** honeymoon 23; **¡buen viaje!** have a good trip! 12
el viajero traveler 12
la vicuña vicuna P
la vida life 4; ~ **matrimonial** married life 23
el videocassette videocassette 7
el videodisco videodisk 7
la vieja old woman 4
el viejo old man 4
viejo, -a old 6
el viento: hace viento it's windy 11

viernes Friday 1
el vino wine 6; **el ~ (tinto o blanco)** (red or white) wine 13
el/la violoncelista cellist 23
el violoncelo violoncello, cello 23
la visión vision 24
la visita visit 20
el/la visitante visitor 15
visitar to visit 3
la vista view; **a ~ de pájaro** a bird's-eye view P; **~ parcial** partial view 18
la vivienda housing 9; **los proyectos de vivienda** housing projects 14
vivir to live 2; **~ juntos** to live together 9
vivo, -a alive 23
el vocabulario vocabulary 1
volar (ue) to fly 12
el vólibol (voleibol) volleyball 8
volver (ue) to return 7
votar to vote 22
el voto vote 22
la voz voice 21
el vuelo flight 6

y and 1
ya already; now 6; **~ no** no longer 7; **~ no quedan** there aren't any left 7; **~ que** now that, since 18
la yegua mare 16
el yerno son-in-law 9
¡yo sí! I do! 3

la zanahoria carrot 13
el/la zapatero/a shoemaker; cobbler 21
los zapatos shoes 12
la zona zone 24
el zorro fox 16

English-Spanish vocabulary

This vocabulary contains a selected listing of common words presented in the lesson vocabularies. Many word sets, such as foods, sports, animals, months of the year, are not included. Page references to word sets are given in the index.

Abbreviations used:

adj.	adjective	*m.*	masculine
adv.	adverb	*n.*	noun
f.	feminine	*pl.*	plural
inf.	infinitive	*sing.*	singular
irreg.	irregular	*trans.*	transitive

a lot mucho *(adv.)*
able: be able poder *(irreg.)*
about sobre
above encima de, sobre
accent el acento (tilde)
according to según
accounting la contabilidad
action la acción, el acto
actor el actor
actress la actriz
admire estimar
advantage la ventaja
advise aconsejar
afraid: be afraid tener miedo
after después; **after** *(doing something)* después de *(+ inf.)*
afternoon la tarde; **in the afternoon** de (por) la tarde
again de nuevo, otra vez
age la edad; **age (era)** la época
ago hace + *time expression* (+ que) + *preterit;* **a minute ago** hace un minuto
agree estar de acuerdo
agreed de acuerdo
air conditioner el acondicionador de aire
airline la aerolínea, la línea aérea
airplane el avión, el aeroplano
airport el aeropuerto
alarm clock el despertador
alligator el caimán
almost casi
alone solo/a
already ya
also también
although aunque
always siempre
ambassador el/la embajador/a
among entre
ancestor el antepasado
ancestry la descendencia
and y, e *(before* i *or* hi*)*
angry rabioso/a
announce anunciar
announcer el/la locutor/a
annoy molestar
answer contestar *(v.),* responder *(v.);* la respuesta *(n.)*
ant la hormiga
anyway de todos modos
apartment el apartamento
appear aparecer (zc)
apple la manzana
appointment la cita
April abril
are you going to be in . . . ? ¿va a estar en . . . ?
arm el brazo
armchair el sillón
around alrededor de
around here por aquí
arrive llegar
art el arte *(m. or f.)*
artist el/la artista
as (so) . . . as tan + *(adj. or adv.)* + como
as if como si
as much (many) . . . as tanto/a, tantos/as + *(noun)* + como
as soon as en cuanto, tan pronto como, luego que
as soon as possible lo más pronto posible
ask preguntar; **ask (for)** pedir (i)
asleep dormido/a
assure asegurar
at en; **at** *(clock time)* a la (a las) + *number*
at any rate de todos modos
at least por lo menos
at the last minute a última hora
at the same time al mismo tiempo
at this moment en este momento
at what time? ¿a qué hora?
at your service a la orden; *(pl.)* a sus órdenes
athlete el/la atleta
atmosphere el ambiente
attend asistir (a)
attractive guapo/a
August agosto
aunt la tía
automobile factory la fábrica de automóviles
autumn el otoño

avenue la avenida
avoid evitar

baby el/la bebé
bachelor el soltero
bacon el tocino
badly mal
baggage el equipaje
ballot box la urna
bank el banco
baseball el béisbol, la pelota
basket la canasta
basketball el baloncesto, el básquetbol
bathing resort el balneario
bathroom el cuarto de baño
bay la bahía
be ser *(irreg.),* estar *(irreg.)*
be afraid tener miedo
be cold *(persons)* tener frío
be hungry tener hambre
be interested in tener interés en
be lucky tener suerte
be right tener razón
be sleepy tener sueño
be thirsty tener sed
be warm *(persons)* tener calor
be wrong no tener razón
beach la playa
bear el oso
beautiful hermoso/a
beauty la belleza
because porque; **because of** a causa de
become llegar a ser
become damaged dañarse
bed la cama; **go to bed** acostarse (ue)
bedroom la alcoba, el cuarto de dormir, la habitación, el dormitorio
beef la carne de res
beefsteak el bistec
beer la cerveza
before antes (de) que; **before . . .** *(+ -ing)* antes de *(+ inf.)*
beg rogar (ue)
begin empezar (ie), comenzar (ie); **begin to** empezar a, comenzar a
believe creer
belong to pertenecer (zc) a, ser de . . .
below debajo de
beside al lado de
better mejor
between entre
bicycle la bicicleta
big grande
bill la cuenta
bird el pájaro
birth el nacimiento
black negro/a
black-haired de pelo negro
block la cuadra
blond rubio/a
blouse la blusa
blue azul; **navy blue** azul marino
boat *(small)* la barca; **motor boat** el bote de motor
boat race la regata
body el cuerpo
book el libro
bookcase el estante, la estantería
bookstore la librería
boots las botas
border *(frontier)* la frontera
boring aburrido/a
born: be born nacer (zc)
boss el/la jefe/a
bother molestar
bowling los bolos
boy el muchacho, el chico
brand la marca
bread el pan
break romper
breakfast el desayuno
brick el ladrillo
brilliant genial
bring traer *(irreg.)*
brochure el folleto
brother el hermano
brother-in-law el cuñado
brown *(for color)* café, marrón, pardo/a; **brown** *(for hair)* castaño/a
brown-haired de pelo castaño
build construir
building el edificio
bull el toro
bullfight la corrida de toros
bus el autobús, el camión *(México)*
business el negocio
business person el/la hombre/mujer de negocios
business trip el viaje de negocios
busy ocupado/a
but pero, sino
butcher shop la carnicería
butter la mantequilla
butterfly la mariposa
buy comprar
by the end of the month para fines de mes
by the way a propósito
by train en tren
by! ¡chau!, ¡adiós!

cabinet el gabinete
cafe el café
cafeteria la cafetería
cake la torta
calculator la calculadora
call llamar (por teléfono)
called: be called llamarse
camera la cámara (fotográfica)
camping: go camping ir de camping
canal el canal
cancel cancelar
candy los caramelos
capital city la capital
car el automóvil, el carro, el coche
carpenter el carpintero
carrot la zanahoria
carry llevar
carry out llevar a cabo
cassette el cassette
cat el gato
catch coger
cattle el ganado
censorship la censura
century el siglo
cereals los cereales
certain seguro/a, cierto/a
chair la silla
chalkboard la pizarra
champion el/la campeón/ona
change cambiar *(v.);* el cambio *(n.)*
channel el canal

character el carácter
cheap barato/a
check comprobar (ue) *(v.);* la cuenta *(n.)*
cheese el queso
chemistry la química
chicken el pollo
child *(small)* el/la niño/a
children los hijos, los niños *(pl.)*
chimney la chimenea
choose escoger, elegir (i)
chorus el coro
church la iglesia
citizen el/la ciudadano/a
city la ciudad
class la clase
classmate el/la compañero/a (de clase)
clean limpiar
clever listo/a
clock radio el radiorreloj
close cerrar (ie)
closed cerrado/a
cloth la tela
clothes dryer la secadora de ropa
clothing *(summer)* la ropa (de verano)
cloudy: it's cloudy está nublado
coast la costa
coat el abrigo
coffee el café
cognate la palabra análoga
cold: it's very cold hace mucho frío; **be cold** *(persons)* tener frío
colon dos puntos
color el color
comb one's hair peinarse
come venir *(irreg.)*
comfort la comodidad
comfortable cómodo/a
comma la coma
companion el/la compañero/a
company la compañía
competition el concurso, la competencia
complain quejarse
computer la computadora
computer science las ciencias de computación
confidence la confianza
continue continuar
contribute contribuir
cook el/la cocinero/a
cool: it's cool hace fresco
cordially yours quedo de usted (ustedes) atentamente
corn el maíz
cost costar (ue)
council el consejo, la junta
count contar (ue)
country el país
countryside el paisaje
couple la pareja
course *(of study)* el curso
court *(tennis, basketball)* la cancha
cover cubrir
cow la vaca
crazy loco/a
cream la crema
cry llorar
cup la taza
curtain la cortina
custom la costumbre
customs la aduana
cycling el ciclismo; **go cycling** practicar el ciclismo

daily al día
dance bailar *(v.);* el baile *(n.)*
danger el peligro
dark oscuro/a
dark-complexioned moreno/a
date la cita; **date** *(time)* la fecha
daughter la hija; **older (younger) daughter** la hija mayor (menor)
daughter-in-law la nuera
dawn la madrugada
day el día; **day before yesterday** anteayer
dear querido/a
dear (Pedro, friend, Mr./Mrs.) querido/a (Pedro, amigo/a, señor/a), estimado/a
decade la década
decide decidir
deeply profundamente
defeat la derrota
delicious rico/a
deliver entregar
demand exigir
demonstration la manifestación
deny negar (ie)
describe describir
deserve merecer (zc)
desire el deseo
dessert el postre
destroy destruir
detail el detalle
development el desarrollo
dictatorship la dictadura
die morir (ue)
different distinto/a, diferente
difficult difícil, duro/a
difficulty la dificultad
dine cenar
dining room el comedor
direct oneself dirigirse (a)
disadvantage la desventaja
disappear desaparecer (zc)
disappoint desilusionar
discover descubrir
discovery el descubrimiento
discuss discutir
disgrace la vergüenza
dishwasher el lavaplatos
display la muestra
dissatisfied descontento/a
distinct distinto/a
distract distraer *(irreg.)*
divide dividir
divorce el divorcio
divorced: get divorced divorciarse
do hacer *(irreg.)*
do you know how to . . . ? ¿sabe Ud. . . . ?
doctor el/la doctor/a, el/la médico/a
dog el perro
donkey el burro
door la puerta
dorm(itory) el dormitorio, el colegio mayor
double doble
doubt dudar
downtown el centro
draw dibujar
dress el vestido
dressed: get dressed vestirse (i)
drink beber *(v.);* la bebida *(n.)*

drive (a car) conducir, manejar
driver el/la conductor/a
drum el tambor
duck el pato
during durante

each cada
ear la oreja
early temprano
earn ganar
east el este
easy fácil
eat comer; tomar
economics la economía
economy la economía
educational educativo/a; **educational TV** la teleducación
eggs los huevos
either . . . or o . . . o
elect elegir (i)
employee el/la empleado/a
employment agency la agencia de colocaciones
empty vacío/a
end el final
engineer el/la ingeniero/a
engineering la ingeniería
English inglés/esa
enjoy disfrutar
enough suficiente
enter entrar
entire entero/a
enthusiastic: get enthusiastic (about) entusiasmarse (con)
entrance la entrada
environmental conservation la preservación del ambiente
especially sobre todo
essential: it's essential es urgente
everything todo; **everybody** todos/as; **all** todo/a; **the whole world** todo el mundo; **the whole country** todo el país
everywhere por todas partes
exactly en punto
exam el examen
except menos
executive el/la ejecutivo/a
exercise ejercer
expensive caro/a
explain explicar
eye el ojo

face enfrentar *(v.)*; la cara *(n.)*
facility la instalación
facing enfrente de
factory la fábrica
fall caer *(irreg.) (v.)*; **fall down-** caerse *(v.)*; **fall** el otoño *(n.)*
fall asleep dormirse (ue)
fall in love (with) enamorarse (de)
false falso/a
family la familia
famous famoso/a
fan el/la aficionado/a
fantastic fantástico/a
far (from) lejos (de)
fascinate fascinar
fat gordo/a
father el padre, el papá
father-in-law el suegro
fear temer *(v.)*; el temor *(n.)*
February febrero
feel sentirse (ie)
feeling el sentimiento
fencing la esgrima
fiancé(e) el/la novio/a
field el campo
film la película
finally al fin, finalmente, por fin
find encontrar (ue); **find out** averiguar
finger el dedo
finish terminar, acabar; **have just finished** *(doing something)* acabar de *(+ inf.)*
first primer/primero/a
fish el pescado
fishing la pesca
fit caber *(irreg.)*; **fit well (to be large, small)** quedarle bien (grande, pequeño)
fix arreglar
flattering lisonjero/a
flight el vuelo
flight attendant el/la auxiliar de vuelo
floor el piso
flower la flor
flute la flauta
fly volar (ue)
foggy: it's foggy hay neblina
follow seguir (i)
follower el/la partidario/a
following siguiente
food la comida
foot el pie
for para, por; **for me** para mí; **for example** por ejemplo; **for that reason** por eso
forbid prohibir
force la fuerza
foreign extranjero/a; **foreign to** ajeno a
foresee anticipar
forget olvidar; **forget (about)** olvidar(se) (de)
fork el tenedor
fourth cuarto/a
fox el zorro
free libre
freedom la libertad
friend el/la amigo/a
friendly amistoso/a, simpático/a
frog la rana
from desde; a partir de; de
fruit la fruta
fruit vendor el/la frutero/a
full (of) lleno/a (de)
furious rabioso/a
furniture store la mueblería

game el juego; el partido
garage el garaje
generally generalmente
generous generoso/a
gentleman el señor
German alemán/ana
get conseguir (i)
giraffe la jirafa
girl la muchacha, la chica, la niña
give dar; **give (a gift)** regalar
give birth dar a luz
glad: be glad alegrarse de
glass el vaso; el cristal
gloves los guantes
go ir *(irreg.)*; **go by foot** ir a pie
go for a walk dar un paseo
go out salir *(irreg.)*

go shopping ir de compras
go through atravesar (ie)
go to bed acostarse (ue)
go up subir
godfather el padrino
godmother la madrina
good bueno/a
good afternoon (evening, night) buenas tardes (noches)
good-looking bien parecido
good morning buenos días
good-by adiós
government el gobierno
grandchildren los nietos
granddaughter la nieta
grandfather el abuelo
grandmother la abuela
grandparents los abuelos
grandson el nieto
grapefruit la toronja
grapes las uvas
grateful: be grateful estar agradecido/a
gray gris
great estupendo/a, bárbaro, gran *(before a noun)*
green verde
greet saludar
greeting el saludo
grocery store el almacén, la tienda de comestibles
growing creciente
guilty person el/la culpable
gym el gimnasio

hair el pelo
hairdresser el/la peluquero/a
hall el salón
ham el jamón
hand la mano
happen pasar
happiness la felicidad
happy alegre, contento/a, satisfecho/a
hard duro/a
have haber; tener *(irreg.)*; **have to** *(+ inf.)* tener que *(+ inf.)*; **have to** deber
have a drink (liquor) tomar una copa
have a good time divertirse (ie)
have a good trip! ¡buen viaje!
have an opinion of pensar de
have been doing something for + *a time expression* hace + *time expression* + que + *present tense*
have breakfast desayunar(se)
have dinner cenar
have just done something acabar de *(+ inf.)*
have left quedar; **I have (ten days) left** me quedan (diez días)
have lunch almorzar (ue)
head la cabeza
headache el dolor de cabeza
hear oír
height la altura
help ayudar (a) *(v.)*; la ayuda *(n.)*
hen la gallina
here aquí
hi! ¡hola!
high alto/a
highway la carretera; la autopista
history la historia
hit el éxito
holiday la fiesta, el día festivo, las vacaciones
holy sagrado/a
home: be home estar en casa
homesick: be homesick sentir nostalgia por
home town el pueblo natal
honeymoon la luna de miel, el viaje de novios
hope: hope (for) esperar *(v.)*, la esperanza *(n.)*
horse el caballo
horseback riding la equitación
hot: it's very hot hace mucho calor
hotel el hotel
hour la hora; **an hour** una hora
house albergar *(v.)*; la casa *(n.)*
housewife el ama de casa *(f.)*
how? ¿cómo?; **how (what) . . . !** ¡qué *(+ adj., adv., n.)*!
how does one say . . . ? ¿cómo se dice . . .?
how much? ¿cuánto/a?; **how many?** ¿cuántos/as? *(pl.)*
hug abrazar *(v.)*; un abrazo *(n.)*
human humano/a
humble humilde
hungry: be hungry tener hambre
hurt doler (ue)
husband el esposo, el marido

I yo
I don't either yo tampoco
I hope ojalá
I'm not sure (no) estoy seguro/a
I'm traveling in . . . viajo en . . .
ice cream el helado
if si
impressive impresionante
improve mejorar
improvement el mejoramiento
in en
in addition to además de, a parte de
in exchange for por
in fact de hecho
in front of delante de
in good shape en forma
in spite of a pesar de
in the open air al aire libre
increase aumentar
inexpensive barato/a
inhabitant el/la habitante
inheritance la herencia
insensitive insensible
insist (on) insistir (en)
intelligent inteligente
intend *(+ inf.)* pensar *(+ inf.)*
interest el interés *(n)*; interesar *(v.)*
interested: be interested in tener interés en
interesting interesante
interview entrevistar *(v.)*; la entrevista *(n.)*
introduce presentar
introduction introducción
invite invitar
iron el hierro
it's cloudy está nublado
it's cool hace fresco
it's foggy hay neblina
it's snowing nieva
it's sunny hace sol
it's very cold hace mucho frío

it's very hot hace mucho calor
it's windy hace viento

jacket la chaqueta
jail la cárcel
January enero
job el empleo; **full-time job** el empleo a tiempo completo; **part-time job** el empleo a tiempo parcial
job application la solicitud de empleo
juice el jugo
jungle la selva
just justo/a

keep conservar, mantener *(irreg.)*
kidney beans los frijoles
kitchen la cocina
knife el cuchillo
know *(a fact, information)* saber *(irreg.)*; **know** *(someone or something)* conocer (zc)

lack faltar
lady la señora
lake el lago
lamb el cordero
land *(in a plane)* aterrizar *(v.)*; **land** *(earth)* la tierra *(n.)*
landing el aterrizaje
language el idioma, la lengua
last durar *(v.)*; pasado/a *(adj.)*
last name el apellido
last night anoche
last year el año pasado
late tarde; **be late** llegar tarde; **it's late** es tarde
law el derecho, la ley
lazy perezoso/a
learn aprender
leather el cuero
leave dejar; irse; **(escape)** salirse; **(go out)** salir *(irreg.)*
left izquierda; **to the left of** a la izquierda de; **left-hand side** la izquierda
leg la pierna
lemon el limón
lenient indulgente
less menos; **less . . . than** menos . . . que, menos de
let's vamos a *(+ inf.)*
letter la carta
lettuce la lechuga
leverage *("pull")* la palanca
library la biblioteca
lie mentir (ie)
life la vida; **married life** la vida matrimonial
light la luz *(n.)*; claro/a *(adj.)*
like gustar *(v.)*; como *(adv.)*
lion el león
listen (to) escuchar
little poco; **little by little** poco a poco; **a little (of)** un poco de; **a little bit** un poquito
live vivir; **live together** vivir juntos
lively animado/a
living room la sala, el salón
lobster la langosta
located situado/a; **be located** encontrarse (ue)
long largo/a
look (at) mirar; **look for** buscar
lose perder (ie)
love encantar *(v.)*, querer *(v.)*; el amor *(n.)*
lovely hermoso/a
lucky: be lucky tener suerte
lunch el almuerzo

mad: get mad enojarse
magazine la revista
magnificent magnífico/a
mail el correo
main principal
maintain mantener *(irreg.)*
majority la mayoría
make hacer *(irreg.)*
make a mistake equivocarse
make a stop *(on the way to a destination)* hacer escala
make reservations hacer reservaciones
make up one's mind decidirse (a)
make up componer *(irreg.)*
male macho/a
man el hombre
map el mapa
mare la yegua
market el mercado
marriage el matrimonio
married casado/a; **get married** casarse
married couple el matrimonio
marvelous maravilloso/a
mass media los medios de comunicación
mathematics las matemáticas
matter importar *(v.)*; el asunto *(n.)*
maybe puede ser; tal vez
meal la comida
means of transportation los medios de transporte
meanwhile mientras tanto
meat la carne
medicine la medicina
meet conocer (zc); encontrar (ue); **meet one another** encontrarse
meeting la reunión
middle class la clase media
middle-aged de cierta edad
midnight la medianoche
milk la leche
miss (someone or something) echar de menos
money el dinero
monkey el mono
month el mes; **monthly** al mes
more más; **more . . . than** más . . . que, más de
morning la mañana; **in the morning** de (por) la mañana
mother la madre, la mamá
mother-in-law la suegra
motorcycle la motocicleta
mountain la montaña
mountain climbing el alpinismo; **go mountain climbing** practicar el alpinismo
mountain range la cordillera
mouse el ratón
mouth la boca
movie camera la filmadora
movie theater el cine

much mucho/a *(adj.)*; mucho *(adv.)*
museum el museo
music la música
must deber

name el nombre; **first name** el nombre de pila; **my name is . . .** me llamo . . .
napkin la servilleta
narrow estrecho/a
nationality la nacionalidad
native indígena, nativo/a
near cerca (de)
necessary necesario/a
neck el cuello
need faltar *(v.)*; necesitar *(v.)*; requerir (ie) *(v.)*; la necesidad *(n.)*
neighbor el/la vecino/a
neighborhood el barrio
neither tampoco
nephew el sobrino
never jamás, nunca
nevertheless sin embargo
new nuevo/a
news la noticia
newscast el noticiero
newspaper el periódico
next próximo/a; **next to** junto/a; al lado de
nice simpático/a
nickname el apodo, el sobrenombre
niece la sobrina
night la noche; **at night** de (por) la noche; **night table** la mesita de noche
no longer ya no; **there aren't any left** ya no quedan
no (not any) ningún/ninguno/a
nobody nadie
nocturnal nocturno/a
noise el ruido
noon el mediodía
nose la nariz
not at all en absoluto
notebook el cuaderno
nothing (at all) nada
now ahora; **now that** ahora que; ya que

number el número
nurse el/la enfermero/a
nylon el nilón

object el objeto
of de; **of course** claro, cómo no; **of medium height** de estatura mediana
offer ofrecer (zc)
office la oficina
often a menudo
old viejo/a; **old man, woman** el/la viejo/a
older (younger) brother el hermano mayor (menor)
on foot a pie
on *(doing something)* al (+ *inf.*); **on seeing** al ver
on the contrary al contrario
on the way de camino
on time a tiempo
one's own propio/a
onion la cebolla
only no . . . más que, solamente, sólo
open abrir *(v.)*; abierto/a *(adj.)*
optimistic optimista
orange la naranja *(n.)*; anaranjado/a *(adj.)*
order mandar
other otro/a; lo demás
our nuestro/a
out: go out salir *(irreg.)*
outside of fuera de
outskirts los alrededores
over encima de, sobre
owner el/la dueño/a

pack the suitcase hacer las maletas
package el paquete
paint pintar
painting el cuadro
pamphlet el folleto
pants los pantalones
paper el papel
parents los padres
park el parque
party la fiesta; **party (political)** el partido (político)

pass pasar
passenger el/la pasajero/a
passport el pasaporte
pastry shop la pastelería
pay pagar
peach el durazno
pear la pera
peas los guisantes
pen el bolígrafo
pencil el lápiz
people la gente; **people** *(nation)* el pueblo
pepper la pimienta
perfectly perfectamente
perhaps tal vez
person la persona
pessimistic pesimista
pie el pastel
pig el cerdo
pineapple la piña
pink rosado/a
pity: it's a pity es una lástima
place el lugar, el sitio
plane el aeroplano, el avión
plantain el plátano
plate el plato
play *(a musical instrument)* tocar; **play** *(a role)* desempeñar; **play (a sport)** jugar (ue) (al + deporte)
player el/la jugador/a
please por favor
points of the compass los puntos cardinales
police officer el/la agente de policía, el/la policía
political science las ciencias políticas
poor pobre
port el puerto
position el puesto
possible posible
post el cargo
potato la papa
power el poder
powerful poderoso/a
practice practicar
prawn el langostino
prefer preferir (ie)
prejudice el prejuicio

prescribe prescribir
present presentar *(v.)*; actual *(adj.)*
press la prensa
pretty bonito/a, lindo/a
prevent prevenir *(irreg.)*
price el precio
private particular
prize el premio
problem el problema
prohibit prohibir
project proyectar
promise prometer
promote fomentar
propose pedir la mano en matrimonio; proponer *(irreg.)*
protect proteger
proud orgulloso/a
proverb el refrán
purple morado/a
purpose el objeto
purse el/la bolso/a
put poner; **put on** *(clothing)* ponerse; **begin to** ponerse a

queen la reina
question la pregunta
quickly de prisa; **(soon)** pronto
quite well bastante bien

rabbit el conejo
race la carrera; **race track** la pista
rain llover (ue)
raincoat el impermeable
ranch la hacienda
rarely raras veces
read leer
ready listo/a
realize darse cuenta (de)
really realmente
reason la razón
receive recibir
record el disco
record player el tocadiscos
recreation el recreo
red rojo/a
red tape el papeleo
red-haired pelirrojo/a
referee el árbitro
refrigerator la nevera
refuse to negarse (ie) (a)
regret lamentar
rehearse ensayar
relative el/la pariente/a
remain permanecer (zc); quedar
remember acordarse (ue) de; recordar (ue)
repeat repetir (i)
reporter el/la periodista, el/la reportero/a
representative el/la representante
require requerir (ie)
resource el recurso
respond responder
rest descansar *(v.)*; **the rest of** lo demás
restaurant el restaurante
return regresar *(v.)*; devolver (ue) *(trans. verb)*; volver (ue) *(v.)*; el regreso *(n.)*
ribbon la cinta
rice el arroz
rich rico/a; **very rich** riquísimo/a
ride a *(go by)* **bicycle (bus, subway)** montar (andar, ir) en bicicleta (en autobús, metro)
right away en seguida
right derecha; **to the right of** a la derecha de; **right** *(in the political spectrum)*; **right-hand side** la derecha
rise up again resurgir
river el río
rocking chair la silla mecedora
roof el techo
rooster el gallo
root la raíz
ruler la regla
run correr

sacred sagrado/a
sad triste
sail la vela
sailboat el velero
salad la ensalada
salary el sueldo
sale la venta
sales clerk el/la empleado/a
sales person el/la vendedor/a
salt la sal
same mismo/a
same as usual como siempre
satisfied contento/a, satisfecho/a
satisfy satisfacer (zc)
say good-by despedir (i)
say decir *(irreg.)*
scarf la bufanda
schedule el horario
school la escuela; **school** *(elementary or high)* el colegio
school department *(university level)* la facultad
scientist el/la científico/a
score a goal marcar un gol
sea el mar
seashore la orilla del mar
season la estación
seated sentado/a
second segundo/a
see ver
see you Monday hasta el lunes
see you later hasta luego, hasta la vista
see you soon hasta pronto
see you tomorrow hasta mañana
selfish egoísta
sell vender
send enviar, mandar
serious serio/a
servant el/la criado/a
serve servir (i)
settle down establecerse (zc)
several varios/as
shame la vergüenza
sharp en punto
shave afeitarse
sheep la oveja
shellfish los mariscos
ship el barco
shirt la camisa
shoes los zapatos
shopping: go shopping ir de compras
short corto/a; **short** *(in stature)* bajo/a
should deber
shout gritar

show dar a conocer *(v.);* mostrar (ue)*(v.);* el espectáculo *(n.)*
shower la ducha
shrimp el camarón
sick: get sick enfermarse
silk la seda
similar análogo/a
since desde que, puesto que, ahora que, ya que; **since yesterday** desde ayer
sing cantar
singer el/la cantante
single el/la soltero/a *(n.);* soltero/a *(adj.)*
sister la hermana
sister-in-law la cuñada
sit down sentarse (ie)
size *(of clothing)* la talla; **size** *(of shoes)* el número
skate patinar
skating el patinaje
ski esquiar
ski slope la pista
skirt la falda
skyscraper el rascacielos
sleep dormir (ue)
sleepy: be sleepy tener sueño
slim delgado/a
small pequeño/a
smaller menor
smart listo/a
smile sonreír (i); sonreírse (i)
snake la culebra, la serpiente
sneak in entrarse
snow la nieve
snowing: it's snowing nieva
so tan; **so that (in order that)** para que; **so that (in such a way that)** de manera que; de modo que
soap opera la telenovela
soccer el fútbol
social level el nivel social
socks los calcetines
soda pop las gaseosas
sofa el sofá
some algún, alguno/a
somebody alguien
something algo
sometimes a veces; **sometimes (on occasion)** alguna vez
son el hijo
son-in-law el yerno
song la canción
soon pronto
sorry: be sorry to arrepentirse (ie)
Spanish *(language)* el español, el castellano
Spanish-speaking de habla española
spare (part) el repuesto
speak hablar
speaker el/la locutor/a
specify precisar
spectator el/la espectador/a
spelling la ortografía
spend *(time or money)* gastar
spinach las espinacas
spoon la cuchara
sport el deporte; **sports facility** la instalación deportiva; **go in for sports** practicar los deportes
sporting deportivo/a
square la plaza
stadium el estadio
stairs las escaleras
standard of living el nivel de vida
start (to) ponerse a *(+ inf.)*
starve *(literally, to die from hunger)* morirse de hambre
state el estado
station la estación
steamship el vapor
steel el acero
stereo el estéreo
still todavía
stingy tacaño/a
stockings las medias
stop detenerse *(irreg.);* parar; **stop** *(+ -ing)* dejar de *(+ inf.)*
store la tienda
story la historia, el cuento
strait el estrecho
strawberry la fresa
street la calle
strict severo/a, estricto/a
strike la huelga
stringbeans las judías verdes
strong fuerte
structure la estructura
student el/la estudiante *(n.);* estudiantil *(adj.)*
study estudiar
stupid tonto/a
subject *(course)* la asignatura, la disciplina
subscribe suscribir
subway el metro
success el éxito
suffer sufrir
sugar el azúcar
sugar cane la caña de azúcar
suggest sugerir (ie)
suit el traje
suitcase la maleta
Sunday el domingo
sunny: it's sunny hace sol
support apoyar
suppose suponer *(irreg.)*
survey la investigación
sweetheart el/la enamorado/a; el/la novio/a
swim nadar
swimming la natación
swimming pool la piscina

table la mesa
tailor el/la sastre
take llevar; *(have food or drink)* tomar
take (pictures) sacar (fotos)
take a shower bañarse
take a trip hacer un viaje
take charge (of) encargarse (de)
take off *(clothing)* quitarse
take off *(in a plane)* despegar
take the train tomar el tren
tall alto/a
task la tarea
taste el gusto
tea el té
teach enseñar
team el equipo
tear rasgar
teeth los dientes
telephone el teléfono
tell contar (ue)

tent la tienda de campaña
terrible terrible
textbook el libro de texto
thank you gracias; **thank you very much** muchas gracias
that (this) way así
theater el teatro
then entonces, luego
there allí
there is (there are) hay; **there isn't any . . .** no hay ningún . . .
thin flaco/a
thing la cosa
think pensar (ie); **think about** pensar en; **think (have an opinion)** opinar, creer
thirsty: be thirsty tener sed
through: go through atravesar (ie)
Thursday el jueves
ticket el billete, el boleto; **one-way ticket** el billete de ida; **round-trip ticket** el billete de ida y vuelta
tie la corbata
tiger el tigre
time el tiempo
tin el estaño
tired cansado/a
title el título
to a; **to the** al (a + el), a la
toast la tostada
today hoy
toe el dedo
together: get together reunirse
tongue twister el trabalenguas
too también
too much (too many) demasiado/a
tower la torre
town el pueblo
track and field la pista y campo
trade comerciar
traffic el tránsito
train entrenarse
train station la estación de ferrocarril
translate traducir *(irreg.)*
transportation (public) el transporte (público)
travel viajar; **travel by plane (train, boat)** viajar en avión (tren, barco)
travel agency la agencia de viajes
tree el árbol
tribe la tribu
triumph el triunfo
trousers los pantalones
truck el camión
true cierto/a
true or false? ¿verdad o falso?
trust confiar (en)
try to tratar (de)
turkey el pavo
turn off apagar
turn on (lights or equipment) encender (ie)
TV (black-and-white, color) el televisor (en blanco y negro, a colores)
TV viewer el/la televidente
typewriter la máquina de escribir

ugly feo/a
uncle el tío
uncomfortable incómodo/a
under bajo; debajo de
under construction en construcción
understand comprender; entender (ie)
unemployment el desempleo
unless a menos que
unpleasant antipático/a
until hasta, hasta que
up: go up subir
urban urbano/a
use usar
used: get used to acostumbrarse
useful útil

vacation las vacaciones
value el valor
varied variado/a
variety la variedad
vegetables las legumbres
vendor el/la vendedor/a
very muy; sumamente; **very well** muy bien; sumamente
visit visitar
volleyball el vólibol (voleibol)
vote votar *(v.)*; el voto *(n.)*

wage(s) el salario
wait (for) esperar
waiter el camarero
waitress la camarera
wake up despertarse (ie)
walk andar, caminar; **go for a walk** dar un paseo
wall la pared
wallet la billetera
want tener ganas (de), desear; querer *(irreg.)*
war la guerra
warm: be warm *(persons)* tener calor
wash *(oneself)* lavar(se)
washing machine la lavadora
waste *(time)* gastar
watch el reloj
water el agua *(f.)*; **mineral water** agua mineral
wear llevar; **wear (glasses)** usar (gafas)
weather el clima, el tiempo; **the weather is nice (bad)** hace buen (mal) tiempo
wedding la boda
wedding dress el traje de bodas
wedding march la marcha nupcial
week la semana; **the coming week** la semana entrante
weekend el fin de semana
well bien, pues
well-known conocido/a
western occidental
what? ¿qué?, ¿cuál?
what are we waiting for? ¿qué esperamos?
what is (the article) about? ¿de qué trata (el artículo)?
what is (your) phone number? ¿cuál es (su) número de teléfono?
what time is it? ¿qué hora es?

what's he like? ¿cómo es él?
what's your name? *(formal)* ¿cómo se llama usted?
when cuando; **when?** ¿cuándo?
where donde; **where?** ¿dónde?
which? ¿cuál?
while mientras
white blanco/a
who? ¿quién, quiénes? *(pl.)*; **to whom?** ¿a quién?
whole entero/a
whose cuyo/a, cuyos/as; **whose?** ¿de quién, de quiénes?
why? ¿por qué?
wide amplio/a
wife la esposa
win ganar
window la ventana
windy: it's windy hace viento
wine el vino; **(red or white) wine** el vino (tinto o blanco)
winter el invierno
wish desear *(v.)*, querer *(irreg.) (v.)*; el deseo *(n.)*
with con; **with me** conmigo; **with you** contigo
within dentro de
without sin
wolf el lobo
woman la mujer
wonderful estupendo/a, bárbaro/a, maravilloso/a
wood la madera
woods el bosque
wool la lana
word la palabra
word processor la procesadora de palabras
work trabajar *(v.)*; la obra *(n.)*, el empleo *(n.)*, el trabajo *(n.)*; **apply for work** solicitar trabajo
worker *(blue collar)* el/la obrero/a
world el mundo
worried preocupado/a
worry preocuparse
worse el/la peor
write escribir
wrong: be wrong no tener razón

year el año; **be . . . years old** tener . . . años
yellow amarillo/a
yes sí
yesterday ayer; **yesterday afternoon** ayer por la tarde; **yesterday evening** ayer por la noche; **yesterday morning** ayer por la mañana
you're welcome de nada
young joven
young lady la señorita

zero cero

Index

Credits

Drawings by George M. Ulrich

Black and White Photographs

Preliminary lesson: page 2, Kay Canavino; 3, top, Beryl Goldberg; 3, bottom, © 1982 Peter Menzel/Stock Boston; 4, top left, Stuart Cohen; 4, top right, Peter Menzel; 4, bottom, Pablo Valencia. **Unit 1:** page 13, H. Armstrong Roberts, Inc.; 14, top, Peter Menzel; 14, bottom, Owen Franken; 17, Stuart Cohen; 19, Victor Englebert; 30, top, Peter Menzel; 30, bottom, Suzanne Arms/Jeroboam; 32, Beryl Goldberg; 47, Victoria Arlak; 63, Katrina Thomas/Photo Researchers, Inc.; 64, top, Owen Franken; 64, bottom, Stuart Cohen. **Unit 2:** page 67, Owen Franken; 68, Beryl Goldberg; 83, Beryl Goldberg; 84, Suzanne Engelmann; 99, Miguel/The Image Bank; 101, Peter Menzel; 102, Alan Carey/The Image Works; 118, top, Stuart Cohen; 118, center, © 1982 Peter Menzel/Stock Boston; 118, bottom, Owen Franken. **Unit 3:** page 121, Owen Franken; 122, Pablo Valencia; 137, Stuart Cohen; 138, Philip Wallick/After Image; 141, left, Stuart Cohen; 141, right, Andrew Sacks/Art Resource; 156, Pablo Valencia; 160, Victor Englebert; 172, Alain Keler/Art Resource; 173, left, © 1980 John Littlewood/Littlewood Communications; 173, right, Ewing Galloway/E.P. Jones Stock Photos; 174, A. Abbas/Magnum Photos, Inc. **Unit 4:** page 177, Ulrike Welsch; 178, Danny Lyon/Magnum Photos, Inc.; 181, Stuart Cohen; 195, Michal Heron/Woodfin Camp and Associates; 211, Peter Menzel; 214, Vautier/DeCool, Click/Chicago; 229, Ulrike Welsch; 230, left, © 1982 Ira Kirschenbaum/Stock Boston; 230, right, Barbara Rios/Photo Researchers, Inc.; 231, top, Stuart Cohen; 231, bottom, Stuart Cohen. **Unit 5:** page 233, Carl Purcell; 234, Victor Englebert; 252, Chip and Rosa Peterson; 253, © 1982 Peter Menzel/Stock Boston; 256, Chip and Rosa Peterson; 270, © 1982 Peter Menzel/Stock Boston; 271, D.J. Variakojis/Nawrocki; 274, Beryl Goldberg; 286, left top, Victor Englebert; 286, right, Photo Researchers, Inc.; 288, top, H. Armstrong Roberts, Inc.; 288, bottom, John Elk III/After Image; 289, Vautier/DeCool, Click/Chicago. **Unit 6:** page 291, Carl Purcell; 292, © 1982 Peter Menzel/Stock Boston; 295, Peter Menzel; 311, Stuart Cohen; 312, Oscar Buitrago/Black Star; 315, left, Peter Menzel; 315, right, Nick Nicholson/Image Bank; 328, © 1982 Fred Bodin/Stock Boston; 331, Fred Ward; 344, Mel Rosenthal; 345, Werner Wolff/Black Star; 347, H. Armstrong Roberts, Inc.; 348, Stuart Cohen. **Unit 7:** page 351, Peter Menzel; 352, © 1982 Franklin Wing/Stock Boston; 355, Andrew Sacks/Art Resource; 364, Peter Menzel; 366, Owen Franken; 369, Stuart Cohen; 382, Stuart Cohen; 385, top, Ulrike Welsch; 385, bottom, Beryl Goldberg; 398, The Bettman Archive; 399, left, Peter Menzel; 399, right, Suzanne Engelmann. **Unit 8:** page 403, David Kupferschmid; 404, Images Press Service; 407, Peter Menzel; 419, Peter Menzel; 423, left, Marion Bernstein; 423, right, Art Resource; 433, David Kupferschmid; 434, Beryl Goldberg; 435, Stuart Cohen; 436, top, Peter Menzel; 436, bottom, Beryl Goldberg; 438, © 1982 Owen Franken/Stock Boston; 451, © Joe Viesti; 452, Images Press Service. **Supplementary lesson:** page 456, top, David E. Kennedy/Texas Stock; 456, bottom, David Kupferschmid; 457, Chad Slattery/After Image; 458, Joel Gordon Photography; 459, Vautier/DeCool, Click/Chicago; 460, Repertorio Español.

Color Photographs

Daily Life: page 1, top, Victoria Arlak; 1, bottom, David Kupferschmid; 2, top, © 1981 John Littlewood/Littlewood Communications; 2, bottom left, Owen Franken; 2, bottom right, © 1982 Eduardo Bermudez/Peter Arnold, Inc.; 3, top, Ulrike Welsch; 3, bottom, © Joe Viesti; 4, top, Owen Franken; 4, bottom, Owen Franken. **Music, Dance, and Theater:** page 1, © 1981 Joan and Milton Mann/Cameramann International; 2, top, © Joe Viesti; 2, bottom left, Peter Menzel; 2, bottom right, © 1982 Carey Wolinsky/Stock Boston; 3, top, © 1982 Carey Wolinsky/Stock Boston; 3, bottom, © 1981 Joan and Milton Mann/Cameramann International; 4, top, Stuart Cohen; 4, bottom, Ulrike Welsch. **Festivals and celebrations:** page 1, top, David Kupferschmid; 1, bottom, Peter Menzel; 2, © 1983 Peter Menzel/Stock Boston; 3, top left, © 1980 John Littlewood/Littlewood Communications; 3, top right, Owen Franken; 3, bottom, Ulrike Welsch; 4, top, Gayland Anderson; 4, bottom, Victor Englebert. **Artistic impressions:** page 1, left, The Metropolitan Museum of Art, Bequest of Mrs. H.O. Havemeyer, 1929. The H.O. Havemeyer Collection. (29.100.10); 1, right, The Metropolitan Museum of Art, Robert Lehman Collection, 1975. (1975.1.146); 2, top, Museum of Modern Art of Latin America; 2, bottom, Collection, The Museum of Modern Art, New York. Nelson A. Rockefeller Bequest; 3, top, Museum of Modern Art of Latin America; 3, bottom left, Museum of Modern Art of Latin America; 3, bottom right, Museum of Modern Art of Latin America; 4, top, Joan and Milton Mann/Cameramann International; 4, bottom, Museum of Modern Art of Latin America.